Saint Paul

DU MÊME AUTEUR

Les Conditions de pénétration et de diffusion des religions orientales à Délos (thèse), Paris, coll. ENSJF, 1977.

L'Étranger dans la Grèce antique, Paris, les Belles Lettres, coll. Realia, 1984.

Marie-Françoise Baslez

SAINT PAUL

Fayard

Avant-propos

Ce livre, consacré après des milliers d'autres à l'apôtre Paul, ne prétend pas faire œuvre de théologien ni appréhender l'homme au long de son itinéraire spirituel, à travers ses idées sur l'Église et sur la vie chrétienne, sur l'esclavage ou sur les femmes... Beaucoup l'ont fait, et certains, très bien.

Il se refuse aussi à paraphraser les Actes des apôtres dont l'intention apologétique fausse les perspectives, bien que le portrait qu'ils brossent d'un homme déchiré entre deux mondes, entre son milieu d'origine qui le rejette et la culture dominante qui exige de lui bien des renoncements, reste singulièrement émouvant pour les sensibilités contemporaines.

Il a pris pour principe d'utiliser d'abord et surtout les témoignages de Paul lui-même, sans négliger toutefois l'élaboration de sa légende dont certaines strates gardent l'empreinte de la réalité historique. Il a pour but de restituer des textes dans leur contexte, des événements dans la conjoncture historique, un homme dans son milieu, en confrontant avec l'histoire le matériel autobiographique, les écrits spirituels et les biographies romancées. Il tente de reconstruire sur ces bases le parcours d'une vie en respectant les zones d'ombre et de secret qui sont celles de toute personnalité mystique.

Princeton, The Institute for Advanced Study, 1991.

INTRODUCTION

Portrait recomposé

Comment écrire l'histoire d'un homme dont on ne connaît ni le nom complet, ni la date de naissance, ni les circonstances de la mort ? Rédiger la notice biographique de Paul ou sa fiche d'état civil restera une entreprise vouée à l'échec...

Et pourtant cet homme s'est raconté. plus souvent et plus systématiquement que la plupart de ses contemporains [1]. Il faisait le récit de sa vie devant les communautés qui l'accueillaient : confession publique, confession rituelle, dans la tradition d'une pratique juive qui remontait au moins à l'époque de Jérémie, vers 650 [2]. Dans l'Ancien Testament que lisait Paul, le prophète s'épanche et décrit ses crises intérieures; Paul fut tellement marqué par les « Confessions de Jérémie » qu'il leur emprunta sa formule introductive, quand il résolut de relater sa vocation « dès le ventre de ma mère [3] ». Ces confidences ne sont ni complaisantes ni gratuites : dans les communautés juives et chrétiennes du Iᵉʳ siècle, la confession se fait louange autant qu'aveu [4]; elle met en évidence les interventions divines qui distinguent une vie vouée à Dieu et qui manifestent la puissance de ce dernier. Pour le narrateur, les seuls moments remarquables de son existence sont les miracles de Dieu en sa faveur, et notamment sa conversion, qu'il présente selon un schéma de rupture tout à la gloire de Dieu. L'image du persécuteur converti, si vivante encore aujourd'hui, nous vient certainement de Paul lui-même et de la façon qu'il avait de se raconter devant les Églises.

Ces confessions engendraient une action de grâces collective, où l'auditoire s'associait au narrateur. Insérées dans un cadre liturgique, elles ont été fidèlement transmises et préservées, si bien qu'elles ont pu être utilisées par le premier historien de l'apôtre[5]. L'auteur des Actes des apôtres les transcrit parfois directement. Son récit des activités de Paul à Éphèse suit la trame de ces récits liturgiques qu'on appelait des « arétalogies[6] ». Il en reprend aussi les thèmes et les expressions : arrivée du missionnaire et prédication ; opposition qui reste anonyme et indistincte et qui se développe en deux temps ; interventions miraculeuses de Paul d'abord, puis du Christ lui-même (ce sont elles qui caractérisent ces confessions comme « arétalogies » ou discours sur la puissance du dieu) ; enfin, proclamation rituelle et solennelle de la gloire du Christ et de la grandeur de Dieu. Ces séquences s'enchaînent naturellement et se retrouvent tout aussi bien dans n'importe quelle chronique de fondation de culte. Force est de constater qu'elles livrent un portrait assez stéréotypé du missionnaire thaumaturge.

Non seulement Paul se racontait, mais il écrivait... Il voyageait avec parchemins et papyrus, et tenait (ou faisait tenir) un journal de voyage comme la plupart de ses contemporains cultivés[7]. Il s'agissait de notes brèves : une trentaine de lignes par jour, a-t-on pu calculer pour un intellectuel du IIe siècle. Paul gardait aussi des traces de ses interventions et de ses discours qu'il pouvait citer ou reproduire à l'occasion[8]. Cet aide-mémoire n'était pas destiné à la publication, d'abord parce qu'il n'avait aucun caractère littéraire, ensuite parce que les conventions sociales freinaient l'expression du « moi », jugé inconvenant sinon haïssable !

On pouvait cependant en tirer parti, si besoin était, en cas de polémique. En effet, Paul n'écrivit lui-même sur sa vie que dans des circonstances bien particulières : quand les Églises qu'il avait fondées le remettaient personnellement en cause et qu'il devait donner des preuves de sa légitimité. Il le fit dans le cadre de lettres publiques promises à l'édition. Elles ne forment pas une correspondance suivie et, de surcroît, les « épîtres » conservées résultent de compilations effectuées par les premiers éditeurs dès le milieu du Iᵉʳ siècle. Si l'on ajoute que Paul n'inscrit pas son action dans l'histoire générale mais lit sa vie dans une durée et selon des rythmes qui lui sont propres, on comprendra qu'il est très difficile de reconstituer le suivi chronologique de son existence et d'en dater les principaux moments.

Les lettres ne tissent pas la trame d'une vie. Paul ne s'y raconte que pour se défendre, sur le modèle des Apologies qu'il eut si souvent à prononcer devant ses pairs ou devant les tribunaux romains. La partie autobiographique de la lettre aux Galates est d'ailleurs construite suivant les règles du plaidoyer romain : récit de réfutation, proposition contradictoire, exposition des preuves — qui, dans ce cas précis, ne peuvent être que des miracles et des visions —, conclusions[9]. L'auteur ne cherche pas à porter un regard rétrospectif sur sa vie, mais à en présenter les phases exceptionnelles qui signalent l'élection divine : la conversion, les miracles, les visions, les dangers surmontés... Sont aussi retenus les événements qui établissent son autorité d'apôtre : sa vocation, ses rencontres avec les chefs de l'Église, les partages d'attribution.

Dans tout cela, l'individu apparaît peu, sinon à

travers l'intensité de ses affections et de ses antipathies, ainsi que, ce qui est très moderne, à travers l'intérêt qu'il porte à son propre corps : il enregistre ses maladies et leurs manifestations ; il dit sa souffrance chronique, l' « écharde dans la chair » ; il constate les ravages de la vieillesse et des épreuves[10]. Cette attitude commençait à se répandre chez ceux qui avaient reçu quelque teinture de médecine et qui avaient été encouragés à l'introspection lors de cures dans les sanctuaires guérisseurs. Ces observations rentrent dans son projet missionnaire : contraint par les circonstances à parler de lui, alors qu'il répugnait à le faire et qu'il ne voulait être que le serviteur de la Parole divine, Paul s'est livré à ce que les Anglo-Saxons qualifient d'apologie « à l'envers », en insistant sur ses insuffisances et sur ses misères pour mieux se présenter comme l'instrument de Dieu. Il est vieux, il est malade, il s'exprime mal, il n'est pas une vedette, il fut un grand pécheur, il est né trop tôt — « avant terme[11] » — au métier apostolique, mais la force de Dieu est dans sa faiblesse !

Celui qui s'écriait : « Vraiment, je ne comprends pas ce que je fais !... J'ai en moi le désir du bien et je ne peux pas l'accomplir puisque je ne fais pas le bien que je voudrais mais le mal que je ne voudrais pas », celui-là a pratiqué l'introspection comme un exercice spirituel. Cependant, on évitera une investigation de type psychanalytique qui tourne court et reste purement spéculative en l'absence de données cliniques détaillées, fondées sur l'observation et l'entretien. L' « écharde dans la chair » doit garder son mystère[12].

Paul n'écrivait pas pour libérer son âme, comme le fera un Pascal. Les confidences font partie de son style de polémiste. Elles esquissent en creux, sur fond de communautés déchirées, le portrait d'un homme isolé, contesté non seulement par les Juifs mais au sein même du groupe apostolique. Dans ses lettres, l'apôtre éclaire lui-même, d'un jour violent et tragique, ce qu'il faut bien appeler les silences des Actes.

En effet, la vie et la personne de Paul perdent encore de leur substance et de leur complexité quand l'apôtre devient le sujet de la première histoire de l'Église. Dans la lignée des historiens antiques, l'auteur des Actes des apôtres reconstruit une existence et remodèle une personnalité, de même qu'il récrit des discours pour orienter le récit. A l'instar de tous les biographes de son temps, il ne cherche qu'à démontrer l'adéquation de son héros au sens de l'histoire et au modèle social [13]. Les Actes ont été composés après 70 pour mettre en évidence la vocation du christianisme à l'universalité, en retraçant son expansion de Jérusalem, maintenant abattue, à Rome triomphante. Paul y est donc présenté comme l'instrument de Dieu pour la conversion des païens et le rejet d'Israël ; sa carrière y est relatée selon un schéma simplificateur et répété à l'infini : l'apôtre attend d'être chassé de la synagogue pour aller aux païens. A l'intention du public cultivé de l'Empire, on évoque un notable convertissant d'autres notables, un Romain pourchassé par les Juifs jusqu'à ce qu'il atteigne Rome et, surtout, un « homme divin » tel que l'attendaient les païens et tel qu'ils ne risquaient pas de le contester.

Loin de montrer un destin dans ce qu'il a d'unique, l'auteur des Actes s'attache aux traits de la personnalité de Paul qui rencontrent la demande d'une époque. Paul est l'homme du franc-parler, dans la lignée des philosophes populaires qui savaient si bien toucher les sensibilités. Son mode de vie dessine l'image du parfait intellectuel itinérant, dont rendent compte les éloges officiels et en qui pouvaient se reconnaître l'auteur lui-même et son milieu. Paul est aussi un aventurier au sens noble du terme, dans la mesure où la succession des épreuves prouve les mérites d'une vie et l'élection divine. C'est enfin et surtout un thaumaturge, la thématique des Actes prolongeant celle des récits pauliniens et de la tradition orale. La forme littéraire choisie, les « Actes », n'est pas insignifiante non plus, puisqu'elle était traditionnellement utilisée aussi bien dans les éloges de philosophes que dans les arétalogies missionnaires qui exaltaient un dieu et son envoyé. Un lecteur grec s'attendait à trouver dans un ouvrage de ce genre le thème de la conversion, le cadre formel du récit de voyage pour soutenir une itinérance spirituelle, et surtout une collection de miracles.

Les Actes des apôtres lui fournissent tout cela. Le thème du persécuteur converti y est tout aussi soigneusement organisé que dans les Épîtres : il assure le lien entre les deux parties de l'ouvrage, celle dont Paul est absent et celle dont il est le héros ; à la charnière, une petite silhouette hostile lors du martyre d'Étienne... La trame du récit de voyage permet, bien sûr, l'insertion de quelques observations et témoignages directs pour les périodes où l'auteur dispose du journal de la mission : ce sont, entre autres, certaines sections écrites à la première personne du pluriel. Mais on ne saurait oublier qu'il s'agit là aussi d'un procédé de narration très conventionnel : les déplacements facilitent l'articulation d'une succession d'actes et de discours issus de traditions fort diverses, comme en témoigne la variété du style, des tournures et de la langue même, avec une proportion plus ou moins grande de sémitismes[14]. Différents types d'archives se révèlent ainsi : des registres de miracles (aux notices très

1 Récits mystiques païens

courtes), des comptes rendus de procès (très détaillés), des rapports de mission [15].

Le but de l'auteur des Actes n'est pas de retracer l'histoire d'une vie, mais celle de l'Église. Sa biographie de Paul n'est qu'un récit tronqué, couvrant les seules années où l'existence de l'apôtre se confondit avec une étape de la prédication, en direction de Rome. Les tensions du premier christianisme, si cruellement ressenties par Paul, s'effacent dans l'idéalisation de la mission apostolique, perçue comme un élan naturel, continu et irrésistible vers l'Ouest. Dans les Actes, Paul est l'homme qui va de l'avant, l'homme de grandes décisions dont les Juifs sont à chaque étape le catalyseur, l'homme qui fait faire un bond à l'histoire.

On a donc sélectionné et épuré les épisodes de la prédication de Paul, aussi bien que les traits de sa personnalité abrupte, pour leur donner une dimension universelle. Cette biographie officielle ne satisfit jamais complètement la sensibilité populaire et l'on se mit très tôt à broder sur ces comptes rendus d'activité : du vivant de Paul, et il le savait bien [16], circulaient déjà récits miraculeux et anecdotes.

Paul devint ainsi un héros de roman dès le milieu du IIe siècle, le premier héros de roman chrétien. Le fait en lui-même est remarquable : qu'il ait stimulé à ce point l'imagination des premières communautés et focalisé sur son nom leur besoin de contact personnel avec le surnaturel suffit à suggérer la force de son charisme et son potentiel affectif. On avait aimé Paul et on écrivit ce récit fantastique et sentimental « par amour de lui [17] ».

On tenta d'en conserver un souvenir vivant et de restituer l'homme de chair. On dessina son portrait : celui d'un homme petit et chauve, aux jambes arquées et au nez busqué [18]. Ce portrait connut une célébrité certaine et inspira à Rome le premier art chrétien : c'est pourtant l'image conventionnelle du Sémite dans le monde gréco-romain. On en fit l'homme d'un temps et d'un milieu plutôt qu'un instrument de Dieu au service de l'Église universelle : sur la base des noms fournis par les Épîtres et par les Actes, on forgea toutes sortes de petites histoires personnelles ou dramatiques ; on fit intervenir les événements extérieurs, les proconsuls, les personnages historiques, et on mesura désormais à leur aune la notoriété de l'apôtre ; on l'inscrivit dans une atmosphère romanesque en l'entourant de figures féminines dont l'une, celle de Thècle, devint en quelque sorte son double au féminin [19].

Le roman chrétien, enfin, hypertrophie la personnalité charismatique de l'apôtre [20]. Il est l' « homme divin » dans toute l'acception hellénistique du terme, celui dont les miracles se déploient maintenant dans la magie et dans le fantastique. Non content de guérir et de sauver les hommes comme le faisait Jésus, il fait obéir les animaux, à l'instar d'Orphée, et il baptise un lion ! Le roman développe, avec la plus grande complaisance et de façon ostentatoire, ces charismes que Paul lui-même et l'auteur des Actes n'introduisaient que très discrètement, et seulement à titre de preuve. Les premières communautés chrétiennes se mouvaient naturellement dans le merveilleux ; l'apôtre en avait bien conscience. En prendre la mesure à travers le Roman de Paul fait davantage apprécier la lucidité et la sincérité de l'homme, soucieux de ne parler de lui que pour la plus grande gloire de Dieu.

Ainsi se dessine un portrait de Paul, multiforme et parfois contradictoire. Le « témoin » dont les Actes retracent l'action n'est pas exactement l' « apôtre » qui s'affirme dans ses lettres. Le héros des Actes, champion de la conversion des païens, restait attaché à ses origines juives et ne s'intégra pas toujours facilement à l'ordre gréco-romain. L'homme d'action, projeté vers l'avenir et le lointain, fut bien souvent réduit à la défensive et ne découvrit que progressivement ses objectifs. L'homme au franc-parler dut composer avec les pouvoirs publics. L'homme unique pour l'histoire de l'Église dut affronter la concurrence et se fraya difficilement sa voie.

Rechercher Paul à travers ces sources aussi diverses qu'également stéréotypées, c'est apprendre à lire la différence. La différence entre un « homme divin » dont les Grecs attendaient qu'il comblât toutes leurs aspirations, et un charismatique qui les renvoie à Dieu. La différence entre le portrait idéal d'un bon Juif et d'un bon citoyen, et la réalité d'une personnalité complexe, partout ressentie comme un facteur de division. Quand on peut décrypter un langage rhétorique ou symbolique et retrouver la terminologie officielle de l'époque, quand éclatent les cadres de ces récits conventionnels, par le fait de leurs contradictions internes ou en fonction d'apports historiques et archéologiques qui s'enrichissent sans cesse[21], commence alors à se révéler un homme de Dieu, qui vécut sa vie pour Dieu[22].

[illegible] qui restent [illegible] à [illegible]
importance [illegible] par [illegible]
l'empire d'[illegible] les laïcs [illegible]
[illegible] souvent réduit à la défensive [illegible]
[illegible] progressivement [illegible]
L'homme du [illegible] compose [illegible]
pouvoirs publics. [illegible] sur [illegible] de
[illegible] qui [illegible] le [illegible]
difficilement sa voie.

Rechercher Paul à travers ces [illegible]
[illegible] contemporains [illegible]
[illegible]. La différence entre [illegible]
[illegible] qu'il [illegible]
toute leurs aspirations [illegible] qui les
[illegible] à Dieu. La différence entre le portrait idéal
d'un bon laïc et d'un bon citoyen et la réalité d'un
[illegible] comme [illegible] partout [illegible]
facteur de division. Quand on peut dépasser un
langage rhétorique ou symbolique et retrouve
[illegible] de l'époque, quand [illegible]
[illegible] mouvements [illegible]
leurs [illegible]
[illegible] qui s'[illegible]
[illegible]
homme de [illegible] qui [illegible] vie pour Dieu.

CHAPITRE PREMIER

Une famille importante. L'importance de la famille

Paul a laissé tomber le silence le plus pesant sur ses origines et son milieu familial : seule comptait à ses yeux sa naissance dans le judaïsme, et dans le judaïsme le plus fidèle[1]. Cependant, l'importance qu'eut pour lui sa famille apparaît au détour des Épîtres : Paul avait des parents un peu partout, en Cilicie comme en Macédoine, à Jérusalem comme à Rome... Ainsi s'esquisse l'autoportrait d'un Juif de la Diaspora, introduit par les siens, dès sa naissance, dans un réseau d'activités et d'échanges à l'échelle internationale.

Sinon, il faut se fier à l'auteur des Actes, qui attribue à Paul l'identité d'un notable, citoyen dans sa ville de naissance — Tarse — et citoyen romain, c'est-à-dire citoyen du monde[2]. Ce témoignage, parfois discuté, doit être évalué à la lumière des parallèles offerts par la documentation contemporaine.

NÉ ROMAIN

Dès sa naissance et par sa naissance, Paul fait partie d'une élite dans l'Empire, celle des 4 ou 5 millions de citoyens romains[3]. Privilège encore plus significatif en Orient qu'en Occident, car si les Italiens l'ont tous gagné au début du Ier siècle avant notre ère, il n'est que parcimonieusement accordé dans les provinces au titre de services exceptionnels : parmi les membres du conseil d'Athènes, qui représentent eux-mêmes l'élite municipale, 6 % seulement l'ont obtenu au Ier siècle. C'est un avantage considérable puisqu'il n'y a pas de citoyen romain de « seconde zone » : un naturalisé, qui bénéficie immédiatement d'un statut personnel international, de garanties judiciaires et fiscales reconnues dans tout l'Empire et du droit de participer à la vie publique s'il vient à Rome, n'a rien de commun avec d'autres « Romains » parvenus, les affranchis et les fils d'affranchis qui sont, eux, limités dans leur liberté de mouvement et interdits de participation politique pendant deux ou trois générations[4].

Pour apprécier à sa juste valeur la famille de Paul, il faut la comparer à celles de compatriotes juifs ou d'habitants de la même région qui reçurent la cité romaine au début de l'Empire : il y eut des princes, comme les Hérodes, et c'est d'eux, bien sûr, que les documents nous parlent le plus[5]. Mais il y eut aussi, à un niveau beaucoup plus modeste, des patrons de navires et tous ceux qui apportèrent leur concours à l'armée romaine : pour ceux-là, les guerres civiles représentèrent une chance inespérée de promotion tout au long du Ier siècle avant notre ère[6]. Il y eut des artistes et des hommes de lettres, en grand nombre[7]. Il y eut encore, à partir de Pompée, des hommes d'affaires naturalisés pour leur esprit d'entreprise, et non plus pour des services d'ordre militaire. Les Orientaux n'étaient pas exclus de cette politique d'intégration ; les Juifs non plus, bien que la promotion d'Hérode ait suscité en son temps beaucoup d'émotion à Rome[8]. Plus tard, au Ier siècle, on repère des C. Julius juifs aussi bien en Orient qu'à Rome[9].

Une famille de la Diaspora

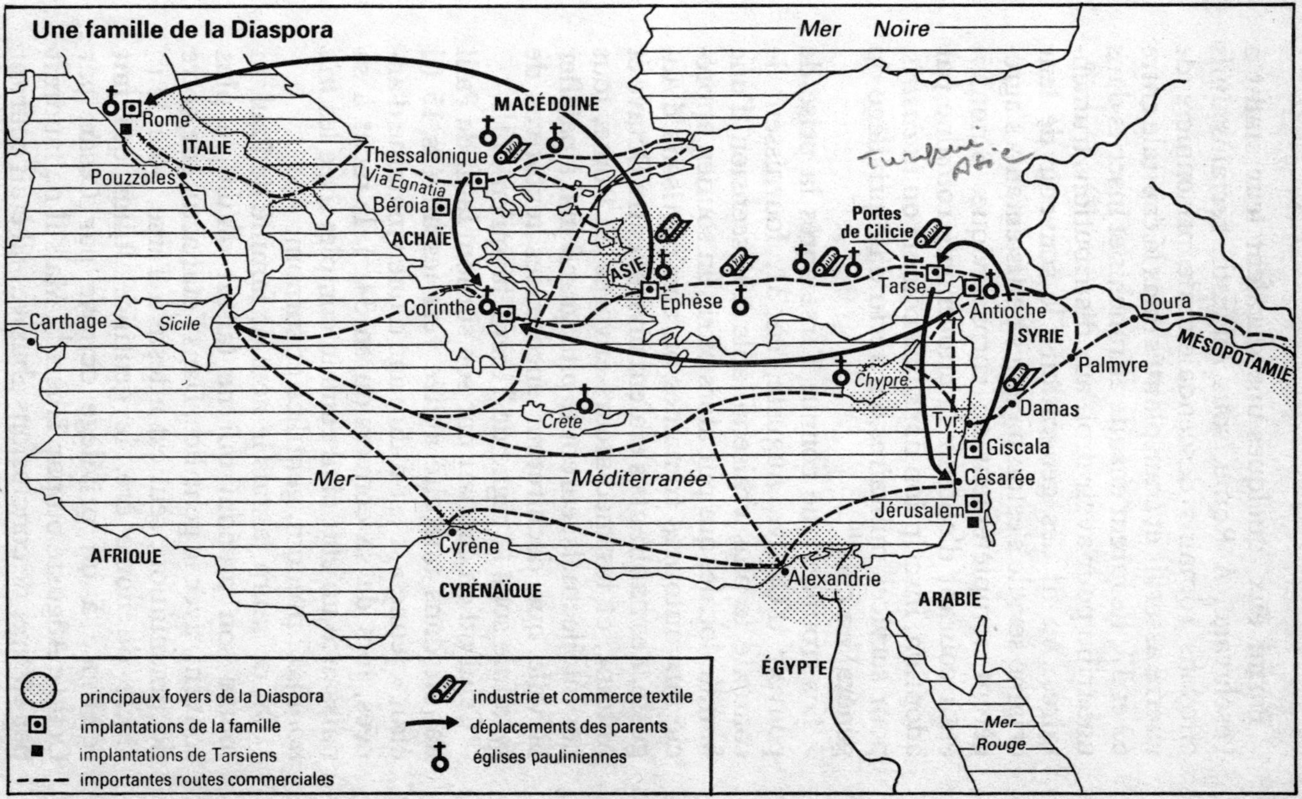

Parmi eux, quelques-uns devaient leur statut à l'esclavage. A Rome, sous Auguste, certains Juifs citoyens romains descendaient de prisonniers de guerre asservis et transplantés dans la capitale entre 63 et 37 ; ils furent ensuite affranchis et inscrits dans une tribu pour avoir droit aux distributions frumentaires. Au fil des générations, le souvenir de leur origine servile s'estompa et les petits-enfants s'agrégèrent complètement au corps civique. Sinon, il était courant d'obtenir la citoyenneté romaine par adoption, inscription dans une colonie ou *in castris*, pour services militaires, en vertu d'un privilège du général en chef[10].

Les troubles que connut Tarse après la prise de pouvoir d'Octave Auguste, en 31, fournissent le contexte le plus vraisemblable à l'ascension d'une famille locale, qui put alors offrir un soutien apprécié aux autorités romaines ou aux partisans d'Auguste. Les habitants s'étaient divisés entre Octave et Antoine, et les médiateurs envoyés de Rome, tous des intellectuels, eurent le plus grand mal à pacifier la ville que déchirèrent encore des tentatives de tyrannie sous le règne de Tibère, jusqu'en 17[11].

Celui qu'on connaît par son surnom latin de Paul naquit dans une cité agitée vers les années 15 (il était « jeune », c'est-à-dire âgé d'une vingtaine d'années, lors de sa conversion en 34[12]). Il reçut à sa naissance un état civil romain complet avec les *tria nomina :* prénom, gentilice et surnom.

On ne saura jamais le nom de famille de Paul, ni même son prénom qui ne faisait qu'un, le plus souvent, avec le gentilice. Dans l'état actuel de notre documentation, seul est attesté à Tarse, pour le Ier siècle de notre ère, le gentilice Julius qui fait référence à un privilège octroyé par César, par Octave Auguste ou par Tibère[13]. Mais il ne faudrait pas en tirer de conclusions abusives : il était courant qu'un naturalisé emprunte le nom du gouverneur qui avait agi en sa faveur et qui lui était évidemment plus proche que l'empereur; ainsi, un Marcus Tullius de Tarse évoque directement par son nom le proconsulat de Cicéron dans cette région. Dès la fin de la République et jusque sous le règne de Claude, le nouveau citoyen avait la possibilité de choisir le nom d'un notable, d'un patron qui s'était entremis à Rome pour faciliter les démarches[14]... Le gentilice de Paul pouvait procéder de n'importe quelle famille installée dans un des pôles de romanité de la province : d'un magistrat en poste à Chypre ou en Cilicie, d'un homme de lettres bien introduit à Rome ou d'un colon d'Antioche de Pisidie. Les Orientaux jouissant de la cité romaine sans avoir joué de rôle de premier plan portaient souvent des gentilices peu connus, qui devaient appartenir à des personnalités locales.

ÉTRANGER OU ÉTRANGE ?

Né citoyen romain, Paul était chez lui dans tout l'Empire et il aurait dû se sentir partout en sécurité. La citoyenneté romaine, qui définissait une sphère de droits et de devoirs fort précise, fonctionnait en effet comme un remarquable sauf-conduit et une législation des plus contraignantes obligeait les pouvoirs publics à faire respecter en tout lieu la dignité du citoyen.

Or Paul, de son propre aveu, subit à plusieurs reprises des peines infamantes. Le témoignage des Actes a donc été discuté et contesté[15] : Paul fut-il autre chose qu'un usurpateur de citoyenneté, comme il y en avait tant dans l'Antiquité[16] ? Lui-même n'arbore jamais les *tria nomina* du citoyen et se désigne toujours par le surnom de Paul, alors qu'un Romain utilisait normalement son prénom. L'auteur des Actes aurait « brodé » sur le personnage d'un Juif de la Diaspora, plus ou moins romanisé, qui aurait latinisé en *Paulus* son nom hébreu de *Saoulos*[17].

On peut tout aussi bien retourner l'argument, car Paul ne serait pas le premier à ne pouvoir faire reconnaître son statut et ses privilèges. Prouver son identité est l'un des plus douloureux problèmes qui se posent au voyageur antique : il n'y avait alors ni papier d'identité, ni passeport ; les naturalisations ne furent enregistrées dans des bureaux spécialisés qu'à partir du règne de Marc Aurèle, et les situations locales variaient beaucoup suivant l'état des structures municipales et les moyens d'enquête des gouverneurs[18]. D'où l'importance des parents et des hôtes, installés sur place, qui pouvaient se porter garants du statut de l'arrivant : la citoyenneté de Paul ne suscite pas de contestations à Jérusalem où lui-même a vécu et où sa famille est bien connue. La version des Actes est donc parfaitement cohérente et plausible.

En l'absence de garants, l'identification du citoyen romain dépend de l'opinion qu'en ont les gens de la rue et les fonctionnaires de police. Tout se joue sur l'apparence, le comportement extérieur, les rumeurs... Paul était certainement citoyen romain, mais il n'avait pas l'allure qu'on attendait normalement de ces privilégiés : il avait le teint sombre, puisqu'il pouvait apparemment être confondu avec un Égyptien ; il ne portait pas la toge ; il était barbu, dit-on, à une époque où le visage glabre se portait bien à Rome[19] ; il n'honorait pas les dieux de Rome. Tout cela encourageait les méprises. Mais lui-même se sentait citoyen romain : la meilleure preuve (indirecte) de son statut, nous la découvrirons dans l'objectif et la conception même de ses premiers voyages. Paul se voudra d'abord missionnaire des communautés romaines d'Orient ; il était donc conscient des avantages offerts par ce milieu, alors que les Juifs religieux étaient moins bien considérés par les populations grecques et les autorités locales[20].

UNE FAMILLE NATIONALISTE

Ce citoyen romain naquit dans une famille juive au sang pur et de stricte observance.

Il était hébreu, issu d'Hébreux en ligne paternelle comme en ligne maternelle, et il tint à l'affirmer, car les mariages mixtes n'étaient pas rares dans les milieux de la Diaspora[21]. Son père appartenait à la tribu de Benjamin, et sans doute aussi sa mère, puisque la règle était de se marier au sein de sa tribu. La famille de Paul aurait eu ses racines tout au nord de la Galilée, à Giscala[22].

Ses parents restaient attachés aux traditions. Ils donnèrent à leur fils le nom de Saül, qui avait été le grand homme de la tribu de Benjamin, fondateur de la royauté et guerrier victorieux au IXe siècle[23] ; son histoire demeurait vivante dans les mémoires. Or le choix d'un nom n'est jamais neutre en milieu sémitique. Il recèle une réalité importante et il assure une postérité : on attribue au nouveau-né le nom d'un défunt qui eut une vie remarquable pour qu'il en devienne le substitut et l'égal. Le choix de ce nom royal était d'autant plus remarquable qu'il fut très rarement porté dans la Diaspora, sans doute parce que le règne de Saül ne s'était pas achevé à son avantage et que son souvenir s'était effacé devant les exploits de David, son successeur. De surcroît, ce nom sonne mal en grec, au moins sous la forme hellénisée *Saoulos*, qui est celle utilisée par l'auteur des Actes[24] : il évoque nonchalance et comportement efféminé, pour ne pas dire plus !

Mais le père de Saül avait sans doute ses motifs. Le roi Saül s'était illustré dans la lutte contre les Iduméens, ce peuple dont était issue la dynastie hérodienne qui régnait à son époque sur la Judée et sur une partie de la Palestine[25]. Il s'agissait d'une dynastie d'usurpateurs dont l'origine et le mode de gouvernement avaient suscité beaucoup de réticences dans la vieille aristocratie et parmi les pharisiens[26]. Il est difficile de ne pas voir là une relation de cause à effet. Ainsi surgit quelque peu de la brume de l'histoire la silhouette du père de Paul, nationaliste convaincu autant que pharisien fervent.

PHARISIEN FILS DE PHARISIEN

Paul revendique ses origines pharisiennes. Il soulignera toute sa vie la continuité de son attachement à cette secte du judaïsme et la cohérence absolue de toute son éducation[27], alors que d'autres parmi ses contemporains entreprenaient, comme les Grecs, une recherche du savoir et multipliaient les expériences avant de s'attacher à une école de pensée[28]. Comme le lui fait dire l'auteur des Actes, Paul se sentait bien le fils de son père.

Il était donc né dans une famille de lettrés. La secte des pharisiens constituait une émanation de la classe des scribes et des spécialistes de l'exégèse biblique, qui s'était séparée, au cours du IIe siècle avant notre ère, du parti sacerdotal traditionaliste quand celui-ci avait viré à l'hellénisme[29]. Les scribes affirmèrent dès lors que le pouvoir de dire le droit n'était pas détenu par la seule caste sacerdotale, mais par tout homme capable d'interpréter authentiquement la Bible et la Tradition. Dans ses rapports avec les communautés de croyants, Paul ne voudra être rien d'autre qu'un de ces « interprètes », dont il ne cesse d'affirmer le rôle nécessaire et primordial[30].

Dans la société juive du temps[31], la secte rassemblait des hommes nouveaux, dégagés des pesanteurs et des préjugés de la vieille aristocratie, et que distinguaient du « peuple du pays » leur savoir, leur volonté de vivre l'Alliance divine au quotidien, leur exigence de pureté dans la stricte observance de la Loi. C'étaient des « justes » autant que des « savants », des « séparés » — regroupés par petits groupes de pureté — autant que des « exégètes » : le nom même de « pharisien » ne dérive-t-il pas d'une racine signifiant tout à la fois « séparer » et « expliquer » ?

Leur style de vie tranchait évidemment sur celui de la cour des Hérodes, complètement hellénisée, et sur celui des notables et des prêtres de haut rang, au luxe ostentatoire, qui constituaient le parti des saducéens. La secte pharisienne recrutait plutôt dans les catégories urbaines moyennes, parmi les artisans et les commerçants. Ces « purs » sont des actifs, qui considèrent les occupations professionnelles comme un élément d'équilibre nécessaire dans la vie du savant. Ils se rassemblent sous la direction d'un « maître », *rabbi* ou « didascale » en grec, pour mieux vivre leur recherche de la perfection morale et rituelle.

Pourtant, le milieu pharisien n'était pas une société close. Beaucoup de maîtres veillaient à ce que les règles de pureté rituelle ne soient pas appliquées avec trop d'intransigeance et cherchaient à adapter et à faciliter la vie religieuse et sociale de leurs contemporains par l'exégèse et le développement d'une tradition orale. Mal aimés des Évangiles à cause de leur formalisme, les pharisiens étaient vus comme des « chercheurs d'allégement » par la secte de Qumrân ! Représentaient-ils une voie moyenne parmi toutes les tensions du judaïsme d'alors ? Peut-être... Ils étaient surtout gagnés à l'idée de l'universalité du salut, que certains prophètes avaient introduite dans les esprits. Un des thèmes majeurs du pharisaïsme consistait à affirmer que la Révélation divine s'adressait à tous et non pas seulement aux prêtres, et qu'en définitive chacun avait vocation à la sainteté.

Le mouvement pharisien vivait plus ou moins bien ses contradictions existentielles. Il avait l'intuition de l'universalité du salut, mais il se développait dans une dynamique groupusculaire, l'aspiration à l'idéal de sainteté l'incitant toujours à se séparer des pécheurs. Il n'en formait pas moins l'élément le plus actif de la société juive, si morcelée et si déchirée au début de notre ère. Peu nombreux (6 000, dit-on), les pharisiens constituaient pourtant un mouvement d'idées et un parti réellement influents dans la vie publique, encore qu'assez diversifiés dans leurs choix.

Fils de pharisien, Saül fut circoncis à huit jours comme l'exigeait la tradition. Peut-être fut-il aussi voué à Dieu comme un *nazir* : certains le pensaient à Jérusalem et lui-même dit avoir été appelé à Dieu « dès le sein de sa mère » — formule couramment employée pour les enfants voués [32]. Cela impliquait des usages alimentaires et vestimentaires particuliers qui pourraient expliquer l'impression d' « étrangeté » que donnait parfois Paul aux Romains et aux Grecs qu'il rencontrait.

LA CHANCE DE L'ÉMIGRATION

Paul n'appartenait pas à l'une de ces grandes familles issues de la caste sacerdotale et de l'aristocratie hasmonéenne qui s'enorgueillissaient tant de leurs généalogies soigneusement préservées et transmises. Jamais il ne citera son père ni son grand-père, alors que la référence à trois générations d'ascendants était constante chez les notables[33] ; ses biographes ne parviendront pas à reconstituer sa filiation jusqu'aux patriarches, comme on le fit pour Jésus et ses parents[34]. La famille de Saül, de notoriété récente, avait dû profiter de la promotion des pharisiens, à partir du milieu du Ier siècle avant notre ère, quand le Conseil des anciens (le Sanhédrin) s'ouvrit à certains de ces docteurs de la Loi.

Dans une société régie par le privilège de la naissance, les origines de Saül constituaient une infériorité qu'il compensa comme il le put : il pallia l'insignifiance de sa famille en insistant sur la pureté de son sang et en se réclamant sans cesse de la « semence d'Abraham » ou de la « descendance de Jacob »[35], ce qui est encore une façon de remonter aux Patriarches et de se distinguer, dans la Diaspora, des prosélytes.

L'émigration fut la chance de cette famille modeste[36]. A la génération de Saül, la famille se disséminait entre le Proche-Orient, la Grèce et Rome, avec des antennes sur la Via Egnatia, qui traversait les Balkans vers l'Italie, et à Cenchrées, le port de Corinthe, où les bateaux orientaux passaient l'isthme pour gagner l'Adriatique[37]. D'après les Actes, le père de Saül était fixé à Tarse, en Cilicie, ce que la carrière de l'apôtre confirme indirectement, puisqu'il obtint sa première délégation apostolique pour les régions de Syrie et de Cilicie[38]. L'une des plaques tournantes du commerce international, Tarse, se situait au carrefour des échanges entre le monde sémitique, le plateau anatolien, les villes grecques et les îles et, au-delà, vers l'Europe ou l'Égypte. La position de la ville était extrêmement favorable : proche des mines de fer du Taurus et de régions productrices de laine, elle constituait aussi une étape sur l'axe très ancien qui reliait Éphèse à la Syrie par les portes de Cilicie, ainsi que le terme de la route maritime empruntée par le blé et le lin égyptiens, car les bateaux remontaient facilement le Cydnos qui traversait Tarse. A l'époque romaine, l'artisanat textile s'y montrait particulièrement actif, tout comme le commerce des tissus de laine et de lin. Mais le trafic des parfums et des aromates y avait également de l'importance, de même que celui du vin, une autre des spécialités ciliciennes ; certains Juifs s'y consacrèrent [39].

Toute la famille était en voie d'hellénisation, quoique à des degrés inégaux. Quelques-uns des parents de Saül se contentaient de traduire en grec leur nom hébreu : ainsi Sosipatros (ou Sopatros) pour *Shem Adon,* composé de « Nom » et de « Seigneur », ou Jason pour *Joshua*/Jésus. D'autres portaient un prénom latin, comme Lucius à Cenchrées : c'était alors la mode dans la bourgeoisie provinciale la plus prospère. Quant aux noms d'Andronicos et d'Hérodion, dépourvus de toute signification religieuse, ils n'évoquaient que la tradition grecque pour le premier, que des affinités politiques pour le second [40]. Certains des proches du pharisien Saül appartenaient donc à la clientèle des Hérodes : la famille n'était pas monolithique.

Dans le cas particulier du père de Saül, cette hellénisation était assez poussée pour qu'il ait joui du droit de cité à Tarse, à une époque où l'intégration politique sanctionnait toujours un réel processus d'acculturation. Mais l'image qu'en donnent les Actes est cohérente : on sait que les artisans et les entrepreneurs du textile, qui faisaient la prospérité de la ville, y possédaient tous le statut de citoyen à la fin du Ier siècle[41].

Que Saül soit né dans une famille du textile constitue l'hypothèse la plus vraisemblable, qui se fonde sur trois remarques convergentes des Actes. Au cours de ses voyages, il entrera tout naturellement et très facilement en relation avec des artisans et des trafiquants du textile, avec une marchande de pourpre à Philippes, des tisserands à Corinthe, des teinturiers ou des marchands de laine à Éphèse[42]. Le premier voyage qu'il dirigea lui-même sur le plateau anatolien emprunte un axe commercial bien connu, fréquenté par les artisans et les marchands de Tarse qui traversaient la Lycaonie vers la Cappadoce pour y acheter la laine d'excellente qualité produite dans la région[43]. Paul lui-même, lors de ses longues escales, assurait sa subsistance en travaillant dans le textile : c'est certainement le métier qu'il avait appris enfant, dans le cadre familial, en application de la Loi, scrupuleusement observée par les pharisiens, qui enjoignait aux parents d'enseigner à leur fils une activité manuelle[44].

Une famille d'artisans ? Certes, le travail de la laine et du lin restait encore largement une affaire domestique et la commercialisation des surplus ne permettait guère aux intermédiaires de bâtir des fortunes comparables à celles des marchands d'étoffes de pourpre et de soie. En outre, Paul adulte donne de lui-même une image laborieuse et médiocre qui suggérerait plutôt l'échoppe de l'artisan que les bureaux de l'import-export. Mais l'argument n'est pas probant car, au hasard des escales et de l'hivernage, les marchands au long cours, impliqués dans les trafics les plus fructueux, devaient travailler comme ouvriers ou comme détaillants dans leur spécialité, sans avoir l'emploi de leur qualification professionnelle.

En fait, les milieux influents du textile étaient extrêmement diversifiés, comme on le constate à Corycos, la ville voisine de Tarse, quelques siècles plus tard[45]. La laine et surtout le lin se révélaient de qualité fort variable selon qu'on confectionnait du rugueux « cilice » pour le marché local ou qu'on œuvrait pour l'exportation. Il y avait une production luxueuse de tissus brodés, d'étoffes de pourpre et surtout de linon fin dont Tarse abritait un nombre particulièrement élevé de fabricants. On note à différentes époques la présence de Juifs dans tous ces secteurs de production, qui impliquaient tout un réseau d'activités liées à l'importation, à la transformation, à la redistribution, et qui mettaient les négociants de Tarse en relation avec l'arrière-pays anatolien et avec le trafic portuaire[46]. Au Bas-Empire, un marchand de lin juif faisait la navette entre Tarse et la côte palestinienne; d'autres trafiquaient avec l'Égypte et les îles de l'Égée. Paul ne connaîtra pas l'Égypte, mais il se sentira chez lui à Tyr et dans les îles; il sera un familier des pistes caravanières qui traversaient l'Anatolie comme un isthme ou qui menaient à l'oasis de Damas.

DE L'UTILITÉ D'AVOIR DES PARENTS

Tout cela laisse supposer une famille juive enrichie dans l'import-export, semblable à celle de Philon d'Alexandrie, son contemporain, dont les parents avaient eux aussi obtenu la citoyenneté romaine[47]. Dans ces familles, certains étaient des convoyeurs, tandis que d'autres dirigeaient des comptoirs implantés dans les places de commerce.

C'est le système, à la fois familial et économique, de la parentèle *(syngeneia)*, qui permet à un clan de déployer ses affaires à l'échelle internationale, sous la forme d'une entreprise à succursales multiples, toutes administrées par des « parents »[48].

Saül grandit dans un milieu où les solidarités familiales et professionnelles jouaient un très grand rôle, et il en subit fortement l'influence. Il restera toute sa vie fidèle à l'idéal de « collaboration » *(synergia)* qui animait les corporations marchandes, particulièrement à Tarse[49]. Partout, durant ses voyages, il entretiendra des relations avec ses « parents » *(syngeneis)*, c'est-à-dire ceux de sa parentèle au sens large. Ce type de famille ne pouvait que développer une vocation aux voyages, qu'elle stimulait pour des raisons professionnelles et qu'elle facilitait aussi puisque la *syngeneia* imposait un devoir d'accueil et d'assistance envers le parent de passage qu'on hébergeait et qu'on invitait aux fêtes traditionnelles où se réunissaient régulièrement les étrangers de même origine[50]. Les solidarités tribales peuvent avoir également joué : en effet, une tradition occidentale rapporte qu'Aquila, qui accueillit Paul à Corinthe et à Éphèse et lui resta fidèle jusqu'à la fin, était aussi de la tribu de Benjamin.

Saül eut le privilège de naître dans un milieu tout à la fois ouvert et stable. Ouvert, puisque ses proches avaient déjà un horizon mondial. Stable, dans la mesure où les structures de parenté, très solides et très contraignantes, résistaient et remédiaient à toutes les tentations de séparation et de dispersion. On comprend qu'aient pu se perpétuer dans cette famille de la Diaspora la fierté du passé biblique et la foi du pharisien.

LA FAMILLE PROCHE

Une chose est certaine : Saül n'était pas fils unique. Une de ses sœurs au moins atteignit l'âge adulte. Mariée et mère de famille, elle demeurera attachée à son frère : d'après l'auteur des Actes, c'est son fils qui avertira les autorités romaines de Jérusalem des complots tramés contre Paul, et il visitera son oncle en prison. On ne peut pourtant assurer que cette branche de la famille se soit installée dans la capitale juive, car l'intervention du neveu a lieu lors des fêtes de Pentecôte, quand montaient au Temple des pèlerins venus de toute la Palestine et même de la Diaspora. Ce petit-fils de citoyen romain n'éprouva d'ailleurs aucune difficulté à obtenir audience des officiers responsables : Pierre et les disciples n'avaient pu y parvenir aussi aisément lors du procès de Jésus[51]...

Paul se donne aussi un « frère », qu'il désigne par le surnom latin de Rufus et qui vit à Rome dans les années 55 avec sa mère « qui est aussi la mienne[52] ». Surnom très fréquent sous l'Empire, « Rufus » peut servir à romaniser le nom juif de Reuben[53]. On a coutume de voir là une « fraternité » et une « filiation » strictement électives, bien que les rapports sociaux qu'implique cette sorte d'adoption ne s'accordent pas avec la situation d'un missionnaire itinérant, sans domicile ni revenus assurés : il s'agit toujours en effet de femmes isolées qui se confient à des hommes susceptibles de les prendre en charge, telle Marie à l'égard de Jean[54] ; or cette femme a un fils chez qui elle vit.

Mais la question se complique dans la mesure où l'usage s'est instauré de distinguer entre frères germains et frères utérins[55] ; cette précision s'impose à une époque où le remariage des veuves est une nécessité absolue tant qu'elles n'ont pas de fils établi qui puisse les recueillir. L'expression utilisée par Paul pour qualifier cette femme peut paraître bien compliquée, mais elle est caractéristique, en milieu grec, d'un homme bien élevé, qui ne nomme jamais en public une femme honorable et qui doit éviter de la désigner autrement que comme « fille », « épouse » ou « mère » de citoyens [56]. Enfin, Paul fait un sort tout à fait particulier à ce Rufus, qu'il dit « élu dans le Seigneur », un peu à la manière dont il se considérait lui-même « appelé par la Grâce dès le sein maternel ». On ne peut donc exclure l'hypothèse que Paul ait perdu son père assez tôt — du moins avant le début de sa vie publique, ce qui expliquerait le silence des Actes à son endroit — et que sa mère se soit remariée dans ce même milieu de Juifs romanisés. Elle se serait ensuite convertie, ainsi que le fils né de ce second mariage auprès de qui elle terminerait ses jours.

Rufus et sa mère ne seraient pas les premiers chrétiens de la famille. Dans la même lettre, Paul salue avec émotion Andronicos et Junia (encore des Juifs hellénisés et romanisés), qui ont partagé pendant un certain temps sa vie et ses épreuves en Asie [57]. Ce sont des « apôtres marquants », « nés dans le Christ » avant Saül lui-même, ce qui les rattache au premier mouvement de conversion à Jérusalem. La famille de Saül n'était donc pas restée insensible au tumulte soulevé à Jérusalem par la prédication de Jésus et des Douze.

Tout concourt dans les Actes à présenter Paul comme une figure emblématique de l'apôtre, solitaire et détaché de ses origines. Lui-même a laissé l'image d'une famille dispersée mais solidaire, soutenant activement des entreprises lointaines. L'auteur des Actes s'est attaché, quant à lui, à mettre en évidence le citoyen romain, « citoyen du monde », que sa naissance destinait à porter l'Évangile dans la capitale de l'Empire. Le statut de l'apôtre s'inscrit alors dans une itinérance spirituelle et missionnaire, mais la figure ainsi reconstituée est plausible, sinon assurée ; elle apparaît même de plus en plus vraisemblable à mesure que des documents nouveaux font mieux saisir l'adhésion de très larges couches d'Orientaux à l'ordre romain.

Ce Juif de la Diaspora, ce pharisien romain et hellénisé, la sensibilité moderne le ressentirait volontiers comme déchiré, « entre deux mondes[58] ». Lui-même eut pourtant le sentiment de la cohésion de son destin, que ses attaches familiales, telles qu'on peut les reconstituer, enracinaient dans des traditions certes diverses, mais non contradictoires[59]. Peut-être même la vocation missionnaire de Paul s'éveilla-t-elle au sein de sa famille, car certains de ces marchands grands voyageurs travaillaient à propager leur foi : introduits dans l'entourage des notables, ils y suscitaient des conversions et y créaient des courants de sympathie[60]. Jusqu'à présent tous les exemples viennent de l'Est et cet état d'esprit ne semble pas avoir caractérisé la Diaspora d'Asie Mineure[61], mais la famille de Saül regardait vers l'Orient puisque toutes ses années de formation se déroulèrent, suivant la tradition, entre Tarse, Jérusalem et Damas.

CHAPITRE II

L'amoureux du savoir

Saül fit de longues études, trop longues peut-être dans l'esprit de ses contemporains, comme le prouve cette réflexion d'un Romain cultivé au soir de sa vie : « Tu es fou, Paul ! Tes multiples études t'ont tourné la tête jusqu'à la folie[1] ! »

Il passa à la postérité sous les traits d'un intellectuel, drapé dans une toge comme un rhéteur ou un philosophe païen, portant les rouleaux du docteur et chaussé de sandales comme un homme de lettres itinérant[2].

Saül est l'un de ces « amoureux du savoir » *(philomatheis)* qui hantaient, à cette époque, les synagogues de Jérusalem et de la Diaspora[3].

L'ÉDUCATION HÉBRAÏQUE FAMILIALE

L'enfance de Saül, comme celle de tout enfant juif[4], fut marquée par l'étude de la Bible, son premier livre de lecture, dont il reconnaîtra très clairement, à l'âge adulte, le caractère didactique. Lorsqu'il affirme : « Tout ce qui a été écrit jadis l'a été pour notre instruction[5] », il reprend vraisemblablement une maxime de son époque.

Saül apprit donc à lire dans la Bible et en hébreu,

mais il n'apprit pas l'hébreu comme une langue morte. Il le parlait en famille et ne paraît pas avoir altéré son nom hébreu dans la vie courante, ni en l'hellénisant sous la forme *Saoulos*, comme le fit l'auteur des Actes[6], ni en l'araméisant en *Silas*, comme le fit l'un de ses compagnons de voyage[7]. On ne devait plus guère parler l'araméen à Tarse, bien qu'il y ait été couramment employé à une époque très ancienne ; langue universelle du Proche-Orient au début du premier millénaire, il avait ensuite reculé devant le grec dans le monde hellénistique et avait perdu toute importance parmi les populations urbaines. La pratique familiale de l'hébreu constituait certes, à cette date, le réflexe d'une minorité particulièrement attachée aux traditions nationales[8], mais tel était bien le cas des parents de Saül.

Manuel de l'enseignement élémentaire, la Bible était aussi, aux dires mêmes des Pauliniens, le livre classique, canonique, qui servait de base à « une éducation fondée sur la justice[9] ». Pourtant, l'appellation de Torah, appliquée très tôt aux cinq premiers livres de la Bible, signifie étymologiquement « instruction » et non pas « Loi », comme on le croit trop souvent. Mais depuis l'époque des Rois, on voyait notamment dans le Deutéronome un livre normatif, rédigé pour être enseigné, sans cesse revu et développé[10]. C'est à lui que Paul se référera le plus souvent dans ses écrits, comme en réminiscence du caractère moralisateur de sa première éducation ; il citera moins la Genèse et l'Exode ; le Lévitique et les Nombres, encore moins. La culture biblique de Paul adulte est tout entière fondée sur le Pentateuque, les Psaumes et les Prophètes, qu'il avait appris par cœur dans son enfance.

Cette éducation biblique commençait dès le plus jeune âge — dès le sevrage, disait-on[11]. Sans doute faut-il entendre « sevrage » au sens large, c'est-à-dire le moment où l'enfant devenait autonome par rapport à sa mère, vers cinq ans plutôt que trois, âge où prenait fin l'allaitement. Cinq ans représentaient une étape dans la vie du jeune Juif : c'était la fin de la petite enfance[12]. Le petit Juif s'initiait à la Bible tout à la fois dans sa famille et en dehors d'elle ; il n'y avait aucune coupure entre la famille, la synagogue et l'école, et le rôle du père restait primordial[13]. Directement, c'est lui qui prodiguait les premiers rudiments de la Torah et de la langue sacrée, c'est-à-dire de l'hébreu ; indirectement, c'est lui qui choisissait les maîtres et les écoles.

Quant à la synagogue, elle était d'abord et avant tout un lieu d'enseignement[14]. Sans qu'il y ait d'ailleurs d'aménagements particuliers : les enfants se réunissaient dans une des salles garnies de bancs, où l'on a parfois retrouvé tables et encriers. L'enseignement était dispensé par un des lettrés qui animaient les réunions du sabbat.

Les jeunes enfants commençaient par l'apprentissage de la lecture, en identifiant, puis en assemblant les lettres et en répétant la lecture proposée par le maître[15]. L'initiation à l'écriture était simultanée, l'abécédaire ayant les deux usages[16]. On apprenait à écrire aussi bien sur parchemin que sur papyrus, et Paul pratiquera indifféremment ces deux types de « papier »[17]. Puis on passait très vite aux travaux de rédaction : parmi les exercices de débutant figuraient des listes de noms propres, des listes de mois ou des formules d'introduction et de salutation à employer dans les lettres. Suivaient des rudiments de calcul et de dessin, mais l'exercice classique demeurait la récitation.

La formation hébraïque élémentaire, tout à la fois instruction et éducation, donnait à l'enfant juif, en plus des savoirs de base, une claire conscience de son identité : on lui inculquait une morale rigoureuse ainsi qu'une connaissance précise de l'histoire et des traditions de son peuple. Mais à Tarse comme partout dans la Diaspora en pays grec, on le formait aussi aux mécanismes de la pensée classique et il recevait nécessairement une éducation bilingue ou trilingue.

UNE ÉDUCATION POLYGLOTTE

Cela se faisait sans déchirement ni tension insupportable pour le jeune enfant. En effet, le parcours de l'écolier grec ou romain suivait à peu près les mêmes étapes que celui du petit Juif. L'enfance à proprement parler, entre cinq et quatorze ans, était consacrée à l'apprentissage des lettres[18]. En Cilicie et pour un étranger de bonne famille, cela voulait surtout dire apprendre à bien parler le grec, avec la prononciation attique, sans corruption de l'accent par le milieu ambiant[19]. Le grec de Saül est celui des gens cultivés de son temps qui, bien entendu, n'employaient plus la langue de Démosthène ! On trouve bien des néologismes chez Paul et les siens, mais Cicéron lui-même les avait utilisés avant eux[20]. Paul parlera la langue des gens d'affaires, plutôt que celle des philosophes et des rhéteurs : c'est dans ce registre qu'il puisera des noms pour les institutions de l'Église nouvelle, tel celui d'*épiscopos* (« évêque »), qui appartenait au vocabulaire administratif[21] ; c'est ce milieu qui lui inspirera volontiers images et comparaisons[22].

Sans doute ses parents avaient-ils fait appel aux services d'un esclave de bonne origine : c'était l'usage à l'époque, quand on n'envoyait pas l'enfant chez un grammatiste, puisqu'il existait dans toute cité grecque quelques écoles élémentaires privées. L'apprentissage de la langue semble avoir bien réussi dans le cas de Saül, car aucun puriste ne lui reprochera jamais, même à Athènes, ni fautes de grec, ni atticisme affecté — trait fréquent de parvenu. Son intégration au monde grec en sera facilitée d'autant.

Comme en milieu juif, l'initiation à la lecture, en Grèce, était fondée sur l'exercice de la mémoire[23] : Saül apprit par cœur des fragments de poésies et des proverbes, dont il se souviendra plus tard, à l'occasion, pour émailler de citations ses discours aux Grecs[24]. Comme le jeune Juif encore, le petit Grec copiait les textes qu'il récitait. Dans les familles de notables, où l'on envisageait pour l'enfant des études supérieures, il s'agissait d'apprendre à « écrire bien et vite », pour pouvoir prendre des notes. Mais Saül écrivit toujours « gros », trop gros pour écrire vite et beaucoup[25] ; d'autres, formés à la sténographie, devaient prendre des notes pour lui. Il a pu faire cet apprentissage à la maison, auprès d'esclaves spécialisés « dans les écritures », comme en comportait obligatoirement toute maison prospère de marchand.

Enfin, bien qu'il ait appris à lire dans la Bible hébraïque, il se familiarisa très tôt avec la version grecque élaborée à Alexandrie au IIIᵉ siècle, à laquelle il empruntera entre autres sa terminologie du « péché »[26], de la « descendance », du « juge », et des concepts aussi variés que celui d' « héritage divin » ou de « passage » sur terre[27]. C'est un Juif formé à Alexandrie, Ben Sirach, qui lui fournira le terme d'*ecclésia* (« église »), appliqué à l'assemblée en grec classique, pour désigner une communauté de dévots[28]. Les livres grecs de la Bible lui inspireront encore de nombreuses images littéraires : celle de la maison en construction[29], celle de la culture ou des semailles[30]...

L'emprunt de la langue grecque entraînait l'adoption de certaines catégories mentales. Saül, comme Philon d'Alexandrie et d'autres Juifs hellénisés[31], a parfaitement intégré le principe d'émulation qui constitue le ressort de toute l'éducation grecque depuis Homère, l'objectif étant de se dépasser sans cesse en rivalisant avec ses pairs. Dans les écrits pauliniens comme dans les éloges du temps, les comparaisons font souvent référence à l'effort, à la course, à la couronne que remporte le vainqueur, au prix du combat[32]... Bien plus, Paul vivra sa vie comme une joute perpétuelle et sera toujours persuadé du primat de la parole, le Logos, ce qui est bien caractéristique d'un intellectuel grec.

Paul participera aussi d'un état d'esprit qui préconisait l'égal développement des aptitudes physiques et intellectuelles. L'importance qu'aura dans ses propos le thème de l'athlétisme n'a rien de surprenant en milieu grec, mais n'en révèle pas moins que le sport tint une aussi grande place que l'étude dans son enfance. Il appartient à une génération de Juifs pour qui la fréquentation du stade va de soi, surtout à Tarse[33].

Le jeune Saül fut certainement un sportif, et nous ne devons pas nous laisser abuser par le qualificatif d'« avorton » qu'il s'attribuera plus tard et qu'il développera à l'occasion dans une veine arétalogique très stéréotypée[34]. Il était capable, à l'âge adulte, de nager un jour et une nuit après un naufrage, avant de se faire recueillir par un bateau[35]. La performance n'avait rien d'exceptionnel à l'époque[36], mais tout de même...

Saül a fait siennes les valeurs fondamentales de la société grecque et, en particulier, cette morale de mesure et d'équilibre typique des bonnes familles à l'époque impériale. Le but de l'éducation est d'acquérir la *sophrosynè*[37], ce qui signifie tout à la fois pudeur, modestie du comportement, noblesse de caractère, sagesse. Il reconnaîtra la valeur du système éducatif grec *(paideia)* qui a pour objet de former une nature d'élite : dans les dernières épîtres, cela devient même le schéma de l'éducation chrétienne[38].

Sa langue de culture restera le grec et il a parfaitement assimilé les clivages et les oppositions les plus caractéristiques de la mentalité grecque, entre la parole et l'action, entre le citoyen et l'étranger, entre le magistrat et le particulier, entre la ville de naissance et la ville d'adoption.

En Orient, la formation grecque constituait habituellement un tremplin pour l'apprentissage des langues occidentales. Tout citoyen romain devait pouvoir s'exprimer en latin, sous peine d'être rendu à la « pérégrinité ». Saül avait même acquis les bases et les méthodes de la rhétorique judiciaire, telles que les enseignaient les avocats romains. On ne s'étonnera donc pas de constater qu'il avait adopté la conception romaine du monde. Il a une vision géographique de l'Asie Mineure et des Balkans fondée sur l'organisation administrative de l'Empire : contrairement aux Grecs, il ne prend en considération que les cadres provinciaux (la Syrie, la Cilicie, la Galatie, l'Asie, la Macédoine, l'Achaïe), non pas les régions ni les États, et guère davantage les cités ; il définira ses zones de mission dans ce cadre et établira ses itinéraires en fonction des routes romaines et des capitales administratives de l'Orient[39].

L'HEURE DU DÉPART

Dans le système d'éducation juif comme dans le grec, il vient un moment où il faut sortir de chez soi, où il faut partir au loin, dans une ville universitaire, pour parfaire sa formation. Et ce moment arrive vite[40].

Un certain jour, le père de Saül décida de l'envoyer continuer ses études à Jérusalem, ce qui était une pratique courante chez les Juifs de la Diaspora. Le Talmud de Babylone l'imputera plus tard aux insuffisances de l'enseignement hébraïque local et préconisera d'y recourir à l'âge de seize ou dix-sept ans. Quel âge avait donc Saül à son départ de Tarse ? Lui-même se référait, semble-t-il, au système de classes d'âge en vigueur dans le monde grec. Quand on rappelle qu'il vint à Jérusalem « dès sa prime jeunesse », dès son entrée dans la catégorie des *néoi*[41], on emploie une expression très usuelle parmi les Juifs hellénisés qui l'avaient empruntée au vocabulaire officiel de la cité grecque, où la catégorie des « Jeunes » avait valeur institutionnelle dans l'esprit des pouvoirs publics, des usagers du gymnase et des écoles philosophiques ; elle s'appliquait à un groupe organisé et reconnu[42].

Il est cependant difficile de définir ce qu'on entendait exactement par « être jeune ». A Athènes, cela concernait normalement la classe d'âge comprise entre dix-neuf et vingt-cinq ans, mais on pouvait se faire qualifier de *néos* jusqu'à trente ans. Le « jeune » étudiant est toujours timide et rougissant, il reste souvent muet devant ses maîtres... En tout cas, il n'a pas encore la pleine capacité politique. Bref, la jeunesse est un temps d'apprentissage, sur lequel le père garde d'ailleurs la haute main ; à Tarse, le « jeune » de vingt ans, encore mineur au sens juridique du terme, doit obtenir le consentement de son père pour changer d'école ou de ville universitaire, même s'il fait son propre choix[43]. Pour les Juifs, la « jeunesse » est d'abord l'âge où l'on s'engage personnellement à l'observance de la Loi[44] ; c'est l'âge de l'autonomie en matière morale et religieuse, l'âge de l'indépendance financière, quand on commence à payer personnellement la contribution annuelle au Temple de Jérusalem[45]. Sur le plan social, c'est l'âge de la camaraderie, de l'amitié et du mariage. Mais le jeune Juif, contrairement au jeune Grec, était déjà considéré comme majeur depuis l'âge de quatorze ans[46].

La « jeunesse » était donc une catégorie morale, voire religieuse ou civique, plutôt qu'une période déterminée de la vie, bien qu'en milieu juif comme dans la cité grecque le système d'enseignement reposât sur des cycles. A quatorze ans, on finissait l'enseignement élémentaire et on partait de chez soi. Pour le jeune Grec, il s'agissait d'acquérir une formation rhétorique, dispensée dans une école privée[47]. Pour le jeune Juif, l'étape revêtait plus d'importance encore : considéré comme majeur, il pouvait désormais s'initier à l'exégèse que la tradition pharisienne, en particulier, séparait de l'étude de la Bible ; certains n'hésitaient pas à suivre des stages auprès des différentes sectes pour mieux comparer leurs mérites[48]. Le second tournant se situait vers dix-neuf ou vingt ans : l'élite intellectuelle des Grecs fréquentait alors les écoles philosophiques jusqu'à vingt-cinq ans environ[49], tandis que le jeune Israélite choisissait définitivement une secte et un maître[50].

Dans le cas précis de Saül, le problème est donc de déterminer s'il quitta Tarse à sa majorité juive, c'est-à-dire vers quatorze ans, à l'âge où ses camarades grecs commençaient leur formation rhétorique, ou plus tard, vers sa vingtième année, après avoir profité de la réputation de sa ville natale en matière d'éducation secondaire et universitaire. A son époque, Tarse s'affirmait en effet comme l'un des grands centres culturels de l'Orient hellénisé, quoique ses gymnases fussent d'institution récente[51]. Elle s'efforçait d'imiter l'université d'Athènes et s'alignait en tout sur le modèle athénien[52]. Toutes les branches des arts libéraux y figuraient : la poésie[53], la philosophie, avec une tradition stoïcienne locale[54], la rhétorique enfin, ou plutôt des formes spontanées d'éloquence populaire[55]. Ce n'était pas une ville universitaire classique, mais un lieu de passage[56] et de rencontre où l'on pouvait toucher à tout.

Que connut Paul de ces milieux intellectuels de Tarse ? On peut exclure qu'il s'y soit frotté au stoïcisme, pourtant bien représenté, puisqu'on n'entrait dans ces écoles que vers vingt-deux ou vingt-trois ans, et qu'à cet âge il avait certainement achevé ses études rabbiniques. Tout au plus put-il indirectement se teinter de stoïcisme à travers les propos de son père ou des maîtres de la synagogue, car les pharisiens s'intéressaient à ce courant d'idées[57]. Le problème de sa formation rhétorique (normalement entre sa quinzième et sa vingtième année) est beaucoup plus complexe. Certains des discours de l'apôtre — aux Anciens d'Éphèse et surtout devant Félix ou devant Agrippa — utilisent une terminologie et des modes de raisonnement grecs, mais leur forme actuelle relève de l'auteur des Actes, incontestablement influencé par les modèles classiques, et l'on n'ignore pas que tous les historiens de l'Antiquité avaient l'habitude de recomposer systématiquement les discours afin de leur donner une valeur exemplaire. Le seul témoignage direct que l'on ait conservé des talents oratoires de Paul est le discours qu'il prononça contre Céphas à Antioche : il en avait gardé trace dans ses archives et il en inséra une partie dans sa lettre aux Galates[58]. Or il utilise le concept philosophique de « culture » mais il exprime sa pensée dans une forme hébraïque plutôt que grecque, fondée sur la répétition et le choc des mots. Paul lui-même jugeait sa parole « banale » et « méprisable » du point de vue des Grecs[59]. Tout cela ne milite guère pour l'hypothèse d'un apprentissage de la rhétorique à Tarse et d'un contact prolongé avec les modèles classiques.

Saül dut quitter assez tôt sa ville natale, en tout cas avant vingt ans[60]. Les motivations religieuses de son père, pharisien de stricte observance, sont évidentes. Mais il faut reconnaître aussi que les professeurs de Tarse ne savaient guère retenir les meilleurs d'entre leurs élèves : ceux-ci éprouvaient une impression générale d'insatisfaction devant l'animation superficielle de la ville, et le milieu intellectuel leur paraissait trop peu stimulant dans la mesure où les établissements n'avaient qu'un recrutement régional[61].

Si l'enseignement des maîtres de Tarse et les conversations d'adolescents marquèrent Saül, ce fut plutôt en lui donnant un vernis de culture populaire et en développant ses qualités de *debater*. Car on discutait ferme au bord du Cydnos[62]... Paul, qui possédait le patrimoine intellectuel du Grec cultivé, avait conscience de son appartenance à l'hellénisme, qu'il définit de la façon la plus classique qui soit — c'est le Logos, tout à la fois langage et raison, qui distingue le Grec du Barbare : « Si je n'ai pas la puissance du langage, je serai un Barbare pour qui me parlera[63]. »

ÉTUDIANT À JÉRUSALEM

Selon l'auteur des Actes, l'installation de Saül à Jérusalem n'impliqua pas de réelle rupture dans sa vie d'étudiant. Son père l'aurait confié au plus hellénisé et au plus libéral des maîtres de ce temps, Gamaliel. Le jeune homme aurait lui-même vécu son changement d'existence dans l'équilibre et la continuité, comme un intellectuel qui se reconnaissait toujours deux patries : la « ville natale » (en l'occurrence Tarse) et la « ville nourricière » (pour lui, Jérusalem)[64].

Gamaliel poursuivait une tradition inaugurée par son grand-père, le célèbre Hillel l'Ancien, qui était venu de Babylone sous le règne d'Hérode pour fonder à Jérusalem une académie pharisienne animée d'un esprit conciliateur ; ce libéralisme l'opposait aux tenants d'une autre école, celle de Shammai, davantage attachée à la lettre des textes. La distinction était d'ailleurs toute relative, car Gamaliel passa lui aussi à la postérité pour son respect scrupuleux de la Loi, son idéal de pureté, sa rigoureuse observance des interdits alimentaires. Le choix du père de Saül tint sans doute aussi à la popularité de ce *rabbi* dans la Diaspora : Gamaliel était l'auteur de lettres qui avaient circulé en Galilée et dans les régions environnantes, et il accueillait très favorablement les prosélytes[65]. Il y avait, en effet, un terrain de pensée où se rencontraient depuis longtemps Grecs et Juifs, philosophes et docteurs de la Loi : le devoir de justice, la référence à l'ordre militaire, la thématique des prémices[66] et surtout la notion centrale de parenté entre les peuples *(syngeneia)*[67]. Ce n'était pas encore du cosmopolitisme, mais la conviction que les Juifs et les Grecs avaient un destin commun. Cet état d'esprit était partagé, au moins jusqu'à un certain point, par des Juifs de Jérusalem qui exaltaient déjà à l'époque des Macchabées la parenté entre le peuple élu et celui de Sparte, tous deux frères et de la race d'Abraham.

Cette tradition d'ouverture se prolongea jusqu'à Gamaliel, favorisée par l'évolution de la société puisque Jérusalem devint véritablement, sous le règne des Hérodes, une ville internationale[68] : outre des visiteurs romains et grecs assez nombreux pour qu'on ait rédigé dans leur langue les avertissements du parvis du Temple[69], elle accueillait des princes venus de Perse ou d'Éthiopie[70] ; les Juifs de la Diaspora s'y rassemblaient dans des synagogues de langue grecque ou latine[71], et ils restaient fidèles à la culture classique même quand ils revenaient finir leurs jours dans la vallée du Cédron[72]. Josèphe compte par centaines ces lieux de réunion[73] ; les Ciliciens avaient le leur[74].

Gamaliel lui-même était un homme ouvert, qui considérait d'un assez bon œil les idées nouvelles et qui n'hésita pas à prendre la défense de Pierre et des apôtres devant le Sanhédrin, en préconisant l'expectative. Il n'aurait donc pu développer chez Saül des sentiments antichrétiens. Mais c'était aussi un homme d'ordre qui condamnait la révolte et qui appréciait les idéologies contestées (comme le christianisme naissant) en fonction de leur intégration à la société civile[75]. Membre du Sanhédrin, il y exerçait une influence certaine, et ses élèves durent bien souvent venir l'y entendre plaider, s'initiant ainsi à la pratique du droit et aux problèmes politiques.

Nous ne savons pas précisément comment Gamaliel concevait son enseignement. Saül se déclare « assis à ses pieds », en reprenant une expression semi-symbolique familière aux Grecs[76] ; mais on lit cela sous la plume de l'auteur des Actes, qui adapte toujours l'éducation juive au modèle grec[77], suivant une tendance générale de l'époque qui décrivait les docteurs de la Loi, et notamment Hillel, comme des philosophes grecs, avec les mêmes stéréotypes. Ils s'en différenciaient pourtant dans la mesure où leur enseignement restait très largement fondé sur le par-cœur : plus tard, les rabbins qualifieront de

« répétiteurs » *(tanaim)*[78] cette première génération de docteurs de la Loi. A ce niveau d'études supérieures, l'appel à la mémoire avait encore la priorité absolue, quand bien même la matière acquise demeurait incomprise. Peut-être Gamaliel faisait-il exception, à moins que Saül n'ait au contraire souffert de ces méthodes : il insistera en effet sur la nécessité d'enseigner en comprenant et en se faisant comprendre[79] ; la distinction qu'il établira ainsi entre le « maître », à la parole claire, et le « magicien », aux propos hermétiques, annonce les réactions rabbiniques ultérieures[80].

En tout cas, la « maison » de Gamaliel n'était pas organisée à la manière des écoles philosophiques grecques, qui fonctionnaient dans des lieux publics et où les maîtres se cooptaient. Il faut plutôt l'imaginer comme un petit cercle qui se réunissait au domicile du docteur de la Loi[81]. Le groupe était mouvant et l'on nous dit que des hommes faits, entrés dans la vie active, se mêlaient aux réunions d'étudiants. Le lien entre Gamaliel et ses disciples était très fort : « Donne-toi un maître, disait-il, et tu évites ainsi le doute. » Ils l'appelaient « père » et devaient l'honorer comme tel.

L'ÉDUCATION ENCYCLOPÉDIQUE D'UN JEUNE PHARISIEN

Saül tira le meilleur parti d'un enseignement encyclopédique, qui était dans la tradition pharisienne. Il développa encore ses connaissances linguistiques et devint réellement polyglotte, ce qui répondait à une nécessité absolue dans les milieux intellectuels qu'il était amené à fréquenter en Palestine. Dans la vie courante, on parlait le grec et on lisait dans cette langue les livres les plus récents de la Bible ainsi que les Apocryphes de l'Ancien Testament. Mais l'araméen se maintenait encore en Palestine comme langue littéraire, et c'est alors que Saül dut apprendre à le parler, et même à l'écrire, pour pouvoir utiliser les *targoum*[82] (interprétations des livres sacrés en langue vulgaire) et lire des écrits aussi importants que les Livres de Daniel et d'Esdras, ou le Testament des Douze Patriarches qui l'inspirèrent incontestablement. Cependant, le plus grand nombre des livres bibliques demeuraient en hébreu, et c'est en cette langue qu'écrivaient les membres des familles sacerdotales et rabbiniques, ainsi que les sages rassemblés à Qumrân[83].

Saül reçut également une solide formation de juriste : à l'âge mûr, il apparaîtra à ses compatriotes comme un plaideur professionnel, auquel il vaut mieux opposer un homme de métier[84]. Il connaît son droit et les procédures synagogales. Quand il étudiait à Jérusalem, on enseignait le droit juif dans une « maison d'étude » sur le mont du Temple ; les maîtres développaient une casuistique très sophistiquée et les délibérations du tribunal servaient aussi à la formation pratique des élèves puisqu'il était ouvert à tous[85].

Il était alors à la mode d'acquérir quelques rudiments de médecine : les esséniens, par exemple, se penchaient aussi volontiers sur les ouvrages utiles au bien du corps que sur ceux que requérait le bien de l'âme ; ils étudiaient les racines médicinales et les propriétés des minéraux afin de guérir les maladies[86]. Saül fit à un moment ou à un autre cet apprentissage, puisqu'il se montra capable, lors de l'escale à Malte, d'aider à soigner les malades[87]. Il s'intéressait au corps humain, et d'abord à son propre corps et à ses souffrances, un peu à la manière de certains intellectuels grecs qui tenaient plus ou moins un journal de leur maladie[88]. D'ailleurs, la formation professionnelle avait sa place, et une place de choix, dans l'éducation pharisienne : le travail manuel paraissait nécessaire aux maîtres pour équilibrer l'effort de méditation demandé au sage[89]. Paul ne répugnera pas à travailler de ses mains, malgré les préjugés des milieux grecs pour ce type d'activité.

Mais tout cela n'était que secondaire. L'éducation pharisienne visait avant tout à faire de l'étudiant un bibliste accompli. Les maîtres de la secte comme Gamaliel étaient renommés pour leur compétence exégétique[90] et Paul s'affirmera, à leur suite, comme un bon connaisseur du Pentateuque, de la Torah à proprement parler.

Il se familiarisa aussi avec la littérature prophétique et visionnaire : Paul est nourri d'Isaïe, dont on ne compte pas moins de treize citations, souvent commentées, dans la lettre aux Romains ; c'est aux prophètes qu'il empruntera le terme de « saints » pour désigner les fidèles du Christ[91]. Les prophètes font alors l'objet d'une très grande vénération de la part des pharisiens : au Ier siècle, il devient fréquent d'aller en pèlerinage sur leurs tombeaux et l'on rédige de courtes notices biographiques à leur sujet. Cet intérêt témoigne de l'intense espérance eschatologique qui anime le milieu pharisien entre toutes les sectes juives. Les écrits apocalyptiques, que lut Paul et dont il reprendra plusieurs des thèmes principaux (tel celui de la « couronne de justice »), s'attachaient à mettre en évidence la révélation de la Sagesse divine au cœur des mystères du cosmos et de l'histoire[93]. Le Pentateuque aussi bien que les Apocryphes qui circulaient dans la Diaspora[94] formaient le sens de l'histoire[95]. Paul pouvait citer comme passage de l'Écriture une parole qu'on ne trouve pas dans les livres canoniques et qu'il a lue, en réalité, dans un ouvrage messianique, l'Apocalypse d'Élie[96]. En Palestine, l'esprit millénariste et l'espérance eschatologique se renforcent d'autant plus que l'occupation romaine y crée les conditions les plus favorables à leur développement[97], surtout quand Ponce Pilate durcit son attitude, dans les années 35, alors que Saül se trouve à Jérusalem[98].

Au-delà des observations personnelles et du rationalisme humain, les pharisiens font donc aussi appel à l'expérience mystique du surnaturel. Les anges et les démons appartiennent à leur univers et ils partagent avec tous les intellectuels de l'Orient hellénisé cette croyance en des figures intermédiaires entre l'ordre du divin et celui de l'humain[99].

La foi en la résurrection constitue la pièce maîtresse de la doctrine pharisienne. Au Iᵉʳ siècle, les membres de la secte sont convaincus de l'immortalité de l'âme et se préparent à affronter le jugement de Dieu après la mort : une « prison éternelle » attend les mauvais ; « aux autres est accordée la faculté de revivre[100] ». Cette expression habituelle dans le *credo* pharisien signifie clairement que la résurrection est une récompense promise aux justes, vision restrictive qui n'est pas celle de tous les contemporains de Saül. La littérature apocalyptique a déjà propagé l'idée d'une résurrection générale, pour tous, Juifs et païens, avant le jugement dernier[101]. Entre toutes les sectes juives, les pharisiens semblent davantage préoccupés par le salut individuel que par l'espérance d'un Messie au sens juif du terme, c'est-à-dire d'un sauveur pour la nation[102].

Pour Gamaliel, plus que tout autre chef d'école, les études bibliques devaient former de bons prédicateurs. Il reprend très largement les procédés du stoïcisme populaire. La rude « franchise » que les Actes attribuent à Paul[103] l'assimile aux philosophes ambulants qui diffusaient, en dehors des principales écoles, un enseignement moralisateur tout entier

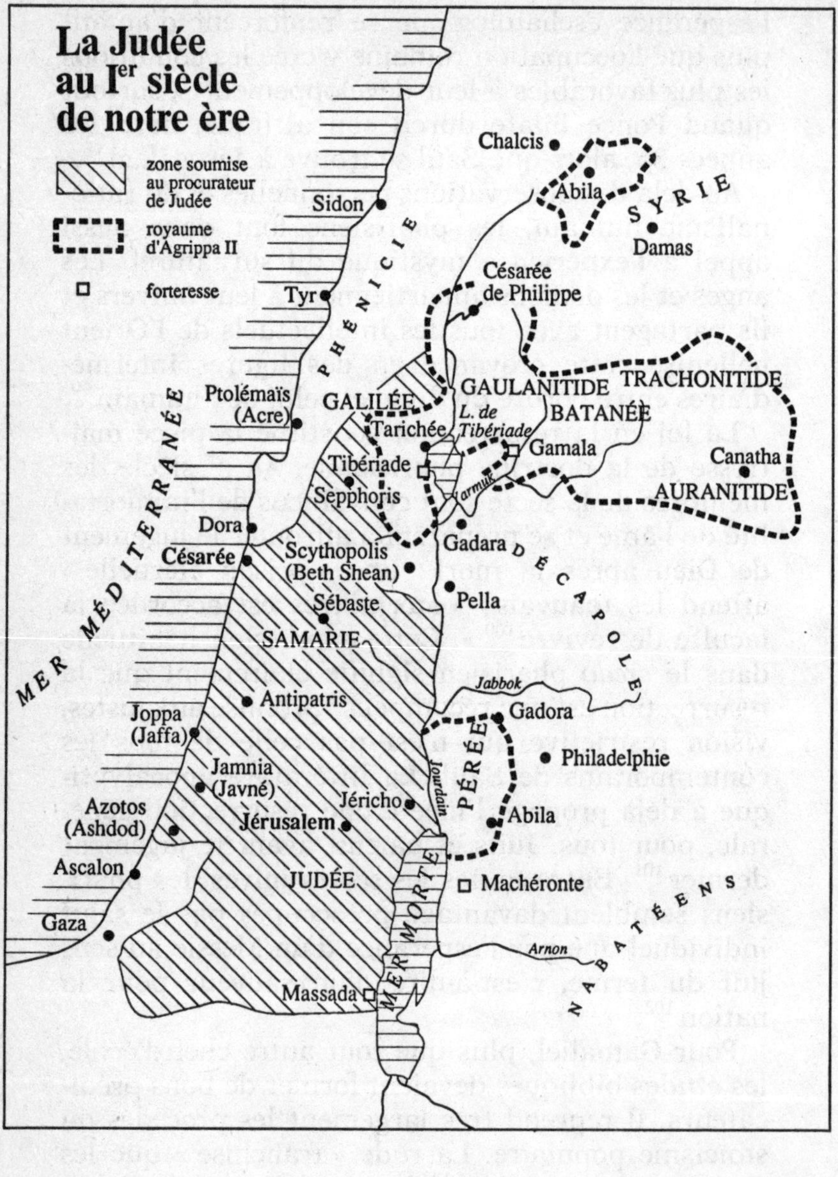
La Judée
au Ier siècle
de notre ère
zone soumise
au procurateur
de Judée
royaume
d'Agrippa II
forteresse
Chalcis
Abila
SYRIE
Damas
Sidon
PHÉNICIE
Tyr
Césarée
de Philippe
GAULANITIDE
TRACHONITIDE
BATANÉE
Ptolémaïs
(Acre)
GALILÉE
Tarichée
L. de
Tibériade
Gamala
Canatha
Tibériade
Sepphoris
Yarmuk
AURANITIDE
Dora
Gadara
DÉCAPOLE
Césarée
Scythopolis
(Beth Shean)
Pella
Sébaste
SAMARIE
MER MÉDITERRANÉE
Jabbok
Antipatris
Gadora
Joppa
(Jaffa)
PÉRÉE
Jourdain
Philadelphie
Jamnia
(Javné)
Jéricho
Azotos
(Ashdod)
Jérusalem
Abila
Ascalon
JUDÉE
MER MORTE
Machéronte
Gaza
NABATÉENS
Arnon
Massada

tourné vers la pratique quotidienne[104]. Il parle la même langue qu'eux, tout aussi rude et véhémente. De longues énumérations rythment sa prose : il ne suffit pas de dire qu'un « faux frère » est un « débauché », il faut également le qualifier d' « exploiteur », d' « idolâtre », d' « ivrogne », de « voleur », de « rapace »[105]... La répétition d'un mot clé martèle une idée-force : qui n'a dans l'oreille le fameux « Si je n'ai pas la charité... » de la première lettre aux Corinthiens[106] ?

Le discours devant Céphas, le seul dont Paul nous ait laissé un écho direct, se fonde sur l'antithèse et la répétition[107]. Les adresses sont pressantes et passionnées : l'appellation de « frères », inhabituelle dans la rhétorique classique, souligne le lien affectif entre le prédicateur et son auditoire. Paul n'hésitera pas non plus à ponctuer ses propos de gestes expressifs auxquels ne se serait pas abaissé un rhéteur athénien[108]. Pour atténuer l'âpreté et la complexité de sa pensée en mélangeant les genres, il multipliera lui aussi les citations, les proverbes et les allusions, et il fera un large usage du diminutif pour désigner les gens[109] ; ses lettres resteront ainsi dans le registre familier de l'échange verbal qui caractérisait la prédication populaire[110]. Enfin, l'adversaire n'est jamais nommé mais réduit au pronom indéfini, selon l'habitude qu'a le maître d'exprimer l'opinion vulgaire qu'il condamne[111]. Les lettres de l'apôtre vivront de discussion et de polémique comme les « diatribes » de la prédication populaire à laquelle on l'a formé ; rédigées de surcroît dans un style sibyllin, elles sont pour nous très difficiles à comprendre et à interpréter — mais elles l'étaient déjà pour les contemporains[112] !

Les thèmes de la prédication juive provenaient également de la diatribe[113]. Paul apprit (c'est évident dans ses épîtres) à raisonner par analogie en utilisant des images aussi suggestives que la récolte à moissonner ou la maison à construire[114]. Il apprit de même à penser par catégories dichotomiques, lui qui opposera toujours le corps et l'âme, la Loi et l'Esprit, la vie et la mort, le péché et l'amour, la perte et le gain. On l'habitua encore à faire appel à la sagesse populaire. Son originalité réside plutôt dans une terminologie empruntée à la langue du commerce[115] et dans l'exaltation systématique du thème de la « collaboration » professionnelle[116] : en réalisant la synthèse de ses apprentissages successifs, Paul ne renia jamais son milieu d'origine.

Cependant, comme les expressions hébraïques resteront toujours très nombreuses dans ses écrits, on peut supposer qu'il dut à une éducation reçue en milieu pharisien la plupart de ses concepts. Ne parlons pas des sémitismes, maladroitement traduits, de son discours à Antioche de Pisidie : s'ils peuvent donner à penser — au moins à titre d'hypothèse — que Paul préparait ses discours en hébreu avant de les prononcer en grec, on peut tout aussi bien les imputer, comme ceux du discours d'Étienne, à la transcription locale dont a disposé l'auteur des Actes. Beaucoup plus révélatrice est l'utilisation systématique d'expressions rabbiniques dans les Épîtres, comme « la chair et le sang » pour désigner l'homme en insistant sur sa faiblesse et sa fragilité[117].

L'histoire biblique est un élément de la rhétorique de l'époque. Le discours d'Antioche de Pisidie se fonde sur un survol historique de l'époque des Patriarches et de celle des Juges, jusqu'à la mort du roi Saül ; il reprend la périodisation des *Antiquités bibliques*, un ouvrage d'histoire rédigé peu avant notre ère, dont le rapproche aussi son souci de précision chronologique.

LA FORMATION AU VOYAGE

Paul reçut donc une éducation polyglotte, longue et diversifiée, qui mit l'enfant, puis le jeune homme en contact avec des villes, des centres de culture et des milieux sociaux extrêmement variés. Mais tout cela suffit-il à faire de lui, avant même sa conversion, un cosmopolite et un amateur de voyages, à la vocation missionnaire ?

Cosmopolite, Paul se déclarera tel à l'âge mûr, dans les années 50. Il ira alors aussi loin que les plus systématiques des philosophes stoïciens en transcendant tous les clivages de la cité antique pour proclamer qu'il n'y a plus en chrétienté ni Juifs ni Grecs, ni esclaves ni libres, ni hommes ni femmes. Mais c'est la position d'un instant, celle d'un polémiste qui veut extirper le conservatisme des Églises d'Asie[118]. En réalité, Paul pensait seulement qu'il n'y avait ni différence de nature, ni hiérarchie entre Juifs et Grecs, et que tous étaient également appelés[119]. Mais dans son entourage immédiat, Grecs et Juifs se distinguaient toujours[120].

Ce qui est certain, c'est que Paul acquit très tôt, et sans doute du fait de son éducation, une vision du monde extrêmement structurée : l'Orient méditerranéen, le seul espace qu'il envisage pendant longtemps, lui apparaît comme un espace politique, constitué par l'agencement des provinces, chacune centrée sur une capitale[121], espace dont Jérusalem forme le pôle. C'est le passage d'une géographie de « l'itinéraire », celle des voyageurs pendant des siècles, à une géographie de la « région », qui caractérise les premières générations nées dans le cadre de l'Empire augustéen. Bien que né dans la Diaspora, Saül n'est pas un déraciné ; il n'est pas et ne sera jamais un aventurier du voyage, cherchant ses racines de par le monde. Dès l' « aurore de sa jeunesse », il a un point d'ancrage : Jérusalem, sa « mère nourricière », à qui l'ont si fortement attaché ses années d'études. Tarse a perdu toute importance ; ce sera au plus un point d'appui familial qui servira de repli à l'occasion. Paradoxe pour un Grec, le jeune Saül en arrive à placer sa patrie non pas dans sa ville natale, mais dans sa ville d'élection : peut-être par intégrisme religieux ; peut-être par espérance eschatologique, puisqu'on venait déjà se faire enterrer aux portes de Jérusalem dans l'attente de la résurrection ; peut-être enfin, comme un sage grec, par attachement à un foyer intellectuel.

De ce fait, le voyage gardera toujours pour lui un caractère fonctionnel, avec des objectifs précis et une durée limitée : il prévoit toujours le retour à Jérusalem, même si celui-ci présente des difficultés ou des dangers. Saül a intégré le schéma grec du « périple », ou plutôt — car il voyagera plus volontiers par terre que par mer — celui de la *périodos*, qui, comme le « périple », implique un voyage circulaire avec retour au point de départ [122].

Sans doute l'enseignement pharisien avait-il déjà contribué à organiser un type de périple juif, en préconisant notamment des montées périodiques au Temple. Mais on hésite à enraciner la vocation missionnaire de Paul dans son apprentissage jérusalémitain. L'existence d' « apôtres du judaïsme » dont se seraient inspirés les premiers Chrétiens, et Paul en particulier, est loin d'être prouvée. Le seul texte témoignant d'entreprises pharisiennes lointaines, l'Évangile de Matthieu, fut certainement rédigé à Antioche et cette observation peut ne représenter qu'un écho lointain de la prédication paulinienne dans cette ville [123].

Quant aux organes de liaison et de communication qui auraient pu se créer entre les autorités de

Jérusalem et les communautés de la Diaspora, on reste très sceptique sur leur ampleur réelle[124]. Il est certain que les fonds collectés annuellement pour l'entretien du Temple étaient rassemblés et acheminés par les soins des synagogues, et non par des émissaires de Jérusalem ; dans ce domaine, Paul innovera, pour son plus grand malheur[125] ! Le terme d'« apôtre » existe bien depuis la traduction de la Bible en grec au IIIe siècle, mais il ne paraît pas avoir dans la période du Second Temple le sens technique qu'on lui donnera au Bas-Empire, à l'époque du Patriarchat[126] ; l'insertion du jeune Saül dans une catégorie de laïcs distingués, élus et mandatés pour visiter les synagogues et faire du prosélytisme, telle que l'ont décrite les historiens chrétiens, semble donc bien anachronique[127].

Pourtant, dès l'époque des Rois, on utilisait des courriers pour porter des lettres circulaires et annoncer la Pâque de ville en ville[128] ; c'était l'un des aspects de l'apprentissage des jeunes gens, avec les patrouilles destinées au maintien de l'ordre[129]. Si l'on ajoute à cela les pèlerinages aux tombeaux des prophètes, Saül a pu acquérir dans sa jeunesse une certaine expérience du voyage, au moins à petite et à moyenne distance. Cela expliquerait qu'il ait assimilé, dès ses premières pérégrinations, la mentalité et le comportement du voyageur antique, tout en se révélant incapable de déterminer ses objectifs autrement que de proche en proche[130].

Il pouvait d'ailleurs s'agir de voyages mixtes, à finalité professionnelle aussi bien que religieuse, comme il s'en pratiquait tant à l'époque. Prendre en compte cette réalité très spécifique du voyage antique résout bien des contradictions apparentes[131]. Car, enfin, on dénie habituellement tout esprit missionnaire et toute entreprise de prosélytisme aux synagogues d'Asie Mineure et de Grèce, alors que

Paul affirme y avoir immédiatement recruté ces « apôtres des Églises » qui relayèrent son message le long des routes. Ces « apôtres » semblent avoir appartenu au milieu des professions itinérantes[132].

Une précoce vocation au voyage donnerait certaines clés du personnage. Elle expliquerait notamment son célibat : il s'agissait là d'une exigence commune aux intellectuels grecs et romains de l'époque qui « refusaient les embarras du mariage par désir du voyage » et qui se montraient très sensibles à la gêne que représentait une famille quand on avait envie d'aller visiter les meilleurs maîtres et de travailler un moment près d'eux[133]. Saül voulait pouvoir répondre : « Je n'ai ni femme ni enfant à charge », lorsqu'on l'accusait de cupidité — reproche si fréquent à l'encontre des philosophes ambulants[134]. Le choix de Saül en ce domaine serait aussi banal que l'idée qu'il se fait du voyage conçu comme parcours initiatique : ce thème de la philosophie populaire était passé depuis longtemps dans le judaïsme hellénisé.

Le voyage antique, avec ses difficultés, modelait un type d'homme. Il fallait, pour y survivre, diverses connaissances pratiques. Il fallait posséder un métier et des notions de comptabilité pour gagner sa subsistance, puisque les transferts de fonds étaient à peu près inexistants ; il fallait savoir un peu de droit pour pouvoir défendre ses intérêts dans une cité facilement xénophobe, un peu de médecine pour pouvoir se soigner à l'étape.

Saül avait en main tous ces atouts qui lui permettront de prendre la mesure des périls naturels et humains, et d'y faire face avec prudence et sang-froid. Mais, surtout, le voyage exigeait alors une très grande faculté d'adaptation, tant les communautés antiques se fermaient instinctivement à l'inconnu. Paul en sera parfaitement conscient : comme tout voyageur de l'époque, il appréciera l'intérêt d'une escale en fonction de l'accueil réservé à l'étranger ; il fera tous ses efforts pour s'intégrer au mieux dans les localités où il passera ; il établira ses itinéraires en fonction d'un réseau de bonnes adresses qui pourront l'introduire efficacement ; il choisira comme étapes des villes cosmopolites, ports, capitales provinciales, villes universitaires... Il saura aussi se présenter, devancer l'interrogatoire d'identité que subit habituellement l'arrivant ; il s'efforcera d'adapter son ton et ses propos au milieu ambiant ; il définira son comportement suivant les critères de la cité, « comme utile à la communauté », « agissant toujours sous le regard de tous[135] ».

C'était se conformer aux conseils donnés aux jeunes Grecs depuis l'époque d'Homère, repris à l'usage de l'exilé dans le théâtre tragique, répétés à satiété par tous les grands voyageurs de l'époque hellénistique. C'était la règle de vie de l'homme d'action que Saül, Saül l'intellectuel, Saül l' « amoureux du savoir », devint à la fin de ses études quand éclata à Jérusalem l' « affaire Étienne ».

CHAPITRE III

L'homme d'action

L'AFFAIRE ÉTIENNE

Saül fit ses études dans une ville agitée. La constitution d'associations plus ou moins rivales est un des phénomènes caractéristiques de la Jérusalem d'alors. Il semble que beaucoup de pharisiens aient vécu en communautés, sans doute pour faciliter l'observance des interdits alimentaires et des quelque six cents règles qui régissaient leur vie quotidienne. Ces communautés de pureté, qui exigeaient de leurs membres un engagement personnel et une adhésion totale, développaient incontestablement un esprit « sectaire » : chacune suivait sa « voie », pour reprendre le terme par lequel les Juifs de l'époque désignaient une secte[1]. Les plus importantes étaient celles des baptistes et des esséniens, établies il est vrai en dehors de Jérusalem, mais les auteurs juifs en citent beaucoup d'autres : les masbothéens, les sabéens, les galiléens et tous ces « observants » ou « naziréens » qu'on confondait volontiers avec les fidèles de Jésus de Nazareth[2].

La présence de prophètes dans la ville ajoutait encore à la fermentation des esprits. Le mouvement charismatique s'était considérablement accru sous le mandat de Ponce Pilate, entre 26 et 36. Certains prophètes, comme Jean le Baptiste, avaient fondé des sectes pénitentielles ; d'autres appelaient à la révolte contre Rome en se prétendant investis de pouvoirs surnaturels pour délivrer le peuple[3]. On cherchait à identifier Élie dont le retour, selon les livres récents, devait annoncer la venue du Messie[4]. Un jeune étudiant ne pouvait rester insensible à ce bouillonnement d'idées et de croyances où s'imbriquaient politique et religion, où les aspirations sociales se mêlaient d'espérances eschatologiques. Les pharisiens eux-mêmes cultivaient la qualité prophétique.

Étienne devait passer pour un de ces prophètes. Ce Juif hellénisé tenait des propos inspirés et avait un regard de visionnaire[5]. Quand éclata ce qu'il faut bien appeler l' « affaire Étienne », il se faisait remarquer dans la population par ses prodiges et par ses signes[6] : c'était un charismatique comme on en croisait tant dans la Jérusalem d'alors.

L'hostilité ne vint donc pas de la rue, mais de Juifs de la Diaspora et de la Diaspora la plus hellénisée qui soit. Ses contradicteurs étaient originaires de Cyrénaïque et d'Alexandrie, de Rome, d'Asie Mineure et, comme Saül, de Cilicie[7], c'est-à-dire des régions où les Juifs avaient le plus bénéficié de la législation impériale récente, celles où le judaïsme s'épanouissait dans l'ordre romain[8]. L'intervention de Juifs de Rome, ceux de la synagogue des Affranchis, est significative d'un débat aussi politique que religieux, qui devait porter autant — sinon plus — sur l'ordre romain que sur l'orthodoxie religieuse, bien que les Actes n'en soufflent mot : c'étaient en effet les Juifs les plus romanisés, comme Philon et Josèphe, qui assimilaient les prophètes aux agitateurs et leur prédication à des menées subversives[9]. On sortait à peine des entreprises visionnaires d'un Simon, d'un Achiab, d'un Athrongès et surtout d'un

Judas de Gamala, dont les zélotes poursuivaient l'action ; sous Ponce Pilate, un Samaritain rassembla des foules en armes sur le nom de Moïse, le Libérateur. L'opinion était sensible : on avait à plusieurs reprises arrêté Pierre et les apôtres, tout en ne pouvant rien prouver contre eux[10].

Dans cette ville inquiète, les convertis qu'on appelle les hellénistes font alors figure de trublions, même aux yeux de la communauté chrétienne. Ils s'opposaient aux « Hébreux » et représentaient donc un courant non conformiste du judaïsme palestinien, volontiers syncrétique[11]. Ils avaient une organisation autonome, présidée par un collège des Sept comme souvent dans les associations juives. Les apôtres avaient essayé de les intégrer en élevant les Sept à la fonction de diacres pour l'ensemble de la communauté[12]. Ils étaient préposés, en principe, au service des tables lors des eucharisties ; mais, à peine choisis, ils entreprirent une mission indépendante. C'étaient eux qui faisaient le plus de bruit à Jérusalem ; Josèphe ne qualifia-t-il pas le groupe de Jésus de secte helléniste[13] ?

Cependant, Étienne ne fut pas condamné comme fauteur de troubles mais comme apostat : ce crime, et ce crime seul (avec la haute trahison), justifiait la mise à mort immédiate, par lapidation. Car il ne semble pas que le Sanhédrin, devant lequel comparut le diacre, ait procédé à une accusation en règle, ni qu'il ait rendu une sentence en forme : le récit des Actes donne plutôt l'impression qu'une réaction populaire extrêmement violente interrompit la séance et qu'on procéda sur-le-champ à un lynchage. La capacité du Sanhédrin à appliquer la peine capitale n'est pas ici en cause, puisque les Romains s'étaient engagés à fermer les yeux sur ces procédés expéditifs mais traditionnels en cas d'atteinte à la sainteté du Temple[14].

Or Étienne s'en prenait au Temple. Et c'est ce qui lui valut d'encourir le grief d'apostasie, que les Juifs définissaient par l'abandon des prescriptions mosaïques. L'auteur des Actes prête à Étienne, qu'il admire beaucoup, un discours-fleuve, unique en son genre, qui manifeste un antiritualisme total [15] : il suggère d'assimiler les sacrifices d'animaux au culte du Veau d'or et la construction du Temple, « fait de mains d'hommes », à de l'idolâtrie ! C'était, poussé à l'extrême, le réflexe de certains Juifs de la Diaspora, détachés de Jérusalem et parfois influencés par des échos du platonisme grec pour lequel toute réalité matérielle n'était que le reflet du monde spirituel. Dans cette perspective, Dieu ne pouvait avoir que le ciel pour demeure ; la relation avec le divin était d'ordre strictement spirituel et ne pouvait s'établir que par la prière ; le sacrifice n'était qu'un acte symbolique. Si des Juifs très hellénisés, comme Philon d'Alexandrie, partageaient ce point de vue, il ne recueillait qu'une minorité de suffrages à l'intérieur de la communauté chrétienne. Aussi les « apôtres » ne bougèrent-ils pas, et il ne leur arriva rien ; ils continuèrent à participer à la liturgie du Temple [16].

Les pharisiens ne pouvaient admettre cette doctrine, eux qui avaient contribué à fixer les règles du rituel [17]. La secte fournit donc des accusateurs et des témoins contre Étienne et joua de son influence bien connue pour « remuer le peuple [18] ». Même après sa conversion, Saül ne fera jamais siennes les thèses d'Étienne : jusqu'à la fin de sa vie, il prônera le pèlerinage à Jérusalem, servira d'intermédiaire entre le Temple et la Diaspora et acceptera de se conformer au rituel le plus orthodoxe, comme un « Juif parmi les Juifs [19] ». Il approuva donc la condamnation et assista à l'exécution, bien qu'il n'y prît aucune part. Peut-être parce qu'il n'avait pas encore atteint l'âge requis : le tableau des Actes où Saül veille sur les manteaux des autres pendant la lapidation suggère en effet un homme très jeune (c'est le terme employé par les Actes[20]), s'attachant aux pas de ses maîtres qui le considèrent encore comme un subalterne.

Saül et Étienne, jeunes tous deux, appartenaient donc à des courants très opposés, pour ne pas dire antinomiques, de la Diaspora hellénisée qui se réunissait alors à Jérusalem. Les synagogues se divisèrent sur la personne d'Étienne[21], dont les propos semblaient significatifs d'une véritable crise de l'identité juive pour ceux qui, comme Saül, voyaient dans le Temple le cœur du Peuple élu et le symbole vivant de son indépendance. L'éducation pharisienne de Saül, son attachement aux traditions ancestrales, son loyalisme envers Rome, tout le poussait au même choix.

ET SAÜL ENTRA DANS L'ACTION

Le cas Étienne devint l'affaire Étienne... Comme le fait très justement remarquer l'auteur des Actes, un réflexe de peur collective se greffa sur un cas personnel et déclencha un phénomène de rejet dont furent victimes les hellénistes[22]. On pouvait s'y attendre en cette période troublée et secouée d'aspirations révolutionnaires.

Ce fut le prétexte d'une série de procès contre ceux dont le comportement ou les propos pouvaient paraître subversifs. Chacun se mit à observer son voisin et à dénoncer les fauteurs de troubles. Car, dans le cadre de la cité antique, il ne pouvait s'agir d'une persécution systématique : le droit juif, comme tous les droits antiques, ne connaissait que la procédure de délation individuelle. Il fallait qu'une personne privée saisît le tribunal, et le dénonciateur se portait partie plaignante aussi bien pour les causes religieuses que pour les procès civils.

Saül fut un de ces délateurs. Bien que court et laconique, son témoignage personnel diffère sensiblement du long récit de ses « persécutions » que donnent les Actes[23]. Il agit toujours « dans le cadre de la loi » ; il poussa la répression « jusqu'à l'extrême » ; il n'intervint pas en Judée, où les Églises locales ne le connurent pas comme dénonciateur, mais sans doute entre Antioche, Tarse et Damas, à l'occasion d'un retour dans sa famille ou au cours d'un voyage vers la grande oasis du désert syrien qui était un centre important du commerce et de l'artisanat textile[24]. Délibérément ou par hasard, on ne sait, il se trouva alors dans la région où s'étaient réfugiés des partisans d'Étienne et où ils avaient recommencé à prêcher, depuis la Samarie et les ports phéniciens jusqu'à Antioche[25].

Contrairement à ce que tendent à faire croire les Actes, Saül n'a donc jamais jugé de Chrétiens en siégeant au Sanhédrin, qui détenait les pouvoirs de police et de juridiction à Jérusalem et en Judée[26]. Il n'était pas à Jérusalem pour soutenir l'accusation, ni pour procéder à des arrestations[27]. S'il agit dans les maisons, c'est en tant que dénonciateur et non pas pour se livrer à des opérations de basse police, à la tête de quelques argousins. Il ne participa pas davantage à des condamnations à mort que le chroniqueur assimile à des lapidations en jouant sur la formule habituelle du juge grec : « Pour leur mise à mort, j'ai déposé mon caillou contre eux » (sous-entendu : « dans l'urne[28] »). Il est improbable qu'un gouverneur romain aussi jaloux de ses prérogatives que Ponce Pilate ait pu laisser se généraliser des pratiques d'exécution sommaire qui dépouillaient le procurateur de son *jus gladii*. D'ailleurs, Pilate, peu sensible aux délits d'impiété ou de sacrilège, prenait bien garde de ne pas se compromettre dans des affaires strictement religieuses. Mais il réprimait durement les séditions et les émeutes populaires, et il a pu soutenir l'entreprise du Sanhédrin si les groupes chrétiens visés lui avaient été présentés comme factieux.

A cette époque règne la bonne entente entre les milieux sacerdotaux et les autorités romaines. Vers 35, le grand-prêtre Caïphe est à l'apogée de sa puissance ; il restera au pouvoir jusqu'au moment où, au printemps 37, Vitellius le déposera après le départ de Pilate. Sa longévité est sans précédent. Il a donné des gages aux Romains en laissant le gouverneur utiliser de l'argent sacré pour financer un projet d'adduction d'eau ; le peuple de Jérusalem a violemment réagi, mais le grand-prêtre et le Conseil n'ont pas bougé. La position de force où se trouve Caïphe explique la rigueur de la répression exercée contre certains groupes chrétiens. Le mouvement retomba de lui-même quand Vitellius, proconsul de Syrie et supérieur hiérarchique du procurateur de Judée, eut renvoyé Pilate à Rome et remplacé Caïphe par Jonathan : les Actes font état de la période de paix que connut alors l'Église naissante[29].

Quel intérêt pouvait représenter un jeune pharisien de la Diaspora syrienne dans cette répression contre les hellénistes ? Hors de Jérusalem et de la Judée, le grand-prêtre et le Sanhédrin ne détenaient plus aucun pouvoir de juridiction. Certes, des procédures d'extradition sont attestées à l'époque du Second Temple, pour ramener à Jérusalem, sur le lieu du délit, des Juifs accusés d'impiété[30], mais on voit mal comment Saül aurait eu les moyens de les mener à bien sans l'aide de la police romaine. Lui-même semble indiquer qu'il se rendait à Damas pour des motifs privés[31].

Son rôle officiel se limite donc, au plus, à celui de courrier. Il est possible que le Sanhédrin lui ait confié des lettres pour les synagogues des régions qu'il traversait afin de les informer du danger que représentait ce courant déviant[32]. Mais on ne peut retenir l'hypothèse qu'il ait été désigné et mandaté — avec des « lettres encycliques » et « procuration » officielle — comme émissaire extraordinaire chargé d'extirper l' « hellénisme ». Le tableau dressé ultérieurement par les historiens chrétiens, qui utilisent d'ailleurs une terminologie romaine[33], est anachronique[34].

En fait, Saül ne fit sans doute rien d'autre que ce pour quoi on l'avait formé. Prédicateur de vocation sinon de métier, il porta la contradiction aux hellénistes chaque fois qu'il en rencontra lors des réunions du sabbat dans les synagogues où il passait. On sait que les docteurs en visite étaient invités à y prendre la parole pour commenter le texte biblique qui venait d'être lu. Saül adapta ses commentaires à la situation de crise et sut se montrer persuasif : ne surpassait-il pas, de son propre aveu, tous ses camarades de même classe d'âge par l'avance qu'il avait prise dans ses études[35] ? Il convainquit donc les autorités des synagogues qu'on pouvait assimiler les hellénistes à des blasphémateurs. Or les synagogues avaient le droit de punir les manquements aux commandements par les trente-neuf coups de verge (le *makkot arbaim*) et c'est sans doute ce que Paul désignera, dans ce contexte aussi bien qu'à propos de lui-même, comme une persécution[36].

Les victimes de Saül sont, paradoxalement, des gens issus du même milieu et de la même culture que lui. La rupture sera définitive. Après sa conversion, les judéo-chrétiens (et en particulier les Douze[37]) l'accueilleront assez vite, mais les hellénistes le craindront longtemps et ceux d'Asie lui demeureront irrémédiablement hostiles[38]. Ses relations difficiles avec Marc trouvent peut-être leur origine dans cet épisode douloureux[39], bien qu'il se soit finalement réconcilié avec lui, ainsi qu'avec un autre proche d'Étienne, le diacre Philippe, qui s'était fixé à Césarée à la suite de ces événements[40]. Toute l'histoire ultérieure de Paul dépend peut-être de ce moment dramatique où, dans des communautés déchirées, il rejeta des convertis hétérodoxes, dissociés par lui des observants. C'est en cela que sa première expérience de prédicateur put avoir eu le caractère traumatisant susceptible de préparer une conversion[41], parce qu'elle s'exerçait contre des gens dont il se sentait très proche et qu'il ne comprenait plus, ce qui augmentait encore sa colère.

Le jeune Saül s'engagea à fond dans ce premier combat. Mais au nom de quoi ? On ne peut exclure qu'un grave problème sous-jacent d'identité juive ait fini par dresser les uns contre les autres les ressortissants de la Diaspora installés à Jérusalem : certains paraissaient se détacher de plus en plus du Temple ; d'autres, comme Saül, y voyaient au contraire le point de rassemblement de tous les Juifs et fondaient l'unité du peuple dispersé sur l'observance de la Loi et le respect des traditions.

Saül lui-même invoquera un mobile spirituel. Il agit, dit-il, comme le « zélateur de la Tradition[42] », formule qui lui est propre et qui a fait couler beaucoup d'encre, car elle suggère immédiatement l'image du zélote. Ces activistes constituaient alors, aux dires de Josèphe, une « quatrième secte[43] ». Il est toutefois impossible que Paul ait participé à ce courant organisé, certes très proche du pharisaïsme, mais qui s'en distinguait par un nationalisme exacerbé et intransigeant : pour les zélotes, les Romains représentaient l'étranger abhorré — point de vue que ne pouvait partager le jeune Saül, citoyen romain, homme de confiance d'un Sanhédrin favorable à Rome. Lui-même évoque ce « zèle » comme un trait général du judaïsme de son époque plutôt que comme la caractéristique d'une secte[44]. C'est l'expression d'un engagement religieux absolu ; c'est la prise de conscience d'un point élevé de perfectionnement dans les degrés de pureté prônés par les pharisiens ; c'est la conviction qu'il faut défendre la Loi et la tradition ; c'est une ardeur charismatique dans la lignée des ancêtres. C'est enfin l'expression d'un caractère entier : ce « zèle », qui est attachement farouche à Dieu et aux siens[45], dégénère facilement en « jalousie », en sectarisme ; Paul le découvrira au terme d'un retour sur lui-même, après sa conversion[46], et il en fera l'expérience tout au long de sa mission.

Ainsi se révélait le caractère entier du jeune Saül, zélateur de Dieu, actif et passionné. Ce tempérament dispose à la conversion : il fera de ce traditionaliste un activiste, qui se vouera totalement à l'Église après l'avoir farouchement combattue. L'affaire Étienne avait brisé les murs de sa tour d'ivoire et fait comprendre au jeune savant la nécessité de vivre sa foi dans le monde.

DAMAS, UN VOYAGE À RISQUES

La conversion de Saül eut donc lieu lors d'un voyage à Damas, comme il l'attestera plus tard dans l'Épître aux Galates en évoquant son « retour » dans la ville.

Gagner Damas, à cette époque, n'était pas si facile. La route était longue et l'insécurité régnait dans la région.

Au début de notre ère, cette zone de commerce et de circulation était l'enjeu de conflits incessants

Le "chemin de Damas" ou la route de la Diaspora orientale

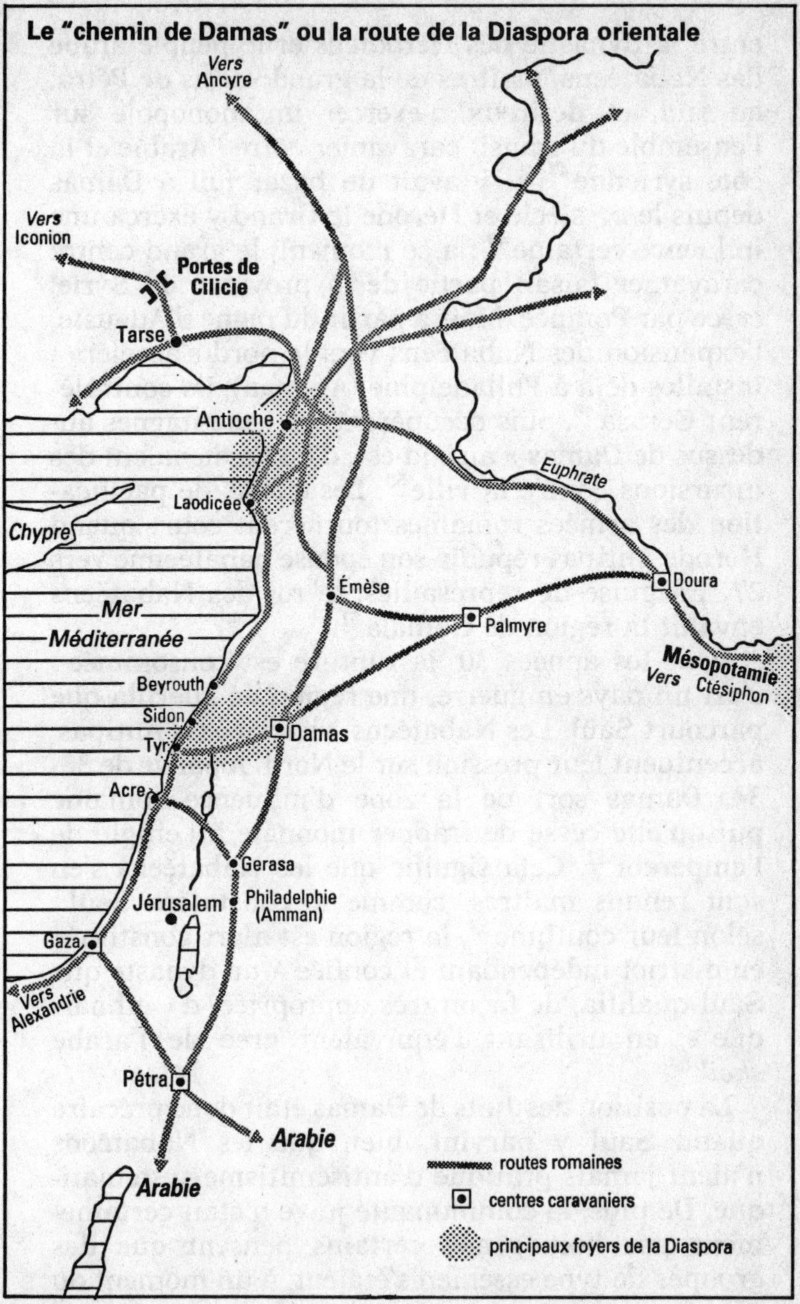

entre la dynastie des Hérodiens et le peuple arabe des Nabatéens, maîtres de la grande oasis de Pétra, au sud, et désireux d'exercer un monopole sur l'ensemble du transit caravanier entre l'Arabie et la côte syrienne[47]. Il y avait un bazar juif à Damas depuis le IXe siècle et Hérode le Grand y exerça une influence certaine[48] : à ce moment, le grand centre caravanier faisait partie de la province de Syrie, créée par Pompée. Mais à partir du règne d'Auguste, l'expansion des Nabatéens vers le nord s'accéléra : installés déjà à Philadelphie (Amman), ils contrôlèrent Gerasa[49], puis occupèrent les « montagnes au-dessus de Damas » au sud-est, d'où ils menaient des incursions contre la ville[50]. Les efforts de pacification des armées romaines tournèrent court quand Hérode Antipas répudia son épouse nabatéenne vers 27. En guise de représailles, le roi des Nabatéens envahit la région de Gamala[51].

Dans les années 30, la rupture est consommée : c'est un pays en guerre, une région de guérilla que parcourt Saül. Les Nabatéens, victorieux d'Antipas, accentuent leur pression sur le Nord. A partir de 33-34, Damas sort de la zone d'influence romaine puisqu'elle cesse de frapper monnaie à l'effigie de l'empereur[52]. Cela signifie que les Nabatéens s'en sont rendus maîtres, comme le constatera Saül : selon leur coutume[53], la région est alors constituée en district indépendant et confiée à un dynaste que Saül qualifia, de façon très appropriée, d'« ethnarque », en utilisant l'équivalent grec de l'arabe *sheik*[54].

La position des Juifs de Damas était donc précaire quand Saül y parvint, bien que les Nabatéens n'aient jamais pratiqué d'antisémitisme systématique. De plus, la communauté juive n'était certainement pas homogène : certains pensent que des groupes de type essénien s'étaient, à un moment ou à un autre, implantés dans les villages alentour, vu les analogies que l'on peut relever entre la théologie d'Ananie, le Juif converti qui baptisera Saül, et un règlement communautaire que nous possédons[55]. Dans cette hypothèse, la religion nouvelle n'aurait pas été introduite dans la ville par des hellénistes ; les Actes ne les mentionnent pas dans cette région qui, bien qu'en relations constantes avec les villes hellénisées de la côte, est de langue et de culture araméennes. Mais les Samaritains, qui ont fourni des convertis aux hellénistes, y sont présents.

Une ville en guerre ne peut tolérer la moindre atteinte à l'ordre public. Or Damas, lors du second passage de Saül après sa conversion, est une ville sur la défensive, une ville complètement fermée, dont il ne put s'échapper qu'en se laissant glisser dans un panier le long de la muraille, selon un procédé utilisé depuis longtemps dans les villes investies[56]. Il s'agit là d'un indice chronologique très important : l'imminence d'un siège ne peut s'expliquer que par l'approche des troupes de Vitellius, le légat de Syrie, en route pour Pétra afin de réduire la résistance nabatéenne et s'emparer du roi[57] ; en passant par Damas, il emprunte un itinéraire militaire qui avait été celui de Pompée.

Nous sommes en mars 37, juste avant l'annonce de la mort de Tibère qui interrompit l'expédition. La conversion de Saül avait eu lieu trois ans auparavant, c'est-à-dire en 34[58]. Jésus, quant à lui, avait été mis à mort soit avant la Pâque 30, soit avant la Pâque 33 : l'incertitude subsiste[59].

De toute façon, Saül ne l'a pas connu[60]. La thèse d'un délai de quelque dix-huit mois entre l'exécution du Christ (en 33) et la conversion de Saül (fin 34) pourrait trouver confirmation dans une tradition qui étale précisément sur ce laps de temps les apparitions du Ressuscité, dont Saül fut le dernier bénéficiaire. Cela ramène à un an, au plus, le séjour de l'étudiant dans la capitale juive, mais c'était la durée normale de l'apprentissage pharisien[61].

Si courte que fût cette période, elle se montra décisive dans la formation de l'apôtre. Paul est le produit de l'éducation israélite reçue par Saül. Son zèle de Dieu participe du judaïsme de son époque. On l'avait préparé à la prédication missionnaire par l'enseignement pharisien. Il devint un polémiste quand le Sanhédrin l'utilisa contre les hellénistes et autres déviationnistes.

Les expériences de l'année 34 marquèrent définitivement sa personnalité. Il gardera toute sa vie l'habitude de la controverse et se définira toujours par réaction, en argumentant contre l'adversaire.

CHAPITRE IV

Expériences mystiques

Paul restera la figure emblématique d'un type de conversion, brutale, immédiate, totale, dont l'image fulgurante a frappé les esprits : d'après le récit des Actes, on dirait que Dieu est tombé sur lui comme la foudre ; aveuglé par Sa lumière, Saül a été jeté à terre et, en un instant, son cœur a changé ; le persécuteur s'est converti.

L'apôtre lui-même n'a évoqué ce moment qu'avec la plus grande pudeur, plus soucieux d'en établir l'historicité et d'en signifier la portée pour sa mission que de s'épancher sur ce qu'il vécut. Il fit de même pour toutes les expériences mystiques qui scandèrent sa vie. Car on ne peut considérer isolément l'événement de Damas : il ne constitue qu'une étape, la plus importante il est vrai, dans la transformation d'un intellectuel juif en charismatique chrétien.

LA RÉVÉLATION DE DAMAS OU L'EXPÉRIENCE MYSTIQUE D'UN JUIF PIEUX

Le récit autobiographique de l'épître aux Galates est le plus précis malgré son laconisme et sa très grande réserve. Paul ressentit cette expérience comme un appel intérieur (« en moi ») comme une élection, et même comme la confirmation d'une prédestination « dès le sein maternel » ; il y découvrit une vocation apostolique particulière « parmi les nations païennes[1] ». Cet appel, c'était la révélation de Jésus comme Fils de Dieu, son « dévoilement » pour reprendre le terme de Paul qui caractérise ainsi, comme tous les premiers chrétiens, une manifestation de l'Esprit[2]. Paul aura plus tard le privilège de visions, selon son propre témoignage, mais il ne dira jamais que la rencontre de Damas fut autre chose qu'une reconnaissance intime sans préciser comment.

Il s'agit d'une expérience mystique telle que pouvait l'espérer et la vivre un Juif pieux. Depuis toujours dans le judaïsme, le Divin n'était perceptible qu'à travers la médiation du langage humain : pour ne citer que quelques cas, on se souvient de l'appel d'Abraham, de celui de Moïse, de celui de Samuel, réitéré à plusieurs reprises[3]... Dans l'Ancien Testament que lisait Saül, comme dans les écrits juifs de son époque[4], l'appel de Dieu est toujours personnel, insistant, répétant le nom de l'élu : « Moïse, Moïse... », « Lévi, Lévi... », ce dont l'auteur des Actes se fera scrupuleusement l'écho : « Saül, Saül[5]... »

L'Alliance entre Dieu et son peuple avait ainsi été révélée par la seule médiation de la Voix : « Alors Yahvé vous parla du milieu du feu. Vous entendiez le son des paroles, mais vous ne voyiez pas d'image. Rien qu'une voix[6] ! »

Qu'en est-il de cette voix ? Qu'exprime-t-elle ? Cette question préoccupait depuis toujours la pensée religieuse juive. Elle était dans l'esprit et dans le cœur de Saül.

Une voix intérieure fut sans doute le canal par où se révéla le Fils de Dieu. Paul n'en dira pas plus dans l'épître aux Galates. Aux Éphésiens, plus tard, on tentera d'« écrire en bref » le mystère du Christ tel qu'il l'appréhenda alors[7] : mystère d'une création nouvelle, une et réconciliée ; mystère du salut par la croix ; mystère de l'accès au Père par le Fils dans l'Esprit, c'est-à-dire reconnaissance que Jésus est le Fils de Dieu et la seule Voie qui mène à Lui. L'idée d'une création nouvelle devait être familière au jeune Juif formé à la littérature apocalyptique[8], mais la découverte du mystère de la croix — la croix, instrument d'opprobre pour les Grecs et les Romains[9], instrument de la malédiction divine pour les Juifs selon la tradition mosaïque —, cette découverte-là le bouleversa.

Fut-ce au point d'abandonner immédiatement la foi de ses pères et de changer de religion en passant au Christ ? On l'a souvent pensé en s'appuyant sur le renversement des valeurs opéré par l'apôtre dans l'épître aux Galates, quand il écrit, en citant justement le Deutéronome, que « le Christ nous a libérés de la malédiction de la croix en devenant malédiction pour nous[10] ». Récemment, les psychanalystes ont abondé dans ce sens en intégrant le renversement des valeurs dans le processus même de la conversion et en enracinant celle-ci dans un conflit antérieur, plus ou moins conscient, de Saül avec la Loi[11]. Ainsi, l'engagement du jeune homme au Christ aurait nécessairement entraîné sa rupture avec le judaïsme, rupture considérée comme immédiate.

On néglige trop facilement le caractère rétrospectif et profondément polémique de l'épître aux Galates. On oublie surtout que Paul lui-même ne vécut pas l'événement de Damas comme une « conversion » au sens habituel du terme pour les intellectuels et les mystiques de son temps, c'est-à-dire comme un retournement sur soi aboutissant à un complet renversement des valeurs *(épistrophè)* dont le changement de mentalité et de conduite *(métanoia)* n'était que la conséquence[12]. L'apôtre connaissait ce vocabulaire et il analysa souvent en ces termes la conversion des païens au Christ, comme abandon des idoles, changement de vie et expérience du repentir[13], mais il ne les appliqua jamais à son propre cas qu'il jugeait donc différent. L'expérience originale, ressentie sans doute par Saül dès l'événement de Damas, puis mûrie au cours de toute une vie et réfléchie par l'apôtre dans sa théologie, est celle d'une union transformante au Ressuscité jusqu'à la « transfiguration » finale[14]. S'ouvrir à la puissance dynamique du Ressuscité passe nécessairement par un processus de dépossession de soi-même qui dure toute la vie, comme Paul âgé et prisonnier l'écrira aux Philippiens[15], mais c'est de l'union mystique au Christ que résultent le changement de vie ainsi que les sentiments d'humiliation et de repentance, non pas d'un renversement des valeurs que Paul réserve à la conversion des païens ; quant à son passé de persécuteur, il lui sert surtout à évoquer d'une manière concrète et familière à ses lecteurs l' « adversaire de Dieu » (le *théomachos*)[16], gonflé d'orgueil et de démesure, plutôt qu'à opposer son passé de Juif « zélé » à un « après » chrétien. La « conversion » de Saül fut autre chose qu'un transfert de fidélité de la Loi au Christ ; elle fut davantage qu'une transformation spirituelle ou morale ; elle était découverte des effets de l'action de Dieu sur celui qui répondait à son appel.

LE CHEMIN DE DAMAS : TRANSPOSITIONS ET MÉTAPHORES

Cette lente transformation de lui-même inaugurée par la révélation de Damas, que Paul décrivit avec des expressions mystiques, fut présentée aux lecteurs des Actes des Apôtres dans la terminologie usuelle des païens, comme renversement des valeurs et repentir et comme passage de la nuit vers la lumière. D'après l'auteur, le Christ se manifesta à Saül comme une lueur fulgurante, qui l'éblouit et l'aveugla jusqu'à ce qu'intervînt un chrétien, Ananie [17]. Cette lumière est la révélation de la Gloire de Dieu, celle qu'Étienne (toujours dans les termes des Actes) voyait au moment de mourir, dans un dévoilement du paradis [18].

Vivre l'expérience du surnaturel comme le passage de la nuit à la lumière est le fait du chroniqueur, non de Paul. Ce dernier la décrit toujours, en effet, comme un « ravissement » ; il ne fera jamais la moindre allusion à une éventuelle cécité [19]. Et quant à la vision apocalyptique de Dieu dans toute sa gloire, il reconnaît bien en avoir eu le privilège, par une ascension au « troisième ciel », mais il la situe dans une autre période de sa vie [20]. On combine de toute évidence, dans le récit de sa conversion qu'on fait tenir à Paul devant Festus et Agrippa, des données empruntées à la révélation de Damas, telle que l'évoque la lettre aux Galates, et d'autres qui relèvent d'une vision ultérieure rappelée dans la deuxième lettre aux Corinthiens : les thèmes de l'élection et de l'envoi aux nations païennes sont toujours présents, mais l'auteur développe une apparition du Christ, « vision céleste », qui fait de l'« apôtre » un « témoin » — « Témoin de ce que tu as vu et de ce que tu verras après ta mort », comme on le fait dire au Christ lui-même durant cette révélation[21].

A la rencontre et à la reconnaissance de Jésus sur le chemin de Damas, l'auteur des Actes associe donc une vision du paradis : il y a une très forte analogie entre son récit de la conversion de Saül et celui de la Transfiguration du Christ au bénéfice des « colonnes de l'Église » (Pierre, Jacques et Jean)[22]. Ainsi Paul est mis au rang des Douze dès l'expérience de Damas, même si sa vocation est d'une nature différente[23].

Les récits des Actes reposent sur une appréhension du Divin que pouvaient comprendre les Grecs auxquels ils s'adressaient : les religions à mystères, et singulièrement celle d'Éleusis et celle d'Isis, fondaient le rituel d'initiation sur un parcours de la nuit à la lumière; des ex-voto émanant de païens racontent des expériences de cécité vécues comme une « nuit de la foi » et s'achevant dans une révélation mystique[24]. Enfin, Ananie tient exactement le rôle du mystagogue grec, celui qui « ouvre les yeux » dans tous les sens du terme, surtout dans le récit impersonnel des Actes où il est le personnage central puisque c'est par son intermédiaire, et non directement, que le Christ signifie à Saül son élection, sa mission et le destin qui l'attend. La vision secondaire dont il est le bénéficiaire et qui complète celle du converti démarque les rituels d'initiation païens[25].

Mais la présentation choisie par l'auteur évoque aussi, très précisément, un certain milieu judéo-chrétien, peut-être celui qui accueillit à Damas le nouveau converti. Il puise à des sources de première main qui ne se limitent pas aux souvenirs de Paul, car la terminologie diffère. Il fournit des précisions peu fréquentes dans le récit des Actes (sauf, peut-être, dans les passages à la première personne) : le nom d'Ananie qui baptisa Saül, celui de Judas qui l'avait hébergé dans sa maison et même — ce qui est extraordinaire ! — celui de la rue où se trouvait cette maison, la rue Droite. Il faut donc que l'auteur ait été en contact avec des gens de Damas : il ne donne en effet de tels détails que lorsqu'il dispose d'un témoin direct, et le souvenir des gens, des rues et des maisons ne peut relever que d'une tradition locale[26] !

Or l'action et les paroles d'Ananie rappellent un écrit sectaire du Ier siècle de notre ère, essénien ou essénisant, qui traite de la Nouvelle Alliance au « Pays de Damas ». On y pratiquait le baptême par immersion après l'imposition des mains et la réception de l'Esprit saint, ce qui correspond très exactement à l'ordre des événements qui suivirent la conversion de Saül, d'après les Actes. Comme dans les sectes baptistes, ce baptême était un rite de pénitence et de conversion, afin de se maintenir désormais dans la voie droite. Mais l'essentiel était l'action de l'Esprit pour la purification et la sanctification de l'homme : c'est lui qui inspirait le nécessaire retournement sur soi, pour découvrir le mal en soi ; c'est lui qui purifiait des iniquités et donnait son sens à l'expiation ; c'est lui qui faisait vivre, ensuite, dans la droiture et l'humilité. C'est lui, enfin, qui permettait de contempler la Lumière de Vie : pour la secte du « Pays de Damas », « voir » c'était comprendre le dessein de Dieu et choisir de faire Sa volonté. Mais la révélation ne suivait pas immédiatement la conversion : les gens du « Pays de Damas » furent « comme des aveugles », « des gens qui cherchent le chemin en tâtonnant » jusqu'à ce qu'un instructeur vienne par ses paroles « découvrir » leurs yeux afin qu'ils voient[27].

Ces parallèles éclairent d'un contenu métaphorique l'itinéraire que les Actes, et eux seuls, font vivre à Saül entre l'appel de Damas, la rencontre avec Ananie et le baptême, itinéraire qui suggère peut-être une catéchèse d'inspiration essénienne.

LE VISIONNAIRE

« Quand on se tourne vers le Seigneur, le voile est enlevé[28]. » La conversion de Saül ne fut que le premier d'une série de « dévoilements » qui scandèrent sa vie d'apôtre aux moments importants et dont ses lettres se font parfois l'écho[29]. Le premier, à Damas, lui avait fait reconnaître le Fils de Dieu et l'avait voué au Christ pour la vie. Un deuxième « dévoilement » eut lieu quatorze ans après : il confirma Saül dans sa vocation d'apôtre des païens et l'incita à prendre publiquement parti contre la circoncision, ce qu'il vint faire à Jérusalem devant les « colonnes de l'Église ». Le « dévoilement » est connaissance révélée ou impulsion à l'action ; ce peut être aussi une expérience partiellement intellectuelle, une lecture nouvelle de la Loi mosaïque, dans l'Esprit du Seigneur et avec une plus grande liberté[30].

De vision à proprement parler, Paul n'en mentionne qu'une : il la situe quatorze ans avant le récit qu'il en donne dans la deuxième lettre aux Corinthiens en 54 ; elle aurait donc marqué les débuts de sa mission, dans les années 40-41[31]. Il la décrit tout à la fois comme une vision et comme une révélation ou « apocalypse » du Royaume de Dieu. Paul ne trouvera pas de mots pour traduire en paroles ce qu'il vécut et pour le communiquer aux hommes. Il emploiera un terme grec (*optasia*) qu'on appliquait couramment aux objets initiatiques ou aux réalités ineffables, et qui était passé des écrits mystiques païens au lexique des Septante ; on en fera aussi un large usage, dans l'Évangile de Luc comme dans les Actes. Au-delà, Paul ne disposera, pour décrire cet événement, que du vocabulaire et des thèmes de l'apocalypse juive. Sa vision est « ravissement », dépossession de sa personnalité propre ; c'est une expérience bouleversante dont il fera encore état ailleurs : « J'ai été ravi par le Christ ! »

Dans les apocalypses juives, le mystique est en général ravi au ciel par ascension ou assomption. C'est du Livre des secrets d'Hénoch, un écrit familier aux premiers chrétiens, que le récit de Saül se rapproche le plus, puisque le « troisième ciel » est pour lui comme pour Hénoch le lieu du paradis[32]. Dans le texte juif, c'est le lieu de la révélation, par les anges, de la récompense qui attend les justes dans l'au-delà, un lieu préparé pour eux « en héritage éternel », selon une thématique chère également à Paul. Mais celui-ci, contrairement à l'auteur juif, ne rapporte pas les paroles de la révélation : écrivant aux Grecs de Corinthe, il se comporte comme un initié grec, un « myste » à la bouche close, à qui il n'est pas permis de répéter les « paroles indicibles ». Tout au plus peut-on penser que, s'inscrivant dans la mystique juive, l'expérience de Paul était une réponse aux spéculations habituelles sur le mystère de la création et de la plénitude de Dieu[33]. Le Livre des secrets d'Hénoch donne quelques détails sur les conditions de la vision qui est une vision onirique, comme presque toujours dans la Bible et dans les écrits apocalyptiques. Paul, lui, reste évasif et même hésitant sur la nature de l'expérience qu'il vécut, physique ou spirituelle : « Est-ce dans mon corps ? Je ne sais. Est-ce hors de mon corps ? Je ne sais. Dieu le sait. »

Depuis des générations, les historiens se heurtent au problème de faire coïncider ce récit autobiographique avec les mentions d'apparitions et de visions insérées dans les Actes, souvent à l'intérieur d'un discours de Paul lui-même.

A la suite de sa conversion et durant un de ses premiers séjours à Jérusalem, Saül aurait eu une apparition du Christ alors qu'il priait dans le Temple[34]. Le terme d' « extase », appliqué à cette expérience, est propre à un médecin qui a choisi un terme clinique pour qui se trouve hors de soi-même. Le récit est construit sur le modèle d'une arétalogie grecque où l'apparition de la divinité se manifeste en réponse à la prière du fidèle inquiet. Cette apparition est prémonitoire : elle avertit Saül des dangers qu'il court à Jérusalem et lui enjoint de quitter la ville, épisode rappelé plus haut dans les Actes. Elle confirme aussi le persécuteur converti dans sa vocation d'apôtre des païens. Elle est donc essentielle pour le projet des Actes, car elle fait de Paul un témoin direct de la résurrection du Christ, tenant son mandat directement de lui.

Paul atteste une telle expérience, mais sans la rapporter précisément à ce premier séjour à Jérusalem[35], ce qui ne laisse pas d'étonner puisqu'il s'efforce, dans l'épître aux Galates justement, de démontrer son indépendance en tant qu'apôtre. La date semble plus ou moins correspondre à celle de la vision eschatologique relatée par Paul, sans qu'il y ait rien de commun entre les deux expériences. Enfin, les circonstances mêmes de cette apparition paraissent assez mal fixées dans les Actes : dans un autre des discours prêtés à Paul, elle se rapporte en effet à la rencontre de Damas et lance immédiatement Paul dans le champ missionnaire.

Il semble que les Actes aient voulu développer comme une « épiphanie », comme une manifestation spectaculaire du divin telle que l'attendaient les Grecs, la vocation que Saül ressentit et entendit à la manière juive, c'est-à-dire comme une révélation intime. L'auteur adapta d'ailleurs à ce schéma les premières expériences mystiques vécues par Paul, en fonction de souvenirs et de témoignages que nous ne pouvons malheureusement plus reconstituer. Les visions d'Ananie et de Saül, qui préludèrent selon lui au baptême du converti, sont construites de la même façon : la prière et le jeûne appellent une apparition au cours de laquelle la divinité dialogue avec le fidèle, répond à ses inquiétudes et exprime sa volonté, ce qui constitue bien la caractéristique de l'épiphanie grecque.

Plus tard, le point de vue du chroniqueur changea. Quand il utilise des notes de voyage, il interprète et présente les inspirations surnaturelles de Paul comme le résultat de visions oniriques[36]. C'est un point de vue clinique.

Selon lui, elles auraient déterminé chaque grande orientation de la prédication paulinienne[37] : au moment de passer d'Asie en Europe ; en prison, à Jérusalem, pour l'inciter à en appeler à l'empereur et à prolonger à Rome son apostolat ; en bateau, durant la tempête, pour lui prédire le salut et confirmer sa mission à Rome. Il s'y ajoute le rêve de Corinthe à la suite duquel Paul aurait résolu de ne plus prêcher en milieu juif. Quatre rêves décisifs dans le parcours de l'apôtre... Apollonios de Tyane, son contemporain qui prêcha la sagesse dans tout le monde habité, en fit six au cours de son itinéraire... il est vrai beaucoup plus long !

La manifestation du divin à travers un rêve est une expérience familière aux sensibilités juives et grecques[38]. Dans l'Ancien Testament, le rêve représente un moyen de connaître le plan de Dieu. Les gens de l'époque ont conscience qu'il reflète aussi les désirs et les craintes de chacun ; pour les médecins, il indique un état de santé et peut servir dans un diagnostic. Mais il reste une médiation privilégiée avec le divin : certains clergés, tel celui d'Isis, comprennent des interprètes spécialisés (les *oneirocrites*) chargés d'éclairer les fidèles, en attendant qu'on écrive, au IIIe siècle, une *Clé des songes ;* les pharisiens et les esséniens interprètent aussi les rêves, ce qui leur donne une qualité prophétique.

D'après les Actes, Paul fit des rêves très divers. Le premier consigné est allégorique : un homme debout, symbolisant la Macédoine et sans doute reconnaissable au grand chapeau plat caractéristique de la région, lui enjoint de venir à l'aide de son peuple. A Corinthe, puis à Jérusalem, ce furent des apparitions du Christ. Durant la tempête, enfin, il s'agit d'un rêve « émanant de Dieu » (*théopemptos*), puisque le Seigneur s'y manifeste par un de ses anges. Certains de ses songes exposent à Paul un tableau de la situation, présente ou à venir, pour l'inciter à prendre une décision : « Les Macédoniens ont besoin de toi », « Tu peux rester à Corinthe, nous y avons des fidèles ». Certains, à Corinthe et sur le bateau, sont réellement prémonitoires. Paul les interprète toujours comme des rêves impératifs, significatifs d'ordres divins : « Passe en Macédoine », « Continue à parler », « Il faut que tu ailles à Rome », « Il faut que tu te présentes à César ». Cette relation intime, fondée sur l'ordre donné et accepté, est certainement la plus fréquente dans le monde gréco-romain. Mais Paul trouve aussi dans ses rêves l'expression d'une fidélité personnelle sans cesse réaffirmée : « N'aie pas peur », dit le Christ, « Courage ! », « Je suis avec toi ». A Corinthe, à Jérusalem et, bien sûr, à bord du bateau en déroute, ils interviennent à un instant particulièrement critique ; au moment de passer en Macédoine, le songe donne une réponse à une interrogation existentielle, comme si Paul voyait se fermer devant lui tous les champs de mission qu'il avait envisagés [39].

D'après l'auteur des Actes, le rêve fut l'une des expériences intimes du surnaturel que fit Paul après sa conversion. Dans ces révélations, la foi est première. Ce ne sont pas les rêves qui donnent la foi à Paul, mais la foi au Christ qui détermine sa façon d'interpréter les rêves et qui les lui fait recevoir comme une inspiration de l'Esprit.

UNE VOCATION CHARISMATIQUE

Paul eut toujours la conviction qu'il était devenu apôtre par révélation. Il établissait un lien essentiel entre l'expérience mystique dans laquelle Dieu lui avait révélé son Fils et sa vocation comme apôtre des païens[40]. Il pensait tenir son évangile directement du Christ, sans intermédiaires humains[41], et se considérait comme le « dispensateur des mystères de Dieu » à qui avaient été révélées les « paroles ineffables »[42].

Il estimait donc que sa vocation avait un caractère charismatique et il affirma toujours qu'elle ne différait en rien de celle des Douze et des autres apôtres qui avaient connu Jésus de son vivant et qui avaient eu le privilège d'apparitions après sa mort ; tous ceux qui l'attaquèrent sur ce point le heurtèrent dans la conception la plus intime qu'il avait de lui-même. « Voir » le Christ ressuscité constituait une prérogative de l'apôtre et fondait sa mission ; il avait « vu » le Christ ; il était un apôtre comme les autres même s'il avait été appelé le dernier, et il était complètement libre sans avoir de comptes à rendre à personne[43]. Il considéra la révélation du Christ dont il bénéficia comme l'ultime apparition pascale, mais ce point de vue était loin d'être unanimement admis : l'auteur des Actes, lui-même, refuse à son héros le titre d' « apôtre » qu'il réserve à ceux qui avaient suivi Jésus durant sa vie terrestre, qui étaient les garants de son existence historique et assuraient la continuité de Jésus à l'Église. Même s'il établit le même lien que Paul entre révélation et vocation, il multiplie entre Paul et sa mission les intermédiaires humains : c'est d'Ananie que Paul aurait reçu sa première catéchèse ; c'est à Jérusalem qu'il se serait formé comme missionnaire[44]. Dans l'optique des Actes, l'évangile de Paul ne lui est pas personnel et il n'a aucun caractère révélé. Mais il tient directement du Christ son envoi aux païens.

Paul en eut-il l'intuition dès l'événement de Damas ? Lui-même a voulu le faire croire plus tard, au plus fort de sa polémique contre des Chrétiens issus du judaïsme et après qu'il eut constaté ses difficultés à trouver une zone de mission qui lui soit propre[45] ; mais il est certain que le thème des vocations complémentaires qu'il développe dans l'épître aux Galates (Pierre étant envoyé aux Juifs et lui-même aux païens[46]) est une construction rétrospective que ne confirment pas les quelques données que nous possédons sur l'action de Pierre ; de même l'idée que sa mission était illimitée n'apparut qu'assez tardivement[47] : force est de constater notre impuissance à évaluer correctement les incidences de l'événement de Damas sur l'existence de Paul et sur sa mission puisqu'il ne consigna jamais son expérience mystique pour elle-même mais en la réinsérant toujours dans son système théologique.

UNE THÉOLOGIE MYSTIQUE

La théologie de Paul est en effet fondée sur une description des transformations qui scandent l'itinéraire de l'homme vers Dieu par le Christ.

La perception de la Résurrection, centrale dans

son expérience mystique, est fondamentale dans sa théologie[48]. Il adhère à Jésus-Christ (ainsi qu'il Le nomme toujours dans une expression qui lui est propre à l'époque), car il a immédiatement appréhendé le Christ Sauveur en Jésus. L'individu Jésus n'intéressa jamais Paul qui ne développa dans ses Épîtres aucune christologie du Fils de l'Homme, analogue à celle de l'Évangile de Matthieu ; sa vie terrestre le laissa indifférent, contrairement à l'évangéliste Luc qui s'efforça de mettre en valeur une continuité entre le Jésus historique et l'Église des origines[49].

La révélation de Jésus Fils de Dieu fut pour Paul celle de la rédemption et du salut par la croix[50]. En faisant l'expérience mystique de Jésus vivant, Lui dont il savait qu'Il était mort en croix, Saül découvrit qu'Il était bien l'Élu de Dieu. Aussi le théologien insistera-t-il sur la valeur rédemptrice de la souffrance plus qu'aucun autre de ses contemporains. « Éprouver la puissance de la Résurrection », écrira Paul, c'est « participer aux souffrances du Christ » et « devenir semblable à lui dans sa mort »[51]. La conversion ne peut être qu'union mystique au Christ souffrant ; elle est crucifixion avec le Christ ; elle inaugure un lent évidement du désir pour accueillir la volonté divine, dont la mort n'est que l'étape ultime[52]. L'apôtre va donc beaucoup plus loin que ses maîtres pharisiens pour qui la mort était le passage vers la résurrection.

Autant qu'une christologie, la théologie de Paul est une anthropologie : elle expose tout à la fois le salut par la croix et la transformation de l'homme par Dieu[53]. La réalité du salut, pour Paul, est la transformation du corps et de l'existence terrestre, inaugurée par un événement historique, la résurrection du Fils d'entre les morts, et parachevée un jour par la résurrection finale de tous les croyants[54].

Comme tous les Chrétiens de sa génération, Paul attendait d'un moment à l'autre le Jour du Seigneur, mais sa lecture personnelle du destin humain l'amenait à vivre cette attente comme une tension douloureuse et nécessaire entre les « tribulations » du présent, résultat du péché personnel et de celui des autres, et l'espérance que Dieu achèverait bientôt son œuvre[55]. La foi est donc totalement engagée dans le monde et Paul combattra chez ses fidèles toute tentation d'illuminisme et d'attente passive de la résurrection[56].

Paul mûrira toute sa vie sa conviction d'une recréation de l'homme par le Christ[57]. L'homme qui se laisse « saisir » par le Christ est transformé par la puissance dynamique du Ressuscité[58]. Son cœur se « dilate » à la mesure d'un amour universel. Il découvre la liberté[59]. Il est propulsé en avant et va droit devant lui, oubliant le chemin parcouru[60]. Car la foi est active : elle est charité et se met en peine pour autrui[61] ; elle est espérance et persévère au milieu des tribulations. La dynamique de la mission est incluse dans l'acte de foi comme l'affirmera Paul en reprenant les mots du psalmiste : « J'ai cru, c'est pourquoi j'ai parlé[62]. »

La conception paulinienne de l'Église est elle aussi irriguée par l'expérience de cette union transformante au Christ. Tous les saints sont dans le Christ Jésus et c'est « dans le Christ » que les aime l'apôtre[63]. Les croyants forment un corps mystique puisqu'au baptême chacun « revêt le Christ[64] » et que le banquet eucharistique est constitué par la communion de tous au Corps du Christ[65]. Plus tard, le paulinisme développera plus systématiquement encore le thème de l'Église Corps du Christ, mais Paul a d'ores et déjà dépassé la perspective sectaire si commune à son époque et à son milieu, où l'appel à la conversion engageait personnellement le disciple au maître, au risque de créer une relation exclusive[66]. A travers le Christ, il acquit très tôt, et sans doute le premier, une conscience d'Église.

Le croyant est entré dans le monde de Dieu en revêtant le Christ ; l'apôtre est le témoin et le garant de la transfiguration finale qui lui est promise. Pourtant chaque parcours est particulier et les fidèles n'ont pas à reproduire celui de l'apôtre. Chacun est renvoyé à sa propre intériorité pour vivre personnellement l'aventure de la foi et devenir à son tour un modèle[67]. On peut définir la doctrine de Paul comme une théologie de l'imitation, dans le sens évidemment d'une union mystique au Christ et non d'un simple mimétisme.

DES STIGMATES ? FAUX PROBLÈME, VRAIE QUESTION

Jusqu'à quel point Saül fut-il « revêtu du Christ » ? Et que faut-il entendre lorsqu'il écrit qu'il « portait les marques de Jésus[68] » ? Le terme grec utilisé désigne très précisément des lettres appliquées au fer rouge, ce qui interdit d'envisager une expérience mystique au cours de laquelle le corps de Saül aurait reçu les marques de la Passion, soit par automutilation, soit par transmission mystique. On pense souvent que l'expression a un sens métaphorique puisque, en Grèce et à Rome, c'étaient des lettres d'infamie dont on marquait — à titre pénal — des esclaves délinquants ou des condamnés aux travaux forcés. En Orient, la cautérisation et le tatouage avaient aussi une valeur religieuse : on manifestait publiquement sa consécration à la divinité en portant ses initiales.

On admet donc communément que Paul ne cherchait en écrivant cela qu'à se rabaisser, lui, « Paulus », « l'Avorton », ainsi désigné comme l'esclave du Christ. Certes, ce procédé littéraire est bien attesté dans la comédie et dans la poésie grecques et romaines, mais jamais dans la littérature religieuse ou politique : les auteurs se réfèrent alors toujours au contexte pénal et gardent à l'expression son sens de « marques d'infamie », ce qui est bien incompatible avec l'image du monogramme du Christ. Dans l'autre registre, suggérer un tatouage religieux n'aurait pu que choquer des lecteurs hellénisés, qui voyaient là un comportement monstrueux, aussi bien qu'une communauté juive pour laquelle il s'agissait d'une pratique d'idolâtres. Enfin, Paul se fait un titre de gloire de ces marques, ce qui n'est jamais le cas dans les emplois métaphoriques.

Reste alors l'hypothèse d'une cautérisation bien réelle, appliquée à titre pénal. Elle est d'autant plus plausible qu'il existe une tradition relative à une condamnation de Paul aux travaux forcés[69]. Lui-même aurait vécu ce châtiment ignominieux en union mystique avec le Crucifié, comme une étape de son incorporation au Christ.

LES CHARISMES APOSTOLIQUES

Les premières générations de Chrétiens constatèrent que les apôtres et les fondateurs des Églises s'étaient distingués par leurs dons surnaturels. Il y avait un « charisme apostolique », dont le « franc-parler » (la *parrhésia*) était l'une des manifestations[70]. On sait par les Actes que Paul possédait au plus haut degré ce charisme du prédicateur.

En communion d'esprit avec le Christ après sa conversion, Saül prit progressivement conscience de sa qualification prophétique. Même si certains pharisiens pratiquaient l'oniromancie, il avait reçu une formation de docteur de la Loi et non de prophète, puisque la transmission de l'inspiration sacrée restait à Jérusalem le privilège des familles sacerdotales[71]. Mais son appel comme apôtre du Christ s'enracine dans une confrontation avec la présence divine, manifestée dans toute sa puissance; une vision de la Gloire de Dieu le confirme, ce qui n'est pas sans rappeler la vocation des prophètes dans l'Ancien Testament, telle celle d'Isaïe. Paul lui-même situa sa fonction d' « apôtre appelé » dans la lignée du prophétisme juif, en s'identifiant à Jérémie et en reprenant les termes mêmes d'Isaïe à propos du serviteur de Dieu[72]. Il fut, on le sait, un lecteur assidu d'Isaïe.

Le don de prophétie, c'est l'art d'interpréter les avertissements indistincts mais prémonitoires de Dieu. Paul affirme très nettement qu'il s'agit là d'une des manifestations charismatiques inspirées par l'Esprit, au même titre que le don des langues et les pouvoirs thaumaturgiques. Mais il ajoute aussitôt que toutes les manifestations charismatiques ne sont pas inspirées : on doit par conséquent les soumettre à examen avant de les retenir ou de les rejeter[73]. Il insiste donc sur un autre charisme, celui du discernement des esprits, plutôt que sur ces aptitudes spectaculaires. C'était déjà l'une des préoccupations des esséniens.

C'est l'auteur des Actes, en fait, qui s'efforce de nous révéler progressivement le prophète en Paul, tout au long de son histoire. Au début de sa mission, le jeune docteur de la Loi apparaît encore soumis aux prophètes, qui abondent à Antioche : il écoute leurs prédictions et se lie avec Philippe dont les filles prophétisent à Césarée. Lors du deuxième voyage, le membre inspiré de l'équipe missionnaire n'est toujours pas Paul, mais Silas[74]. A Éphèse, en revanche, au cours du troisième voyage, Paul a qualité pour transmettre aux nouveaux convertis le don de prophétie et le don des langues en leur imposant les mains. Enfin, quand il fait ses adieux aux Anciens d'Éphèse, sous la forme d'un discours-testament, tout à la fois chronique et prédiction dans la veine de l'apocalyptique juive, il reconnaît avoir le don de prophétie et être inspiré par l'Esprit saint[75].

Tel est le souvenir que certains gardaient de Paul, surtout à la fin de sa vie : celui d'un prophète et d'un thaumaturge.

Les Actes présentent huit miracles de Paul, particulièrement signifiants. C'est peu en comparaison de l'activité thaumaturgique des grands mystiques païens, dont les voyages n'étaient qu'une succession de prodiges, notamment dans leurs dernières années. Dans le milieu juif des synagogues, Paul, comme le Christ, s'impose par son don d'exorcisme, ce qui est une forme du discernement des esprits. A Philippes et à Éphèse, il chasse les mauvais esprits au nom du Christ Jésus[76] ; il se comporte donc, en apparence, comme tout magicien antique confiant en l'infaillible efficacité d'une divinité appelée par son nom[77]. Mais le chroniqueur veut montrer que le procédé n'est rien sans la foi : à Éphèse, des concurrents juifs essaient d'utiliser les noms de Jésus et de Paul, en vain.

Dans les milieux païens, grec ou barbare, Paul se manifeste surtout en tant que guérisseur : à Lystres, à Éphèse, à Malte... A Troas, il ressuscite un jeune homme considéré comme mort[78]. Il répond ainsi à l'attente immédiate des païens, et la signification symbolique de ces guérisons est évidente, de même que l'aveuglement d'un faux prophète à Chypre. Aveugler un incrédule jusqu'à sa conversion figure parmi les miracles d'Asclépios à Épidaure, sans doute à titre d'initiation. Dans l'Antiquité, la maladie était souvent ressentie comme une punition divine et comme une incitation à la confession et à la conversion pour obtenir la guérison[79].

Les Actes mentionnent d'autres miracles de Paul, qui ne relèvent plus de l'imitation du Christ, mais bien davantage de pratiques magiques répandues dans tout le monde gréco-romain. Le sortilège de la porte en fait partie[80] : la porte qui s'ouvre d'elle-même (sortilège de l'automatisme) permet à l'apôtre de quitter la prison de Philippes malgré les verrous et les liens. Le prodige est banal, mais l'interprétation typiquement chrétienne qui en est donnée l'est moins. Les Anciens pensaient que les portes s'ouvraient et que les liens se dénouaient grâce à la répétition de formules ésotériques particulières ; or Paul et Silas ont obtenu le même résultat en priant, tout simplement, et en chantant publiquement la gloire de Dieu. Tous leurs compagnons de captivité ayant bénéficié du miracle, celui-ci est vécu comme une expérience communautaire : les premiers chrétiens insistaient toujours sur ce point. Mais le prodige de la porte est aussi interprété dans un sens symbolique, celui de la découverte de la liberté chrétienne, puisque les deux apôtres utilisent leur délivrance à la gloire de Dieu, pour prêcher et baptiser leur geôlier avant de retourner volontairement dans leur prison. Ainsi l'épisode fantastique, que l'auteur des Actes a interpolé dans le journal de mission, acquiert-il une très grande force démonstrative.

Plus étonnant encore est le miracle de la vipère à Malte, dont on ne trouve aucun parallèle dans les Évangiles et qui rappelle plutôt une sorte d'ordalie à laquelle se livraient les thaumaturges : un « faux prophète » serait mort de la piqûre, mais Paul la subit sans le moindre dommage, ce que les Barbares du lieu considèrent comme un jugement de Dieu. L'épisode avait peut-être une valeur symbolique pour certains convertis : la vipère ne figurait-elle pas le mal absolu, en particulier à Qumrân et dans les Évangiles[81] ?

On constate combien les esprits dérapaient facilement devant le prodige, même en milieu chrétien, et qu'ils oubliaient vite la manifestation divine pour ne plus voir que l'opération magique. Paul et l'auteur des Actes en avaient bien conscience.

THAUMATURGE ET NON MAGICIEN

Les pouvoirs thaumaturgiques de Paul laissèrent un souvenir durable parmi les populations d'Asie. Au IIe siècle, le portrait de l'apôtre-magicien s'y étoffa : on trouve répétés à l'infini, dans les Actes apocryphes de Paul, des prisons qui s'ouvrent, des exorcismes, des séances d'imposition des mains — ce qui passait pour un geste de sorcier[82]. On lui attribua alors un pouvoir néfaste (au moins aux yeux des Grecs), par exemple en imputant à son charisme la chasteté de la jeune Thècle[83]. Les miracles de Paul prirent parfois aussi un caractère punitif, pourtant très éloigné de l'esprit des Actes : Paul aurait ainsi frappé d'hémiplégie une femme qui s'approchait impure de l'Eucharistie[84]. Cette légende noire, si elle faisait vibrer la sensibilité populaire, n'en était pas moins dangereuse : non seulement elle ne servait en rien la gloire de Dieu, mais elle suscitait encore l'hostilité des pouvoirs publics en alimentant les accusations de corruption, de vénalité, d'immoralité et de fraude aux dépens des esprits simples[85].

Il y avait encore dérapage quand les admirateurs confondaient la puissance divine avec son instrument et prenaient Paul le Thaumaturge pour Dieu lui-même dans une manifestation d'épiphanie. Cela ne se produisit, il est vrai, qu'en pays peu hellénisé : d'abord à Lystres, chez les Lycaoniens, au cours de sa première mission, puis à Malte, lors de son voyage à Rome[86].

Paul se rendait bien compte de ces risques et de l'ambiguïté que comportait toute manifestation thaumaturgique ou charismatique[87]. Il se justifia par son comportement, qui le distinguait évidemment des magiciens : il ne cherchait ni à flatter ni à séduire ; il n'était pas cupide ; il n'éprouvait aucun désir de ces honneurs dont la divinisation représentait le suprême degré ; il n'utilisait pas les autres pour sa propre gloire[88] ; il parlait toujours clair, sans sacrifier si peu que ce fût à l'hermétisme des formules magiques alors à la mode[89]. Enfin, le discours-testament de Milet insiste sur le fait qu'il vécut et agit toujours en public, sous les yeux de tous, comme un bon citoyen grec, alors que le magicien, qui se mouvait habituellement dans un cercle plus ou moins clandestin, passait pour un être secret, cosmopolite, foncièrement asocial. Le but du miracle n'est pas le profit de l'apôtre : il concerne l'ensemble de la communauté, puisqu'il ne vise qu'à sa conversion[90].

L'auteur des Actes va toujours dans le même sens. D'emblée, il situe l'apôtre face au magicien en ouvrant la prédication de Paul par l'épisode de Chypre, qui l'oppose au mage Élymas, comme il avait inauguré celle de Pierre en Samarie par une joute avec le mage Simon. Simon, le célèbre magicien qui se fit baptiser pour posséder les charismes des apôtres et les monnayer, apparaît ensuite, dans la tradition chrétienne, comme le contre-apôtre[91].

Dans le récit que donnent les Actes des miracles de Paul, le moindre détail contribue à justifier l'apôtre et à repousser l'image du magicien. Sa voix était haute et claire : on insiste sur ce point, ce qui ne se comprend que par référence aux longues formules mystérieuses des magiciens. Paul ne cherche pas à garder ni à vendre des secrets : le miracle est instantané, sauf dans le cas de la résurrection à Troas, car il ne faut pas évoquer, par de trop longs préparatifs, les « machinations » qu'on prêtait aux sorciers. Le magicien est détenteur d'une technique ; l'apôtre, d'un charisme. Toute la différence réside dans la prière : le magicien cherche par ses incantations à plier Dieu à la volonté humaine, tandis que la prière de l'apôtre tend à l'adéquation de sa propre volonté avec le dessein de Dieu.

Ainsi les Actes minimisent-ils les miracles de Paul, alors que l'éloge traditionnel du sage païen consistait à les accumuler[92] ! Ils brossent une esquisse de Paul en thaumaturge parce qu'on devait manifester aux Grecs l'investiture divine qui garantissait sa mission, mais ils ne s'appliquent pas à peindre le portrait complet d'un « homme-dieu », d'un *theios aner*, comme l'époque les aimait tant. Ils veulent montrer, dans sa différence, un homme de Dieu.

Beaucoup d'apôtres de cette génération furent des charismatiques. Mais Paul n'était pas comme les autres et son « évangile » (c'est-à-dire son message) se distingue de celui des autres apôtres : il ne raconte pas Jésus tel que la Tradition en diffusait de proche en proche les paroles et les gestes, mais il prêche le Christ ressuscité, tel qu'Il s'était révélé à lui dans des manifestations particulières du Divin[93]. D'emblée, cet « apôtre par révélation » représentait une figure originale et indépendante dans le cercle des premiers Chrétiens.

CHAPITRE V

La difficile intégration

TROIS ANNÉES DE RÉFLEXION

La révélation de Damas ne précipita pas Saül dans l'action. Il eut besoin d'un temps de réflexion, et sans doute d'étude, que les Actes passent sous silence[1]. Il partit en « Arabie », dans la région transjordanienne contrôlée par les Arabes nabatéens, entre Amman et Pétra. Peut-être, d'ailleurs, resta-t-il dans la proximité immédiate de Damas[2].

C'était faire l'expérience du désert, lequel représentait dans la tradition judaïque le lieu du passage, l'expérience de la dépossession, l'école de la parole de Dieu... Les sectes du Iᵉʳ siècle développaient un modèle idéal d'Israël au désert, en réaction aux abus de la Jérusalem terrestre[3]. Tout un courant spiritualiste de l'époque pouvait inciter Saül à lire métaphoriquement son aventure sur le chemin de Damas comme un itinéraire spirituel où le désert avait sa place : il était « en marche » sur le chemin de Damas, selon la curieuse expression des Actes[4], et il avait déjà découvert, au cours de son éducation, la valeur initiatique du voyage. L'image de la « route » comme méthode et chemin de vie était passée des écoles platoniciennes au judaïsme et à l'essénisme. Elle s'harmonisait fort bien avec celle que suggère l'idée de « conversion », qui est « retour » sur soi-même et « retour » à Dieu : en se convertissant, Saül s'était mis en route pour revenir à Dieu et il ne pouvait le faire qu'en prenant le chemin indiqué par Dieu, la « Voie de la Vie[5] ».

Le nom même de Damas évoquait toutes sortes d'images et de réflexions dans l'esprit d'un Juif en recherche. Depuis l'époque des Prophètes, c'était à la fois un lieu d'exil et un refuge. Dans l'univers mental de l'Ancien Testament, l'oasis syrienne constituait un centre de débauche et d'idolâtrie, le pôle opposé de Jérusalem — la Ville sainte — et, pour tout dire, un champ de mission. Mais, au Ier siècle, cette représentation avait évolué : pour certaines sectes marginales, Damas était devenu le pays de la Nouvelle Alliance, l'asile ouvert aux convertis d'Israël, le lieu où était venu le Chercheur de la Loi[6].

Saül resta trois ans dans le désert, tout comme Flavius Josèphe à peu près à la même époque. C'était le temps d'un apprentissage auprès d'un maître, le temps du noviciat essénien[7]. Car le désert accueillait bien des esprits en recherche ! Les esséniens, dispersés autour de la mer Morte, avaient sans doute essaimé dans le Golan et jusqu'à Damas ; ils formaient des communautés de pureté et des foyers intellectuels importants dotés de bibliothèques considérables[8]. Des ermites vivaient dans l'ascétisme, tel Jean le Baptiste, le plus célèbre ; Flavius Josèphe cite encore Bannous, auquel il s'attacha quelque temps. Jean était alors mort depuis près de dix ans, mais des groupes baptistes existaient toujours dans la vallée du Jourdain et en Transjordanie[9]. Certains pratiquaient un baptême de pénitence quotidien ; ils avaient des idées proches de celles des pharisiens et ils croyaient à la résurrection.

Paul, tel que le voit l'auteur des Actes, était lié aux

sectes baptistes : à Éphèse, il s'installe d'abord chez des sectateurs de Jean. Il confirmera à plusieurs reprises le rôle du Précurseur, articulant l'histoire du peuple juif autour des Patriarches et des Juges, puis de Jean le Baptiste et de Jésus [10]. Pourtant, Jean ne liait pas le baptême et la réception de l'Esprit saint, comme le firent les Chrétiens et avant eux, déjà, les esséniens.

Peut-être Saül se tourna-t-il vers ces derniers, ou vers des Chrétiens issus de l'essénisme ? Des échos de la doctrine essénienne ont été relevés dans sa prédication, mais dans les lettres les plus tardives à l'authenticité douteuse ; il ne faut en outre pas oublier que toute la première Église de Jérusalem présente des analogies frappantes avec la communauté de Qumrân [11]. On notera surtout que Saül interpréta l'appel qu'il reçut comme la preuve d'une prédestination, par « celui qui m'avait mis à part dès le ventre de ma mère et qui m'avait appelé par sa grâce » ; le thème de la prédestination sera au centre de ses lettres comme il l'était dans l'Écrit de Damas [12] ; on y repère aussi la même théologie baptismale et la même définition de la communauté des croyants comme Temple spirituel.

Dans un domaine très différent, il existe un autre indice que Paul connut, à un moment donné, l'organisation des communautés esséniennes : à la fin de sa mission itinérante, il installera des « surveillants » (« épiscopes ») pour diriger chaque communauté, en lieu et place des Anciens (« prêtres ») institués à Jérusalem ; or ce terme, emprunté à la langue administrative des Grecs, traduit aussi le titre d'« inspecteur » utilisé dans la secte du Pays de Damas. Sa définition idéale est la même : il s'agit d'une personne capable avant tout d'enseigner, mais également expérimentée, socialement estimée et douée d'une grande maîtrise d'elle-même [13].

L'ANNÉE DES ÉCHECS

Échec à Damas! Échec à Jérusalem? Échec peut-être à Césarée... L'année 37 fut celle d'une difficile intégration au groupe apostolique.

L'échec à Damas s'explique par une conjoncture devenue subitement hostile quand l'approche des légions de Vitellius, en route pour Pétra, déclencha une réaction xénophobe et des menées antiromaines chez les Nabatéens qui tenaient Damas pour le roi Arétas. Jusque-là, les conditions avaient été favorables à la prédication de Saül.

Un noyau chrétien y existait avant son arrivée. La ville de Damas était déjà très romanisée et un citoyen romain, comme Saül, pouvait s'y sentir à l'aise auprès de notables éduqués à la grecque et acquis à la paix augustéenne[14]. On peut donc penser que Saül y connut un succès certain.

D'après les Actes, ce sont les Juifs de Damas qui auraient mis Saül en difficulté : irrités à la longue par la multiplication des conversions, ils auraient finalement décidé sa mort. Paul, victime des Juifs du lieu! Ce cas de figure se reproduira souvent dans les Actes, sans que rien ne vienne le confirmer dans ces circonstances précises : ni le témoignage de Paul lui-même, qui attribue tous ses ennuis au chef de la garnison nabatéenne[15]; ni les mesures rapportées par les Actes, puisqu'on voit mal comment les responsables d'une petite communauté d'étrangers auraient eu les moyens de faire garder les portes de la ville et le pouvoir d'exécuter un dissident. Au contraire, il est normal et habituel qu'une ville assiégée s'inquiète des résidents qui appartiennent au camp ennemi et prenne des mesures de police à leur encontre. Saül, que ses talents et ses succès désignaient à l'attention de tous, fut l'un des premiers visés et dut s'enfuir [16].

Sorti sain et sauf de Damas, Saül gagna aussitôt la communauté de Jérusalem, bien qu'il y eût laissé, il le savait bien, des souvenirs cuisants. Mais il devait opérer ce ralliement pour faire reconnaître sa vocation d'apôtre et se tailler un champ de mission sans porter préjudice aux apôtres, ses prédécesseurs [17].

En effet, l'histoire du premier christianisme est l'histoire de groupes différents, aux prétentions apostoliques, aux pratiques missionnaires et aux situations ecclésiales concurrentes [18]. Comme la fonction d'apôtre a un caractère charismatique qui remonte au Christ et que son autorité lui vient d'une apparition du Ressuscité, tous ceux qui « ont vu » peuvent s'autodésigner comme apôtres. Et Paul, lui-même, a gardé la mémoire d'une liste inquiétante, qui atteste la prolifération d'apparitions difficilement contrôlables : plus de cinq cents personnes avaient vu le Christ et pouvaient se prétendre appelées [19]. Saül reconnaît ainsi qu'au moment où il entrait à Jérusalem, plusieurs pôles existaient déjà dans le christianisme primitif, générateurs de zones missionnaires distinctes. Parmi tous ces apôtres dont il se dit le dernier, il met à part Céphas (Pierre) et Jacques, puis les Douze.

Quand il arriva de Damas, Saül ne rencontra que Céphas et Jacques, les chefs des deux factions qui subsistaient à Jérusalem après la dispersion des hellénistes. Jacques, le parent de Jésus, était à la tête des convertis de stricte obédience Torah, très légalistes et très élitistes. Pierre, avec Jacques fils de Zébédée, animait un groupe plus ouvert aux perspectives missionnaires. Saül ne choisit pas entre ces deux courants : il voulut se faire reconnaître de tous. Il ne dit rien sur la façon dont il entra en contact avec eux, mais les Actes donnent déjà le premier rôle à Barnabé, qui se serait fait le témoin et le garant de la conversion de Saül et de son activité missionnaire à Damas. La chose est plausible puisque Barnabé était originaire de l'île de Chypre, ce « grand pont » entre la Cilicie, d'où provenait Saül, et la Syrie, où se trouvait Damas. En circulant entre ces deux régions, il avait pu rencontrer Saül ou sa famille et accepter, en conséquence, de le recevoir à Jérusalem où il était plus ou moins installé. La première communauté chrétienne fonctionnait, de toute façon, par témoignages et garanties réciproques[20].

Céphas, c'est-à-dire Pierre, résidait encore à Jérusalem, qu'il ne quittait que pour de courtes missions en Palestine et qui resta son port d'attache jusqu'à l'exécution de Jacques fils de Zébédée, vers 41. C'était la figure de proue du christianisme jérusalémitain, même (ou surtout !) pour un observateur extérieur : il guérissait, il prêchait, il organisait la communauté et en assurait la discipline ; on l'avait arrêté à plusieurs reprises[21]. La première partie des Actes l'associe toujours à Jean, dont Paul ne parlera à peu près jamais. Est-ce à dire que dès les premiers contacts se nouèrent des sympathies et des inimitiés durables ? Jean aurait eu bien peu de chose en commun avec Saül, si on l'identifie avec l'évangéliste plus ou moins acquis aux idées hellénistes[22].

Saül passa quinze jours auprès de Pierre. Il y reçut, sans doute pour la première fois, un évangile qui remontait directement au Christ. Saül pouvait se dire le catéchumène de Pierre, qui lui resta fidèle malgré toutes les crises. Enfin et surtout, cette première rencontre aboutit déjà à un partage du champ apostolique : Saül se vit confier « la Syrie et la Cilicie », c'est-à-dire le pays de ses origines, où sa famille était solidement implantée[23]. Ce mandat se révéla définitif. Dès sa première visite à Jérusalem, Saül est intégré au groupe de Pierre ; il lui reconnaîtra toujours l'autorité de celui qui détient et peut directement transmettre les paroles du Christ.

La rencontre de Jacques se justifiait suffisamment par le rôle de premier plan que jouait l'apôtre à Jérusalem, non seulement auprès des chrétiens issus du judaïsme, mais aussi aux yeux des pharisiens qui lui gardaient toute leur estime pour la piété scrupuleuse avec laquelle il observait les règles[24]. Elle n'eut pas la même importance pour la vocation apostolique de Saül, mais contribua à la faire reconnaître par la communauté qui vivait près du Temple. A chacun de ses voyages, Paul ne manquera jamais de rendre ses devoirs à celui qu'il considérait comme une des « colonnes de l'Église », et d'accepter ses conseils.

Saül ne resta pas longtemps à Jérusalem, quelques semaines au plus de son propre aveu. Les Actes attribuent son départ hâtif aux menaces proférées par les hellénistes de la capitale. Ce qui subsistait du groupe d'Étienne développait une pensée syncrétique, opposée en tout point à la tradition pharisienne représentée par Saül. Sans compter que le souvenir du martyre d'Étienne demeurait vivant dans les mémoires ! Deux des trois courants de l'Église primitive pouvaient accepter le converti devenu apôtre : le troisième le rejeta. Sur ce sujet, les données des Actes et de la lettre aux Galates concordent et se complètent[25].

Mais Saül et l'auteur des Actes divergent totalement sur l'objectif de ce premier séjour à Jérusalem, et donc sur son bilan. Pour les Actes, il s'agissait d'une tentative d'apostolat dans la Ville sainte, sanctionnée par un échec presque immédiat. L'apôtre, lui, mettait en avant la nécessité de se faire reconnaître par ses pairs et ses prédécesseurs : de ce point de vue, il avait réussi car il quitta Jérusalem dépositaire de l'autorité apostolique.

Échec à Césarée ? Les Actes le laissent entendre, en précisant qu'il ne s'attarda pas dans cette ville évangélisée par l'helléniste Philippe, qui y maintint durablement son autorité[26]. Césarée ne constitua donc qu'une escale et Saül fut « renvoyé par l'Église à Tarse ». S'agissait-il enfin d'un envoi en mission officielle, dans la zone apostolique qu'on lui avait attribuée ? Le verbe utilisé par l'auteur des Actes *(exapostellein)* est ambigu : il peut signifier « éloigner » en grec courant, mais dans la Septante, les écrits intertestamentaires, la littérature juive contemporaine et les Actes eux-mêmes, il est régulièrement pris dans l'acception particulière d'« envoyer en mission[27] ».

Le silence le plus complet règne sur ces années passées à Tarse, encore qu'on ne puisse exclure, rappelons-le, des conversions au sein de la famille de Saül. L'Église de Tarse ne se réclama jamais de Paul. Cependant, son retour au pays natal n'était pas une mise à l'écart. On ne rendait pas à sa famille un individu remuant, un trouble-fête dont on voulait se débarrasser... On l'avait peut-être jugé encombrant en Palestine où travaillaient il est vrai beaucoup d'ouvriers, mais on le renvoya chez lui avec la qualité de délégué apostolique.

L'ANNÉE D'ANTIOCHE

La chance de Saül lui vint d'Antioche et de Barnabé. Celui-ci, délégué par les Anciens de Jérusalem, c'est-à-dire le groupe de Jacques, pour remettre de l'ordre dans la communauté d'Antioche, alla chercher Saül à Tarse pour l'adjoindre à cette mission. Nous sommes au début des années 40. L'auteur des Actes, qui reproduit dans cette partie une chronique antiochienne, a tenu à préciser le moment d'une prédication qui le concernait particulièrement par un triple synchronisme : la mort d'Hérode Agrippa, le 10 mars 44 ; l'exécution de Jacques fils de Zébédée et l'arrestation de Pierre, lors de la fête des Azymes en 41 ; l'annonce d'une famine mondiale, qui endeuilla le règne de Claude entre 41 et 51[28].

Antioche offrait un champ d'action incomparable[29]. C'était à la fois le plus grand port de la Méditerranée orientale avec Alexandrie et une capitale royale devenue capitale romaine, donc un centre parfaitement cosmopolite. C'était aussi l'un des phares du judaïsme antique. L'implantation de la communauté juive, très ancienne, remontait à la fondation même de la cité, vers 300 ; le groupe était donc marqué par une longue hellénisation. Il jouissait d'une certaine autonomie, avec une organisation calquée sur le modèle municipal comme à Alexandrie. Il disposait de plusieurs synagogues, l'une dans un des faubourgs du Sud-Ouest, sur les premières pentes du mont Silpius, l'autre à Daphnè, siège d'un oracle d'Apollon particulièrement réputé.

Dans ce milieu bouillonnant d'entreprises et d'idées, les Juifs se faisaient remarquer par leur dynamisme : le prosélytisme y était actif depuis le IIe siècle avant notre ère, encouragé par les derniers Séleucides qui avaient comblé la communauté de dons et de privilèges. Une foule de Grecs assistaient aux offices et partageaient, en quelque sorte, le « destin des Juifs ». L'un de ces prosélytes, Nicolas, venu en pèlerinage à Jérusalem, avait été recruté parmi les Sept ; il appartenait au courant helléniste. C'est certainement par ce groupe qu'arriva à Antioche le premier message chrétien, quand la mort d'Étienne obligea les hellénistes à se replier le long de la côte, jusqu'au grand port de Syrie. Ils limitèrent leur prédication aux synagogues, mais des convertis venus de Chypre et de Cyrène continuèrent à faire du prosélytisme et annoncèrent l'Évangile aux Grecs. Outre Barnabé, originaire de Chypre, les Actes citent encore Lucius, un Cyrénéen romanisé [30]. Convertir des païens était naturel aux hellénistes, mais à Antioche, pour la première fois, le problème de l'adhésion et de l'intégration de non-Juifs se posa à l'échelle collective et non plus individuelle. Avant le baptême, il fallait instruire ces nouveaux convertis dans une tradition religieuse qui leur était nécessairement étrangère.

On avait choisi Barnabé pour une catéchèse délicate. L'Église de Jérusalem souhaitait au fond une confirmation, par des apôtres autorisés, des convertis enseignés par les hellénistes. Ceux-ci représentaient un courant hétérodoxe du judaïsme qui inspirait toujours la plus grande défiance : on avait déjà envoyé Pierre confirmer les convertis de Philippe en Samarie, à Césarée et à Jaffa [31]. La mission de Barnabé s'inscrivait dans cette entreprise de récupération.

A ce moment, la communauté d'Antioche sortait tout juste d'une terrible crise, qui avait secoué la ville et qui avait eu des aspects antisémites prononcés. Il semble que tout partit d'une rixe, comme il y en avait tant entre les factions adverses de l'hippodrome, mais il ne fait pas de doute que les Juifs furent les premières victimes de ces émeutes. On s'interroge sur les raisons de ces exécutions et de ces pillages : certains les relient au pogrom d'Alexandrie, en 38 ; d'autres y voient une conséquence des tensions croissantes entre la communauté juive et les autorités romaines sous le règne de Caligula, tensions qui atteignirent leur paroxysme durant l'hiver 40, quand l'empereur demanda l'érection de sa statue dans le Temple de Jérusalem ; on peut enfin envisager des troubles internes aux synagogues, nés de conflits entre les observants et les convertis, troubles qui auraient suscité des représailles de la part des autorités romaines résidant dans la capitale syrienne. L'avènement de Claude, en 41, rétablit le calme. Il fit afficher à Antioche son édit aux Alexandrins, qui confirmait les privilèges des Juifs ainsi que la liberté du culte, et qui prônait la tolérance[32].

Saül fut donc l'homme d'une mission difficile. Les autorités de Jérusalem avaient songé à Barnabé parce qu'il était originaire de Chypre et qu'il avait vécu dans un milieu géographiquement et culturellement proche de celui d'Antioche. Et Barnabé s'adjoignit Saül pour les mêmes raisons, outre qu'Antioche relevait de sa « zone » apostolique. Saül, formé à la culture gréco-latine et qui avait fait ses premières armes dans les villes commerçantes de Damas et de Tarse, pouvait se sentir chez lui dans une ville vouée tout entière au commerce et à l'artisanat, et dont la romanisation s'était accélérée depuis le règne de Tibère.

De plus, Barnabé et Saül se révélèrent complémentaires, ce qui explique qu'ils firent équipe si longtemps. Les gens d'Antioche virent surtout en Barnabé un « prophète », à la « parole inspirée ». Or il fallait aussi « enseigner » en constituant des groupes de « disciples », un peu à la manière des philosophes. La mission d'Antioche fut donc animée par des « prophètes » et des « maîtres » (didascales), c'est-à-dire des docteurs de la Loi. Comme les « apôtres », ils représentaient une catégorie de ministres itinérants, destinée à jouer un rôle fondamental dans la première période des Églises, avant qu'elles ne s'organisent. Ces hommes, qui avaient tous le don de la parole, formèrent un collège des Cinq qui présida aux destinées de l'Église d'Antioche pendant un certain temps ; leur fonction était liturgique autant que missionnaire [33].

A Antioche, Paul alla au peuple, comme le faisaient les philosophes populaires. Une tradition locale rapporte qu'il parcourait la ville et discourait dans les rues, en particulier dans la rue Singon, aux abords du Panthéon. Le christianisme cessait d'être une religion des faubourgs, confinée dans les synagogues. Dès cette mission, Saül se montra tenté par les auditoires romanisés, au cœur de la ville.

Barnabé et Saül firent sortir le christianisme de l'obscurité, ce qui obligea les autorités romaines à prendre conscience de son originalité et à le distinguer du judaïsme. Le nom de « Chrétien » apparut en effet à Antioche durant cette période et resta longtemps réservé à un usage strictement local : au Iᵉʳ siècle, il n'est utilisé que dans les Actes, par Silas qui prêcha à Antioche avant de devenir le collaborateur de Paul et de Pierre, et par Ignace, évêque d'Antioche. Il s'agit d'un emprunt puisque le langage populaire forgea ces composés en *ianus*, dès le début de l'Empire, pour désigner des personnes qui suivaient un maître commun (ainsi les hérodiens, les augustiniens, les cicéroniens...) [34], alors que les Grecs et Paul lui-même recouraient à la périphrase « ceux de... ». Le terme de « Chrétien » vit donc le jour dans le milieu romain d'Antioche, celui des fonctionnaires qui parlaient latin. Ils identifièrent les fidèles du Christ comme une secte particulière, mais ne la rattachèrent pas précisément à ses deux promoteurs, Barnabé et Saül, qui avaient su suffisamment s'effacer pour que seul le Christ attachât son nom au groupe — tel n'était pas le cas des sectes païennes, et même de nombreux groupes chrétiens [35].

La mission de Barnabé et de Saül ne dura qu'un an, mais cette année fut décisive pour ce dernier. Les méthodes de l'apôtre ont déjà acquis certains traits définitifs : il prêche non seulement dans les synagogues, mais aussi au cœur de la ville, parmi les officiels ; il refuse toute allégeance à sa personne ; il enseigne plutôt qu'il ne baptise. Saül disposait désormais d'une base aux avantages considérables : dynamique, la communauté offrait de grands moyens d'action (une tradition locale a gardé le souvenir du riche Théophile, en qui l'on croit identifier le dédicataire du Troisième Évangile et des Actes) ; entrait aussi en ligne de compte la situation de la ville, d'où l'on pouvait facilement gagner Alexandrie et l'Égypte, Chypre et la Grèce ou l'Asie Mineure. La vie à Antioche était en elle-même une invitation au voyage.

Antioche constitua réellement le port d'attache de Paul tout au long des sept années que durèrent ses deux premiers voyages missionnaires. Il comptait parmi « les prophètes et les maîtres » que l'Église locale acceptait d'entretenir[36]. Ceux-ci vivaient en communauté charismatique ; ils jeûnaient et priaient ensemble. On songe évidemment au modèle des communautés esséniennes qu'auraient pu connaître Saül et un hérodien comme Ménahem, qui faisait partie du groupe. A côté d'eux, la communauté se développait et s'organisait : les « frères » en formaient le noyau, où l'on comptait des convertis païens ; sur les franges se trouvaient les « disciples », c'est-à-dire les élèves d'un maître[37].

VISITE CHARITABLE À JÉRUSALEM ?

On cerne mal, durant cette période, les rapports de l'Église d'Antioche avec celle de Jérusalem, qui lui avait envoyé les deux délégués apostoliques. Les sources paraissent contradictoires. Selon les Actes, un an après le début de la prédication à Antioche, les deux apôtres auraient effectué une visite charitable à Jérusalem, chargés d'y porter des secours lors d'une famine annoncée par de nouveaux prophètes [38]. Apparemment, la partie autobiographique de l'épître aux Galates ne confirme pas cet épisode puisque Paul n'y mentionne que deux voyages à Jérusalem : le premier, trois ans après sa conversion ; le second, lors de la conférence apostolique. Cependant, son silence n'est pas significatif car il ne retient, dans cette lettre, que les étapes de sa vie où sa mission apostolique fut contestée et confirmée : une visite charitable n'avait pas sa place dans son argumentation très serrée.

L'événement, s'il eut bien lieu, se situe entre 41 et 48, vraisemblablement en 41. C'est une année sabbatique, observée rituellement, sous l'Empire encore, par les Juifs de Palestine [39]. A l'automne 40, début de l'année juive, ils ont considérablement réduit l'étendue des terres ensemencées ; l'année qui s'annonce est donc un temps de pénurie et de pauvreté pour lequel les autorités romaines consentent une remise des impôts. Comme on peut le prévoir à l'avance, une demande de secours et l'organisation d'une collecte, telles que les décrivent les Actes, se conçoivent aisément. Pour dater cet épisode de la chronique, il faut exclure l'année sabbatique 48 qui reproduit les mêmes conditions de pénurie à Jérusalem. En effet, Jean dit Marc, un cousin de Barnabé, protégé de Pierre, a quitté Jérusalem pour accompagner les deux apôtres à Antioche : or la tradition le fait séjourner à Alexandrie, en Égypte, à partir de 45 [40]. Et, surtout, en 41, Paul eut une révélation, une « vision céleste », qui le reporte quatorze ans en arrière quand il l'évoque dans une lettre écrite aux Corinthiens, depuis la Macédoine, entre le printemps et l'automne 54 [41]. L'apôtre n'en précise pas le lieu, mais une relation composite des Actes indique qu'une des visions de Saül se produisit dans le Temple, lors d'un « retour » et à l'occasion d'un pèlerinage à Jérusalem[42]. De l'aveu même de l'apôtre, elle l'a confirmé dans sa certitude d'être envoyé pour les païens : elle ne peut que se situer très près de la première grande tournée missionnaire, elle-même décidée dès le retour à Antioche. Ce dévoilement inaugurerait la seconde étape de sa vie missionnaire.

LES LEÇONS DE BARNABÉ

Durant ces années passées ensemble à Antioche, Barnabé eut sur Saül une influence certaine, que malgré leur rupture ultérieure il ne reniera pas.

Il découvrit auprès de lui la nécessité d'adapter son mode de vie aux exigences du monde gréco-romain. Ils furent les deux seuls, parmi les apôtres, à travailler de leurs mains pendant leur mission pour assurer leur subsistance[43]. Pourtant, lévite issu d'une des couches les plus riches de la société juive, Barnabé était un propriétaire foncier que rien n'avait préparé à la vie itinérante[44]. Saül et lui furent également les seuls à rester célibataires, à la façon des philosophes itinérants qui souhaitaient conserver une totale liberté d'action[45]. Au contraire, Pierre et d'autres missionnaires chrétiens imposaient, par la force des choses, la charge des femmes de leur famille aux communautés qu'ils visitaient.

Barnabé et Saül avaient conscience que la gratuité de leur enseignement représentait la meilleure garantie qu'ils pouvaient donner aux païens de la réalité de leur conversion et de l'authenticité du dieu qu'ils servaient. Un fort préjugé sévissait en effet contre les prêtres mendiants, qu'il s'agisse des prêtres d'Isis en Italie et en Grèce, de ceux de Cybèle en Asie Mineure et dans les Balkans, et même des prédicateurs juifs qui s'en distinguaient mal[46]. Aux yeux d'un sage grec, l'évangélisation n'exigeait pas de retour ; d'ailleurs, un véritable philosophe ne se contentait-il pas d'une vie simple ?

Barnabé présenta à Saül une figure exemplaire de prophète, en prise sur le réel et non pas enfermé dans un univers mystique incommunicable. Pour Barnabé, prophétiser signifiait d'abord « réconforter ». Comme d'autres prophètes avant et en même temps que lui, cet homme qui s'appelait Josèphe au début de sa mission prit un second nom tout à fait symbolique et significatif du sens qu'il donnait à son ministère : « Fils du Réconfort[47] ». Barnabé ne partageait pas l'opinion communément admise dans l'Église de Jérusalem, suivant laquelle le don de prophétie impliquait surtout le don des langues, la glossolalie[48] ; c'était donner du prophète une définition très individualiste et peu intellectuelle, comme le soulignera Paul[49]. On pouvait alors mériter le reproche de marginal asocial et de bavard inutile qui, aux yeux des Grecs, vous assimilait aux magiciens.

Saül n'oublia jamais cet exemple. Il aurait pu, comme les autres, parler « en langues », mais ce « charabia » n'était d'aucune utilité pour la communauté[50]. Celui qui prophétise, dira-t-il, parle aux hommes et non pour lui : il doit bâtir, exhorter, interpréter... réconforter ! C'était l'idéal de Barnabé. Les inspirés qui ne savent pas communiquer leur expérience constituent une catégorie inférieure de prophètes : leur esprit est en prière, mais leur intelligence est morte. Ce qui importe, c'est de prendre les autres en compte, et donc d'« interpréter » en langage clair et avec intelligence. Le don de prophétie est certes dévoilement, mais aussi science et enseignement[51].

Ainsi Saül devint-il à Antioche, au contact de Barnabé, un homme de communication.

CHAPITRE VI

Le second de Barnabé

LA MISSION ANTIOCHIENNE

Le milieu des années 40 fit date dans les annales de l'Église d'Antioche, d'où les Actes ont tiré la chronique de deux voyages apostoliques. Antioche en fut dans les deux cas le point de départ et le point d'arrivée. Barnabé et Saül partirent ensemble d'Antioche pour parcourir Chypre et le haut plateau anatolien; ils y revinrent ensemble afin de s'y justifier, avant que Paul ne reparte pour une nouvelle mission, avec Silas cette fois, qui se termina comme la précédente par une reddition de comptes dans la capitale syrienne [1].

Les deux premières tournées de Paul répondent à une initiative de la communauté d'Antioche, alors en plein essor. Non que le projet d'une mission outre-mer soit absolument neuf : selon la tradition, plusieurs des Douze prêchèrent en Asie Mineure et en Grèce d'Europe; Pierre avait quitté la Palestine vers 41 et on signale sa trace à Antioche, puis au centre de l'Anatolie et à Corinthe, à une date indéterminée [2].

Le projet antiochien était modeste. Il visait Chypre, cet « immense pont entre la Cilicie et la Syrie [3] », que liaient à Antioche des intérêts commerciaux et une similitude de culture puisque l'île était peuplée de Sémites et de Grecs, avec une forte implantation juive. On désigna à nouveau comme apôtres Barnabé et Saül, une équipe qui avait fait ses preuves. Les mêmes raisons que précédemment avaient déterminé ce choix : la nouvelle mission relevait de leur délégation régionale ; ces deux hommes du cru connaissaient bien les routes et disposaient sur place de solides relations. On ne leur demandait pas de prendre des risques : le premier voyage apostolique se présentait comme un retour au pays... mais l'aventure attendait les deux missionnaires à plus d'une étape !

Il s'agissait d'une décision importante, et le départ des deux apôtres revêtit une solennité dont l'Église d'Antioche garda un souvenir durable. Selon la tradition utilisée dans les Actes, Barnabé et Saül furent désignés par le collège des Cinq, réuni dans la prière et la pénitence. Une autre cérémonie, sans doute communautaire celle-là, présida à l'envoi en mission : préparée elle aussi dans le jeûne et la prière, elle comporta le rituel d'imposition des mains — rite d'installation ou d'envoi. La pompe de la liturgie invite à comprendre ce geste comme la transmission d'un mandat, pour l'accomplissement d'une tâche précise [4]. Les gens d'Antioche considérèrent désormais Barnabé et Saül comme leurs « apôtres », au sens où Paul parlera plus tard des « apôtres des Églises », sans plus les confondre avec les prophètes et les maîtres.

Ils partirent avec Marc. Barnabé restait le chef de la mission, et Marc servait d'« assistant », dans une organisation calquée sur celle de la synagogue [5]. On l'avait adjoint au culte et chargé, en particulier, des livres sacrés ; sans doute était-il le plus jeune des trois, lui qui semble n'avoir été qu'un adolescent, presque un enfant encore, lors du procès de Jésus.

BARNABÉ CHEZ LUI

Barnabé conduisit ses amis à Salamine, à Chypre, d'où il était originaire. Dans cette ville qui faisait face à la côte syrienne, ils trouvèrent la plus importante communauté juive de l'île. Comme à Tarse, elle était impliquée dans le textile ; le mouvement d'émigration s'était accéléré depuis qu'Auguste avait concédé à Hérode les mines de cuivre de Soloi. Les Juifs y disposaient de plusieurs synagogues et peut-être même d'un lieu spécifique de réunion, une sorte de club. Mais Salamine était aussi un lieu de passage : les marins y faisaient volontiers relâche pour l'hiver et le renom du sanctuaire de Zeus y attirait des foules de pèlerins.

L'entreprise ne présentait apparemment pas de difficultés. Barnabé jouissait d'une réputation flatteuse parmi les Juifs, qui avait valu à cet homme nommé Josèphe son beau surnom de « Fils du Réconfort ». Il appartenait à la caste sacerdotale des lévites chez qui l'on ne s'étonnait pas de trouver des charismes prophétiques. Mais on ne sait rien de la prédication en milieu chypriote, où l'existence d'Églises n'est attestée que très tardivement, au IVe siècle [6].

Le récit des Actes se concentre sur la personne de Saül et sur une joute, tout à la fois oratoire et thaumaturgique, qui met aux prises prophète et pseudo-prophète dans une scène inaugurale, identique et parallèle à celle dont Pierre avait été le héros en Samarie. Quoiqu'il sache que l'apôtre ne peut débuter sa mission sans avoir donné des preuves de l'authenticité de son Évangile, et qu'il s'agisse même là d'une de ses préoccupations constantes, Paul invoquera son comportement général et la gratuité de son enseignement là où les Actes font intervenir le merveilleux. Car la cécité dont Saül frappe son adversaire est toute symbolique et relève d'une mise en scène de l'incroyant, banale dans les cultes mystiques[7].

Les Actes semblent d'ailleurs rassembler sur un seul personnage au double nom, Bar Jésus-Élymas, des épisodes que distinguera la tradition chypriote ultérieure. Dans le Roman de Barnabé, Bar Jésus, dont le nom est incontestablement juif, apparaît à Salamine, sous le règne de Néron, lors d'un voyage plus tardif où Barnabé trouvera la mort; il est présenté comme un Juif pieux et influent, proche de l'empereur, qui catalyse l'opposition de ses coreligionnaires à l'apôtre[8].

Rien de commun avec le « mage » qui se serait dressé contre Saül à Paphos, à l'autre bout de l'île, dans la résidence du gouverneur romain. Le double nom judéo-phénicien, forgé par l'auteur des Actes, n'a aucun sens ni aucune signification; le lieu diffère, la personnalité de l'adversaire aussi... Mais la silhouette d'un magicien juif ou syrien dans l'entourage du proconsul de Chypre est très plausible, tant la magie se portait bien dans la haute société romaine au Ier siècle, et peut-être les Actes conservent-ils le souvenir d'un thaumaturge juif de Chypre célèbre parmi les Romains au milieu du Ier siècle[9].

ET SAÜL DEVINT PAUL

Le plus signifiant dans la chronique des Actes reste la rencontre entre les apôtres et ce proconsul nommé Sergius Paulus, à la suite de laquelle Saül cessa de se désigner par son nom hébreu pour adopter, dans la vie courante, le surnom porté par ce magistrat.

Rien n'indique en effet qu'il ait auparavant latinisé *Saoulos* en *Paulus*, bien que tout un chacun soit frappé par une assonance qui n'avait pas dû laisser l'apôtre indifférent ; toutefois, le nom de Saül était susceptible d'autres adaptations — Silas, par exemple. Il est tout aussi vraisemblable que Saül ait utilisé jusque-là en milieu grec un nom complètement différent de son nom hébreu : beaucoup de ses coreligionnaires le faisaient, et même certains de ses parents appelés Lucius ou Andronicos.

Le séjour à Chypre, auprès du proconsul, lui donna l'occasion d'arborer un nom double que les Actes ont transmis sous sa forme juridique, classique en grec : Saül, « dit aussi » Paul. L'élément nouveau, Paul, n'intervient pas comme un nom de substitution : dans cet état civil romain, il s'ajoute au surnom sémitique de Saül, selon une pratique courante parmi les hellénisés dans l'Orient hellénophone. Le double nom y exprime toujours un changement important dans la position d'un individu[10].

Il peut simplement s'agir d'un souci de précision de la part d'étrangers gênés par les règles de la nomenclature romaine. A l'extrême, on peut vouloir commémorer et pérenniser un événement décisif : c'est la fonction des surnoms qu'accumulent les généraux romains et les empereurs. Dans le cas d'un Oriental romanisé comme l'apôtre, il faut y voir la manifestation extérieure et volontaire d'une double appartenance culturelle : le double nom est alors un pont jeté entre les deux aires linguistiques.

En outre, le sens premier de *paulus*, « peu considérable », « faible », pouvait séduire un prophète qui donnait au changement de nom une valeur symbolique. Paul désirait manifester la puissance de son Dieu à travers sa faiblesse : même si l'on n'y songeait pas tout de suite, l'image suggérée par ce nom pouvait être reprise dans une prédication de type arétalogique[11]. Paul ne fit qu'imiter tous les apôtres de sa génération qui se voulaient d'abord des prophètes : Josèphe-Barnabé, Judas-Barsabbas, Jacques-Oblias avaient choisi un second nom hébreu ; Simon dit Céphas dit Pierre, un nom araméen puis un nom grec ; Jean-Marc, Silas-Silvain et Saül-Paul, un nom latin.

Enfin, on ne peut exclure une adoption. C'est ce qu'implique souvent l'usage d'un double nom en milieu grec ou la mention d'un nouveau surnom en milieu romain. L'adoption d'un Juif de Tarse par un proconsul de Chypre est plausible si l'on considère que les gouverneurs romains, notamment à Chypre, adoptèrent parfois des notables indigènes et leur transmirent leur surnom[12]. Les proconsuls de Chypre étaient des gens relativement modestes, originaires de la région et qui restaient fidèles à leur petite patrie.

On ne trouve trace d'un sénateur nommé Sergius Paulus et de sa famille qu'à Rome et en Asie Mineure ; aucun document à Chypre même n'atteste pour l'instant ce proconsulat. Mais l'historicité du personnage est malgré tout confirmée et il n'a pu entrer en charge à Chypre avant juillet 44. Son mandat durait un an[13]. Il faut situer l'arrivée de Paul à Paphos au cours de l'été 44 pour pouvoir placer les deux premiers voyages apostoliques avant la conférence de Jérusalem, en 51. Qu'il ait ou non converti le sénateur, dont certains croient pouvoir compter la petite-fille parmi les chrétiens de Rome, il en reçut une impulsion décisive pour l'avenir de sa mission.

DE CHYPRE À ANTIOCHE DE PISIDIE : DANS LES PAS DE SERGIUS PAULUS

La mission de Barnabé et de Paul aurait pu se limiter à Chypre. La faveur dont le proconsul les entoura lui donna un prolongement, inattendu peut-être, mais naturel.

Sergius Paulus appartenait en effet à une famille implantée sur le haut plateau anatolien, où Auguste avait constitué la province de Galatie. Celle-ci comprenait en particulier les districts de Pisidie et de Lycaonie, tout juste pacifiés, où l'on avait fondé les colonies de Lystres et d'Antioche de Pisidie ; cette dernière était le nœud des communications terrestres. A la troisième génération, le descendant des premiers colons d'Antioche avait fait son chemin dans la fonction publique et atteint le rang sénatorial. Mais il possédait toujours un grand domaine à Vétissus, en Galatie centrale, exploité par des affranchis. Il avait gardé beaucoup de relations à Antioche de Pisidie, où il maria son fils dans une famille du cru ; il y était considéré comme un bienfaiteur[14].

C'est donc lui qui inspira et facilita le projet d'une mission à Antioche de Pisidie : il donna certainement aux apôtres des lettres de recommandation pour les notables de la colonie ; il les fit peut-être profiter de la poste impériale, à moins qu'il ne les ait associés à un voyage d'inspection.

Quoi qu'il en soit, cette seconde période de la mission se présente comme une tournée des centres romains : Antioche d'abord, puis Lystres, et encore Iconion et Derbè qui connaissaient une forte poussée de romanisation sous le règne de Claude. Dès le départ de Chypre, l'objectif est fixé : Barnabé et Paul se dirigent tout droit sur Antioche de Pisidie sans s'attarder dans les villes grecques de la côte, pour-

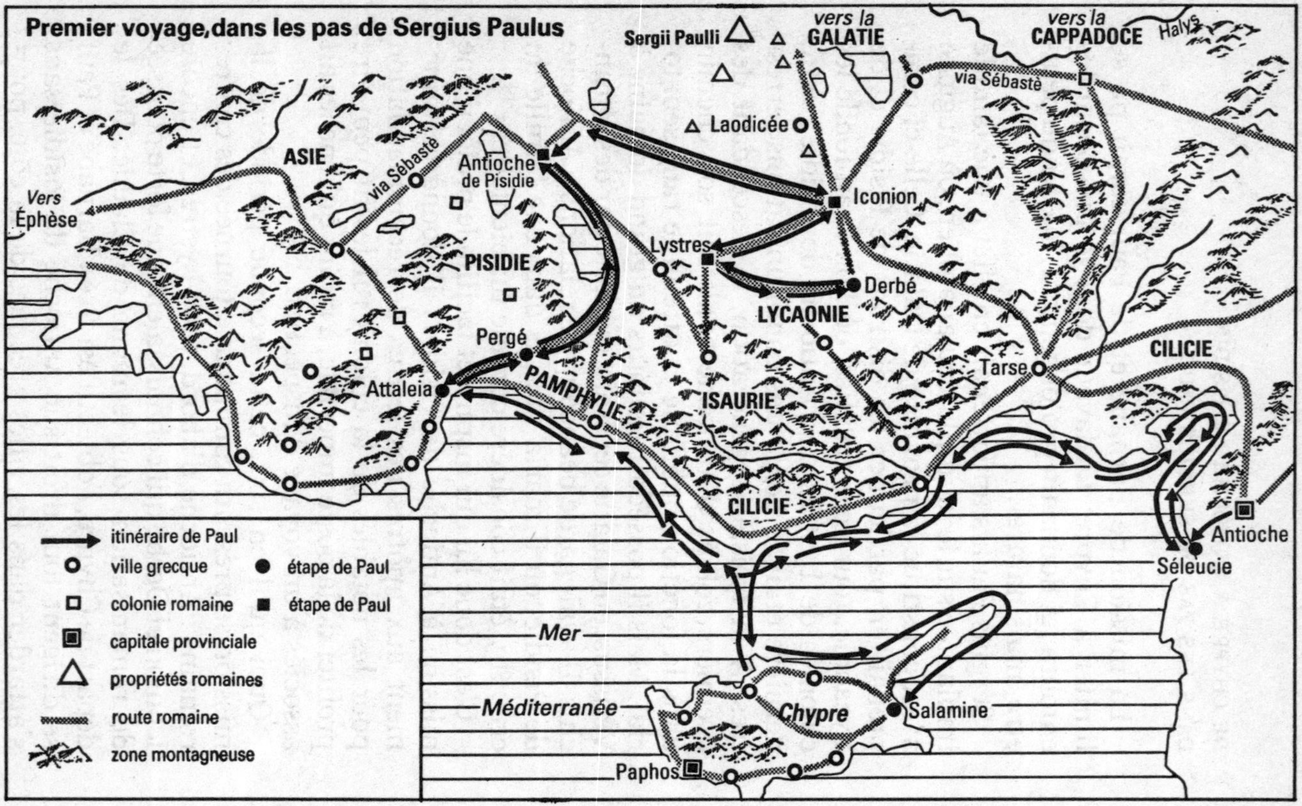

Premier voyage, dans les pas de Sergius Paulus
Sergii Paulli
vers la GALATIE
vers la CAPPADOCE
Halys
via Sébastè
Laodicée
ASIE
Antioche de Pisidie
Vers Éphèse
Iconion
Lystres
PISIDIE
Derbé
LYCAONIE
Pergé
PAMPHYLIE
Attaleia
ISAURIE
Tarse
CILICIE
Antioche
Séleucie
Mer
Méditerranée
Chypre
Salamine
Paphos
itinéraire de Paul
ville grecque
étape de Paul
colonie romaine
étape de Paul
capitale provinciale
propriétés romaines
route romaine
zone montagneuse

tant animées, cosmopolites et dotées de communautés juives et romaines. Ils ne séjournèrent ni dans le port d'Attaleia, ni dans la ville de Pergè, distante de 12 kilomètres, qui était une vieille capitale religieuse aux rues agréables, bordées de galeries couvertes ; une synagogue pouvait y accueillir les Juifs de passage. Barnabé et Paul s'apprêtèrent à gagner Antioche par la route orientale qui longeait le lac Çaralis[15].

LE REFUS DE MARC

Mais Marc ne suivit pas[16]. Il resta à Pergè et préféra l'hospitalité de ses coreligionnaires à l'aventure sur les hauts plateaux. Comme Marc n'était pas du pays, on peut comprendre ses réticences au moment de passer la chaîne du Taurus et d'affronter des contrées semi-désertiques où les populations gardaient un fort particularisme. Paul, lui, ne pouvait s'y sentir dépaysé puisque la bordure sud du plateau anatolien (la région d'Iconion, de Lystres et de Derbè) considérait la Cilicie et Tarse comme son débouché naturel sur la mer. Tous les gens de Tarse connaissaient la grande route transversale de Tarse à Éphèse, surtout ceux du textile car le plateau, d'où vient l' « angora », était grand pourvoyeur de laine. Pour Paul, cette étape du voyage missionnaire prenait l'allure d'un retour chez soi, outre qu'elle s'insérait dans un solide réseau d'amitiés romaines. Marc n'y vit qu'un saut dans l'inconnu.

Les gens d'Antioche ne comprirent pas davantage l'intérêt du projet ni sa logique. La source des Actes présente le voyage de Barnabé et de Paul comme une fuite en avant, toujours plus loin dans l'intérieur, parmi des populations de plus en plus étranges, qui ne parlaient même plus grec. L'archéologie n'a pas confirmé ce dernier trait[17], mais il s'agit là du point de vue traditionnel d'un homme de culture hellénique pour qui la sauvagerie, la « barbarie » (qui est l'ignorance du grec) se mesurent à l'éloignement de la mer. Les apôtres se seraient trouvés refoulés aux limites de la civilisation par les coups répétés des Juifs, selon un schéma qui se reproduit de ville en ville : arrivée, accueil et prêche à la synagogue, courant de sympathie et prédication populaire, opposition des Juifs, expulsion, lapidation... Pourtant, l'existence de communautés juives n'est nulle part attestée dans ces villes[18].

LES ÉPREUVES EN GALATIE

Ce schéma stéréotypé a certainement un fond de réalité, car Paul lui-même mentionna à plusieurs reprises les souffrances et même les supplices qu'il subit dans cette région. Dans sa lettre aux chrétiens de la contrée, qu'il appelle « Galates » en raison de leur appartenance provinciale, il rappellera discrètement les épreuves dont ils l'ont « fatigué » dans le passé. Il précisera ailleurs qu'il a souffert une fois la lapidation, ce qui authentifie la scène tragique que l'auteur des Actes brosse à Lystres : des Juifs déchaînés poursuivent Paul depuis Antioche et Iconion, finissent par le rejoindre à Lystres ; le traînent hors de la ville, le lapident comme blasphémateur et le laissent pour mort, entouré par le cercle des disciples, effondrés, qui ne l'ont pas abandonné mais qui n'ont rien pu faire. Cependant, le contexte a pu être totalement différent, car le lynchage est aussi un réflexe des foules grecques dans le cas des crimes contre nature, envers les empoisonneurs ou quiconque suspect de magie[19].

Pour l'auteur des Actes, ce voyage est la découverte de l'irréductible hostilité des synagogues de la Diaspora. Aussi fait-il peaufiner à Paul les arguments de sa prédication en milieu juif dont le sermon à Antioche de Pisidie, reconstruit comme un discours type, donne le condensé[20] : insertion de la révélation chrétienne dans l'histoire d'Israël et dans la prédication de Jean le Baptiste ; présentation de Jésus comme Fils de David ; citation des prophètes et des psaumes ; promesse de résurrection, fondée sur le rappel de la mort et de la résurrection du Christ. Le sermon commence par un assemblage de preuves scripturaires et se termine par une mise en garde menaçante.

À LA RENCONTRE DES INQUIÉTUDES PAÏENNES

Paul ne parla pas de convertis issus du judaïsme dans sa lettre aux Galates. Dans cette région, il a convaincu des païens qui « ne connaissaient pas Dieu », qui « étaient asservis à des dieux qui, naturellement, n'en étaient pas », qui n'étaient pas circoncis. On ne pouvait même pas les compter parmi les prosélytes. Le tableau est simplifié puisque à Lystres, selon les Actes, il aurait trouvé des Juives mariées à des Grecs, dont la mère de Timothée, son futur collaborateur ; la deuxième lettre à Timothée tend également à établir un parallèle entre sa lignée maternelle et les ancêtres de Paul qui étaient des Juifs, mais la mère et la grand-mère de Timothée portent des noms grecs dépourvus de toute implication religieuse[21]. Il y avait donc peut-être quelques Juifs, quelques femmes juives surtout, transplantés dans ces contrées où l'élément indigène était, et de loin, le plus nombreux.

Les convertis galates avaient leur propre univers religieux, très particulier. Les cultes indigènes restaient vivaces dans les campagnes anatoliennes où régnait une atmosphère religieuse complexe, étrange et parfois même passionnée ; elle enveloppait jusqu'aux Romains des colonies qui vénéraient Mèn, le dieu guérisseur des hommes et des bêtes, la Grande Mère de Phrygie, aux rites souvent outranciers, Sabazios, le ressuscité, Pluton, le dieu des morts, sans compter un héros-cavalier qui promettait l'immortalité. Partout s'exprimait une émouvante aspiration au salut : on appelait de ses vœux un dieu « qui sauve », un dieu « qui écoute », un dieu « qui aide ».

Cela donne quelque vraisemblance à la scène pittoresque que les Actes situent à Lystres[22]. L'arrivée de Barnabé et de Paul est racontée et vécue comme une apparition divine, comme une épiphanie, tant les gens du peuple s'attendaient à l'irruption du divin dans leur quotidien, en Asie Mineure particulièrement. On prit Barnabé pour Zeus, à cause de sa prestance, et Paul pour Hermès, le patron des marchands et des orateurs, mais aussi le messager des dieux et le guide des âmes (psychopompe). Le charisme des apôtres agissait directement sur les sensibilités populaires.

Paul sut parler à ces inquiets. Il essaya de canaliser leur pathétique besoin de présence divine et comprit leur angoisse du salut. Il leur prêcha une vérité « révélée », jouant ainsi, à leurs yeux, un rôle qu'ils pouvaient comprendre, celui d'un mystagogue, d'un initiateur au mystère divin. Dès le début de sa prédication, il leur confessa sa vie et se posa comme la manifestation vivante de la puissance de Dieu : il leur raconta ce qu'avait été son existence d' « avant », sous le signe de la persécution et de la démesure[23]. Il leur montra aussi que la conversion achevait le processus d'intégration sociale et spirituelle où ils étaient tous impliqués, puisque dans le

Christ seul pouvait se réaliser l'unité parfaite de l'humanité.

Pour ces auditoires cosmopolites de Galatie, composés à 40 % d'indigènes, à 37 % de Romains et à 23 % seulement de Grecs, Paul sut transcender tous les clivages fondamentaux de la cité antique : « Il n'y a pas de Juif ni de Grec, pas d'esclave ni de libre, pas de mâle ni de femelle : car tous vous êtes un dans le Christ Jésus[24]. »

La prédication de Paul se greffe immédiatement sur les particularités et les préoccupations du milieu ambiant, très fluide. Sous le règne de Claude, les colonies romaines de la région sont au sommet de leur prospérité ; leurs ressortissants voient s'ouvrir devant eux les voyages à Éphèse ou à Rome, la haute fonction publique et même la carrière sénatoriale. Paul et ses auditeurs se retrouvent sur le même terrain de culture grecque : ils peuvent comprendre l'image du « pédagogue » auquel Paul compare la Loi mosaïque — un inférieur, un esclave, certes, mais néanmoins le tuteur indispensable du fils de bonne famille au cours de son éducation[25]. A Antioche de Pisidie, tout au moins, un vernis d'hellénisme unifiait extérieurement la population, bien que Paul y ait rencontré beaucoup de Babis, de Tateis, de Manès, au nom barbare, et que les magistrats l'aient sûrement accueilli en lui parlant latin.

L'APÔTRE DES CONFINS

Les choses changèrent quand Barnabé et Paul quittèrent Antioche et bifurquèrent vers l'est afin de regagner Tarse par la route sud qui plongeait directement vers la mer, au lieu d'affronter les passes difficiles du Taurus[26].

A Laodicée, ils prirent au sud pour rejoindre la colonie de Lystres, la véritable métropole du Sud-Est. En chemin, ils s'arrêtèrent à Iconion (l'actuelle Konya, la ville des derviches), une cité assez populeuse au centre d'une région fertile, où l'élément phrygien était important. Alors que les Actes relatent cette fois encore une mission à la synagogue, le Roman de Paul composé au IIe siècle dans cette région, à Antioche de Pisidie, brosse le tableau d'une prédication aux indigènes hellénisés, dans des maisons privées dont l'apôtre était l'hôte. Il cite, parmi les convertis d'Iconion, Onésiphore et sa famille — Onésiphore qu'une des épîtres à Timothée présentait comme le collaborateur de Paul à Éphèse —, ainsi qu'une jeune fille, Thècle, qui consacre dès lors sa vie à l'apôtre et devient l'héroïne d'Actes conçus comme un roman d'amour[27].

Mais, surtout, le roman pisidien esquisse la silhouette de l'apôtre voyageur, conversant et enseignant tout au long de la route pour des compagnons de rencontre. C'est à Iconion, enfin, qu'on aurait gardé fidèlement le souvenir des traits de Paul et de son allure : « un homme petit de taille, à la tête chauve, aux jambes arquées, aux sourcils joints, au nez légèrement busqué, plein de grâce[28] ». Toutefois, ce portrait est bien stéréotypé et cette mission itinérante rappelle l'épisode évangélique des pèlerins d'Emmaüs.

Au-delà d'Iconion, la région figurait parmi les plus ingrates et les moins hellénisées d'Asie Mineure. Cicéron, que ses tâches de proconsul avaient contraint d'y séjourner, n'avait pas eu de mots assez méprisants pour ces populations frustes et ignorantes, encore très souvent nomades. Le plateau est froid et nu, peuplé surtout de grands troupeaux d'onagres ; il manque absolument de points d'eau, de sorte qu'il faut acheter l'eau potable à l'étape — le comble pour un voyageur antique[29] !

Pour protéger la région, la colonie de Lystres avait été fondée sur une petite acropole, mais assez loin de la route principale ; malgré son statut de colonie et un apport de vétérants romains, elle offrait encore, sous le règne de Claude, l'apparence d'une grosse bourgade assez rustique quoique prospère. A Lystres, les premières converties furent des femmes, Lois et Eunice, respectivement grand-mère et mère de Timothée.

C'est là qu'on lapida Paul. Mais il en réchappa et voulut reprendre immédiatement la route de Tarse. Son état de santé l'obligea néanmoins à s'arrêter à Derbè, une autre petite place forte aux frontières de l'Isaurie, en sortant de la route pour se réfugier dans un endroit reculé. Paul rappellera aux Galates que leur évangélisation, bien que parfaitement programmée à Chypre, dut aussi beaucoup au hasard de la maladie : « Vous savez que c'est à cause d'une maladie de la chair que je vous ai évangélisés pour la première fois. » Cette maladie (ou ces blessures) aurait pu faire de lui un objet de mépris et de dégoût, mais l'hospitalité des Galates fut généreuse : « Vous m'avez accueilli comme un ange de Dieu, comme le Christ[30]. »

Le parcours de Paul est paradoxal pour un Grec dont la géographie (et les préjugés !) se déploie toujours en cercles concentriques et selon une dégradation progressive à partir d'un pôle urbain. Paul découvrit en effet aux confins de l'hellénisme non pas la sauvagerie à laquelle s'attendait Marc, mais l'hospitalité et l'entraide, qui formaient les valeurs essentielles de la civilisation. Il ne restait plus qu'à les imprégner de l'esprit chrétien.

À REBOURS

A Derbè, on était déjà à mi-chemin entre Antioche de Pisidie et Tarse. Pourtant, quand Paul fut rétabli, il préféra revenir sur ses pas par le long chemin qui menait à la mer[31].

La décision paraît surprenante. Peut-être s'explique-t-elle, tout simplement, par les dangers de la route car les montagnes d'Isaurie, au sud-ouest de Derbè, demeuraient un repaire de brigands que l'Empire romain ne parvint jamais à nettoyer. Paul dit lui-même avoir été victime de bandits durant ses pérégrinations, mais sans préciser la date ni le lieu[32].

Peut-être les apôtres avaient-ils également senti la conjoncture changer dans les villes qu'ils venaient de traverser et l'opinion publique leur devenir favorable. La chronique antiochienne, qui inspire les Actes, évoque au retour un travail en profondeur, travail fructueux qui permit d'organiser réellement des communautés. Au terme de leur première prédication itinérante, les apôtres perçurent la nécessité de laisser derrière eux des responsables locaux, pourvus de pouvoirs disciplinaires, afin d'assurer la persévérance dans la foi. Selon les Actes, ils reproduisirent le modèle mis en place à Jérusalem après le départ de Pierre, en instituant partout des Anciens (« prêtres ») auxquels ils transmettaient à leur tour les pouvoirs qu'ils avaient reçus à Antioche[33]. La liturgie, qui comprend l'imposition des mains, est calquée sur celle d'Antioche : elle semble tout à fait anachronique et ne s'appuie sur aucun parallèle paulinien.

Paul en effet n'emploie jamais cette terminologie dans les lettres dont l'authenticité n'est pas discutée. Mais il les écrivit après qu'il eut pris ses distances avec la communauté de Jérusalem, alors que, pendant le premier voyage, le chef de mission restait en tout état de cause Barnabé, l'homme de Jérusalem... Cependant, l'idée d'une autorité disciplinaire n'est pas absente des premières épîtres : les responsables y ont pour mission d' « avertir » et de « soumettre »[34].

Avant de se rembarquer pour Antioche de Syrie, Barnabé et Paul prirent cette fois le temps d'évangéliser les villes grecques de la côte, Pergè et Attaleia[35]. Leur conception de la mission a profondément évolué au cours de ce premier voyage : de ponctuelle et concentrée sur un objectif, elle devint systématique et méthodique ; fondée sur la prédication itinérante, elle aboutit à une organisation.

Voilà le bilan que les apôtres soumirent, après leur retour, à l'Église d'Antioche. Leur mission avait nécessité deux ans environ — sans doute 44-45 — au rythme normal d'un voyageur antique.

Ils exposèrent en détail leurs succès auprès des païens et rendirent compte de l'œuvre pour laquelle ils avaient été mandatés. La procédure relatée par les Actes rappelle un peu celle qu'on exigeait des magistrats en fin d'année. Mais les apôtres s'effacent derrière le Dieu qu'ils servent : leur compte rendu de mission se fait célébration de la puissance divine et action de grâces. A ce titre, leur récit est répété et médité dans l'Église d'Antioche, tout comme les arétalogies dans les cultes païens[36]. On peut penser que les données essentielles de cette première mission ont été conservées assez fidèlement, même si leur transposition dans un récit rituel et les objectifs propres à l'auteur des Actes ont conduit à des réinterprétations évidentes.

Lancée par Barnabé en direction de son milieu d'origine — les Juifs de Chypre —, cette première mission a eu un prolongement imprévu en Asie grâce à l'appui d'un proconsul romain. Elle visa alors les foyers romanisés de la province, puisque l'itinéraire choisi évita d'abord les synagogues de la côte pour privilégier les colonies de l'intérieur. Un point toutefois reste obscur, celui des contacts et des difficultés avec des Juifs dans ces régions : Paul fut-il lapidé comme un apostat par des Juifs, ou comme un magicien par les païens[37] ?

CHAPITRE VII

Une mission sans limite

Le deuxième voyage missionnaire de Paul se voulait dans la continuité immédiate du premier[1]. Les événements et les individus en décidèrent autrement. Inauguré dans des circonstances difficiles, son objectif n'apparut qu'assez tardivement à l'apôtre, après bien des ruptures, bien des hésitations, bien des échecs et bien des replis.

LANCÉ « À LA GRÂCE DE DIEU »

Cette fois, l'initiative émanait de Paul, désireux de faire une nouvelle visite aux Églises qui relevaient de leur délégation apostolique, à lui et à Barnabé : celles de Syrie et de Cilicie, en incluant sans doute la Galatie du Sud.

Une question de personne vint compromettre le projet. Barnabé voulait emmener Marc, son cousin, et entendait reconstituer la précédente équipe. Paul, ulcéré par la défection du jeune homme à Pergè, ne voulait pas en entendre parler ! L'affaire s'envenima... et l'on ne put éviter la rupture. Barnabé et Marc s'embarquèrent pour Chypre, en reprenant leur premier itinéraire ; de là, la tradition conduit Marc jusqu'à Alexandrie, dans une tout autre direction. Cela se passa probablement en 45[2].

Paul restait avec Silas, son nouvel adjoint, qui venait de Jérusalem. La forme araméenne de son nom, autre altération de *Saoul*[3], incite à en faire un Juif de Palestine; comme Paul encore, il était citoyen romain, ainsi que prophète. Il s'attacha à Paul, et le fait mérite d'être souligné : Paul suscitait des sentiments si passionnés qu'amitiés, ruptures et réconciliations se succédèrent tout au long de sa vie, mais il ne se trouva jamais seul.

Sa situation à Antioche était devenue intenable. On n'y aimait pas les trublions et l'on ne savait pas quoi faire de lui, puisque Barnabé et lui se révélaient désormais concurrents dans le même secteur de mission. Aussi l'éloigna-t-on, « en le livrant à la grâce de Dieu » : l'auteur des Actes emploie une périphrase pudique pour faire comprendre que Paul partit au hasard, sans l'investiture solennelle et précise qu'il avait reçue lors de sa première mission. Il s'en va « à la grâce de Dieu » et son itinéraire se construit au fur et à mesure. Arrivé à son point extrême, c'est-à-dire à Corinthe, et jugeant rétrospectivement son parcours, il rappellera son souci constant de ne pas « empiéter » sur les limites des autres et sa conviction profonde que son objectif est tout entier d'inspiration divine : « Nous avons pour mesure la limite que le Dieu de mesure nous a départie, quand Il nous a fait parvenir jusqu'à vous[4]. » Paul s'est senti prédestiné à être l'apôtre de la Grèce.

Sa première étape le ramena chez lui, à Tarse, d'où il rejoignit les Églises de Galatie par voie de terre, cette fois-ci, en franchissant le Taurus par les portes de Cilicie et en empruntant la grande route romaine Est-Ouest, qui aurait dû le conduire à Éphèse, la capitale romaine de la région.

Dès le début, alors qu'il visitait les communautés

de Derbè, de Lystres et d'Iconion, il prit une position de repli : il s'abritait derrière l'autorité des apôtres et des Anciens de Jérusalem, c'est-à-dire à la fois des Douze, dont il avait connu quelques-uns en 37, et de la hiérarchie mise ensuite en place par Jacques qu'il découvrit sans doute lors de sa visite charitable de 40-41. Il se réclama de toutes les autorités chrétiennes du temps, sans vouloir paraître rallier un courant particulier. Autre preuve de son incertitude, il fait sans doute circoncire Timothée, né d'un père grec et d'une mère juive, qu'il voulait associer à l'équipe[5]; dans les années 50, il n'aura pas les mêmes scrupules pour Tite.

Venus à deux à Lystres, les missionnaires en repartirent à trois, Timothée reprenant entre Paul et Silas le rôle d'auxiliaire que Marc aurait dû tenir entre Paul et Barnabé. Paul s'entoura de précautions et demanda des garanties et des témoignages, non seulement aux gens de Lystres, mais également à ceux d'Iconion. Il s'attacha rapidement au jeune homme et eut pour lui les sentiments d'un père; il lui donna, dès ce premier voyage, des responsabilités de plus en plus grandes[6].

La mission parcourut le pays phrygien et le pays galate. Il faut entendre par là, tout simplement, la région de Derbè, de Lystres et d'Antioche, qui constituait la Galatie du Sud, et celle d'Iconion, située à la frontière de la Phrygie et de la Lycaonie, dont la population était considérée comme phrygienne[7]. La mission mit ses pas dans ceux de la précédente, dont elle constata les fruits. Mais ensuite, que faire ?

En quittant Antioche de Pisidie, Paul hésita une première fois. Il était à un carrefour, dans tous les sens du terme : à Apamée, la grande route Est-Ouest, sur laquelle il se trouvait, empruntait la vallée du Lycos et descendait sur celle du Méandre, qui conduisait de là à Éphèse ; la route transversale montait vers le nord, vers la Bithynie, une autre province romaine particulièrement prospère et hellénisée [8].

Paul ne s'engagea pas sur la route d'Éphèse : l'Esprit saint l'en dissuada. Cette décision exprime certainement la volonté d'éviter un empiétement : l'évangélisation de la province d'Asie doit avoir eu lieu très tôt, puisque l'on voit Pierre la contourner de la même façon au cours de sa tournée missionnaire [9]. On songe à l'implantation de ces communautés baptistes que l'auteur des Actes s'efforcera à tout prix de rapprocher de Paul, ou encore aux groupes hellénistes et à Jean l'Évangéliste, qui en était si proche et que la tradition associe à l'Asie où fut écrite l'Apocalypse ; les prédicateurs y reproduisirent les structures jérusalémitaines, en organisant les communautés autour d'un Ancien [10]. Autres traditions, autres méthodes apostoliques... autres hommes aussi, car si l'on identifie ce Jean avec l'apôtre des Synoptiques, on se souvient d'un jeune homme violent et ambitieux, au moins autant que Saül, que Jésus surnommait le Fils du Tonnerre. Au cours de ce premier voyage, Paul fit montre de prudence et ne chercha pas le conflit. Il prit la route du nord... mais n'atteignit jamais la Bithynie.

Au carrefour de Dorylée, autre hésitation. C'était, et c'est toujours, un des centres routiers les plus importants de l'Asie Mineure [11]. La route de Bithynie y croisait une voie qui descendait à l'ouest sur la mer de Marmara et l'Hellespont. Une nouvelle inspiration détourna Paul de la Bithynie : il se souvint ou apprit que Pierre y avait travaillé, ainsi que dans le Pont.

Il se dirigea donc vers la mer. C'est à ce moment qu'il prit sa décision la plus importante, celle d'aller évangéliser la Grèce, car il ne gagna bien évidemment pas le port de Troas sans avoir déjà le projet de passer en Macédoine. On peut faire intervenir dans cette résolution une rencontre de voyage avec un Macédonien qui l'aurait intéressé à son pays ; c'est lui qu'il aurait revu en rêve la nuit précédant son départ.

Arrivé au port de Troas, il se trouva en face de la Grèce. Il lui avait fallu de deux à trois ans pour parcourir le haut plateau, où l'on ne circulait pas l'hiver, et il dut embarquer au printemps 49 [12]. Il ne s'attarda probablement pas beaucoup en route pour fonder des Églises, même dans les villes grecques de Mysie aux environs de Pergame, car le christianisme ne s'y rattache en aucune façon à la tradition paulinienne ; à Troas même, il ne fit ses premières conversions qu'à son passage suivant, en 54 [13].

La mission en Grèce résulte donc d'un choix mûri tout au long des routes anatoliennes, qui rend compte des difficultés de l'apôtre à trouver un champ de prédication qui lui soit propre, une fois répudiée sa collaboration avec Barnabé pour la Syrie et la Cilicie. Les zones de partage constituent une réalité du christianisme primitif dont une très ancienne tradition chrétienne a gardé le souvenir [14]. Désormais, Paul se définit à lui-même sa mission, et il la définit comme illimitée, en accord avec la vocation universelle de l'Empire romain : « Nous n'avons pour limite que celle fixée par Dieu [15]. »

LE PASSAGE EN EUROPE : RUPTURES ET CONTINUITÉ

C'est à Dorylée que Paul résolut de traverser l'Égée. Cependant, les Actes donnent une extrême solennité à son passage en Europe, présenté comme un changement de monde par-delà tous les clivages qui opposaient la Grèce à l'Asie, la liberté à la servitude, la mesure à la démesure... Pour décider Paul, il ne faut rien moins qu'un rêve allégorique qui lui fait prendre conscience d'une aspiration collective au salut parmi les Macédoniens, et qui lui découvre un état d'esprit assez identique à celui qu'il avait trouvé en Lycaonie [16]. L'auteur des Actes ponctue ce tournant en introduisant un récit à la première personne du pluriel pour se poser comme témoin de ce moment capital [17].

La rupture est relative. Paul aborde certainement en Europe pour la première fois, mais il n'y est pourtant pas en terre inconnue. De Troas (en Asie) à Néapolis (en Thrace), la traversée est courte et les échanges incessants. La mer Égée, parsemée d'îles, unit autant qu'elle sépare. Les deux rives partagent la même langue et le même mode de vie ; on y vénère pareillement un héros-cavalier, promesse d'immortalité... Bien plus, de nombreuses familles ont des intérêts des deux côtés des détroits : des notables romains de Philippes, en Thrace, fréquentent Troas et des marchands d'étoffes de pourpre, venus de Thyatire, en Lydie sur le continent anatolien, se sont installés à Thessalonique et peut-être à Philippes ; ils y sont assez nombreux pour s'y regrouper dans la Dix-Huitième Avenue et assez prospères pour compter parmi les bienfaiteurs de la cité [18]. La Lydie des Actes, qui accueille Paul à Philippes, appartient à ce milieu et n'est pas un personnage imaginaire puisqu'elle est justement de Thyatire et qu'elle exerce ce même métier de « négociante » en tissus de pourpre ; son nom désigne immédiatement sa région d'origine, la Lydie d'Asie Mineure. Le devoir d'hospitalité auquel elle se plie si volontiers s'explique encore mieux si Paul est issu comme elle d'une grande famille du textile [19].

Paul disposait incontestablement de bonnes adresses en Grèce. Outre ses relations d'affaires, il y comptait des parents bien que la présence juive soit plutôt dispersée dans ces régions, sauf à Stobi et à Thessalonique : il y avait Jason à Thessalonique, So(si)patros à Béroia, sur la route de Rome qui traversait les Balkans comme un isthme, et Lucius à Cenchrées, le port de Corinthe[20]. Le départ pour Troas ne présentait donc pas, loin de là, toute la gravité de celui d'Antioche.

Dans l'histoire de Silas, néanmoins, l'étape de Macédoine eut la même importance que, jadis, celle de Chypre pour Saül. Lui aussi prit un nouveau nom, adoptant le surnom latin de Silvain — assez proche par la sonorité de Silas — pour signifier ostensiblement sa romanisation. Théonyme païen, Silvain évoque un dieu très populaire dans les colonies romaines, celui qui protège les forêts et les champs, les bûcherons et les soldats; mais la volonté de s'intégrer au monde qu'on allait évangéliser l'emporta décidément sur l'ambiguïté d'une référence païenne. Paul n'appellera plus son adjoint que Silvain; pourtant celui-ci, contrairement à Paul, continuait à utiliser son nom araméen au sein de l'équipe missionnaire : plus tard, seulement, dans le groupe de Pierre, il sera connu sous son nom romain.

Paul, missionnaire, voulait se fondre dans le milieu où il allait prêcher le Christ. Il y réussit plus ou moins à Philippes.

L'OBJECTIF ROMAIN

En débarquant sur la côte thrace, à Néapolis, Paul, Silas et Timothée s'engagèrent immédiatement sur la Via Egnatia, cette magnifique route romaine qui joignait l'Égée à l'Adriatique, l'Asie à l'Italie. Ils avaient prévu de la parcourir sur plus de

200 kilomètres, avec trois étapes majeures : Philippes, une colonie de vétérans romains ; Thessalonique, la capitale de la province, résidence du proconsul ; Béroia, à deux jours de marche de la Via Egnatia où siégeait la représentation provinciale et qui rassemblait à ce titre l'élite de la région[21].

C'est un choix délibéré, et non pas une fuite en avant comme pourraient, à nouveau, le donner à penser les Actes. Paul et ses compagnons n'ont prêché dans aucune des villes grecques où ils passèrent : ni dans l'île de Samothrace où ils firent escale pour une nuit (mais on peut concevoir leurs réticences, face à la foule de mystiques qui venaient y chercher une initiation) ; ni à Amphipolis, le chef-lieu du premier district de Macédoine ; ni à Apollonia, une importante station de la Via Egnatia, qu'ils traversèrent sans s'arrêter[22]. L'objectif n'a pas changé depuis la première mission en Asie Mineure. L'apôtre ne s'intéresse pas aux villes grecques en fonction de leur notoriété, mais sélectionne des étapes bien desservies par les routes impériales, avec une forte population romaine de fonctionnaires, de trafiquants et d'anciens soldats. En effet les Macédoniens s'engageaient volontiers dans les légions et surtout dans les cohortes stationnées à Rome.

On peut s'interroger sur les raisons de ce choix : simple conséquence pratique du réseau de relations constitué par une famille très romanisée ? Résultat d'une formation plus poussée qu'il n'y paraît à première vue au droit et à la géopolitique de l'Empire ? Désir de profiter des privilèges octroyés par l'État romain aux communautés juives, privilèges dont les magistrats romains se montraient très respectueux alors que les villes grecques les oubliaient souvent ? Conscience des garanties que présentait, dans ce milieu, son statut de citoyen romain ? Toutes ces explications se cumulent peut-être sans s'exclure nécessairement.

Cependant, la volonté de s'appuyer sur le tissu des communautés juives préexistantes est moins évidente pour nous que pour l'auteur des Actes. Certes, il y avait des Juifs en Macédoine sous le règne de Claude[23], mais pas encore de synagogues organisées (il fallait une dizaine de familles), et nous n'avons pas d'autres témoignages de groupements informels que ceux donnés par les Actes. D'autre part, Paul ne remonta pas vers le nord, jusqu'à Stobi, où une synagogue importante et une communauté chrétienne sont attestées au IIe siècle.

UNE PRÉDICATION MARGINALE[24]

La première étape se fit à Philippes, à trois ou quatre heures de marche du port. Pour une fois, on peut observer Paul avec les yeux d'un de ses compagnons de voyage, témoin oculaire des événements : l'archéologie a mis en évidence l'authenticité du récit, caractérisé par une connaissance très précise de Philippes, de sa topographie, de ses institutions, de son statut de « ville du premier district de Macédoine et colonie romaine ».

Comme Antioche de Pisidie, Philippes est le centre administratif d'une région agricole exploitée par des Romains, pour la plupart officiers de carrière à la retraite. C'est une ville latine plutôt que grecque, et Paul doit se souvenir qu'il eut l'occasion d'y parler latin quand, dans un latin grécisé, il nomme les habitants *Philippesioi* et non *Philippieioi*[25]. Il y subsistait une nombreuse population indigène, tournée vers des cultes de mort et de résurrection, et s'y développaient des comptoirs étrangers, en relation avec l'Orient et de culture grecque. Paul, qui utilisa toujours le grec dans ses rapports avec l'Église de Philippes, recruta dans ce milieu dont Lydie constitue, pour les Actes, la figure emblématique[26]. Ces trafiquants, à la tête d'entreprises importantes et très liés aux notables de la colonie, étaient bilingues. Bien qu'on ne puisse les considérer comme des « marginaux » au sens social du terme, ils n'en demeuraient pas moins assez étrangers à la cité, avec un particularisme affirmé. La mission de Philippes sera une prédication marginale.

Elle a eu lieu en dehors de la ville. Le jour du sabbat, les apôtres repassaient la porte de la ville pour gagner le lieu de prière des Juifs : c'était un endroit en plein air, peut-être un jardin privé, situé près d'une eau courante pour pouvoir procéder aux ablutions rituelles. Il faut sans doute le chercher au lieu-dit Les Sources (Krénidès), à moins d'un kilomètre de la ville : un Juif pieux ne pouvait en effet parcourir plus de 900 mètres le jour du sabbat[27].

Paul découvrit une assemblée de femmes. Il y prit la parole en commentant la lecture de la Bible[28]. Elles commencèrent par écouter, simplement curieuses ; puis, quand il leur demanda de se convertir, certaines se laissèrent convaincre. Ces femmes ont formé le noyau de l'Église de Philippes : lorsqu'il lui écrira, Paul ne nommera pas Lydie, mais Évhodie et Syntychè[29]. Religion de femmes, religion marginale dans l'Antiquité... Mais Paul ralliera aussi des hommes actifs, impliqués dans la vie de la colonie : Clément, un Romain, qui s'engagera plus tard dans la mission et en qui une certaine tradition voit le futur évêque de Rome[30] ; Épaphrodite, qui servira d'agent de liaison entre l'apôtre et son Église.

Il y eut aussi le « cher *suzugos* », qui a fait couler tant d'encre ! Que n'a-t-on pas dit sur *suzugos*, dont le nom ou l'appellation évoque un « couple » ? Bien que le terme puisse s'appliquer en grec classique à un frère ou à un compagnon, on y a souvent cherché une allusion à un mariage : Paul désignerait ainsi le mari d'Évhodie, ou celui de Syntychè, ou encore la Lydie des Actes, ou bien même sa propre épouse dans l'hypothèse romanesque et gratuite de Clément d'Alexandrie[31]. Comment dans ce cas Paul pourrait-il écrire « cher » au masculin ? Si l'on se souvient que les docteurs pharisiens marchaient par « paire » (*zugoth*[32]), on peut penser à un jeu de mots de lettré parfaitement bilingue sur *su-zugos* et *zugoth*, dans le sens de « mon cher égal ».

En se rendant au lieu de prière, Paul et ses compagnons étaient souvent importunés par une ventriloque qui exerçait ses talents dans la rue et qui les traitait d' « esclaves du Très-Haut », les désignant ainsi comme Juifs et comme possédés. Paul, exaspéré, finit par l'exorciser, la ventriloquie étant souvent interprétée en termes de possession. Suspects de magie, Paul et Silas furent traduits devant les autorités de la colonie, les duumvirs ; condamnés à l'expulsion[33], ils furent dépouillés de leurs vêtements, flagellés par les licteurs et emprisonnés en attendant le lendemain.

Il s'agissait d'une procédure de flagrant délit, fondée d'après les Actes sur une triple accusation : celle de se comporter « en juif », en « étranger étrange », irrecevable dans la cité (derrière ce grief se profilait toute une image défavorable du Juif[34]) ; celle de se révéler des fauteurs de troubles, qui méritait à elle seule l'expulsion[35] ; celle de prôner des pratiques religieuses particulières. Là résidait le délit d'impiété à proprement parler, défini par référence aux édits de tolérance que Rome avait promulgués pour différentes communautés juives de l'Empire depuis plus d'un siècle[36] : les « coutumes » des Juifs (c'est-à-dire le sabbat et la collecte pour

Jérusalem) n'étaient autorisées qu'en raison de leur « caractère ancestral » et « consacré par l'usage ». Les Philippiens en tirèrent une interprétation restrictive en prétendant ces coutumes illicites pour quiconque n'était pas né dans le judaïsme, ce qui revenait à condamner le prosélytisme. Ils partageaient le point de vue des milieux officiels sous le règne de Claude : certes, celui-ci avait réagi contre les abus de Caligula en confirmant les privilèges des Juifs, en interdisant aux villes grecques de « les empêcher d'en jouir » et en leur permettant de vivre « en toute liberté », mais il fallait « user de cette bienveillance avec modération » et, surtout, ne pas s'agiter[37]. Il y avait des limites à la tolérance des pouvoirs publics !

Les Romains de Philippes se montrèrent certainement plus légalistes et plus conformistes que Paul ne le prévoyait[38]. Ces officiers à la retraite restaient très attachés aux formes romaines du culte : ils adoraient le Dionysos thrace, symbole de résurrection, mais en l'assimilant au Liber Pater italien ; ils admettaient Cybèle, la grande déesse anatolienne de la nature, mais en l'associant au culte impérial. Ils ressentirent la mission de Paul comme une prédication exotique et marginale, donc dissidente et dangereuse.

L'ERREUR JUDICIAIRE

Et pourtant, Paul et Silas étaient des leurs ; ils étaient, comme eux, des citoyens de Rome. Mais ils ne parvinrent pas, dans un premier temps, à faire reconnaître leurs droits et leurs privilèges qui les exemptaient de tout châtiment infamant. Bien des mois plus tard, le souvenir en demeurait cuisant pour Paul : « A Philippes, nous avons été maltraités et outragés[39]. »

On comprend mal, d'abord, cette erreur judiciaire. Certains en ont tiré argument pour dénier à Paul la qualité de citoyen. D'autres ont pensé que Paul s'était volontairement tu, au nom d'une solidarité juive qui lui paraissait essentielle dans sa prédication : « Et je me suis fait Juif avec les Juifs pour gagner les Juifs[40]. »

Il s'agit en réalité d'un accident. Paul et Silas n'avaient pas les moyens, au moment de leur arrestation, de fournir la preuve de leur identité. Dans une société qui ne connaissait ni les passeports ni les documents d'identité, qui n'enregistrait même pas les naturalisations, tout fonctionnait sur les témoignages. Un étranger de passage qui voulait se prévaloir de ses droits ne pouvait se passer de témoins et de garants choisis parmi les résidents : les marchands le savaient bien, qui se préoccupaient à l'avance d'avoir dans chaque grand port des témoins d'identité ; à cette fin, les liens de parenté et d'hospitalité faisaient l'objet des plus grands soins. Mais tout le système pouvait déraper, comme ici, en cas de flagrant délit et de comparution inopinée devant les autorités : les parents pouvaient être absents, et les relations d'hospitalité s'être distendues ; on pouvait également hésiter à reconnaître le frère ou le parent de l'hôte d'autrefois[41]. Paul souffrit d'une absence ou d'un défaut de témoins : peut-être fit-il chercher l'un de ses parents à Thessalonique pour attester de son identité et de son statut.

En tout cas, les magistrats de Philippes reconnurent leur erreur avant l'expulsion définitive. Ils furent bien embarrassés, car la loi ne plaisantait pas, sous Claude, avec ceux qui avaient maltraité des citoyens romains[42]. Les Actes renchérissent sur leur confusion et leur maladresse.

Paul et Silas purent donc quitter Philippes la tête haute, après avoir organisé leur départ. Ils tirèrent la leçon de l'accident : Silas décida de prendre un nom romain, plus conforme à sa condition, et Paul jugea plus sûr de se replier sur les bases familiales. Il fit la tournée de ses parents, en suivant la Via Egnatia jusqu'à Thessalonique pour visiter Jason, puis en bifurquant vers Béroia où vivait So(si)patros.

REPLI DANS LA FAMILLE

Les parents de Thessalonique et de Béroia se montrèrent accueillants et fournirent à Paul les appuis qui lui avaient si cruellement manqué à Philippes. A Thessalonique, Jason ouvrit sa maison aux convertis ; et quand Paul fut pris à partie dans la rue et traîné devant les magistrats, il se porta caution et obtint son élargissement[43].

Paul séjourna assez longtemps dans chaque ville. Tantôt il travaillait pour assurer sa subsistance, tantôt il vivait des subsides envoyés par les Philippiens pour se consacrer entièrement à l'apostolat. Car Paul ne cherchait pas à transformer son atelier en synagogue ; il n'essayait pas de prêcher sur son lieu de travail — conception bien trop moderne de la mission ! S'il effectua un travail de nuit à Thessalonique[44], c'est qu'il souhaitait disposer des loisirs nécessaires à l'homme de qualité et tenir son rang de docteur lors des réunions du sabbat : sa prédication s'insérait dans l' « exhortation » qui suivait la lecture de la Bible[45]. Lors de ces cérémonies, auxquelles assistaient des sympathisants grecs[46], il convertit des « idolâtres » et recruta Aristarque, l'un de ses futurs collaborateurs les plus fidèles en Asie, qui l'accompagnera plus tard à Jérusalem et à Rome[47]. Selon les Actes, il y convertit aussi, comme à Philippes et à Antioche de Pisidie, des femmes de qualité, des Juifs et des Grecs qui s'associaient aux rites et aux fêtes de la synagogue, sans observer pour autant la loi mosaïque[48].

Les premiers succès de Paul furent spectaculaires et le bruit s'en répandit rapidement dans les Balkans[49]. Mais bien vite apparurent des difficultés, et il fallut poursuivre la mission « parmi beaucoup de combats » : combats, à en croire les Actes, des Juifs observants contre les sympathisants grecs, de la plèbe urbaine contre les notables, des oisifs contre les entreprenants[50]... Que d'antagonismes ethniques, sociaux, culturels, en filigrane de ces clivages ! En effet, la population de Thessalonique, comme d'ailleurs celle de Béroia, était loin d'être homogène. La communauté juive comportait une forte proportion de Samaritains, dispersés sur toute la côte depuis Néapolis en face de Thasos, impliqués dans le commerce des tissus de luxe et pouvant représenter une résurgence de la fraction « helléniste » du judaïsme[51]. L'élément romain y était nombreux : les magistrats et les fonctionnaires subalternes, ainsi que des trafiquants italiens solidement organisés en corporations, y côtoyaient donc des marchands orientaux qui avaient introduit dans la ville les dieux syriens et égyptiens[52].

Les convertis vinrent des catégories les plus marginales de la cité : Paul recruta surtout des professionnels itinérants qui firent connaître sa prédication vers le nord et vers l'ouest, jusqu'en Péonie et en Illyrie dans un rayon d'environ 200 kilomètres ; il s'agissait de ces gens de passage en qui les Grecs voyaient des oiseaux migrateurs s'abattant périodiquement sur une cité[53]. A ces négociants de Macédoine, Romains pour une part, Paul parla leur langue, comparant l'entreprise d'évangélisation à une « société de participation » *(koinônia*[54]*)* et formulant le bilan de son action dans la province en termes de comptabilité, avec le « Doit » et l'« Avoir »[55]. Il reconnut leur sens de l'hospitalité et de l'entraide, mais jugea assez sévèrement ce milieu impitoyable, déchiré par la concurrence et procédurier, où chacun se mêlait des affaires des autres au lieu de rester tranquille, et où l'on faisait bon ménage avec les prostituées; Paul donna à ses fidèles une leçon de comportement civique afin de faciliter leur intégration et de ménager « ceux du dehors », car la cité n'appréciait guère cette agitation[56].

Les ennuis de Paul à Thessalonique vinrent-ils de la mauvaise réputation qu'y avaient ses adeptes ou, comme le suggèrent les Actes, des dissensions entre les différentes factions de la synagogue ? Le chroniqueur présente l'accusation intentée à l'apôtre devant les politarques de Thessalonique dans les mêmes termes que les charges retenues plus tard par le Sanhédrin devant le tribunal du procurateur de Judée : Paul est coupable de « subversion » dans le cadre défini par les édits de Claude[57]. L'apôtre lui-même évoqua des résistances juives, mais très sobrement, et il insista surtout sur l'incompréhension et l'hostilité de l'ensemble de la population : « Vous avez souffert de vos concitoyens ce que les Églises de Judée ont souffert des Juifs[58]. »

Les premières communautés de Macédoine ne peuvent guère avoir été autre chose que de petits groupes extérieurs à la cité, mais qui entretenaient entre eux des relations suivies — ce qui leur permit de survivre.

Force fut à Paul de constater le relatif échec d'une prédication qui restait marginale. La stratégie missionnaire qu'il élabora à Athènes et à Corinthe visa à insérer le message chrétien au cœur de la cité.

CHAPITRE VIII

L'élaboration d'une stratégie missionnaire

QUAND LA MISSION DEVIENT INDÉPENDANTE...

Malgré ces crises et ces oppositions, ce sont les jeunes Églises de Macédoine qui fournirent à Paul les moyens de développer son apostolat en Grèce dans des conditions de complète indépendance. Elles lui apportèrent en effet subsides et collaborateurs.

Paul semble avoir sollicité des fonds d'Antioche, mais sans succès : sans doute y estima-t-on que la mission avait outrepassé des limites implicitement fixées. Au contraire, l'Église de Philippes contribua, dès sa fondation, à l'expansion de la prédication dans les Balkans : elle envoya de l'argent à Thessalonique, « une fois », « deux fois », et fut la seule à aider l'apôtre pour apurer ses comptes quand il quitta la Macédoine pour l'Achaïe [1] — car il organisait et planifiait déjà sa mission à l'échelle de la province. Plus tard, les Églises de Macédoine subventionnèrent l'évangélisation de Corinthe [2].

Des convertis se découvrirent immédiatement apôtres. Paul séjournait encore à Thessalonique que de nouveaux Chrétiens portaient déjà l'annonce de son arrivée en Illyrie, c'est-à-dire autour de Lychnidos, jusqu'à Dobéros, une bourgade militaire voisine de la Thrace et dans les régions voisines d'Achaïe, c'est-à-dire en Grèce centrale (autour de Delphes et d'Athènes) et dans le Péloponnèse[3]. Ces missionnaires bénévoles se contentaient de raconter les événements tels qu'ils les avaient vécus, en insistant certainement sur les « signes » que Paul leur avait donnés. Dans cette époque de fermentation des esprits, le simple récit de miracles ou d'exorcismes suffisait à déclencher un mouvement de conversion. Le fait est attesté aussi bien en milieu chrétien qu'en milieu païen ; à propos des disciples de Pythagore, le philosophe Jamblique ne déclarait-il pas : « Ils relatent ces miracles pour inspirer la foi ; il fallait évidemment croire que ce qu'on disait de leur auteur n'était pas le fait d'un homme mais de quelque être supérieur[4]. » Comme le miracle est le ferment de la conversion, ces communautés de Macédoine ont un caractère charismatique marqué ; elles seront instables et fragiles[5].

Sur le modèle de la société familiale qu'avaient constituée ses parents, Paul mit en place un réseau missionnaire avec des communautés implantées dans les villes et des messagers itinérants : chaque Église était un pôle de rayonnement. Ainsi la petite ville de Dobéros, dans les montagnes de Haute Macédoine, à l'est de la route qui remontait la vallée de l'Axios depuis Thessalonique jusqu'à Stobi, eut-elle très vite des convertis... qui se firent à leur tour prédicateurs[6].

En effet, un certain nombre de Macédoniens s'engagèrent encore plus activement dans une collaboration missionnaire avec l'apôtre. Épaphrodite de Philippes jouera le rôle d'agent de liaison et de convoyeur de fonds. Sopatros de Béroia et Jason de Thessalonique participeront à une mission à Corinthe. Sopatros encore, avec Aristarque et Secundus de Thessalonique et Caius de Dobéros, accompagnera Paul en Asie et en Syrie, jusqu'à Jérusalem. Aristarque, enfin, partagera sa captivité et le suivra à Rome[7].

Coupé de ses bases, Paul sut trouver des relais en personnes, en soutiens, en moyens, et renouveler sans cesse l'équipe qui le secondait, en recrutant sur place. Dès la période macédonienne, les conversions nourrissent la mission qui se définit continuellement de nouveaux objectifs.

LE MIRAGE ATHÉNIEN

Un homme de Tarse qui avait des prétentions intellectuelles ne pouvait voyager en Grèce sans visiter Athènes : l'enfance des Tarsiens était bercée par l'éloge d'Athènes et de sa grandeur, tant cette cité, qui venait de s'élever au rang de ville universitaire, prétendait rivaliser en tout avec l'antique métropole des lettres[8]. La culture qu'il avait acquise dans son milieu d'origine poussa l'apôtre à venir découvrir ce dont il avait rêvé depuis si longtemps et goûter une atmosphère intellectuelle dont on lui avait tellement vanté le caractère stimulant. Aussi l'auteur des Actes prête-t-il à Paul le projet d'un véritable voyage d'étude tel que le pratiquaient les Romains et les notables orientaux[9].

Il observe la ville et les formes qu'y prend le paganisme. Il fréquente les chefs des écoles philosophiques installées sur la place, stoïciens et épicuriens. Il participe à tous ces échanges impromptus qui faisaient le charme d'Athènes : comme à l'époque de Démosthène, on s'y montrait à l'affût des dernières nouvelles; partout sur les routes, des étudiants lisaient leurs livres, répétaient leurs discours ou organisaient des débats avec des philosophes de rencontre. La splendeur des monuments et l'éclat des fêtes fournissaient matière à discussion sur les rites et la religion [10]. Paul n'avait pas été le seul à trouver son inspiration en regardant autour de lui. Certains notèrent la fréquence des sacrifices pour les critiquer. Lui, d'après les Actes, il remarque un autel dédié « aux dieux inconnus » en débarquant dans le port de Phalère ; au prix d'une légère déformation (« les » dieux inconnus devenant « le » dieu inconnu !), il utilise cette observation pour introduire le monothéisme chrétien [11]. Les œuvres d'art l'irritent au plus haut point, alors qu'on visitait généralement Athènes comme une ville-musée : réflexe de Juif traditionaliste, pour qui la représentation de la figure humaine est impie... En conséquence, la nécessité d'abolir les statues des dieux et les temples qui leur servaient d'abris lui fournit d'autres thèmes de prédication : par là, il reste fidèle à une conception essentielle du judaïsme mais il rejoint aussi le point de vue de certains stoïciens [12].

Paul a donc prêché à Athènes parmi les orateurs et les philosophes du temps en recourant sans doute, dans une certaine mesure, à leur langage, à leurs thématiques et même à leurs références. Tout au moins est-ce l'impression que veut donner l'auteur des Actes en lui prêtant ce petit discours ciselé comme un bijou, mais sans complaisance aucune pour la pratique religieuse des Athéniens [13]. A dire vrai, même dans sa forme ainsi recomposée, il ne s'agit pas d'une argumentation philosophique : Paul cherche plutôt à convertir les Athéniens en les rejoignant, eux aussi, sur le terrain de leurs inquiétudes ; il leur prêche un dieu « présent », partout dans le monde, à eux qui se plaignaient depuis des siècles de l'éloignement des dieux de l'Olympe [14].

D'après les Actes, son échec est d'ordre professionnel. Il n'a pas su convaincre un auditoire difficile et il n'a rencontré que quolibets ou indifférence polie.

Il n'a pas su faire passer son message en ce qu'il avait de spécifique : par exemple, on a pris Jésus et Résurrection pour un couple d'abstractions divinisées comme il y en avait tant dans les religions de salut. Les Athéniens virent en Paul un « picoreur », un contestataire, un « étrange étranger » qui professait des idées bizarres[15].

Un « picoreur » ! Un « glaneur de nouvelles » ! Ne colportait-il pas des rumeurs naïves et mal fondées, du genre des récits fantastiques auxquels se livraient les matelots à l'escale[16] ? Orateur maladroit, il se trouva exclu du cercle des lettrés et repoussé parmi les gens du port, les scribouillards, les « rebuts d'agora »... Paul admit la leçon : il resta un complexé de la culture grecque et ne chercha plus, à Corinthe et à Éphèse, à battre les « disputeurs de ce siècle » sur leur propre terrain[17].

Le grief d'étrangeté et l'accusation de subversion sont liés. Aucune législation ne limitait à Athènes les libertés fondamentales. Ni la liberté de culte : n'importe qui pouvait installer des dieux étrangers ; ni la liberté d'ouvrir des écoles : Paul ne put donc être inquiété pour un « enseignement nouveau » ; ni la liberté d'opinion : on pouvait adopter des croyances étrangères, et même être athée. On n'inquiétait les gens que dans la mesure où leurs propos et leur comportement remettaient en cause l'ordre de la cité, soit en corrompant les jeunes gens et les femmes (par exemple, en tenant des réunions mixtes), soit en méprisant les dieux tutélaires de la communauté et en s'abstenant des rites collectifs (pour les citoyens), soit en participant à des conjurations et à des menées séditieuses. Le délit religieux reposait toujours sur une attitude publique[18].

Ces accusations, tout à fait traditionnelles dans le droit et la jurisprudence d'Athènes, sont indirectement suggérées par l'auteur des Actes, dans le cadre des joutes intellectuelles qu'il évoque autour de Paul. On peut supposer que l'affaire prit un tour judiciaire et qu'on intenta à Paul un procès en impiété. Le conseil de l'Aréopage, devant lequel il aurait prononcé un discours, n'était ni un gymnase ni une école philosophique, mais le principal organe de gouvernement et le tribunal suprême, chargé de veiller à la pérennité de l'État : à l'époque impériale, sa compétence recouvrait les faux, les procès de magie et les causes d'impiété [19]. Le mépris des dieux de la cité pouvait être invoqué contre un homme qui dénigrait les statues et les temples et qui déclarait caducs les sacrifices. L'empereur Claude venait de rappeler les limites à ne pas dépasser pour les adeptes d'un seul dieu, en mentionnant explicitement le « mépris des dieux ».

Si prometteur qu'il ait pu s'annoncer, le passage à Athènes se révéla donc une dure épreuve [20]. Paul se trouva immobilisé dans la ville sans pouvoir se rendre à Thessalonique, où l'Église traversait pourtant une grave crise; il dut se contenter de faire effectuer des allées et venues à Silvain et à Timothée [21]. Son séjour forcé lui permit de faire quelques conversions : une femme encore, Damalis — dont les Actes écorchent le nom en Damaris —, et un aristocrate d'Athènes, Dionysios, qui siégeait justement à ce conseil de l'Aréopage et qui devint, selon la tradition, le responsable de la première communauté [22].

Le christianisme se développa très tôt à Athènes, où il n'y avait cependant jamais eu de communauté juive organisée [23]. Et ce fut un christianisme d'intellectuels : Athènes produisit les premiers apologistes chrétiens, au milieu du IIe siècle, capables de rédiger un mémoire destiné à l'empereur; ils semblent être issus de l'école stoïcienne [24].

Mais Paul ne revint jamais dans la ville. Le mirage

athénien s'était évanoui, ainsi que le projet d'une prédication de type philosophique. Décidément, Paul était un prophète, non un philosophe, et il se redécouvrit comme tel à Corinthe.

PRENDRE LE POULS D'UNE VILLE ENFIÉVRÉE

Après Athènes, Corinthe. Après la ville universitaire, l'« opulente » ville d'affaires. Après la vieille capitale où l'Aréopage figurait le bastion du conservatisme, une ville neuve... En effet, Corinthe, complètement détruite par les armées romaines en 146, n'avait été relevée et repeuplée qu'à l'époque de César et d'Auguste. Paul passait d'une tradition soigneusement entretenue à un modernisme et à un pragmatisme presque outranciers[25].

Corinthe devait l'intérêt des Romains à sa situation. La ville avait deux ports, ouverts sur l'Égée et l'Adriatique, par où s'effectuait tout le transit entre l'Asie et l'Italie. Mais Paul, à cette date, ne regardait pas encore vers l'ouest : il concevait sa mission comme un tour circulaire, un périple, qui devait le ramener à Antioche et dont Corinthe constituait la dernière étape avant d'embarquer pour la Syrie ; son activité se limita à Cenchrées, le port de l'Asie, et au centre de la ville. A Corinthe, Paul termine ce qu'il faut bien appeler la « tournée des Romains », qu'ils vivent dans des capitales provinciales ou dans des colonies : à Corinthe, colonie romaine et résidence du proconsul d'Achaïe, se clôt la mission inaugurée à Paphos, auprès de Sergius Paulus, et qui avait conduit Paul à Antioche de Pisidie, Lystres, Philippes et Thessalonique. Dans l'optique missionnaire qu'il avait définie en Macédoine, la capitale provinciale doit devenir un pôle chrétien pour toute la région administrative : Paul se présentera comme l'apôtre de l' « Achaïe », de même qu'il s'estimera délégué pour « la Syrie et la Cilicie[26] ». Affirmation des plus contestables, sans doute, et que nous n'avons pas les moyens de vérifier : nous ne saisissons que sa prédication dans la ville.

Corinthe offrit à Paul un champ d'action comparable à celui d'Antioche ; il y resta dix-huit mois (contre douze à Antioche)[27]. Durant ce séjour, il bougea beaucoup : on lui connaît au moins quatre points d'implantation qui doivent correspondre à peu près à quatre étapes de sa mission.

Il bénéficia du « patronage » de Phoebè dans le port de Cenchrées. Avoir un patron (« prostate ») était un atout considérable pour un étranger de passage dans la situation de Paul, que l'absence de papiers officiels désignait, on l'a vu, à toutes les méprises : le patron pouvait représenter son protégé en justice et lui permettre de défendre ses intérêts sur le plan du droit ; il s'engageait pour lui comme témoin et garant[28]. Pourvus d'un tel patron, Paul et les siens n'étaient plus à Corinthe les étrangers vulnérables qu'ils avaient été à Philippes. Cette femme généreuse, elle-même grande voyageuse, que Paul recommandera un jour à d'autres communautés[29], était une femme d'affaires de la stature d'une Lydie ; elle devint le noyau d'une communauté autonome qui se réunissait à Cenchrées, fondue parmi les autres cultes orientaux qu'y avaient apportés marchands et marins.

Paul trouva logement et travail chez Aquila et Prisca, des coreligionnaires romanisés comme lui (ils utilisaient des noms latins), peut-être parents et relations d'affaires de l'apôtre ; en tout cas ils pratiquaient le même métier[30]. Ils méritaient déjà le qualificatif de « cosmopolites » : originaires du Pont, au nord de l'Asie Mineure, ils étaient allés vivre à Rome ; chassés de la capitale impériale par des mesures de police édictées par Claude en 49, ils revenaient vers l'Asie en prolongeant les escales quand on leur donnait l'occasion d'exercer leur métier avec profit[31]. Ainsi à Corinthe, car ils étaient capables de fabriquer ces tentes dont on avait grand besoin pour loger les pèlerins et les spectateurs lors des grands concours sportifs qui se tenaient tous les deux ans dans le sanctuaire de l'Isthme : ils eurent lieu en 49 et en 51[32]. Paul travailla dans l'atelier d'Aquila, mais n'y resta pas.

Quand il retrouva Silvain et Timothée qui lui apportaient les subsides envoyés par les Églises de Macédoine, il partit s'installer chez un Juif romanisé, Jésus dit Titius Justus[33]. Les Actes présentent ce changement de domicile comme une rupture : irrité par des échecs répétés auprès des Juifs, Paul aurait décidé d'aller aux païens, encouragé à cela par une vision. Mais il ne rompit pas avec Aquila et Prisca, qui continuèrent à le voir, demeurèrent à Corinthe aussi longtemps que lui et ne cessèrent de contribuer à l'évangélisation d'Éphèse et de Corinthe. La décision de Paul tenait plutôt à un motif d'ordre pratique : quand il put cesser de travailler et se consacrer tout entier à la prédication, il choisit d'habiter une maison mitoyenne d'une des synagogues, preuve qu'il entendait bien continuer ses « exhortations » lors des lectures du sabbat.

Enfin Caius intervint, que Paul considéra ensuite comme son « hôte » au sens plein du terme, celui auquel il était lié par des engagements réciproques et définitifs, et chez qui il avait toujours l'assurance de trouver le vivre et le couvert, au moins pour quelques jours[34]. C'était un homme important, romanisé plutôt que romain, qui possédait une grande maison où il pouvait recevoir « toute l'Église » : on pense à une villa suburbaine comme il en existait déjà près des portes de Corinthe[35], au milieu du Ier siècle ; ce type de demeure comportait habituellement des chambres d'hôtes[36].

Disposant de plus de loisirs, Paul circula et prit le pouls de la ville. L'éternel étudiant qu'il était resté s'informa. Le prédicateur chercha des thèmes appropriés. Il visita, au moins à titre de curiosité, le sanctuaire guérisseur d'Asclépios, sur la route de Sicyone, près de la source Lerna : il y découvrit, ou y redécouvrit, l'intérêt des problèmes médicaux ; pour la première fois, le thème du corps apparaît dans sa prédication et quand il veut expliquer les rapports des chrétiens entre eux et avec le Christ, il énumère les mains, les yeux, les pieds, les organes que les Corinthiens pouvaient voir suspendus dans le sanctuaire comme ex-voto[37]. Un autre pôle d'attraction, à Corinthe, était le sanctuaire de l'Isthme avec ses concours sportifs, auxquels Paul assista peut-être en 51 — les Juifs de Milet le faisaient bien, quoique le problème ait été très débattu dans la Diaspora. Aussi banale qu'elle paraisse à l'époque, l'image de l'athlète victorieux est tout de même bien venue quand on s'adresse à un auditoire habitué à apprécier les exploits sportifs[38].

Paul apprit enfin combien la prostitution était active dans les quartiers du port, et même peut-être encore, de façon résiduelle, dans le sanctuaire d'Aphrodite. La réputation de Corinthe n'était plus à faire en ce domaine... Paul condamna vivement ces mœurs dissolues mais, s'il exclut de la communauté les proxénètes irréductibles, il ne rejeta pas les « prostituteurs, efféminés et sodomites », qu'il admit à repentance ; par le baptême, ils étaient lavés, sanctifiés, justifiés[39].

Car la communauté de Corinthe est bien mélangée, et Paul s'en fait gloire tout en reconnaissant que cela pose problème. Parmi les nouveaux convertis, il y avait des « puissants » et des « bien-nés », mais ils ne formaient qu'une minorité[40]; Paul s'en flatte, mais l'auteur des Actes passe le fait sous silence, lui qui se montre toujours si sensible à la naissance et à la qualité[41]. Trouver des bien-nés à Corinthe tenait de la gageure, puisque la ville avait été repeuplée avec des affranchis orientaux : certains convertis portent des noms un peu vulgaires, comme Stéphanas, un diminutif, ou encore Éraste, « l'Amant », qui renvoie à une image de sensualité. Et pourtant il s'agit d'hommes fortunés, à la tête de grandes maisonnées serviles[42]. Dans ce milieu, les langues se contaminent les unes les autres : Paul écrit du latin en grec et utilise l'araméen[43].

La bonne société est représentée par des aristocrates de la fortune : ils possèdent beaucoup d'esclaves, comme Stéphanas et Chloé. Ils exercent également les charges municipales : ainsi Éraste fut-il édile. Paul ne tenta pas de bouleverser la hiérarchie sociale : il donna toute autorité sur la communauté à Stéphanas, son premier converti. Ceux qui s'impliquèrent le plus dans la mission étaient aussi les plus riches : Sosthène, le chef d'une synagogue qu'il avait certainement fondée ; Éraste, qui avait pu financer, du temps de sa magistrature, le pavage d'une esplanade entre le marché et le théâtre[44]. Mais il est vrai que l'argent donnait le temps et les moyens du voyage...

Les convertis de Paul constituaient des groupes disparates, inégalement intégrés à la société locale et éclatés en de multiples coteries. Il y avait des Juifs et des Grecs, des circoncis et des païens, et il s'agissait de ne pas se choquer les uns les autres, bien que tous aient eu un vernis de romanité[45]. Il y avait des riches et des pauvres — notamment des esclaves[46]. L'organisation pratique des communautés accentuait ces disparités : on se réunissait dans des maisons particulières et chacun apportait son écot, c'est-à-dire que chaque groupe fonctionnait comme un « érane », un type d'association amicale propre à la fois aux Sémites et aux Grecs mais dont le principe semble avoir été faussé par les Corinthiens puisqu'il n'y avait chez eux ni mise en commun ni partage : « L'un a faim, l'autre est ivre[47]. »

Certains des convertis se montraient parfaitement à l'aise dans toutes les fêtes de la ville, qui débutaient par des sacrifices et qui se prolongeaient par un banquet où l'on consommait la viande des victimes. Paul ne s'étonnait pas de voir des chrétiens « attablés dans les temples », selon un usage dont les inscriptions et l'archéologie confirment la grande banalité. C'était là, dit-il, le fait d' « intellectuels », habitués à rationaliser les problèmes et qui comprenaient d'emblée qu'une foi monothéiste dépouillait de toute sacralité les viandes offertes aux « idoles » (« idolothytes »). Mais les esprits « faibles » s'en émouvaient beaucoup : ne fallait-il pas refuser les invitations d'un parent ou d'un ami ? On hésitait même à acheter le surplus de viande de sacrifice, vendu sur le marché. Paul conseilla fermement de faire comme tout le monde et de ne pas s'enfermer dans un ghetto : il admettait la fonction sociale de ces sacrifices et de ces banquets qui permettaient d'entretenir les relations de famille et de voisinage et de fournir des témoins pour attester la légitimité d'une naissance ou d'un mariage. Mais il demanda aux esprits forts d'éviter le scandale[48].

La prédication de Paul était très ouverte : d'où la diversité des convertis. Il n'était pas facile d'animer des réunions aussi disparates que celles de Corinthe. Certains voulaient chanter des psaumes, d'autres demandaient un bon sermon. Les expériences charismatiques étaient fréquentes : on annonçait une révélation, on se mettait à prophétiser en « charabia ». Paul admet tout cela, mais tente d'y mettre un peu d'ordre : on n'entendra que deux ou trois récits mystiques par réunion, l'un après l'autre, et encore à condition qu'il se trouve quelqu'un d'autorisé pour les interpréter ; sinon, la relation mystique avec le Seigneur doit se limiter à la prière silencieuse, ce que Paul appliquait parfaitement à son propre cas[49].

Paul assuma à Corinthe les ministères dont il avait été investi à Antioche. Il baptisa rarement. Il remplit une fonction liturgique dans les assemblées, bénissant la coupe et rompant le pain[50]. Et surtout, il enseigna ! Ses méthodes se rapprochèrent d'une certaine pratique grecque. En se penchant rétrospectivement sur sa première mission à Corinthe et à la lumière de son échec athénien, il se contempla et s'évalua dans le miroir du professionnel, du sage ou du scribe, persuasif et disputeur, pour mieux faire la différence : négligeant les artifices de la rhétorique, il exprima le spirituel par le spirituel ; il se proposa comme un modèle à imiter et donna ainsi une démonstration de la puissance de l'esprit[51]. Non pas en tant que thaumaturge, mais comme un de ces arétalogues, orateurs mystiques du paganisme, qui récrivaient l'histoire du monde et de leur propre vie pour la plus grande gloire de leur dieu. Il utilisait tous les poncifs de ce genre de littérature : les images d'ordures, de nudité, d'errance, l'expérience du rebut, du mépris, de la souffrance[52]...

L'objet de sa prédication est de transmettre les traditions : celle de la Résurrection qu'il tient de sa rencontre mystique avec le Seigneur, et celle de la Cène qu'il reçut à Jérusalem des apôtres présents lors de cet événement. Paul diffusa à Corinthe la catéchèse commune, dont l'essentiel se retrouvera dans les Évangiles de Marc et de Matthieu. Il allongeait cependant le récit de la Cène en introduisant le thème de la Nouvelle Alliance et en orientant la célébration dans le sens d'un mémorial ; Luc, à son tour, restera fidèle dans son Évangile à cet enseignement d'origine paulinienne[53].

LA MISE EN FORME D'UNE TRADITION PAULINIENNE

L'enseignement de Paul était resté longtemps oral ; son évangile circulait ensuite de proche en proche et de bouche à oreille. Les problèmes qui se posèrent à Thessalonique, dès le départ de l'apôtre, et qu'il dut régler de loin, depuis Athènes et Corinthe, l'incitèrent à consigner par écrit sa tradition[54].

Le danger était double. D'une part, il fallait tenir compte de la compétition entre les missionnaires qui se succédaient dans une même ville : à peine Paul avait-il quitté Thessalonique — il n'avait même pas rejoint Athènes — que de « faux prophètes » vinrent contester son évangile. Paul trace d'eux le portrait stéréotypé des prédicateurs de carrefours, flatteurs, avides et vaniteux, en qui l'on ne trouvait qu'appât du gain et goût du pouvoir[55]. D'autre part, la sensibilité mystique exacerbée des nouveaux convertis faisait régner à Thessalonique une psychose de fin du monde ; on s'inquiétait des morts, mais on ne croyait plus ni au travail ni à la discipline : on veillait, en s'exhortant[56].

Paul dut une fois de plus présenter sa propre défense : il avait évangélisé « gratis » ; il avait eu une attitude juste et convenable ; il s'était effacé derrière le Dieu qu'il servait. Le véritable apôtre se reconnaissait à son comportement[57].

Mais il voyait désormais plus loin... Dans un contexte de concurrence apostolique et dans le cadre de communautés ecclésiales éclatées, il va systématiquement recourir à un outil forgé par les philosophes et utilisé par ses maîtres les *rabbis :* la lettre ouverte[58]. La première, au moins, des deux lettres aux Thessaloniciens que nous avons gardées a été écrite en cette occasion, durant le séjour à Corinthe. Paul en avait déjà adressé d'autres aux Églises de Macédoine, sans compter les faux qui avaient circulé[59]. Mais c'est alors qu'il conçut réellement la lettre apostolique, dont il explique et justifie l'usage dans la mission.

La lettre constitue le prolongement de la prédication : Paul ne fait que répéter par écrit ce qu'il a déjà exprimé oralement ; elle poursuit l'échange, puisqu'elle répond à des questions qui lui ont été posées par écrit ou que des envoyés lui ont transmises[60] : comme le disaient les philosophes, c'est la « moitié d'un dialogue ». La lettre apporte plus facilement la caution de l'authenticité ; Paul y insère des signes de reconnaissance : « La salutation est de ma main à moi, Paul ; c'est une signature dans chaque lettre ; j'écris ainsi[61]. »

La lettre évite d'altérer la tradition. Paul défend âprement son évangile et veut transmettre intégralement la tradition qu'il a lui-même reçue. Or la tradition est le fondement de la discipline : quiconque s'en écarte doit être excommunié, en application d'une procédure prévue dans le règlement des associations religieuses. La lettre fait fonction de règle ; elle a une valeur normative[62].

Enfin, la lettre a un rôle liturgique. Dès sa première lettre aux Thessaloniciens, Paul demande à la fin, et sans doute de sa propre main, qu'elle soit lue en communauté ; elle ne doit pas être confisquée par un clan, mais constituer un document de référence[63].

Il s'agit réellement de lettres « apostoliques ». Elles sont contresignées par l'équipe missionnaire au complet. Elles s'insèrent dans la prédication. Elles établissent et sanctionnent une hiérarchie en confirmant l'autorité de responsables locaux, en validant le mandat des agents de liaison qui font la navette entre les Églises et l'apôtre, en affirmant la prééminence de Paul où qu'il soit, puisque tout remonte à lui[64]. Elles fondent une règle qui autorise des sanctions. Elles constituent un canon.

A Corinthe, Paul a su définir et créer un comportement missionnaire, une structure ecclésiale à l'échelle régionale, un cadre disciplinaire. Il s'est imposé comme un principe fondateur.

L'APÔTRE ET LE PROCONSUL : PROCÈS OU NON-PROCÈS ?

Au moment où Paul écrit ses lettres, sa situation à Corinthe est très menacée, du fait « de criminels et de mauvais ». C'est la seule allusion des Épîtres aux difficultés rencontrées lors de sa mission, sur lesquelles s'étend longuement, au contraire, l'auteur des Actes[65].

Encore une fois, la crise est présentée comme strictement interne à la communauté juive; elle aurait opposé Paul et ses convertis issus de la synagogue, comme Sosthène, aux observants. L'intention de l'auteur des Actes est évidente et ressort de l'orientation même qu'il donne aux événements : non seulement il limite le problème à une controverse doctrinale, mais encore il réduit l'épisode judiciaire à un exemple type de non-procès — le juge, qui est le proconsul romain, se déclare incompétent et renvoie les adversaires dos à dos. Cette séquence de non-procès devant un magistrat romain incompétent sera reprise trois fois à Jérusalem et à Césarée après l'arrestation de Paul : elle permet à l'auteur des Actes d'enregistrer l'événement tout en éliminant les effets négatifs qu'aurait pu avoir auprès de son public romanisé le rappel de divergences avec les autorités et les droits de l'Empire[66].

Pourtant, une accusation en « illégalité », portée devant un proconsul, ne pouvait s'appuyer que sur la législation romaine. Car on accusa bien Paul d'illégalité, selon une procédure très grave dans la cité antique. L'accusation est développée dans les Actes de façon plausible : Paul s'est rendu coupable d'illégalité en persuadant des « gens » (sans plus de précisions) de « craindre Dieu[67] ». Comme cette périphrase désigne habituellement le culte juif et ses sympathisants dans la langue de la synagogue, on constate que les convertis chrétiens sont confondus avec des prosélytes. Le débat se pose finalement dans les mêmes termes qu'à Philippes : faut-il ou ne faut-il pas autoriser le prosélytisme ? Et dans quelles limites ? C'est un débat entre Romains, qui ne distinguent pas encore les Chrétiens des Juifs. Comme à Philippes et à Thessalonique, la loi invoquée est celle de l'empereur Claude qui autorise le culte juif tout en freinant son expansion[68].

Mais, contrairement aux duumvirs de Philippes, le proconsul Gallion l'interpréta dans le sens de la tolérance[69]. Faire du prosélytisme ne constituait pas un délit fondé en droit *(adikéma)* et le comportement de Paul ne prêtait pas à une accusation de fraude ou de trafic de superstitions *(radiourgéma)* : on voit que, malgré tout, le proconsul avait pris le temps de faire une enquête et qu'il s'estimait compétent ! Paul rencontra donc, comme à Philippes et sans doute à Antioche de Pisidie, l'opposition de Romains provinciaux, inquiets du dynamisme de cette religion issue du judaïsme.

Sa prédication ne laissa pas non plus les Juifs

indifférents, mais ceux-ci ne l'attaquèrent pas directement. Ils le savaient protégé tout à la fois par son statut de citoyen romain et par la prise de position du proconsul. Ils se rabattirent donc sur Sosthène, un notable, un chef de synagogue converti par Paul et considéré par lui comme un des apôtres de Corinthe. Ils lui infligèrent les trente-neuf coups prévus par la loi mosaïque pour les impies et les récalcitrants. Le proconsul n'intervint pas, en conformité avec la loi césarienne : c'était, cette fois, une affaire entre Juifs ! Sosthène accompagnera un temps Paul en Asie[70] : peut-être certaines vocations de missionnaires itinérants résultaient-elles des déboires rencontrés chez eux...

La comparution de Paul devant Gallion eut lieu au début de l'été 51[71]. Paul résidait alors dans la ville depuis dix-huit mois. Il était donc arrivé à Corinthe à la fin de l'automne ou au début de l'hiver 49. Dans l'immédiat, il regagna Antioche, qui restait son port d'attache, et il s'y trouvait durant l'été 51 quand des circonstances imprévues l'obligèrent à monter à Jérusalem[72]. La chronique des Actes établit un lien assez artificiel entre ce voyage et l'achèvement de la mission à Corinthe : Paul aurait désiré conclure l'évangélisation des Balkans, nouvelle étape de sa prédication aux païens, par un pèlerinage dans la Ville sainte et manifester par un vœu sa fidélité aux pratiques du judaïsme[73].

ENTRE DEUX MONDES

Reçu au cœur de la cité, parmi des notables, Paul continua-t-il encore sur l'élan du missionnaire juif familier des synagogues ? Ou créa-t-il de toutes pièces un milieu chrétien en baptisant et en enseignant des païens sensibilisés à la religion nouvelle par leur dynamisme et leur cosmopolitisme[74] ? La question se pose du support religieux de sa prédication, au terme de cette période européenne durant laquelle il acquit progressivement son indépendance.

L'auteur des Actes a voulu imposer l'idée que Paul avait été reçu avec prédilection par ceux qui se situaient « entre deux mondes[75] », en marge de la cité grecque et au seuil de la synagogue : à Philippes, à Thessalonique, à Béroia, à Athènes et à Corinthe, il aurait travaillé dans un milieu spirituel homogène, celui des « craignant Dieu[76] ». L'intention apologétique est évidente, qui vise à démontrer que le christianisme, une fois rejeté par les Juifs, a pu légitimement être porté aux païens sans rien perdre de ses racines ni de ses références bibliques puisqu'on s'adressait à des sympathisants du judaïsme.

Cette analyse de la première mission européenne demeure très contestée[77]. L'expression même de « craignant Dieu », quoique reprise de la Bible grecque, était inconnue de Paul aussi bien que de Philon d'Alexandrie ; seul Josèphe l'a utilisée dans un sens précis, limité aux païens qui se conformaient au rituel ancestral des Juifs sans observer pour autant toutes les prescriptions de la loi mosaïque et sans être circoncis[78]. Les inscriptions attestent le caractère flou de la terminologie de l'époque, car on employait le même qualificatif tantôt pour des Juifs hellénisés, tantôt pour une catégorie de la synagogue qu'on distinguait des « Hébreux » et des prosélytes[79]. Il s'agit bien de gens au confluent de deux cultures, qui participent aux activités de la synagogue tout en étant parfaitement intégrés à la société gréco-romaine, ce qui les amène nécessairement à prendre leurs distances vis-à-vis de la loi mosaïque[80]. Mais leur présence reste exceptionnelle au sein de la Diaspora ; les témoignages sont individuels plutôt que collectifs et l'on n'en possède aucun pour les Balkans. C'est cela surtout qui a fait soupçonner une « invention » de l'auteur des Actes et dénier à cette catégorie, à supposer qu'elle ait vraiment existé, le rôle déterminant dans l'évangélisation de l'Europe que lui prêtent les Actes[81].

Mais on fait alors bon marché des écrits laissés par Paul. Les Épîtres révèlent qu'il prêcha en Europe pour un auditoire hellénisé mais familier de l'Ancien Testament : on n'insiste pas suffisamment sur ce dernier trait, pourtant commun à tous ses fidèles. Tous portent un nom grec ou latin — un second nom, sans doute, pour ceux qui naquirent dans le judaïsme comme les parents de Paul ou Titius Justus de Corinthe[82]. L'onomastique est parfaitement banale, et les références mythologiques fréquentes; tout au plus peut-on relever la fréquence inhabituelle des diminutifs, caractéristiques d'un usage étranger plutôt que grec[83] : un nom comme Stéphanas, le premier converti de Paul à Corinthe, évoque plutôt un Oriental hellénisé qu'un Grec de bonne naissance. Ces gens ont tous adopté le mode de vie grec : Paul n'ignore pas le problème de l'homosexualité, ou plutôt de la pédérastie telle que l'élite la pratiquait traditionnellement, ni celui des mariages consanguins répandus dans le monde hellénistique mais interdits par la Torah; il tient aussi compte des sacrifices aux dieux païens, dans le cadre des cultes civiques dont ne pouvaient se dispenser des magistrats comme Éraste[84]. Cependant, l'apôtre s'adresse à des lecteurs de la Bible : ses épîtres multiplient les références et les citations; elles renvoient aux prophètes et à la littérature sapientiale ou apocalyptique[85]; elles ne font appel ni au même imaginaire, ni au même univers culturel, ni

La mission en Macédoine et ses prolongements

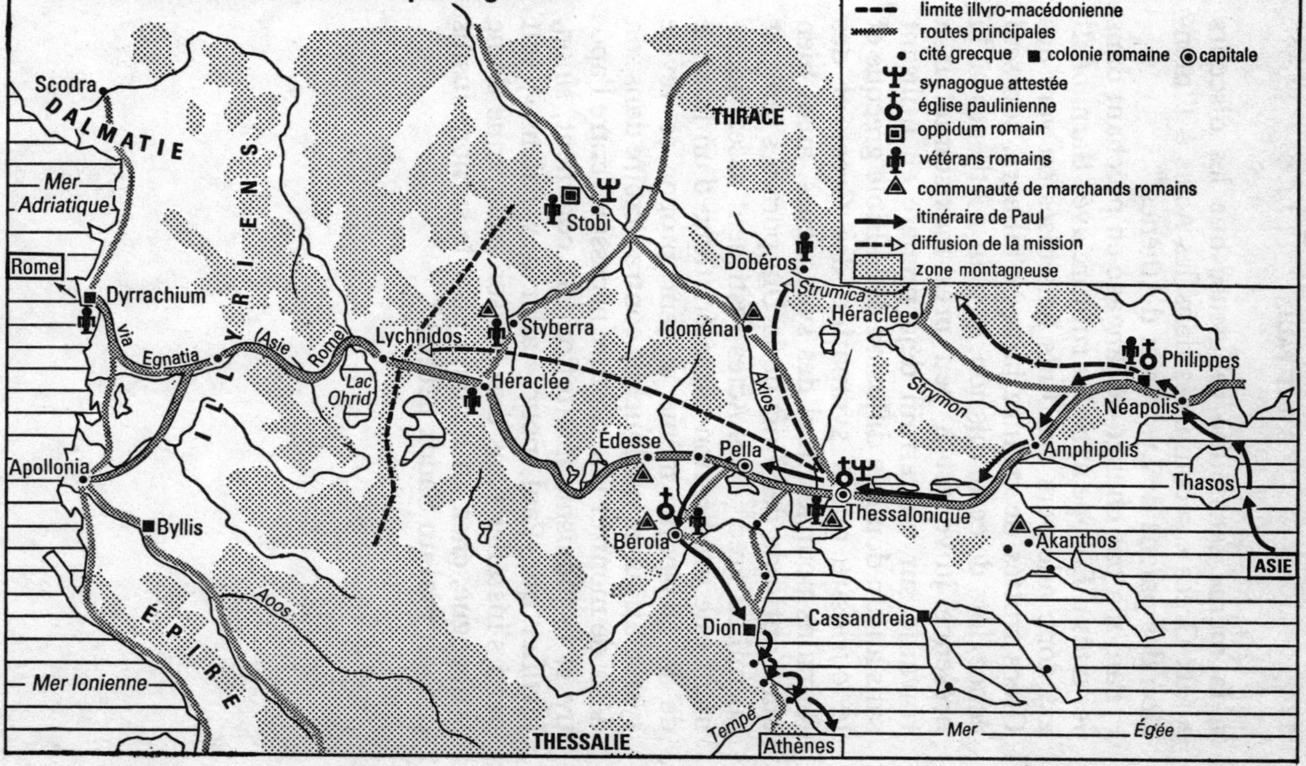

à la même sensibilité religieuse que les discours « aux Grecs » recomposés dans les Actes à l'intention des païens de Lystres et d'Athènes [86].

Paul n'a pas changé de langage en prêchant dans les cités d'Europe après sa rupture avec Barnabé. Il est donc allé vers des Juifs hellénisés ou vers des Grecs frottés de culture juive ; d'ailleurs, son seul échec, lors de cette mission, se situe à Athènes où la présence juive est à peu près inexistante. Il a travaillé sur un terrain déjà préparé en utilisant sans aucun doute la diffusion de la Bible grecque et la curiosité ou la sympathie des Grecs et des Romains pour le rituel des synagogues, aussi bien que l'aptitude des Juifs de la Diaspora à s'intégrer au milieu grec [87]. Les Actes restituent assez fidèlement une prédication caractéristique d'un homme de la Diaspora, même si leur propos se révèle systématique et quelquefois contradictoire dans son désir de montrer une rupture nécessaire entre l'apôtre et le judaïsme institutionnel : comment, sinon, justifier que Paul, pour « aller aux païens », soit parti s'installer dans une maison mitoyenne d'une synagogue, chez un Romain dont le surnom Justus cachait mal un Sadok hébreu ?

CHAPITRE IX

L'homme seul

Après toutes ces tribulations, Paul revint à son port d'attache, Antioche. Mais il n'y trouva pas, loin de là, un havre de paix : des contestations surgirent et s'amplifièrent, qui remettaient en cause tant la validité de son autorité apostolique que les conditions et les principes de sa mission aux païens[1]. Malgré l'évident succès de son voyage en Europe, Paul apparaissait maintenant déphasé, à contre-courant de mouvements qui s'étaient développés sans lui.

« ESPIONS » ET « FAUX FRÈRES »

La chrétienté d'Antioche n'avait jamais été homogène : sous le nom générique de « Chrétiens », pourtant inventé là, se rassemblaient des hellénistes, anciens partisans d'Étienne qui avaient prêché exclusivement en milieu juif, les convertis de Barnabé et de Saül, païens autant que juifs[2], et peut-être encore des fidèles de Pierre dont une chronique locale rappelait le passage en 37, au moment où Paul regagnait sa Cilicie natale[3]. Après le départ en mission de Barnabé et de Paul, la tradition veut que la première place dans la communauté d'Antioche soit revenue à un « homme de Pierre », Évhodos, dont le nom désigne sans discussion possible un Chrétien issu du paganisme[4]. L'Église locale se morcelait donc en plusieurs factions[5].

Les hellénistes, quoique juifs, étaient complètement détachés du Temple et des pratiques rituelles imposées par la Torah : leur influence à Antioche, durant cette période, peut se lire à travers le récit des Actes, qui ont utilisé une source antiochienne et que signalent leur grande admiration pour Étienne ainsi que leur pessimisme quant à la conversion des Juifs[6]. Marc, dont Paul venait de se séparer, était peut-être proche de ce mouvement ; on connaît son hostilité au grand-prêtre et ses propos catégoriques : « Le vin nouveau ne peut être contenu dans de vieilles outres ; il crève les outres[7]. »

Paul n'était jamais allé et n'ira jamais aussi loin, lui qui eut toujours en vue la conversion d'Israël et qui comparera les chrétiens païens à une branche d'olivier franc-greffée sur l'arbre du judaïsme[8]. Mais sa forte acculturation grecque et son intégration à la romanité l'incitaient à un certain libéralisme : ainsi, il ne fit pas circoncire Tite, son nouveau compagnon, comme l'aurait exigé un rabbin d'un converti[9]. La circoncision n'était pas encore illégale au regard de la loi romaine (qui l'autorisait d'ailleurs aussi pour les prêtres égyptiens et la distinguait clairement de la castration), mais cette manifestation extérieure, et la plus évidente, de la conversion pouvait paraître inutile ou dangereuse dans la mesure où les autorités romaines redoutaient les excès du prosélytisme et s'efforçaient de le contenir[10] ; il s'agissait d'un problème vécu non seulement dans le milieu des apôtres, mais parmi tous ceux qui se voulaient loyaux envers l'Empire[11]. Une autre question, propre celle-là aux Chrétiens, se posa dès la première mission en milieu païen : celle des banquets eucharistiques, puisque la Torah prescrivait la séparation à table entre ceux qui ne consommaient que des aliments *casher* et les autres ; dans un premier temps, Pierre l'avait résolue avec libéralisme mais après bien des hésitations [12].

Le débat sur la circoncision des convertis païens rebondit à Antioche peu après le retour de Paul, durant l'été 51. Des prédicateurs arrivèrent, que Paul stigmatisa sans ambages comme des « faux frères » et des « espions » de Jérusalem ; pourtant, il semble avoir été de règle, en milieu chrétien comme en milieu juif, d'envoyer des théologiens chevronnés après une mission plus spontanée, menée par des marchands [13]. On venait vérifier si les pratiques de la communauté d'Antioche, et sans doute celles des autres Églises fondées par Paul et Barnabé dans leur zone apostolique, étaient conformes aux normes de la Torah et des synagogues. De semblables tournées d'inspection, émanant de Jérusalem, sont attestées ailleurs dans l'histoire de la primitive Église [14] ; on ne voit pas qui eut l'initiative de celle-ci, car Paul ne met personne nommément en cause — ni Pierre, ni aucun des Douze, ni Jacques dont l'influence grandissait et que son orthodoxie reconnue pourrait désigner comme le chef du « parti de la circoncision ».

Paul se sentit atteint dans la confiance qu'il manifestait aux Jérusalémitains depuis leur première entrevue et qu'il croyait réciproque, dans sa liberté d'action et, pour tout dire, dans son autorité et dans sa dignité d'apôtre. Une nouvelle démarche à Jérusalem s'imposait pour remettre les choses au point : Paul en eut l'intuition après une révélation divine. Il partit donc, avec Tite et Barnabé, conscient qu'il mettait en jeu le sens de sa vie : aurait-il donc, durant toutes ces années, « couru pour rien [15] » ?

Les Actes insistent moins sur le drame personnel de Paul, si brutalement remis en cause, que sur les problèmes d'organisation interne de l'Église. Le voyage de Paul à Jérusalem prend donc l'allure d'un compte rendu de mission tout à fait officiel : l'auteur précise que Paul est mandaté par la communauté d'Antioche, qui fait les frais du voyage ; Barnabé réapparaît à ses côtés et figure naturellement en tête de la délégation, puisqu'il était l'émissaire de Jérusalem et le responsable en titre de la mission. Durant leur marche en Syrie et en Palestine, Paul et Barnabé s'arrêtent auprès de tous les groupes chrétiens et leur font part du bilan de leurs activités, afin d'obtenir l'adhésion et le soutien de leurs « hôtes et amis » selon une pratique bien attestée à l'époque [16] : on s'efforçait toujours de se présenter devant ses juges avec le maximum de cautions et de créer un rapport de forces en sa faveur [17].

Peut-être la demande d'arbitrage de Jérusalem procéda-t-elle d'une décision collective de tous les chrétiens d'Antioche, considérant la communauté de la Ville sainte comme l'Église mère [18]. La référence à Pierre, en tout cas, paraissait s'imposer. Il avait ses fidèles au sein de la communauté d'Antioche, qui lui reconnut toujours un rôle de docteur — et de docteur parlant avec autorité [19]. Paul lui-même était allé le voir, au lendemain de sa conversion, parce qu'il ne lui déniait pas cette autorité enseignante qui en faisait le porte-parole des Douze [20] : si jaloux qu'il ait pu se montrer de son autonomie apostolique, il savait la nécessité d'appuyer son message sur l'autorité de la tradition, c'est-à-dire d'une transmission orale remontant jusqu'au Ressuscité. Enfin, Pierre avait déjà derrière lui la carrière d'un missionnaire [21], ce qui est mal attesté pour le reste des Douze.

À JÉRUSALEM : DES ENTREVUES À PLUSIEURS NIVEAUX[22]

Pour Paul, le moment le plus important et le plus attendu de son séjour à Jérusalem était son entrevue avec les « notables ». Entrevue « privée », mais non moins vitale pour lui puisqu'il devait y faire authentifier son évangile, et qu'il savait courir le risque d'un désavœu. Qu'entendait-il par « notables » ? Ceux qui « passaient pour être quelque chose », ceux dont la « mine » parlait pour eux, c'est-à-dire, comme il l'exprime parfois d'une autre façon, ceux qui pouvaient se prévaloir de « titres de gloire selon la chair » : Hébreux, israélites, descendants d'Abraham[23]... C'étaient ses pairs ; c'étaient les Douze et des gens comme Jacques, auquel sa parenté avec le Christ donnait une aura particulière. Parmi eux, les « colonnes de l'Église » : Jacques, nommé pour une fois en premier, Pierre et Jean.

L'entrevue fut agitée, encore que Paul se montre discret. Il admet cependant qu'il dut se défendre pied à pied contre les accusations d' « intrus » — d'individus qui, à son sens, n'avaient rien à faire dans cette réunion apostolique au plus haut niveau ; il s'agissait de convertis d'origine pharisienne qui devaient être assez nombreux autour de Jacques et qui avaient sans doute gardé, comme Paul, l'esprit missionnaire caractéristique d'une certaine faction de leur secte d'origine[24]. Mais eux, contrairement à Paul, se signalaient par leur intégrisme et exigeaient de tout nouveau chrétien la pleine observance de la loi mosaïque, y compris la circoncision : les païens devaient devenir juifs pour être sauvés par le Messie. Paul fit alors la douloureuse expérience de se trouver en porte à faux avec des gens qui avaient suivi le même itinéraire spirituel que lui. On voit que le problème était plus politique que théologique : on achoppait sur le degré d'intégration à la société gréco-romaine.

Les notables le comprirent ainsi, qui acceptèrent la totalité de l'évangile de Paul « sans rien lui ajouter[25] ». C'est que, même s'il s'exprime en termes différents, le message de Paul et des Douze reste fondamentalement le même. Il se rattache au moins autant à une personne qu'à une doctrine ; l'essentiel dans ce message, c'est la mort et la résurrection de Jésus.

On avait évité la rupture, sans toutefois avoir défini avec précision l'orthodoxie dans une règle de foi articulée. Pour cette première génération de chrétiens, le seul critère fondamental était la foi en Jésus crucifié et ressuscité, et cette foi suffisait. Des variations restaient donc possibles sur des points d'ecclésiologie ou de conception de l'apostolat, qui pouvaient se révéler critiques pour la cohésion et l'unité futures de l'Église[26]. Mais il n'est pas sûr que les intéressés aient clairement perçu la diversité probablement déjà considérable des positions théologiques des uns et des autres, non plus que les risques qu'elle pouvait faire courir à plus ou moins brève échéance.

On reconnut également la vocation apostolique de Paul et son origine particulière, cette « grâce qui lui avait été donnée » par un appel direct du Ressuscité[27].

On procéda enfin, pour les apôtres missionnaires, à un partage du champ apostolique, en confirmant les titres de Paul et de Barnabé à évangéliser les païens et en réservant à Pierre la conversion des Juifs[28]. C'est du moins ce qu'a compris Paul, ou ce qu'il en a déduit rétrospectivement car il ne faut pas oublier que la lettre aux Galates, le seul récit que nous possédions sur cette rencontre de Jérusalem, a été écrite alors que, comme nous le verrons plus loin, Pierre et Paul menaient des activités concurrentes dans le monde grec. Ce point de vue ne laisse pas d'étonner, puisque toutes les traditions convergent pour faire de Pierre un des premiers apôtres missionnaires en pays samaritain et païen, et que presque immédiatement après cette rencontre il mit ses pas dans ceux de Paul en Syrie, en Grèce et en Asie Mineure : Paul ne récrit-il pas l'histoire ?

La conception que se faisait Paul de l'autorité dans l'Église, à l'issue de cette entrevue à Jérusalem, vaut qu'on s'y attarde. Entre lui-même et Barnabé, d'une part, et les « colonnes de l'Église », d'autre part, s'est établie, dit-il, une *koinonia,* c'est-à-dire une structure de participation conforme à la conception grecque la plus classique[29], fondée sur un principe de parité, nonobstant toutes hiérarchies de droit, de naissance ou de race (qui présidaient aux systèmes d'organisation orientaux), et se manifestant par la collégialité et l'alternance au niveau des responsabilités, ainsi que par une exigence constante de réciprocité. Un geste la symbolise, celui de la main tendue ; un partage concret la matérialise, celui de la collecte que Barnabé et Paul se sont engagés à faire dans leur zone missionnaire en faveur des pauvres de Jérusalem.

Pour Paul, l'essentiel était acquis. Dans son récit, il passe très vite, et seulement à travers le cas personnel de Tite, sur d'autres débats relatifs à la circoncision des convertis. Car la question, suscitée par les convertis pharisiens en comité restreint, fut portée par les apôtres et les Anciens de Jérusalem devant l'ensemble de la communauté. Dans ces débats publics, Paul, d'après les Actes, ne joue qu'un rôle secondaire : il apporte son témoignage, sans plus, en reprenant son compte rendu de mission et en exposant ses succès parmi les païens. Le beau rôle revient à Pierre qui réussit à imposer le point de vue libéral en apportant son concours à Paul et à Barnabé en vertu de sa préséance dans l'évangélisation des païens[30]. On voit que la version des Actes, qui pour ces événements s'inspirent largement d'une source antiochienne, diffère radicalement du souvenir qu'en avait gardé Paul quant aux compétences et à la vocation de Pierre.

Estimant que tout était en ordre, Paul quitta Jérusalem. Que les débats se soient alors prolongés ou non sur le problème de la nourriture *casher*, il est de toute façon certain qu'il n'y prit pas part[31]. Il partit donc, mais beaucoup d'ambiguïtés subsistaient quant aux positions respectives des uns et des autres, et l'on était loin d'avoir tout réglé : le problème des interdits alimentaires n'allait pas tarder à réveiller les antagonismes à Antioche.

LA RUPTURE D'ANTIOCHE

La réunion de Jérusalem à laquelle Paul avait participé avait entériné l'existence parmi les Chrétiens de divers courants et pratiques plus ou moins marqués par le judaïsme. Mais elle laissait entier le problème de fond : comment assurer la coexistence au quotidien de chrétiens d'appartenances culturelles différentes, au sein d'une même communauté dont la manifestation essentielle était un banquet, le repas eucharistique ?

L'incident d'Antioche éclata-t-il à propos d'une lettre circulaire envoyée sur l'instigation de Jacques à toutes les Églises de la zone missionnaire confiée à Barnabé et à Paul ? Ou ne promulgua-t-on ce « décret apostolique » qu'ultérieurement pour apaiser les esprits ? On en discute encore[32]. Ce célèbre texte que les Actes citent intégralement comme une pièce d'archives impose aux convertis païens un code d'observation minimal, en application directe du Lévitique[33] : interdiction de consommer les victimes offertes aux dieux païens (les « idolothytes »), interdiction d'absorber le sang des animaux, interdiction de manger la viande de bêtes étouffées, interdiction enfin d'union « incestueuse », les Grecs ayant un point de vue plus laxiste que les Juifs en matière de mariages consanguins[34]. Il ne s'agissait pas là de dispositions sévères ni exceptionnelles, mais simplement de la reprise des règles qui étaient apparues dans certaines synagogues de la Diaspora, pour intégrer les prosélytes en les séparant des « nations ». Mais Paul leur reprochait justement cette assimilation des Chrétiens issus du paganisme aux prosélytes des synagogues, c'est-à-dire à des fidèles de seconde zone, marginalisés dans la communauté. Il répond qu'il ne faut juger que sur l'esprit, et non sur le mode de vie : c'est de l'« incrédule » exclusivement que devra se séparer le « croyant » ; c'est contre lui qu'il devra préserver sa pureté en se gardant de former un « attelage disparate »[35].

On ne s'étonnera pas que l'affaire ait éclaté à Antioche où, même réunis sous cette appellation générique de « Chrétiens », Juifs et païens restaient en fait tels qu'ils étaient, séparés par la Torah — qui était obligation d'élection pour les Juifs. Cependant, Juifs et païens convertis y participaient ensemble au repas eucharistique, et Pierre avec eux, lors de son passage, jusqu'à l'arrivée d'émissaires de Jérusalem.

Paul, cette fois, désigne nommément l'adversaire : le parti des « circoncis[36] », ceux-là même qui, selon les Actes, avaient suscité les premières contestations à Antioche et nécessité l'arbitrage de Jérusalem. Battus sur le terrain de la circoncision, ils n'avaient pas déposé les armes et enfourchaient un nouveau cheval de bataille, celui de la nourriture *casher* et de la séparation à table. Ils avaient aussi un contentieux à régler avec Pierre, qu'ils avaient déjà pris à partie sur ce sujet à Jérusalem[37] : cela aide à comprendre la « crainte » et les « dérobades » du porte-parole des Douze à Antioche, qui irritèrent tellement Paul. Diverses considérations pouvaient justifier une telle volte-face : une volonté d'efficacité missionnaire auprès du peuple juif; un souci de sécurité qui pouvait inciter les esprits à accepter et à imposer une situation convenant tout à la fois aux autorités juives et à celles de l'Empire puisque les pouvoirs publics, depuis César, n'avaient cessé de reconnaître et d'autoriser les coutumes ancestrales des Juifs[38] ; enfin, rien ne prouve que Pierre ait eu dans tous les domaines la même position que Jacques, ni qu'il n'ait pas existé, à Jérusalem même et dans sa zone d'influence, une certaine concurrence entre celui dont l'autorité procédait de son rôle à la tête des Douze et celui qui tenait la sienne de sa parenté avec Jésus.

Mais dans quelle mesure ces émissaires étaient-ils réellement envoyés par Jacques pour imposer le point de vue de Jérusalem à Paul dans sa propre zone de mission ? Se réclamaient-ils seulement de celui dont tous connaissaient le ritualisme et les exigences de pureté ? On ne saurait le dire. Paul lui-même ne parvint pas toujours à dissimuler l'agacement que lui inspiraient les « super-apôtres », mais il continua jusqu'au bout à respecter l'autorité de Jacques à Jérusalem[39].

Dans cette affaire, Paul alla de déception en déception. Pierre céda à la pression des intégristes, et même Barnabé : tous deux se mirent à prendre leurs repas à l'écart des non-observants. Paul résolut alors d'affronter Pierre en public, en un discours dont il nous a conservé l'essentiel et qui visait exclusivement un auditoire d'origine juive. Qu'il soit le seul discours que Paul ait plus tard inséré dans une lettre dit toute l'importance qu'il lui attachait.

L'escarmouche se produisit au cours d'une réunion séparée des chrétiens juifs entre eux. Il s'agissait manifestement de Juifs hellénisés, familiers de la terminologie et de la pensée grecques. Paul commença par mettre Pierre en contradiction avec lui-même : lui qui, « Juif », s'était jusque-là parfois « comporté en païen » *(ethnikôs)* en mangeant avec les païens des aliments non *casher*, pourquoi voulait-il tout à coup contraindre les païens *(ethnè)* à se « comporter en Juifs » *(ioudaïzein)*[40] ?

L'argumentation est d'ordre « culturel » — philosophique, pourrait-on dire —, et non théologique. Elle utilise des concepts grecs ou formés à la grecque[41], et relance un débat fondamental du judaïsme hellénistique, depuis que les séductions de l'acculturation et de la « vie à la grecque » *(hellénismos)* avaient déclenché à l'époque des Macchabées un réflexe de défense, au nom de la « culture juive », qualifiée alors — de façon antinomique — de *ioudaïsmos*[42]. La confrontation gardait un caractère aigu, même chez les premiers chrétiens si l'on se souvient des tensions entre « Hébreux » et « hellénistes » au moment de la mort d'Étienne[43]. Paul veut la clore en affirmant un relativisme typiquement grec et que véhicule alors notamment le stoïcisme : la coutume est « reine du monde », à chacun selon ses coutumes, à l'étranger de s'adapter au milieu ambiant... Lui-même appliquera ce principe durant toute son existence, vivant en Juif parmi les Juifs et en païen parmi les païens.

Pierre et les autres ne le suivirent pas. Nous ne connaissons pas les objections qu'ils formulèrent, mais les faits sont là. Pierre resta, Paul s'en alla... et ne revint jamais à Antioche, dans l'Église qu'il avait contribué à fonder. Il partit accompagné de Tite et de Timothée, mais Silas, le compagnon du deuxième voyage, s'attachait désormais à Pierre[44].

C'est un exil : il n'y a pas d'autre mot ! Les conditions en sont beaucoup plus radicales que celles qui présidèrent au départ pour la deuxième mission, déjà fort mouvementé pourtant. Désormais, Paul se sent complètement indépendant à l'égard de l'Église d'Antioche — sentiment qui avait d'ailleurs grandi, au cours de son second voyage. Cette fois, il rompt les ponts. Il relance un nouveau programme avec une équipe entièrement composée de convertis païens, familiers de l'Asie Mineure. C'est en milieu grec, à l'espace et aux possibilités infinis, qu'il pense pouvoir appliquer sa puissance d'innovation et de création sans se heurter aux exigences du judaïsme ou aux rivalités apostoliques comme dans les régions limitrophes de la Palestine. Il part sans un regard sur les chrétiens d'Antioche mais, malgré sa cruelle désillusion, sa nouvelle mission n'a rien d'une fuite en avant : ses projets, son cœur, son avenir se tournent vers Jérusalem, la Ville sainte. La collecte pour les pauvres que lui ont confiée les autorités de Jérusalem constitue d'ores et déjà un des objectifs de son nouveau périple et représente le plus puissant des motifs de retour. Quels que soient ses désaccords occasionnels ou profonds avec les « super-apôtres », il se voudra toujours solidaire de l'Église de Jérusalem et respectera ses chefs, du moins en tant que tels.

Voulut-il la rupture d'Antioche ? Lui fut-elle imposée ? Résulta-t-elle seulement de son incapacité à supporter les « empiétements » de Pierre et l'autorité grandissante d'un membre extérieur dans la communauté qu'il avait fondée ? Ce dernier fait est incontestable, mais il est difficile de démêler les sentiments des gens d'Antioche à l'égard de Paul.

Apparemment, on oblitéra complètement son souvenir, jusqu'à revendiquer Pierre comme « premier évêque » et « fondateur » de l'Église locale[45]. On discutait aussi les liens qui avaient pu exister entre Paul et Ignace, le grand évêque[46].

Cependant, l'influence de Paul ne disparut pas totalement d'Antioche : certes, l'Évangile de Matthieu, écrit pour cette communauté à la génération suivante, donne à Pierre un rôle de premier plan et lui prête une autorité magistrale, mais il prône une attitude conciliante à l'égard des païens convertis désengagés des coutumes juives[47] et révèle des tensions sur l'objectif de la mission, parfois conçue de façon étroite et particulariste, parfois fidèle à une tradition universaliste qui ne répudiait pas l'héritage spirituel de Paul[48]. Dans ce contexte, Pierre avait pu apparaître comme l'homme de la voie moyenne, qui continuait sur l'impulsion paulinienne tout en intégrant certaines richesses de la Loi juive considérées comme l'héritage chrétien. Les défections qui affligèrent si cruellement Paul ne furent pas des reniements : Silas s'attacha à Pierre jusqu'à le suivre à Rome, mais la lettre circulaire qu'il écrivit alors au nom de l'apôtre fait la part belle aux thèmes et aux expressions de Paul[49]; quant à Marc, qui avait lui aussi rompu autrefois avec Paul et qui suivit Pierre, un jour viendra où il se réconciliera avec son ancien maître[50].

Question de dogme ? De culture ? De personnes et de tempérament ? Il est difficile d'apprécier ce qu'il y eut d'irréductible entre Paul et les autres au moment de l'incident d'Antioche. Peut-être le temps des prophètes et des charismatiques y était-il tout simplement passé.

Pierre l'apôtre des Juifs, Paul l'apôtre des païens... Cette complémentarité des vocations apostoliques, que Paul défendra désormais toute sa vie, résulte très largement d'un jugement rétrospectif sur l'incident d'Antioche[51]. Parce que Pierre a choisi, dans ces circonstances précises, de ne pas se dissocier des observants et d'appliquer les principes de ségrégation de la loi mosaïque, Paul le confine définitivement dans le milieu palestinien de culture araméenne. En effet, il ne le désignera jamais autrement que par son surnom araméen de Céphas (« le Roc »), alors que les évangélistes, l'auteur des Actes et les rédacteurs des épîtres envoyées sous son nom utiliseront systématiquement la forme grecque de « Pierre » ou le nom double de Simon-Pierre pour souligner son intégration à l'Empire. La différence de point de vue est éloquente, ainsi que le parti pris de Paul.

CHAPITRE X

Le temps de l'espoir et des projets

OBJECTIF ÉPHÈSE

Où Paul allait-il diriger ses pas ? Il semble qu'il ait hésité et envisagé un nouveau voyage à Jérusalem pour solliciter un arbitrage sur ce qu'il devait considérer comme un « empiétement » d'autorité : on sait combien il était chatouilleux sur ce point [1].

Une tradition ancienne rapporte en effet que Paul, suivant sa propre idée, voulait se diriger vers Jérusalem, mais qu'une inspiration de l'Esprit saint lui enjoignit de détourner sa route vers la province d'Asie, c'est-à-dire la région d'Éphèse, qu'il avait évitée lors de sa deuxième mission [2].

Cette inspiration répondait à des nouvelles reçues de Priscilla et d'Aquila, ses amis de Corinthe qui demeuraient ses fidèles partisans [3]. Ils étaient venus s'installer dans le grand port d'Asie, car les navettes étaient incessantes entre la côte européenne et la côte anatolienne de la mer Égée, tant entre Éphèse et Corinthe [4] qu'entre Éphèse et le Pirée [5]. La ville représentait donc le quartier général idéal pour qui désirait entretenir des relations suivies avec la Macédoine et l'isthme de Corinthe, évangélisés lors du deuxième voyage, mais aussi avec Tarse et les fondations de Pisidie ou de Lycaonie. Éphèse se trouvait en effet sur un des itinéraires des marchands de laine qui recherchaient les produits réputés de la Phrygie occidentale dans la vallée du Lycos, à l'est, ou de Milet, au sud, ainsi que la pourpre de Lydie, au nord[6]. Une fois de plus, Paul remit donc ses pas dans ceux des marchands et emprunta l'un des grands axes du commerce des textiles. Sans doute partit-il de chez lui, de Tarse.

Il avait mûri son projet. Selon la chronique des Actes, ses premiers contacts avec les gens d'Éphèse remontaient à l'été précédent quand il y avait fait escale lors de son retour à Antioche[7]. Ce qui emporta sa décision fut probablement le rapport qu'il reçut d'Aquila et de Priscilla sur la vitalité de la communauté johannique d'Éphèse, très intéressée par les idées nouvelles[8]. Il s'agissait de Juifs hellénistes et il est naturel que Paul, se sentant plus ou moins rejeté d'Antioche au nom des traditions et de la fidélité au judaïsme, ait alors été attiré par un groupe très détaché du Temple et de ses pratiques. Comme lors de son premier voyage vers Antioche de Pisidie, sur les traces de Sergius Paulus, il part avec un objectif précis et ne compte pas s'arrêter en chemin pour fonder des Églises aux différentes étapes de la route ; celles-ci seront évangélisées plus tard à partir d'Éphèse. Le troisième voyage se présente moins comme une prospection missionnaire que comme un changement de résidence.

Il fit pourtant halte en Lycaonie et en Pisidie afin de visiter à nouveau ses Églises de Galatie, comme il l'avait fait au début de son deuxième voyage, et pour les informer de l'accord passé à Jérusalem qui le confirmait dans son autorité apostolique et le mandatait pour la collecte ; il leur prescrivit alors les règles à suivre[9]. On lui réserva semble-t-il un accueil assez frais, et Timothée, qui l'accompagnait, fut le témoin de bien des persécutions et de

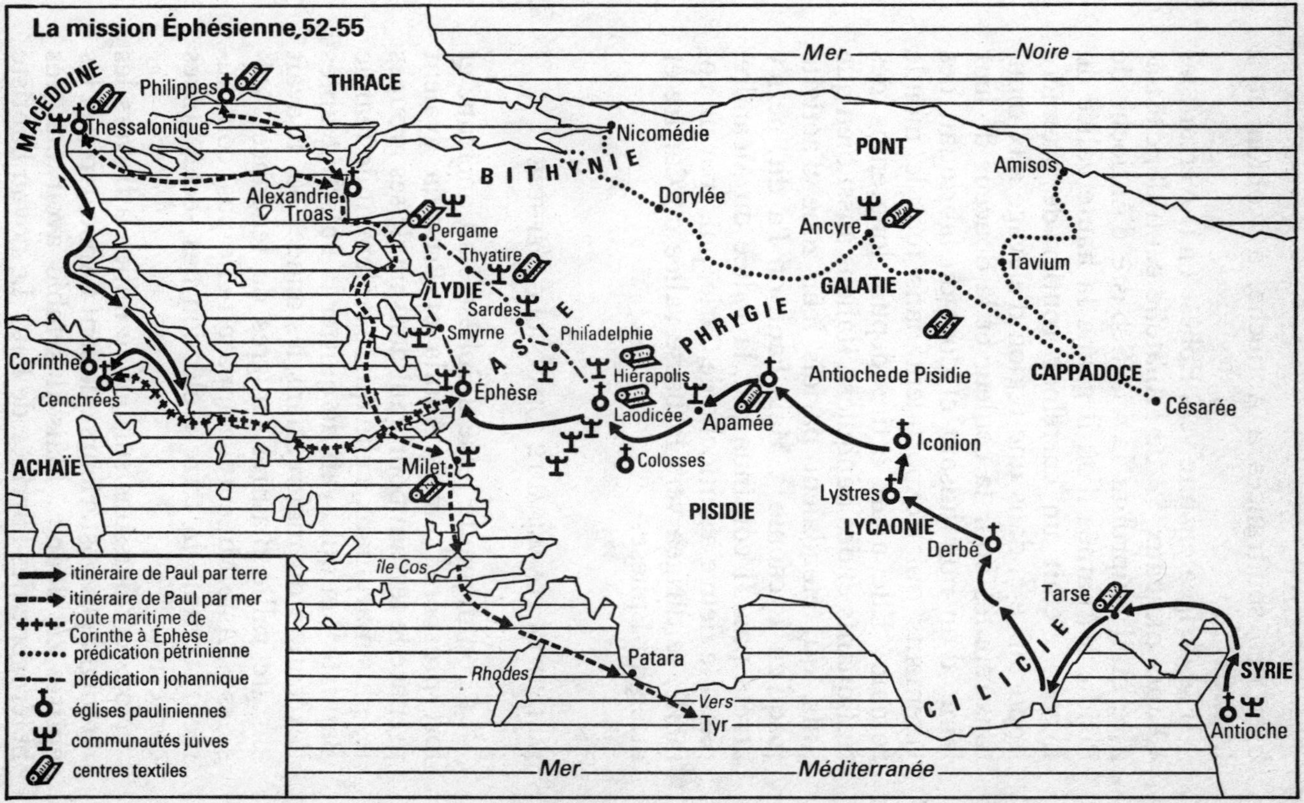
La mission Éphésienne, 52-55
MACÉDOINE
Thessalonique
Philippes
THRACE
Alexandrie
Troas
Mer
Noire
Nicomédie
BITHYNIE
PONT
Amisos
Dorylée
Ancyre
Tavium
GALATIE
Pergame
Thyatire
LYDIE
Sardes
ASIE
Smyrne
Philadelphie
PHRYGIE
Corinthe
Cenchrées
Éphèse
Hiérapolis
Laodicée
Apamée
Antioche de Pisidie
CAPPADOCE
Césarée
ACHAÏE
Milet
Colosses
Iconion
Lystres
PISIDIE
LYCAONIE
Derbé
île Cos
Tarse
CILICIE
Patara
Rhodes
Vers
Tyr
SYRIE
Antioche
Mer
Méditerranée
itinéraire de Paul par terre
itinéraire de Paul par mer
route maritime de Corinthe à Éphèse
prédication pétrinienne
prédication johannique
églises pauliniennes
communautés juives
centres textiles

bien des souffrances à Antioche, à Iconion et à Lystres[10].

Il se dirigea ensuite vers Éphèse en traversant les « hauts plateaux[11] » de l'Anatolie centrale, c'est-à-dire qu'il emprunta la Via Sébastè d'Antioche de Pisidie à Apamée d'où il gagna la haute vallée du Lycos : c'était un carrefour routier de première importance[12], dans une région d'élevage aux moutons réputés pour la couleur et la douceur de leur laine, d'un noir luisant et dont on fabriquait des vêtements qui s'exportaient dans tout le monde romain. Elle avait attiré depuis longtemps des trafiquants et des banquiers, italiens aussi bien que juifs, qui étendaient parfois leur zone d'activité jusqu'en Lycaonie[13]. Mais Paul, on l'a dit, ne s'y arrêta pas. Il continua par la vallée du Méandre, passa le fleuve à Antioche de Carie, puis, par un col facile, se dirigea vers la basse vallée du Caïstre et atteignit Éphèse.

PAUL ET LA COMMUNAUTÉ JOHANNIQUE D'ÉPHÈSE

La communauté juive d'Éphèse était ancienne et fort prospère[14], mais Aquila et Priscilla avaient préparé le terrain pour Paul dans un de ses groupes les plus marginaux, celui qui se réclamait de Jean le Baptiste[15] et qui avait dû quitter la Palestine après l'exécution du maître, dans les années 30. Il avait ensuite rallié d'autres émigrés de tendances voisines : l'Asie Mineure n'apparaît-elle pas, continûment, comme la terre d'élection des sectes juives contestées[16] ?

Nous connaissons surtout ce milieu à travers les témoignages postérieurs que sont l'Apocalypse et les épîtres de Jean[17]. Mais il semble avoir été très hétérogène dès l'arrivée de Paul. Le noyau baptiste se composait de Juifs traditionnels qui avaient déjà reçu, d'après les Actes, la prédication évangélique : ce groupe marqué par l'Ancien Testament avait facilement reconnu en Jésus le Messie de son attente, même s'il n'avait pas encore assimilé sa divinité. Il avait aussi intégré, directement ou indirectement, un héritage essénien qu'exprime si fortement l'opposition qu'il fait constamment dans ses écrits entre la lumière et les ténèbres. Enfin, les samaritains et les hellénistes, expulsés de Palestine, y imprimèrent leur marque : l'évangile rédigé plus tard par la communauté johannique accorde en effet une large place aux samaritains et à leur conversion, et il reflète ainsi, dans une certaine mesure, la prédication des hellénistes dans cette région[18] ; il manifeste également des vues très opposées au Temple[19], ce qui peut donner à penser que le courant helléniste avait fini par absorber les autres. L'apport samaritain et helléniste n'avait pas peu contribué à isoler ce groupe au sein de la juiverie d'Éphèse, comme aussi son caractère charismatique indéniable[20]. Il avait donc réservé le meilleur accueil à Apollos, un jeune et brillant docteur alexandrin que son érudition n'empêchait pas de parler comme un prophète, par inspiration[21]. Celui-ci précéda de peu Paul à Éphèse : catéchisé par Aquila et Priscilla, il fut envoyé à Corinthe sur l'impulsion de Corinthiens d'Éphèse[22].

Dans ce milieu, les Actes prêtent à Paul une prédication de type johannique, reflétant la sensibilité même de ses auditeurs, puisqu'il leur fait découvrir l'Esprit saint, qui sera au centre de l'évangile local. Ce point de vue doit sans doute beaucoup à la source éphésienne qu'utilise l'auteur et qui inspire encore le tableau qu'il brosse des activités de l'apôtre. Les deux premières années de Paul à Éphèse se réduisent ainsi, dans les Actes, à une chronique de miracles (cas unique dans le livre), analogue aux « Recueils de signes » que composaient les premiers johanniques ; la façon qu'ont les gens d'Éphèse d'espérer la guérison par le contact avec des vêtements portés par Paul n'est pas sans rappeler l'attitude de la femme hémoroïsse touchant le manteau de Jésus dans l'Évangile[23]. Comme les johanniques, l'auteur des Actes exploite ces prodiges à des fins missionnaires, comme éléments de prédication et instruments de conversion : ils sont diffusés dans l'ensemble de la population, parmi les Juifs et parmi les Grecs, où ils suscitent des confessions générales et même des autodafés.

Cependant, l'auteur des Actes ne peut conclure au succès de la mission en milieu juif, où Paul aurait prêché trois mois. Il baptisa, dit-on, une douzaine de personnes, soit une fraction seulement des johanniques. Comment ne pas envisager, dès lors, une scission de cette communauté face à la personne et à la doctrine de Paul ? Nulle part, ni à aucun moment, on ne saisit de rapports harmonieux entre le pharisien converti mais fidèle à Jérusalem et les hellénistes...

Le mouvement de balancier qui avait pu paraître pousser la victime des judaïsants d'Antioche vers les hellénistes d'Éphèse s'interrompit donc. On peut penser que, dans la région d'Éphèse, la première prédication chrétienne eut peu d'impact au sein des synagogues, où la culture grecque et une intégration poussée à la société hellénisée n'excluaient pas une fidélité remarquable et durable au judaïsme traditionnel qu'on pouvait encore observer au IVe siècle, en plein Empire chrétien[24]. Son premier converti juif, que Paul appelait les « prémices de l'Asie », portait un nom grec, celui d'Épainétos. C'est également dans ce milieu qu'il s'attira, pour un temps au moins, la sympathie d'Alexandre, un Juif d'Éphèse qui osa prendre sa défense en public. Cette première communauté se réunissait chez Aquila et Priscilla, fidèles entre les fidèles, qui formaient une Église domestique dans leur demeure, partout où ils passaient[25].

LA SOCIÉTÉ D'ÉPHÈSE ET L'OCCULTISME

Les conditions différaient totalement dans le milieu païen. Du point de vue des Grecs, le tableau présenté par les Actes est tout à fait vraisemblable et le succès de ce mode de prédication aisément compréhensible, si l'on considère que la « confession générale » publique *(exomologésis)* était une pratique spécifique de certaines communautés religieuses de l'Asie Mineure, en Lydie et en Phrygie adjacente, au voisinage d'Éphèse[26]. Les signes divins — en général négatifs (maladie, folie, cécité, mort) — y étaient vécus comme autant d'incitations à faire retour sur soi-même pour se réconcilier avec la divinité. Seule différence : les signes donnés par Paul sont tous positifs puisqu'il s'agit de guérisons et d'exorcismes... C'est en cela qu'ils paraissent « peu ordinaires » !

La prédication de Paul a donc utilisé, au moins partiellement, des courants de la sensibilité populaire dont les Actes soulignent le caractère excessif; ils donnent l'impression que Paul a été appelé à Éphèse à l'occasion d'une véritable épidémie de thaumaturgie et de démonologie, comme il en surgissait régulièrement dans la ville lors de catastrophes naturelles[27] — et l'on sait que famines, épidémies de peste et tremblements de terre éprouvèrent singulièrement la région durant cette période[28]. Les Éphésiens recouraient volontiers à des talismans que l'on vendait autour du sanctuaire d'Artémis : de petites plaques de bronze ornées de cerfs ou d'abeilles qui symbolisaient le culte d'Artémis et portant des formules obscures [29].

A Éphèse, on avait constamment le réflexe de se tourner vers les thaumaturges, même dans les grandes familles de l'aristocratie gréco-romaine : pour guérir des enfants malades, celles-ci n'hésitaient pas à recourir à des devins et à des prêtres qui faisaient des sacrifices et des libations en prononçant des « formules barbares » pour apaiser les divinités souterraines rendues responsables de la maladie [30]. Les guérisseurs juifs, qui utilisaient des recettes pharmaceutiques remontant au roi Salomon, étaient particulièrement appréciés dans les milieux les plus élevés [31].

L'époque, en effet, n'était pas celle des oppositions tranchées, ni entre philosophie et magie, ni entre rationalisme et mysticisme, ni entre Grèce et Orient. En Asie, des familles de magistrats romains, des chevaliers, acceptaient de s'allier à des dynasties princières locales où les traditions du mysticisme iranien et de l'astrologie chaldéenne restaient parfois fort vivaces [32]. Un chevalier romain célèbre et admiré à Éphèse au moment du séjour de Paul mena une double carrière de haut fonctionnaire et d'astrologue : ce Tiberius Claudius Balbillus, au demeurant « fort remarquable homme de lettres » d'après Sénèque, publia plusieurs écrits astrologiques intitulés *Balbillea ephesia,* tout en se consacrant à la défense de la culture classique au musée et à la bibliothèque d'Alexandrie [33]. Comme les philosophes, les astrologues revendiquaient eux aussi la Sagesse [34], et les intellectuels contemporains de Paul avaient la tentation de confondre sagesse divine et magie au sens noble, c'est-à-dire accueil du surnaturel. Paul eut le souci permanent de distinguer les deux [35] : pour cette société versée dans l'occultisme, il se posa lui aussi en sage et se mit à enseigner dans une école philosophique, celle de Tyrannos[36]. Ni philosophe ni mage, ou plutôt les deux à la fois : thaumaturge au service de la révélation divine.

La prédication paulinienne, durant cette période, est une exhortation à la « vraie » Sagesse, celle du Christ en qui sont « tous les trésors cachés de la sagesse et de la connaissance » ; seule la foi au Christ mène à la connaissance. Paul et ses collaborateurs « enseignent tout homme en toute sagesse » et dénoncent ce « vain leurre » qu'est la philosophie fondée sur l'histoire humaine[37].

LE NOYAU ÉPHÉSIEN

Dans quelle mesure Paul toucha-t-il la bonne société locale ? Parmi ceux qu'il baptisa à Éphèse, on compte au moins un de ces « seigneurs », puissants propriétaires fonciers, qui constituaient alors l'élite sociale du pays : Philémon installé en Phrygie occidentale, à 200 kilomètres d'Éphèse, dans cette riche région d'élevage et de travail de la laine ; il avait rencontré Paul lors d'un de ses voyages dans la capitale de l'Asie[38]. Il appartient au groupe restreint des « évergètes », de ceux qui, par leurs bienfaits et leurs largesses, embellissent la vie quotidienne de leurs concitoyens ou les aident à passer un cap difficile, par exemple en libérant des stocks de blé ou en finançant des repas publics : Paul souligne son rôle de « nourricier » *(tropheus)*, qui constitue l'une des fonctions essentielles de l'évergète[39]. Il est proche, socialement parlant, de ces asiarques qui, d'après les Actes[40], sympathisaient plus ou moins avec Paul et soutenaient son action : il s'agissait de dignitaires du culte impérial (honneur très recherché) qui se signalaient à l'attention de leurs contemporains par les grandes fêtes qu'ils offraient à cette occasion. Paul juge donc Philémon perméable à ces sentiments de philanthropie et d'humanité qui se répandent alors dans l'élite gréco-romaine[41].

Les apôtres trouvaient en Asie Mineure une société très différenciée « de seigneurs et d'esclaves » : cette observation, qui inspire toutes les lettres de la mission paulinienne en Asie, ainsi que celles de la mission pétrinienne[42], est confirmée par les écrivains de l'époque. Les héros de romans grecs vivent dans les grandes villes de la côte, à Éphèse, à Milet, où ils s'illustrent par leurs générosités, mais ils possèdent d'immenses domaines à la campagne, qu'ils visitent périodiquement et où travaillent de nombreux esclaves, les uns domestiques, les autres enchaînés dans les conditions très dures de l'ergastule[43]. Onésime, un autre converti de Paul, est l'un de ces esclaves... en fuite : il a mis des kilomètres entre lui et son maître Philémon pour tenter de s'insérer dans une grande ville. Il considère plus ou moins la personne de l'apôtre comme un sanctuaire, lieu d'asile auquel il s' « attache[44] », ce qui place Paul dans une situation juridiquement embarrassante puisque le droit romain assimilait à un voleur celui qui cachait un esclave fugitif. Paul n'eut d'autre ressource que de demander l'affranchissement d'Onésime à Philémon pour l'utiliser comme courrier[45].

Les autres convertis d'Éphèse sont moins faciles à situer socialement. Il y eut encore des gens de passage comme Épaphras de Colosses : son nom, en forme de diminutif (pour Épaphroditos), ne fait pas très distingué... De tels anthroponymes ne se rencontrent jamais dans la bonne société grecque et relèvent plutôt des milieux d'affranchis, mais on ne peut exclure qu'il s'agisse d'une appellation familière, à usage interne[46]. Tychique et Trophime, les deux autres noms conservés, paraissent révéler une origine modeste, bien qu'ils ne soient pas exclusivement serviles : Tychique, « Fortuné », rarement porté, est attesté en Phrygie pour des esclaves[47] ; quant à Trophime, « Nourrisson », beaucoup plus répandu, il s'appliquait originellement à des gens élevés dans une famille étrangère — soit des esclaves nés à la maison, soit des enfants exposés et recueillis pour en faire des domestiques[48]. Le statut semble médiocre, mais on connaît des Trophime qui ont reçu l'éducation classique dispensée aux éphèbes.

Sans pouvoir conclure plus précisément, on garde l'impression que le noyau éphésien de la mission paulinienne était particulièrement hétérogène.

UN MISSIONNAIRE PARMI D'AUTRES

Comme en Macédoine et en Grèce centrale, lors du deuxième voyage, la prédication de Paul fut relayée par les premiers convertis le long de la vallée du Méandre et de celle du Lycos qui constituaient, comme la Via Egnatia, un axe commercial très fréquenté. Des communautés très vivantes se développèrent à son extrémité orientale, dans les cités phrygiennes de Colosses, Hiérapolis et Laodicée[49] ; les villes les plus proches de la mer (et d'Éphèse), telles Tralles et Magnésie du Méandre, furent évangélisées à leur tour avant la fin du Ier siècle[50].

Les disciples éphésiens de Paul n'avaient donc pas procédé de proche en proche, mais bien plutôt « à rebours », en commençant par la région la plus éloignée — environ 200 kilomètres — du grand port égéen. Faut-il s'en étonner, quand on songe aux affinités de Paul avec ce milieu ? Il s'agissait d'une population tout entière vouée à la production d'une laine de très grande qualité et au travail ou au négoce du textile, comme l'était sans doute la famille de Paul. D'un voyage à l'autre, l'apôtre s'intégrait décidément aux mêmes groupes et utilisait les mêmes solidarités familiales et professionnelles. La figure d'un Épaphras de Colosses, ville qui tirait sa prospérité de la qualité de ses laines noires, ne devait pas beaucoup différer de celle de Lydie, la marchande de pourpre qui avait accueilli la première mission en Macédoine ; bien plus, cette femme avait pu fournir d'utiles introductions car elle était originaire de Thyatire en Lydie, dans une région assez proche, où l'on produisait de la pourpre, tout comme à Hiérapolis, et qui entretenait des relations régulières avec ces villes phrygiennes réputées pour leurs eaux et la qualité de leurs teintures [51]. La mission paulinienne se développa dans un espace très circonscrit et dans une société restreinte.

Les gens de Colosses étaient aussi polyglottes que Paul : dans la ville on parlait le grec, le dialecte lydien (celui de la région de Sardes et de Thyatire) et le dialecte pisidinien (celui des plus anciennes Églises pauliniennes) [52]. C'est dire l'intense circulation existant entre ces contrées, qui développaient la même activité. Les corporations professionnelles y jouaient un rôle très important dans tous les domaines, et l'on y vivait au quotidien cet idéal de « collaboration » auquel Paul se montrait si attaché et qu'il s'efforçait de transposer sur le plan ecclésial [53]. Les Juifs y tenaient une grande part et étaient solidement implantés sur ce carrefour routier depuis plus d'un siècle [54]. Peut-être leur religion se teintait-elle d'influences esséniennes ou johanniques qui avaient suscité dans ce milieu une tendance au dualisme (les « Fils de Lumière » et les « Fils des Ténèbres ») et un goût par l'angélologie [55].

En tout cas, l'instigateur de la mission fut un converti d'origine païenne, Épaphras de Colosses. Ce docteur *(didaskalos)*, qui faisait figure de prédicateur itinérant (il voyageait peut-être à titre professionnel), ne cessa de circuler entre Colosses, Laodicée, Hiérapolis et Éphèse, où il venait rendre compte à Paul et prendre ses consignes [56]. Localement, chaque Église était structurée dans un cadre domestique : à Laodicée, elle se réunissait chez Nymphas et, ailleurs, chez le notable Philémon. Toute la famille de ce dernier — sa femme Apphia ainsi qu'Archippos, son fils ou son ami [57], et ses esclaves — participaient à la vie de l'Église, mais, durant le séjour de Paul à Éphèse, seul Archippos s'était vu investir d'un ministère [58].

L'organisation restait en effet très centralisée : tout remontait à Paul et tout en émanait. Les Églises recevaient régulièrement la visite de délégués personnels de l'apôtre, choisis dans son entourage à un niveau plus ou moins élevé : Onésime ou Tychique suffisaient pour porter les lettres [59], mais on annonce la visite de Marc pour enrayer une contre-mission judaïsante [60].

Ces communautés semblent avoir eu un caractère charismatique beaucoup moins marqué qu'à Corinthe : on n'y prophétisait pas et la liturgie y est décrite comme très simple — chants « spirituels », hymnes et psaumes [61]... Les apôtres et les prophètes des débuts de la mission s'effacent décidément devant les « docteurs », devant les messagers (« évangélistes ») et les « pasteurs » dont on admet désormais la vocation propre [62].

L'exploitation par Paul de toutes ses bonnes adresses, professionnelles et amicales, aurait pu — aurait dû — entraîner la mission plus loin. Car les marchands de la pourpre et du textile se montraient très actifs non seulement en Lydie, au nord d'Éphèse, mais aussi à Milet, au sud, où les laines étaient réputées pour leur finesse depuis la plus haute Antiquité et où l'industrie de la pourpre est attestée vers les années 50, dans le cadre d'un monopole impérial[63]. On constate dès lors qu'en restreignant son action à un axe ouest-est, le long de la vallée du Méandre et de celle du Lycos, le groupe de Paul entend ne pas empiéter sur l'aire d'influence des johanniques. Il reste fidèle aux accords négociés à Jérusalem pour reconnaître l'autonomie de chaque apôtre et procéder, plus ou moins, à un partage du champ apostolique[64].

La prédication johannique se développera en effet au nord d'Éphèse, le long de l'axe de circulation majeur qui desservait la Lydie et reliait les principaux centres culturels et commerciaux : Smyrne, « la porte terrestre et maritime de toutes ces contrées » ; Pergame, célèbre pour ses ateliers et son école de médecine, « parente des Juifs » ; Thyatire, la cité du textile ; Sardes, l'étape caravanière du commerce terrestre ; Philadelphie, au cœur de grands domaines impériaux ; Laodicée du Lycos, enfin, centre commercial et bancaire[65]. C'est toute une région qui se voit progressivement couverte, et dans des conditions assez différentes de celles qu'exploitèrent Paul et ses collaborateurs. Les Églises johanniques sont en effet implantées à l'ombre de communautés juives particulièrement anciennes et prospères[66]. La prédication johannique se déploie en milieu juif. La mission paulinienne n'évita pas les Juifs d'Asie — ils étaient nombreux à Éphèse et à Laodicée ; il y en avait également à Hiérapolis et à Tralles —, mais elle ne les prospecta pas aussi systématiquement et reconnut elle-même qu'elle les pénétra peu[67]. Les deux zones apostoliques se rejoignaient cependant et pouvaient se recouper à Éphèse et à Laodicée[68].

A l'est, vers l'intérieur de l'Anatolie, les missionnaires pauliniens se heurtaient à l'extension de la zone « pétrinienne »[69], qui finit par couvrir une région très vaste, incluant la Cappadoce, la Phrygie et la Bithynie jusqu'au rivage de la mer Noire. L'évangélisation avait été fort précoce dans ces contrées d'où provenaient deux des plus anciens fidèles de Paul, Aquila et Priscilla, et qui semblent avoir noué très tôt des relations directes avec Rome[70]. Elle a pu s'appuyer, elle aussi, sur les communautés juives dont le Talmud atteste la présence à Ancyre, au cœur de la Phrygie ; Aquila et Priscilla sont des convertis venus du judaïsme. Mais on rencontrait là des conditions très particulières au sein d'une population rurale et de récente hellénisation où le mode de vie urbain, « à la grecque », dans le cadre de la cité, commençait tout juste à se répandre.

Entre ces deux grandes missions, la sphère d'action paulinienne paraît singulièrement étroite, et son projet modeste. A vrai dire, Paul se tourna davantage vers l'Europe que vers l'Asie. Éphèse n'est pas et ne sera jamais pour l'apôtre une base d'action en Asie, à l'échelle de la province ; elle constitue une plaque tournante d'où il peut gérer facilement les affaires d'Europe.

LA GESTION DES ÉGLISES D'EUROPE

Il y avait autour de la résidence éphésienne de Paul un va-et-vient incessant. De Corinthe arrivaient Éraste, un des hauts dignitaires, des fidèles de la première heure comme Titus Jésus dit Justus, Sosthène, ou encore Stéphanas et ses esclaves. Ces derniers venaient faire leur rapport à l'apôtre sur la situation de l'Église, après qu'un précédent voyage de « ceux de Chloé » en eut dénoncé les tensions. Apollos retourna lui aussi à Éphèse, où il s'attacha à

Paul — qu'il rencontrait pour la première fois — au point de différer son retour en Europe[71].

De Macédoine aussi accouraient des amis de longue date, comme Caius de Dobéros et surtout Aristarque, qui participa désormais à la mission éphésienne[72].

Paul répondait d'Éphèse à toutes ces informations ou sollicitations en écrivant ou en mandatant ses collaborateurs les plus sûrs. Il dépêcha Timothée d'abord, puis Tite à Corinthe, Timothée encore et Éraste en Macédoine. Il s'efforça de persuader Apollos de regagner Corinthe. Finalement, Timothée, Tite et Éraste effectueront chacun un périple compliqué entre Corinthe, la Macédoine et Éphèse[73]. Timothée est l'homme des situations délicates, celui que Paul envoie pour rappeler son enseignement et son évangile, pour remettre une Église locale dans le droit chemin, selon une méthode qui avait déjà fait ses preuves à Thessalonique lors du deuxième voyage[74]. Certainement plus diplomate que Timothée, Tite s'affirme comme le meilleur ambassadeur de l'apôtre : c'est lui qui va dénouer la situation à Corinthe où l'on avait fort mal perçu la première visite de Timothée, surtout en l'absence des chefs de l'Église corinthienne, justement partis pour Éphèse.

En effet, la rapidité avec laquelle Paul réagit, malgré la distance, crée à travers l'Égée d'inextricables chassés-croisés. Timothée est envoyé à Corinthe dès réception du message de Chloé qui signale de graves tensions dans la communauté, mais, quand il y arrive, les responsables sont déjà partis présenter à Paul leur propre version des faits : Timothée finit par regagner Éphèse, où il manque encore Stéphanas et ses auxiliaires qui ont rejoint Corinthe, porteurs d'une lettre de Paul[75].

Car, s'il se déplace peu, Paul écrit beaucoup. Il annonce à plusieurs reprises sa visite aux Corinthiens, mais l'ajourne sans cesse et ne semble pas avoir projeté de voyages avant d'inaugurer son retour à Jérusalem par une inspection générale des Églises d'Europe[76]. Les échanges épistolaires sont donc fréquents et importants durant cette période — et dans les deux sens, bien qu'on n'ait conservé que quelques lettres de Paul : les Corinthiens, en particulier, l'interrogeaient volontiers par courrier[77].

Cela convenait bien à Paul, qui ne fut jamais un homme de discours et qui se montrait beaucoup plus à l'aise à l'écrit[78]. Les années éphésiennes sont celles où Paul peaufine l'outil épistolaire jusqu'à lui donner une dimension littéraire, imitant peu ou prou les philosophes grecs depuis Épicure. Sa correspondance est abondante et extrêmement variée, plus encore qu'on ne pourrait le penser à première vue puisque « la » lettre aux Philippiens et chacune des lettres aux Corinthiens sont en réalité des dossiers qui regroupent des écrits de caractère, de date et peut-être de provenance fort divers[79]. Paul entretenait une correspondance personnelle, dont nous reste la lettre à Philémon, et une correspondance administrative, de type « accusé de réception[80] » ou « lettre de mandatement » comme celle qu'il donne à Tite et aux délégués qui l'accompagnent à Corinthe[81]. La plupart des lettres sont des écrits de circonstance qui témoignent d'une réaction immédiate à l'événement, parfois passionnée : après le retour de Timothée et l'annonce de son échec auprès des Corinthiens, Paul leur adressa sur-le-champ une lettre rédigée « dans les larmes[82] ». Certaines épîtres, très dures, ne furent peut-être jamais envoyées, Paul leur substituant une missive plus amène quand la situation se détendait[83].

Mais cet impulsif était aussi capable de s'élever au niveau de la lettre doctrinale qui reflète l'opinion réfléchie d'un dirigeant conscient de son savoir et de ses responsabilités, pour qui est arrivé le temps de la synthèse : il a formulé l'essentiel de sa pensée dans ses longues lettres aux Corinthiens, aux Galates et aux Romains, écrites à Éphèse ou au cours du voyage de retour ; la deuxième épître aux Corinthiens, celle aux Galates et celle aux Colossiens, où la part personnelle de Paul est discutable, sont conçues comme des encycliques destinées à toute une province. Toutes témoignent d'un effort considérable en matière de style et de composition : Paul n'était pas un rhéteur grec, mais son souci croissant de faire partager sa façon de comprendre l'évangile à des lecteurs de cultures différentes l'amena à recourir à des formes littéraires aussi sophistiquées et aussi variées que le Testament spirituel, utilisé dans la littérature juive hellénistique et apprécié des johanniques [84], ou que l'apologie romaine, telle que l'avait codifiée Cicéron [85].

UNE NOUVELLE ÉQUIPE, UN ESPRIT NOUVEAU

Paul a donc beaucoup appris à Éphèse : à l'âge mûr comme dans sa jeunesse, l'appétit de savoir constitue le trait marquant de sa personnalité [86].

Sa culture hellénique se fortifia durant ces années d'apostolat où il subit davantage l'influence de la philosophie grecque : le mot « intelligence », par exemple, si révélateur de la pensée classique, est de 25 à 30 fois plus fréquent dans les récits de Paul que dans l'Ancien Testament qui l'a formé. C'est également l'époque où il adopta le concept philosophique grec de « Plénitude » *(plerôma)* pour décrire la Divinité [87]. Enfin, l'usage croissant qu'il fait du vocabulaire mystique grec et du mot « mystère » montre qu'il n'est pas resté insensible à l'atmosphère et à la sensibilité religieuse du milieu ambiant [88]. D'ailleurs, la mission reprit, dans son sens technique, le terme qu'employaient les fidèles, dans les sanctuaires de la région[89], pour désigner l'accès au lieu d'initiation : « franchir le seuil » *(embateuein)*[90].

Sa connaissance de l'essénisme se développa elle aussi, ce qui suffirait à prouver, si besoin était, la très grande liberté d'esprit de l'apôtre qui ne fut jamais prisonnier d'un courant dominant et dont le sens critique n'avait d'égal que l'avidité d'apprendre. Quelques-uns de ses plus proches collaborateurs, peut-être issus des johanniques[91], véhiculaient certaines idées de l'essénisme ; Paul en prendra et en laissera... Ses auxiliaires combattaient vigoureusement le déviationnisme des Colossiens, tentés par le culte des anges et le ritualisme des fêtes, mais lui-même a diffusé à Corinthe certains thèmes esséniens comme la métaphore du Temple appliquée à la communauté des croyants ; il a peut-être même inséré dans une lettre un fragment essénien qui reprend l'opposition traditionnelle entre les ténèbres et la lumière, le Christ et Satan, Dieu et les idoles[92]...

Paul rallia ainsi autour de lui les esprits les plus divers, et notamment des intellectuels. En Asie, Marc le dissident réintégrera la mission paulinienne (on projette de l'envoyer comme homme de confiance pour redresser les Églises phrygiennes[93]), et celle-ci s'adjoint deux recrues de choix, Apollos et Luc.

C'est à Éphèse que Paul et Apollos firent réellement connaissance. Ils n'ont pas tout à fait la même culture, car le jeune Alexandrin, contrairement à Paul, a acquis toutes les connaissances et toutes les techniques du rhéteur grec : il est très éloquent, il écrit facilement un beau grec, il a même une teinture de platonisme... De surcroît, il est beaucoup plus détaché que Paul des pratiques du Temple et il restera jusqu'au bout de sensibilité johannique[94]. Malgré cela, Paul ne tarda pas à le considérer comme son *alter ego*[95] : tous deux étaient des docteurs « versés dans l'écriture sainte », des charismatiques et des prophètes[96]. L'autorité de l'apôtre sur son cercle de disciples n'avait rien d'une tyrannie : loin de leur proposer un modèle unique, il exaltait au contraire leur complémentarité.

Quant à Luc, on en parle pour la première fois dans des lettres datées d'Éphèse[97]. Suivant la tradition[98], c'est un médecin, un itinérant de profession, qui parcourt le monde à la recherche d'une clientèle réceptive mais aussi pour s'instruire et découvrir des pays nouveaux : les voyages des médecins ont souvent une double finalité. Apollos était un Juif et un pur produit de l'hellénisme alexandrin; Luc, suivant la tradition, un païen formé à Antioche de Syrie où se trouvait une célèbre école de médecine[99]. Bien que d'origine syrienne et de langue maternelle araméenne (toujours selon la tradition), il écrivait un grec de lettré et connaissait les meilleurs écrivains si on l'identifie avec l'auteur du Troisième Évangile, manifestement rédigé par un médecin[100].

Quant aux collaborateurs qui accompagnèrent l'apôtre à partir d'Éphèse et rédigèrent le journal de voyage dont s'inspirent les Actes, ils témoignent d'une pratique du latin, d'où ils tirent des néologismes[101], et de la langue des marins dont ils partagent l'intérêt pour le bateau, la navigation, l'astronomie et les vents : ils mesurent en « ancres » ou en « brasses », et décrivent leur voyage à la façon des auteurs de *Périples* en observant la côte depuis la mer et en la segmentant entre les ports et différents points de repère[102]. Ils appartiennent bien au milieu cosmopolite des gens du voyage, mais ils ont fait leurs tous les préjugés fondamentaux de l'hellénisme : le critère de la langue et le rejet du Barbare, le snobisme de la noblesse, les traditions d'une hospitalité réglementée, le mépris du peuple[103].

Le médecin, le géographe et l'apôtre pouvaient s'entendre : c'étaient des types de personnalité, des types d'existence très proches[104]. Tous devaient s'imposer par leur charisme et leur discours à un environnement étranger facilement hostile ; ils devaient prendre garde aux accusations de magie, de corruption et de troubles de l'ordre public. Luc, en particulier, fit rapidement la conquête de Paul, qui le compta dès lors au nombre de ses « collaborateurs », de ses hommes de confiance.

L'équipe paulinienne est une équipe ouverte, qui se renouvelle, mais qui offre de remarquables exemples de fidélité. La plupart des gens qui travaillèrent avec Paul à Éphèse le suivirent ensuite jusqu'au bout[105]. Ils constituèrent le noyau le plus solide de la mission, puisqu'ils fournirent douze des seize « collaborateurs » connus de l'apôtre qu'ils représentèrent d'un bout à l'autre de la Méditerranée. Mais certains de ces « Éphésiens » avaient été recrutés lors des voyages antérieurs et revenaient vers Paul de tous les horizons : Sosthène et Jésus Justus de Corinthe[106], Aristarque de Macédoine, Marc de Syrie ou d'Alexandrie... Paul fut aussi rejoint par des parents, Andronicos et Junia, qui s'étaient convertis bien avant lui et menaient leurs propres activités missionnaires[107].

L'entourage de Paul est hiérarchisé. Les « collaborateurs » constituent le premier cercle[108] : Aquila et Prisca (dite Priscilla), Timothée et Tite bien sûr, les fidèles de toujours, mais aussi les Juifs Apollos, Marc et Justus, le Macédonien Aristarque, le médecin Luc et enfin Démas et Philémon, recrutés sur place. Paul considère ces « collaborateurs » *(synergoi)* comme des « associés » *(koinônoi)*[109] ; ils sont investis de l'autorité charismatique de l'apôtre[110]. Les « diacres », comme Épaphras de Colosses et Tychique, sont moins proches de Paul, malgré toute l'affection qui les unit : seule l'incarcération peut abolir la distance entre le diacre et le maître, qui lui réserve alors le titre de « compagnon d'esclavage[111] ». Gravitent enfin autour du groupe d'autres « apôtres » : Apollos, Andronicos et Junia ; il semble qu'en les désignant ainsi Paul veuille explicitement reconnaître leur indépendance et la validité de leur propre mandat apostolique. Archippos de Colosses, qui a reçu un ministère pour l'Église locale, a droit à un titre équivalent à celui de « collaborateur », « compagnon d'armes » ; et Sosthène, l'un des responsables de Corinthe, à la seule appellation passe-partout de « frère[112] ».

Deux ans après la rupture d'Antioche, le temps était venu de la tolérance et des réconciliations. Paul pouvait croire que toutes les portes lui étaient ouvertes, pour reprendre son expression favorite[113]. C'est alors qu'il forma de nouveaux plans de voyage, non seulement pour visiter ses Églises de Macédoine et d'Achaïe avant de monter à Jérusalem[114], mais aussi pour prospecter les régions occidentales, de l'Italie à l'Espagne[115]. Désormais, il ne conçoit plus sa mission comme un périple traditionnel, d'Antioche à Antioche ou de Jérusalem à Jérusalem, avec retour au point de départ, mais comme une exploration de l'espace méditerranéen poussée « jusqu'à l'extrémité de la Terre » : l'horizon du Juif de Cilicie s'est élargi à la mesure des voyages familiers aux rhéteurs et aux médecins qui font maintenant partie de son entourage[116], au rythme également des allées et venues incessantes entre Éphèse et Rome[117]. Paul a intégré la perspective « œcuménique », si caractéristique de l'hellénisme[118].

Mais le projet immédiat n'en demeure pas moins la collecte pour les pauvres de Jérusalem, qui matérialise les engagements pris en 51 auprès des « colonnes de l'Église ». C'est le projet unitaire de la mission, qui rassemble dans une action commune les Églises de Galatie, de Corinthe, de Macédoine et d'Asie [119]. Paul l'a lancé en Galatie, lors de son passage, et à Éphèse dès son arrivée en 52. Il doit, en effet, avoir amassé l'argent pour l'année sabbatique durant laquelle il n'y aura ni semailles ni récoltes, entre l'automne 54 et l'automne 55 [120]; les difficultés risquent d'apparaître à partir de l'époque de la « soudure » au printemps 55 et Paul a certainement prévu de partir avant la fermeture de la mer à l'automne 54. La collecte fut donc l'objectif essentiel de l'année 53-54, après que les Corinthiens l'eurent spontanément entamée l'année précédente, en 53 [121]. Paul la justifie comme un service d'assistance, mais aussi comme un signe de reconnaissance, « l'aveu de la soumission à l'Évangile du Christ [122] », la manifestation extérieure de l'universalité et de l'unité de l'Église. Il croyait alors contrôler le développement des communautés qu'il avait fondées; les événements n'allaient pas tarder à lui démontrer le contraire.

CHAPITRE XI

Les grandes épreuves

Paul aura tout connu à Éphèse, sinon la misère et l'abandon [1]. Il y a couru un danger extrême qui l'a mené aux portes de la mort [2]; il y a souffert dans son corps et constaté sa déchéance physique [3]; il y a été incarcéré [4].

Et, comme si cela ne suffisait pas, il y a éprouvé de si amères désillusions qu'il faillit bien douter de tout [5]. Menacé dans sa personne et dans son existence même à Éphèse, il a été mis en cause dans son autorité apostolique par les Églises de Galatie, de Phrygie et d'Europe au cours d'une offensive contre-missionnaire de très grande ampleur [6]. Durant ces mois dramatiques, la crise ne se limita pas à des conflits avec les Juifs et avec les païens d'Éphèse, comme pourraient le faire croire les Actes [7] : elle atteignit les Chrétiens eux-mêmes, alors qu'apparaissaient partout divisions et tensions.

LE FAUTEUR DE TROUBLES

Dans le cadre de la Paix romaine, le maître mot des cités grecques intégrées à l'Empire était l'« ordre », et le maintien de cet ordre constituait l'objectif principal des responsables [8], qui garantissaient ainsi la place, le statut et la dignité de leur cité au sein de la romanité.

De leur point de vue, les motifs ne manquaient pas qui rendaient Paul suspect, car sa prédication finit par soulever, en vagues successives, des mouvements de protestation de plus en plus importants parmi des éléments fort divers de la population.

Certaines corporations professionnelles et tous ceux qui vivaient directement du sanctuaire et des grands pèlerinages dont il faisait l'objet pouvaient se sentir menacés dans la mesure où ils constataient une baisse de la pratique religieuse imputable à Paul. C'est le cas des « orfèvres » d'Éphèse qui procurent aux pèlerins souvenirs et objets votifs. A Éphèse, pour la première fois, la religion officielle perçoit la prédication chrétienne en termes de concurrence ; ce ne sera pas la dernière car, ultérieurement, les témoignages les plus objectifs de magistrats romains viendront confirmer ce point de vue des Actes[9]. Il n'y avait pas que les fabricants d'ex-voto à profiter largement du renom d'Artémis : il y avait aussi les prêtres et leurs auxiliaires qui revendaient par exemple la peau des animaux immolés, et surtout les bouchers-sacrificateurs qui débitaient la viande et en commercialisaient une partie, constituant partout de puissantes corporations[10]. On voit que la question des viandes sacrifiées (« idolothytes ») ne posait pas seulement un problème de doctrine entre chrétiens, mais touchait au vécu quotidien de la population.

Que la crise ait éclaté à l'instigation des corporations est tout à fait vraisemblable : elles abondaient dans les cités d'Asie, aussi bien pour les branches de l'alimentation que pour celles de l'artisanat et du textile et une guilde d' « orfèvres » est attestée à Éphèse ; loin d'exprimer une revendication sociale, elles se préoccupaient surtout de manifester leur loyalisme et leur soutien à l'Empire [11]. Pour éliminer les fauteurs de troubles, elles savaient manipuler la foule, utiliser les grands concours de peuple lors des fêtes et des spectacles, et recourir à des procédures expéditives : dans les cités de l'Empire, un vote par acclamation de la population rassemblée pouvait suffire à envoyer un séditieux au supplice [12]. C'est ce qui se passa au théâtre d'Éphèse, d'après la chronique des Actes, quand la guilde des orfèvres fomenta une émeute qui mit Paul en danger.

Le mouvement se teintait d'antisémitisme. Paul en constatera plus tard les effets : à la fin de la mission éphésienne, tous les collaborateurs juifs ont disparu ; il ne reste plus qu'un étranger, le Corinthien Jésus, et on doit appeler Marc en renfort [13]. En effet, les parents de l'apôtre, Andronicos et Junia, avaient été victimes eux aussi de menées hostiles, et ils avaient partagé une de ses captivités, au cours de laquelle ses fidèles de toujours, les Juifs Aquila et Priscilla, avaient dû prendre de gros risques. Ces familles juives quittèrent alors Éphèse pour Rome, ainsi que le premier converti de Paul, Épainétos, qui semble bien être issu des Juifs johanniques [14]. Cet exil doit succéder aux événements qui motivèrent l'incarcération de Paul et de ses parents [15]. Le récit des Actes donne un écho de la situation en rappelant qu'au théâtre, lors de l'émeute des artisans, on empêcha un des sympathisants de Paul de prendre la parole pour la simple raison qu'il était juif ; et l'on précise que l'accusation fut collective...

Cet antisémitisme, qui devint apparemment assez virulent à Éphèse pour obliger tout un groupe à se disperser, existait à l'état latent dans toutes les cités de l'Orient grec : l'histoire d'Alexandrie en fournit, durant cette période, de nombreuses manifestations [16]. Il suffisait d'un catalyseur pour passer aux hostilités ouvertes. Or, dans ces années 53-54,

Éphèse disposait d'un tel catalyseur en la personne d'un notable romain, Tiberius Claudius Balbillus, qui alliait le charisme du thaumaturge aux préjugés de l'intellectuel antisémite. C'était un homme de pouvoir.

53-54 : UNE CONJONCTURE PAROXYSTIQUE

Paul a semble-t-il désigné l'auteur de ses malheurs. Par une expression codée, volontairement énigmatique et ambiguë, que seuls les destinataires pouvaient comprendre : c'était une tradition de la diatribe et du genre épistolaire antique [17]. Quand il indique que la menace de mort qui a pesé sur lui à Éphèse lui est venue sous forme de « réponse » émanant de la bureaucratie impériale [18], il ne peut prendre ce terme dans son sens technique de confirmation en appel envoyée de Rome car, dans ce cas, la sentence de mort aurait été immédiatement exécutoire — or elle n'a pas eu lieu. Paul paraît plutôt faire une allusion discrète mais précise à la personne de Balbillus que l'amitié et la faveur de Claude avaient promu au rang d'officier de liaison entre les cités grecques et la cour, rédacteur *(ad responsa)* des « réponses » officielles à leurs sollicitations ou à leurs questions.

Ce Balbillus était tout à la fois un défenseur de l'ordre romain — et même de la culture classique —, un antisémite, un thaumaturge et un astrologue. Il a exercé de hautes responsabilités à la direction des cultes et de l'instruction à Alexandrie ; lui-même (ou son père) a été l'ambassadeur en chef des Alexandrins en 41, avec le philosophe stoïcien Chairémon, pour aller se plaindre des Juifs et demander la restauration des cultes nationaux. A Éphèse, où il manifeste continûment sa piété pour Artémis et dont il est l'un des grands bienfaiteurs, le personnage officiel ne fait pas oublier le thaumaturge qui a publié ses écrits astrologiques sous le titre de *Balbillea ephesia*[19].

Les Chrétiens d'Asie ne l'oublièrent d'ailleurs pas, puisqu'il apparaîtra dans l'Apocalypse comme leur principal persécuteur, sous les traits d'une bête cornue, auteur de multiples prodiges[20]. Or Balbillus était de passage dans la ville en 53 ou en 54, juste avant d'aller prendre son nouveau poste de préfet d'Égypte[21] : comme l'épreuve de Paul s'achève au printemps[22], on rapportera à l'hiver 53-54 le conflit aigu qui ne pouvait manquer d'éclater entre ces deux thaumaturges[23].

Quelle forme prit l'affrontement ? Mouvements de foule, mouvements d'opinion, comme le disent les Actes ? Ou déjà procédure au criminel devant le gouverneur de la province ?

LE COMBAT CONTRE LES BÊTES

La première épreuve, dont il sortit victorieux, Paul la décrivit comme un « combat contre les bêtes[24] ». Bien sûr, il pourrait s'agir d'une expression figurée, le fauve servant couramment au judaïsme hellénistique, puis à la littérature chrétienne pour symboliser le mal, la cruauté, la persécution... On compara souvent la colère et l'excitation des païens à la sauvagerie d'une bête féroce[25].

Le Roman de Paul, écrit en Asie au IIe siècle, a pris l'allusion de l'apôtre au pied de la lettre, lors d'un épisode qu'il situe à Éphèse, avant le départ pour la Macédoine et pour Corinthe, et dans un cadre qui rappelle singulièrement celui de l'émeute évoquée dans les Actes : Paul se défend devant le gouverneur ; il est envoyé « aux bêtes » par acclamation populaire ; il attend l'exécution de la sentence dans une prison près du stade, délai qu'il met à profit pour convertir la femme du gouverneur ; il est victime de la jalousie d'un proche de ce haut personnage[26].

Mais sans aucun romanesque, une autre allusion de Paul dans la même lettre aux Corinthiens, beaucoup plus développée cette fois, va dans le même sens. Réfléchissant sur sa vocation d'apôtre et sur les derniers mois qu'il vient de vivre, il lui semble que Dieu les a « donnés en représentation », eux les apôtres, tels des « condamnés à mort » qui forment ainsi « un spectacle de théâtre » pour le monde. Toute cette terminologie est technique et extrêmement précise ; son emploi est unique, d'ailleurs, dans le Nouveau Testament[27]. On peut évidemment penser que Paul continue à filer la métaphore, bien que, très impopulaire (au contraire de celle du stade), elle ne puisse suggérer à l'esprit d'un Gréco-Romain qu'une image sordide et infamante.

On a longtemps cru qu'un citoyen romain ne pouvait être condamné à un châtiment aussi dégradant. Voire... A la fin de la République et au début de l'Empire, il n'existait pas de lois garantissant des privilèges au citoyen romain en la matière, même si l'opinion commune estimait certaines peines abusives : en dépit des préjugés, on livra des citoyens aux bêtes en Espagne, à l'époque de Cicéron, et à Rome sous les règnes de Caligula et de Claude ; en Judée et même en Narbonnaise, on en crucifia d'autres au milieu du Ier siècle. Il n'y avait alors aucune protection légale contre la pression de la foule ou les préoccupations immédiates d'un gouverneur soucieux d'alimenter les jeux qu'il devait donner périodiquement à l'amphithéâtre : à Éphèse, ces combats de bêtes (qu'on appelait « chasses » !) utilisaient fréquemment des condamnés *ad bestias*, amenés dans l'arène et exposés aux fauves la corde au cou et les mains liées ; on ne leur donnait pas d'armes et on ne leur laissait même pas l'usage de leurs membres[28].

C'était le supplice ordinairement réservé aux sacrilèges, ainsi qu'aux mages[29]. Il est vraisemblable que ceux qui, comme Balbillus, ne cessaient de manifester publiquement leur piété envers Artémis, aient pu intenter une accusation de ce type contre Paul. Surtout dans l'atmosphère des grandes cérémonies qui se déroulaient alors en l'honneur de l'empereur et qui réunissaient autour des asiarques des délégués de toute l'Asie[30]. L'accusation de sacrilège (ou d'impiété) pouvait s'entendre de tout dommage infligé au sanctuaire ou de toute transgression des règles cultuelles ; elle était prise dans une acception très large et reflétait bien souvent une offense contre la société plutôt qu'un délit religieux ou un délit d'opinion : on dénonçait le *black sheep*, et non l'incroyant[31].

D'après les Actes, on ne put soutenir l'accusation : ni pour le sacrilège, ni pour le blasphème. Le secrétaire de l'Asie, un très haut personnage, démontra que le groupe de Paul était innocent, que la manifestation populaire était donc illégale et qu'elle pouvait paraître séditieuse aux yeux de l'administration romaine[32]. Cette heureuse issue n'est pas forcément contradictoire avec l'épreuve que Paul dit avoir vécue, tant les foules antiques étaient versatiles et susceptibles des revirements les plus éprouvants. L'accusé arrivait au théâtre, il était invité à se justifier devant la foule, ce qui n'était pas si facile dans un édifice de 24 000 places[33] ; les corps de métiers dirigeaient les acclamations[34], favorables ou défavorables. Même après condamnation, le gouverneur pouvait encore faire sortir le malheureux de l'amphithéâtre s'il était convaincu de son statut de citoyen ; mais la foule s'obstinait parfois à exiger son spectacle, et le gouverneur finissait par céder à ses pressions[35]...

Pendant ce temps, beaucoup de choses étaient possibles. Des gens s'entremettaient, suscitaient des mouvements d'opinion contraires ou facilitaient une évasion. C'est ce que firent, à Éphèse, Aquila et Priscilla qui risquèrent leur tête pour sauver la vie de l'apôtre[36]. Puis le coup de fièvre passa ; Paul recouvrit sa liberté d'action et crut pouvoir se consacrer à la gestion des Églises et à l'organisation de la collecte[37]. Mais le répit fut de courte durée.

« BIEN CORRIGÉ MAIS PAS MORT[38] ! »...

Paul était résistant[39]. A Iconion, il avait survécu à une lapidation ; à Philippes, il avait souffert la trique des Romains[40] ; à Éphèse, il dut encore supporter plusieurs incarcérations, à nouveau la peine de la trique, ainsi que la flagellation infligée par les autorités de la synagogue pour sanctionner des manquements aux interdits de la loi mosaïque[41]. Dans le contexte, on songe à des problèmes qui s'étaient déjà posés à Antioche et à Jérusalem, par exemple celui de la nourriture *casher* et celui de la séparation entre Juifs et païens.

Les circonstances nous en demeurent inconnues. Mais, de la part des Juifs, on ne s'étonnera pas de l'hostilité tenace des milieux traditionnels : il y avait eu des liens entre le groupe de Paul et celui, marginal, des johanniques ; les premières conversions opérées par l'apôtre, très minoritaires, avaient dû apparaître comme une nouvelle scission ; la prédication chrétienne avait peut-être déclenché une persécution antisémite ; enfin, la collecte qu'organisait Paul pouvait passer pour un détournement de fonds quand il sollicitait les convertis juifs. Ceux-ci ne devaient-ils pas verser leur contribution au Temple[42] ? Les Juifs d'Éphèse avaient les moyens de réprimer ce qu'ils jugeaient constituer un abus ou un sacrilège, car les autorités romaines leur avaient laissé le droit d'appliquer librement la loi mosaïque, en particulier pour les sacrilèges ou les vols dont seraient victimes les synagogues. Une condamnation par les Anciens d'Éphèse expliquerait le revirement de Paul à l'égard de la justice juive à la fin de son séjour éphésien ; après avoir préconisé le recours aux tribunaux juifs à l'exclusion de tout autre, il leur préférera les tribunaux de l'Empire[43].

Normalement, le citoyen romain échappait à la peine de la trique[44], si du moins il avait pu faire la preuve de son identité. Mais on a vu, à Philippes, combien les circonstances rendaient la chose difficile ! Il y avait donc des abus d'autorité. Il faut en outre tenir compte du fait que ce châtiment tend alors à s'appliquer de plus en plus largement. Il a valeur d'avertissement *(admonitio)* quand il est administré avec mesure. Le gouverneur peut y recourir pour des délits mineurs en dehors de tout procès. Souvent aussi, il prélude à l'envoi d'un délinquant dans les mines, aux travaux forcés, possibilité qu'on ne peut complètement exclure dans le cas de Paul puisque celui-ci mentionne, dans une lettre écrite à Éphèse, les « marques » qu'il porte sur son corps[45]. Se pose enfin le problème des ressources de Paul à Éphèse et de sa solvabilité, car la trique remplaçait fréquemment l'amende infligée au coupable quand celui-ci se révélait incapable de la payer.

Quoi qu'il en soit, ces épreuves successives ont eu une durée certaine. Lors d'une de ses incarcérations, Paul a envisagé un temps de retourner à Jérusalem par la route terrestre la plus courte, en empruntant d'abord la vallée du Lycos[46]; il annulait ainsi son projet antérieur de visiter les Églises d'Europe. Quand il put enfin quitter Éphèse au printemps 54, la province venait d'accueillir un nouveau gouverneur, M. Junius Silanus, en remplacement de L. Pedanius Jucundus qui occupait le poste depuis 51 et sous le mandat duquel il faut situer toutes les difficultés de Paul.

Elles ont définitivement marqué l'homme âgé qu'il est devenu et qui constate que « son extérieur d'homme se détruit »; il demande alors que « personne à l'avenir ne le fatigue, lui qui porte dans son corps les marques de Jésus[47] ». En conclusion, les épreuves qui ont suivi « le combat contre les bêtes » et dont nous ne savons rien semblent avoir été beaucoup plus longues et beaucoup plus pénibles que celles qu'avait suscitées le premier heurt avec les autorités éphésiennes.

LE MAL D'ABSENCE ET LA GUERRE DES PARTIS À CORINTHE[48]

En prison et hors de prison, Paul allait s'apercevoir qu'il n'était pas si facile de diriger à distance les Églises d'Europe et même celles d'Asie[49] : dès sa première captivité et durant les longues semaines où toute son énergie fut mobilisée par la menace que faisait peser sur lui la police d'Éphèse, les Chrétiens de Corinthe regimbèrent. On reprochait à Paul sa prétention à tout décider de loin, sans être au cœur des problèmes et sans bien connaître la situation locale; et il est vrai qu'il tranchait rapidement et brutalement : « Eh bien, moi, éloigné de corps mais présent en esprit, j'ai déjà jugé comme si j'étais là ! » Durant son séjour à Éphèse, Paul découvrit progressivement le mal d'absence et, désemparé, finit par ne plus savoir quel ton adopter[50].

A Corinthe, certains « se gonflaient », estimant qu'il y avait une place à prendre. D'autres recherchaient de nouveaux maîtres à penser, réflexe attendu dans une société où tout reposait sur l'autorité et la hiérarchie, où la primauté des notables s'affirmait naturellement sur tous les exclus qui dépendaient d'eux, clients, affranchis, esclaves, mais aussi femmes et étrangers. La crise avait des résonances sociales, car les premiers convertis de Paul jouissaient manifestement d'un statut privilégié : Crispus était le chef d'une synagogue ; Stéphanas et Caius, qui pouvaient recevoir l'Église chez eux, étaient de grands propriétaires. Or les tensions furent dénoncées par des esclaves et des affranchis appartenant à la maison de Chloé, au cours d'un voyage à Éphèse.

Il ne s'agissait pas d'un « schisme[51] », mais de luttes d'influence *(éris)* quand la saine émulation prônée par Paul dégénérait en « jalousie » *(zélos)* et en rancœurs. Les uns et les autres purent se réclamer d'autorités extérieures car, en l'absence de Paul, la ville reçut la visite de nombreux missionnaires. Apollos, le catéchumène d'Aquila et de Priscilla, avait ses partisans, fascinés par les spéculations de l'intellectualisme alexandrin[52]. Pierre, qui avait quitté Antioche, passa avec sa famille et il apparaissait partout, on l'a déjà constaté, comme une référence en matière doctrinale et un arbitre tout désigné. Enfin, Paul met en avant l'arrivée de « quelqu'un du Christ », désignant ainsi un missionnaire juif qui avait été proche de Jésus[53]. Paul gardait des fidèles, mais ceux-ci commirent l'erreur de laisser le terrain en se précipitant à Éphèse pour rendre compte à l'apôtre de la situation ; Timothée fut donc très mal accueilli quand il se présenta au nom de Paul pour rappeler son évangile et sa qualité de fondateur. De surcroît, un problème financier semble s'être greffé sur le conflit d'autorité, car l'Église de Corinthe ne se souciait pas d'entretenir, comme elle le devait, plusieurs apôtres ; Paul a dès lors beau jeu d'arguer qu'il est, lui, célibataire, seul dans ce cas parmi les apôtres, et qu'il s'est toujours efforcé de gagner sa vie[54].

La polémique avait un ton très acerbe de critique personnelle. Paul dut se justifier : il se présenta comme un bon serviteur, donna le témoignage du martyre en rappelant l'épreuve qu'il venait de subir à Éphèse, puis prit carrément le contre-pied des comportements habituels aux Grecs et de leurs pratiques officielles d'autocélébration en se livrant à l'éloge de sa faiblesse et de sa misère. Désir de choquer, volonté de faire réagir : la lettre de Paul restitue aux Corinthiens sa présence vivante, même et surtout dans les menaces « paternelles » qui terminent son envoi. Constamment soucieux de rétablir la relation de maître à disciples, il leur adresse un exposé doctrinal sur le thème « évangile et sagesse ».

Le ton est passionné mais, en dépit de la polémique, Paul garde une attitude ouverte et prudente qui ne se dément pas dans l'échange épistolaire ultérieur. Il s'attache avant tout à maintenir son autorité morale, même à distance, et donne de nombreux conseils sur la façon de se comporter en société, en se gardant des séductions de la vie mondaine ou d'un « désengagement » excessif. Il insiste sur le fait qu'il répond, le plus souvent, à des questions écrites que les Corinthiens lui ont fait parvenir : autre moyen de souligner que lui seul détient l'autorité[55] !

On ne relève dans tout cela aucune contestation doctrinale, bien que tous les missionnaires concernés soient issus du judaïsme, avec des sensibilités diverses, et que l'Église corinthienne recrute très largement dans le milieu païen. Paul reste dans la voie moyenne, définie lors des entrevues de Jérusalem, qui reconnaît deux catégories de Chrétiens — Juifs et Grecs —, toutes deux appelées mais de façon différente[56].

LA GRANDE OFFENSIVE JUDAÏSANTE

Le conflit doctrinal n'allait pas tarder à éclater avec le développement dans tous les champs de mission pauliniens de prédications concurrentes, de tendance judaïsante.

C'est un mouvement général qui atteint Corinthe, les Églises de Galatie, Colosses et même Philippes[57]. On pourrait croire que ces missionnaires qui représentent « les Chrétiens issus de la circoncision[58] » ont suivi l'apôtre pas à pas pour proposer à ses convertis un autre évangile[59], remarquable par sa fidélité à la loi mosaïque. S'agit-il d'une manœuvre politique, d'une entreprise nationaliste, au moment où la tension monte en Judée entre les autorités romaines et la population juive, quand l'extrémisme zélote prend un nouvel essor ? On l'a dit, et l'on a supposé, que les Chrétiens de Jérusalem, soucieux de manifester leur solidarité et leur loyalisme, voulaient rameuter les convertis juifs de la Diaspora. Mais ils n'étaient pas si nombreux, semble-t-il, dans les fondations pauliniennes.

L'origine jérusalémitaine de cette contre-mission est indéniable. Cette fois, Paul ne met pas nommément en cause Jacques ou Pierre, comme lors de l'incident d'Antioche, mais il ne parvient pas à taire son amertume et son ironie envers les « notables », les « super-apôtres », ceux qui ont donné à ces prédicateurs leurs lettres de créance[60]. La contre-mission ne peut représenter du menu fretin, tant Paul met de soin à établir son autorité apostolique : il rappelle désormais sans cesse son titre d'apôtre dans l'intitulé de ses lettres, il se réfère aux accords de Jérusalem, il évoque même ses charismes personnels et ses expériences mystiques — ce qu'il avait jusque-là répugné à faire[61]. La controverse porte non seulement sur la validité du mandat apostolique, mais aussi sur la conception de l'apostolat : il s'agit de savoir si l'apôtre domine, établit une pression continue sur ses convertis, ou s'il s'en fait le serviteur[62]. On assiste visiblement à une campagne de dénigrement d'une grande envergure qui désigne Paul comme un franc-tireur, et donc comme un apôtre de seconde zone.

L'offensive se révèle à la fois générale et multiforme. Elle n'est pas organisée : elle est menée par des individus, et même, peut-on dire, par de puissantes individualités, en fonction de leur propre sensibilité et, sans doute, avec des références différentes. Dans les Églises phrygiennes, c'est un homme seul, un intellectuel (un « faux sage »), un mystique aussi, qui semble marqué par l'essénisme[63]. A Corinthe, c'est encore un homme seul, un charismatique qui fait état de ses visions et révélations, et qui paraît assez proche du judaïsme alexandrin, sans avoir la loyauté d'un Apollos. Il rassemble autour de lui tout un groupe d'hommes qui se réclament du Christ et font sonner bien haut ses titres juifs ; tous sont des admirateurs passionnés de Moïse qu'ils présentent comme le plus grand visionnaire de tous les temps[64]. C'est en Galatie que le mouvement semble le mieux structuré et le plus ample : il s'agit d'une mission collective et véritablement d'une contre-mission, qui « retourne l'évangile » ; ses origines hellénistes sont évidentes, puisque Paul peut l'accuser de se déclarer en faveur de la circoncision tout en négligeant d'autres obligations de la loi mosaïque (c'est-à-dire le service du Temple) et qu'il choisit de porter le combat idéologique sur le thème de l'Alliance d'Abraham, celui-là même du discours d'Étienne[65].

Gardons-nous donc de conclusions simplistes. L'opposition à Paul ne s'explique pas seulement par la crise d'identité que traverse la Judée, ni même par la position particulière de Paul parmi les apôtres de Jérusalem. En Asie tout au moins, elle s'enracine également dans les conditions de sa prédication qui fit éclater le groupe johannique, où les hellénistes étaient nombreux. Les difficultés venaient aussi bien du milieu où se recrutaient les fidèles que de la structure propre à la première mission chrétienne : on devenait apôtre à la suite d'un appel et par compagnonnage, sur la base de relations très personnalisées et très hiérarchisées qui différaient peu du clientélisme romain. Paul fait plus ou moins consciemment l'assimilation, lui qui désigne les factions de Corinthe — « ceux de Céphas », « ceux d'Apollos », « ceux de Paul » — de la même manière que les esclaves et les affranchis d'une grande maison — « ceux de Chloé », par exemple; il attribue pareillement à une diaconesse de Corinthe le rôle de « patron » (prostate) des Chrétiens. « Jalousie » *(zélos)* et « discorde » *(éris)* caractérisent ces groupuscules très personnalisés que les Grecs appellaient des hétairies.

Les points de vue n'étaient pas identiques. Les judaïsants de Corinthe ne s'attachaient pas à la circoncision, même s'ils exaltaient la loi mosaïque. Ceux de Colosses veillaient à la nourriture *casher* et à la séparation des Chrétiens juifs et grecs lors des repas communautaires[66]. A Colosses et en Galatie, on insistait également sur l'observation des fêtes juives, fidèle à l'idée essénienne que le calendrier humain devait refléter le calendrier céleste pour que les rites terrestres soient synchronisés avec le service des anges dans le ciel[67].

Mais, en Asie, l'essentiel du débat portait sur la circoncision, que même les esséniens et les hellénistes considéraient toujours comme le signe de l'Alliance conclue par Dieu avec Abraham et sa descendance[68]. Seuls les circoncis pouvaient prétendre à l'héritage d'Abraham. A Jérusalem, en 51, les apôtres avaient fait un pas en avant en admettant la coexistence de deux types de Chrétiens, ceux issus de la circoncision et ceux issus du paganisme, mais ils ne les mettaient pas explicitement sur un pied d'égalité. Être considérés comme des Chrétiens de seconde catégorie devait durement affecter les convertis de Paul quand on le leur révélait. Surtout si l'on ajoutait que Paul prêchait « encore », en d'autres milieux, la circoncision[69], qu'il était en fait convaincu de sa supériorité et qu'il les maintenait consciemment dans un état subalterne.

Paul ne croyait pas au schisme, tant il était pénétré de l'accord fondamental unissant tous ceux qui partageaient la même foi en la résurrection des morts et dans le salut par la croix du Christ : « Moi ou eux, c'est ce que nous prêchons et c'est ce à quoi vous avez adhéré[70]. » La lettre aux Éphésiens exprime elle aussi, superbement, cette conscience d'Église qui animait la mission paulinienne : « Un seul Seigneur, une seule foi, un seul baptême[71]... » Mais ce qui les liait ainsi malgré tout les uns aux autres, c'était l'évangile considéré en tant qu'événement salvateur (la mort et la résurrection de Jésus) plutôt qu'en tant que doctrine. Du point de vue du dogme, on vivait sur des ambiguïtés que n'avaient pas levées les entrevues de Jérusalem. Paul ne se dissimulait pas le danger d'une rupture, mais, emporté par son tempérament passionné et, il faut bien le dire, profondément déçu, il n'hésita pas à radicaliser ses positions dans ses réponses aux Églises d'Asie, au risque de créer le scandale.

LE SCANDALE EN ASIE

L'apôtre ressentit l'attitude de ses convertis comme une « désertion » ou, pis, comme une apostasie qui méritait l'anathème[72]. Il fulmina contre ces écervelés qui tournaient « à tout vent de doctrine », séduits par une prédication qui ne représentait rien d'autre qu'un retour aux données les plus élémentaires et les plus humaines de la foi juive[73]. Ce que Paul visait, c'était la Loi mosaïque ; ce qu'il voulait mettre en évidence, c'était un appauvrissement du message chrétien. La mission réagit par lettres encycliques, à l'échelle de la région, en s'efforçant de contrer l'opposant sur son propre terrain ; on annonça aussi la venue d'un envoyé spécial, un Juif de Jérusalem, Marc, partisan comme Pierre d'une voie moyenne et dont la présence près de Paul était en elle-même symbole de réconciliation[74] ; les lettres utilisaient le langage de l'adversaire en reprenant des formules traditionnelles ou des thèmes apocalyptiques familiers aux esséniens et aux johanniques[75].

Paul était un excellent polémiste mais qui eut le tort de dramatiser la situation en retournant systématiquement les arguments de ses contradicteurs jusqu'à les réduire à des positions insoutenables pour un Juif. Le taxait-on d'opportunisme, lui qui faisait profession de s'adapter à tous les milieux et dont le point de vue sur la circoncision était tellement fluctuant[76] ? Ses adversaires, eux, voulaient s'agréger aux communautés juives pour s'abriter derrière les privilèges que leur reconnaissait l'État romain et éviter par là des poursuites pour motifs religieux[77]. L'accusait-on de négligences dans l'observation de la Loi ? Les hellénistes eux-mêmes ne la recevaient pas intégralement, eux qui refusaient le service du Temple[78].

Plus gravement, Paul détourna leur argumentation traditionnelle sur la geste d'Abraham en déconnectant la circoncision de l'Alliance des Patriarches pour la rattacher à la Loi mosaïque et fonder ainsi la promesse faite à Abraham sur la seule foi, ce qui permettait aux croyants non juifs d'y participer; cette lecture de l'histoire d'Abraham prenait à rebours toutes les interprétations du judaïsme contemporain, même dans la Diaspora[79].

L'apôtre outrepasse dès lors les principes de tolérance édictés à Jérusalem quand il écrit que le Christ n'appelle pas également les circoncis et les païens, que la circoncision et la croix constituent une alternative aux termes irréductibles : c'est désormais la circoncision *ou* le Christ ! Et Paul va jusqu'à assimiler les missionnaires juifs aux eunuques, alors que même les Romains faisaient la différence[80]. Il développe à ce moment, et pour la seule fois dans son œuvre, un cosmopolitisme radical qui abolit toute différence entre Chrétiens juifs et Chrétiens grecs (reconnue à Jérusalem) en l'assimilant purement et simplement aux autres clivages de la société antique : Grecs et Barbares, libres et non-libres, citoyens et non-citoyens, hommes et femmes[81]...

C'est dans leurs écrits aux Églises d'Asie et dans le feu de cet affrontement personnel que Paul et ses collaborateurs s'écartent le plus des accords de Jérusalem. Ils prônent la liberté du croyant contre une religion d'interdits qui repose sur le fétichisme des commandements[82]. Ils entament une polémique d'une rare violence contre la Loi, ressentie comme un barrage et comparée à un « gardien de prison » alors qu'elle aurait dû servir de pédagogue ; elle n'est qu'une règle juridique, édictée par les hommes en vue des transgressions et qui incite par là même à la transgression. Suprême paradoxe ! Scandale pour un Juif qui voyait dans la Loi, charte de l'Alliance, l'incarnation de la Sagesse divine, la lumière, le fleuve paradisiaque, l'arbre de vie[83]...

Ces positions extrêmes reflètent peut-être le drame personnel du pharisien converti ne se détachant de la Loi qu'au prix d'un douloureux effort qui lui demanda toute la vie[84]. Elles ne représentent pas la pensée définitive de Paul[85], mais tout juste une étape particulièrement pénible dans son parcours apostolique. Elles n'en créèrent pas moins d'énormes remous, qui se propagèrent jusqu'à Jérusalem[86]. Comme on le reconnaissait en Asie à la fin du Ier siècle, les lettres de Paul étaient susceptibles de bien des interprétations abusives et l'on pouvait facilement en détourner le sens et la portée[87].

Dans l'immédiat, l'échec — au moins relatif — de Paul sur le terrain est patent. La meilleure preuve en est le caractère définitivement judaïsant des Églises de Phrygie qu'Épaphras avait fondées en son nom[88]. En outre, les Églises johanniques et celles de mouvance pétrinienne prospérèrent en Asie Mineure durant toute la deuxième moitié du Ier siècle : les secondes restaient fidèles à la voie moyenne définie à Jérusalem et réhabilitaient l'action de Paul[89], alors que, sous le nom de Jacques, des Juifs chrétiens d'Asie, très hellénisés dans leur langue et dans leur comportement mais attachés à la tradition biblique la plus pure, composaient encore des écrits virulents et autoritaires pour dénoncer les erreurs de l'épître aux Galates[90]. Certes, Paul garda bien des fidèles et son empreinte se révéla durable dans certains milieux : Timothée, puis Onésime (l'esclave qu'il avait lui-même baptisé) devinrent tour à tour évêques à Éphèse où coexistaient au IIe siècle deux communautés de Chrétiens, juifs et grecs [91] ; à cette date, on demeurait attaché au souvenir et à la personne de Paul dans la région d'Antioche de Pisidie où s'élabora son roman [92]. Mais les réticences et même les défections des Chrétiens d'Asie allaient peser lourd dans les dernières années de l'apôtre.

LE REBONDISSEMENT DE L'AFFAIRE DE CORINTHE [93]

C'est à Éphèse encore que Paul apprit l'échec de Timothée, son envoyé à Corinthe. Quoique alors libre de ses mouvements, il préféra annuler la visite prévue au printemps précédent, et même la différer le plus longtemps possible en attendant l'apaisement des esprits : il se rendra d'abord en Macédoine, inversant le plan de voyage initial. Non par versatilité ou irréflexion, mais parce qu'il ne veut pas revenir à Corinthe dans la tristesse et la contestation. Son chagrin, son angoisse, l'amour aussi qu'il garde à ses Corinthiens, il se contente de les exprimer d'Éphèse, en une lettre qu'il écrit « dans les larmes » [94].

Il ne s'agit pas cette fois d'une rivalité de factions, mais d'une contre-mission isolée. A la manière habituelle des polémistes païens et chrétiens, l'adversaire est présenté de façon anonyme et impersonnelle [95], mais on devine qu'il est juif : le débat semble avoir surtout secoué le milieu des synagogues, et Paul proposera d'y mettre fin par un arbitrage dans la tradition mosaïque [96]. L'homme se prévaut de relations privilégiées avec Jésus de son vivant, ce qui oblige Paul à établir que la vocation d'apôtre ne se fonde pas sur la connaissance charnelle du Christ[97] ; position pourtant difficile à tenir, car Paul lui-même avait reconnu à Jérusalem l'aura particulière dont bénéficiaient ceux qui étaient liés au Christ par le sang, ses parents, et ceux qui pouvaient transmettre directement son message, comme Pierre[98]. C'était l'un de ces « grands apôtres[99] » et l'on ne peut s'empêcher de songer à André, un appelé de la première heure, que la tradition identifie comme l'évangélisateur du Péloponnèse à partir de la colonie romaine de Patras ; il aurait d'abord mis ses pas dans ceux de Pierre, du Pont à la Bithynie et à la Thrace, puis dans ceux de Paul, en Europe, en Macédoine et en Achaïe[100].

La contre-mission se développa sur un fond de mysticisme où l'on repère une tonalité alexandrine dans le rôle dévolu à Moïse comme modèle de visionnaire. Paul stigmatise à la fois l'aspect intellectuel et mystique du mouvement, auquel il oppose l'humilité et la réserve que lui ont inspirées ses charismes personnels ainsi que les révélations dont il a eu le privilège[101]. L'adversaire est accusé de comportement dominateur, conforme au style des missionnaires juifs[102]. Paul ne se dissimule pas les dangers d'une rupture : ces « brocanteurs de la parole de Dieu » proposent aux Corinthiens « un Jésus que nous n'avons pas prêché », « un esprit qu'ils n'avaient pas reçu », bref, « un autre évangile[103] ».

On contestait l'apôtre et on lui reprochait ses empiétements[104]. Paul réfute l'argument en affirmant que tout apostolat a vocation universelle et que ses seules limites sont celles voulues par Dieu. Il n'admet pas le principe d'un partage exclusif qui interdirait, à lui-même ou aux apôtres qu'il a formés, certains champs d'évangélisation préparés par les autres[105]. L'Église n'est pas fondée une fois pour toutes à l'échelle d'une cité. Elle tend naturellement à s'étendre de proche en proche, le milieu nouvellement converti fournissant toujours un ou deux missionnaires pour prendre le relais : ce sont ces « apôtres des Églises », dont Paul donne alors la définition [106], qu'il considère comme ses frères ou ses compagnons d'armes, mais qu'il distingue bien des collaborateurs qu'il a recrutés personnellement. Il faut sortir de la structure groupusculaire et reconnaître à la mission chrétienne son dynamisme propre en acceptant que d'autres arrosent ce qu'on avait soi-même planté. De tout cela, Paul avait pris progressivement conscience au cours de son deuxième voyage. A partir d'Éphèse, il ne borne plus sa prédication aux communautés qu'il a fondées, mais s'adresse à tous les chrétiens d'une région : après les encycliques destinées « aux Églises de Galatie » et à celles de Phrygie, les nouvelles lettres aux Corinthiens visent la chrétienté de toute la province, dans son ensemble [107]. La différence s'affirme entre deux conceptions apostoliques complètement opposées.

Le conflit d'autorité était inévitable. Les Corinthiens le ressentirent aussi comme un conflit d'intérêt : la communauté souffrait d'avoir deux ou plusieurs apôtres à charge, et certains accusèrent Paul d'exploiter la situation. Ce reproche latent s'alimenta peut-être de l'arrivée d'envoyés d'Éphèse, comme Timothée ou Tite, qu'il fallait bien entretenir pendant le temps de leur séjour. Et, à cette date, Paul a certainement cessé tout métier manuel : il affirme en effet son droit à ne pas travailler, à l'instar des grands apôtres, d'autant qu'il n'a pas, lui, de femme à charge [108] !

La collecte pour Jérusalem aggrava encore le contentieux. Pourtant, les Corinthiens s'étaient spontanément ralliés au projet dès qu'ils en avaient eu vent. Mais ils contestèrent tant la façon de procéder de Paul qu'on suspendit l'opération. Ils reprochaient à l'apôtre son autoritarisme et sa tendance à tout centraliser en se considérant comme le seul responsable. Il est vrai qu'il avait envoyé des consignes extrêmement précises : chacun devait épargner de semaine en semaine en attendant l'arrivée de Paul, seul habilité à vérifier les opérations et à mandater les convoyeurs, qu'il se proposait d'ailleurs d'escorter[109]. Les Corinthiens se plaignirent que le montant de l'argent à prélever avait été fixé arbitrairement, et à un niveau trop élevé pour eux ; ils allèrent même jusqu'à suspecter des détournements puisqu'on leur refusait tout contrôle sur la perception et sur l'acheminement des fonds. En fait, Paul se démarquait trop radicalement des pratiques observées pour le recouvrement du *didrachmon*, qui allait au Temple et dont l'organisation ainsi que le transfert étaient gérés au niveau local, par les notables des communautés, et non par des émissaires de Jérusalem — ce pour quoi passait Paul[110]. L'opposition fut donc suscitée par les convertis issus des synagogues, Juifs et « craignant Dieu ».

Paul envoya Tite en avant pour clarifier la situation avant sa propre visite. Celui-ci ne disposait que de quelques semaines puisqu'il devait rejoindre l'apôtre en Troade avant son passage en Europe ; il partit très inquiet, alors que Paul était relativement optimiste quant au règlement de l'affaire[111]. Les événements lui donnèrent raison et sa mission se prolongea avant qu'il puisse rétablir à Corinthe l'autorité de Paul et trouver une solution satisfaisante au problème de la collecte.

UN VOYAGE MOUVEMENTÉ

Paul avait alors quitté Éphèse, aussitôt qu'il en avait eu la liberté, pour entamer son retour à Jérusalem, *via* l'Europe. Accompagné de Timothée et de quelques autres, il n'hésita pas à braver les rigueurs d'un voyage hivernal ; il est vrai que la traversée prévue, entre Troas et Philippes, était courte [112].

L'escale de Troas aurait dû procurer un répit à l'apôtre, après tant d'épreuves, car il y découvrit une possibilité d'évangélisation et y fonda une Église domestique. Mais il ne voyait toujours pas venir Tite et l'angoisse le tenaillait ; il écrivit alors aux Corinthiens des lettres très dures [113]. Il éprouvait aussi de l'inquiétude pour les affaires de Macédoine : il envoya donc Timothée en avant, avec le Corinthien Éraste, pour préparer sa venue [114].

Malgré cette précaution, les premiers temps de son séjour en Macédoine l'éprouvèrent très durement : « Tout nous affligeait en Macédoine, combats au-dehors, craintes au-dedans. » Le Roman de Paul suppose une nouvelle incarcération à Philippes, et même l'envoi aux travaux forcés [115].

Paul ne nous informe que sur la crise interne des Églises de Macédoine, affaiblies, appauvries et où la collecte, ici encore, servit de catalyseur au mécontentement ; on ne régla pas la question comme Paul l'avait prévu, mais celui-ci admit le droit des Églises à s'organiser comme elles l'entendaient [116]. Ces communautés de Thessalonique et de Philippes, qui avaient si énergiquement soutenu son action en Europe immédiatement après leur fondation [117], avaient elles aussi souffert de l'absence prolongée de l'apôtre et l'unanimité n'y régnait plus [118]. Enfin, Paul et Timothée parvinrent à y rétablir suffisamment la situation pour les proposer ensuite comme modèles à l'Église de Corinthe[119].

Et de Corinthe, justement, arrivaient avec Tite de meilleures nouvelles. L'acharnement du missionnaire s'était révélé payant : bien que l'adversaire inconnu n'ait pas lâché prise, Tite avait réussi à rassembler les fidèles de Paul autour de son nom et même à relancer la collecte de sa propre initiative. Il n'avait pas cédé sur les principes et s'était attaché à faire reconnaître la seule autorité de l'apôtre, auquel il s'empressait de faire entériner ses premières mesures. Paul fit preuve de souplesse et de mansuétude. Il réorganisa la collecte de façon beaucoup plus libérale, en s'entourant de toutes les garanties ; il ne prétendait, d'ailleurs, que donner un « avis ». Le montant des fonds à percevoir n'était pas fixé et Paul demandait aux Corinthiens de le déterminer selon leurs moyens, en jouant sur le mécanisme de l'émulation auquel les Grecs se montraient si sensibles. La perception des fonds ne releva plus seulement du délégué de Paul : deux autres convoyeurs l'accompagnèrent, dont l'un avait été désigné par des Églises d'Asie. C'était quelqu'un d'extérieur au cercle paulinien, « dont toutes les Églises faisaient l'éloge », et un missionnaire confirmé qui avait déjà longuement prêché. L'autre appartenait au contraire à l'entourage de l'apôtre. Mandatés par un billet de Paul, tous trois gagnèrent Corinthe pleins de confiance[120]. Sur le plan doctrinal, les dernières lettres aux Corinthiens marquent aussi une volonté d'apaisement et un retour aux structures juives et patriarcales : elles se réfèrent à la Loi mosaïque et prônent une stricte séparation d'avec les païens[121].

L'opposant était toujours là. Paul, satisfait du désaveu public qui lui avait été infligé, tenta une réconciliation[122]. Puis, en arrivant à Corinthe, il demanda une procédure d'arbitrage, telle qu'on la pratiquait habituellement dans les synagogues quand deux Anciens s'affrontaient[123]; il avertit d'ailleurs qu'il se défendrait sans ménagement et recourrait, comme le pouvait tout Juif, à l'excommunication[124]. Il essuya une nouvelle déception : son séjour à Corinthe fut assombri et écourté par les manœuvres des Chrétiens juifs. Il préféra donc se replier à Cenchrées, au milieu des marchands et des artisans du port, loin du centre urbain, et il mit l'hivernage à profit pour préparer une mission ultérieure à Rome : c'était l'hiver 54-55[125]. Il regagna ensuite la Macédoine et s'apprêta à rejoindre Jérusalem en visitant au passage la jeune Église de Troas, avec une équipe uniquement composée de Macédoniens et d'Asiates — donc sans Corinthiens ni Philippiens. Et Antioche, en Syrie, lui resta fermée malgré son désir d'y faire halte.

UN RETOUR ANGOISSÉ

Beaucoup de problèmes restaient par conséquent en suspens. Quand Paul se mit en route, son retour à Jérusalem se présentait sous les auspices les plus sombres, si bien que le récit des Actes, tiré du journal de voyage, transforme le convoyage de la collecte en marche vers la mort, vécue en toute lucidité par l'apôtre, véritable héros tragique. A Milet, il a la prémonition d'une issue fatale, que lui confirme un prophète juif à Césarée[126].

Paul lui-même exprime son inquiétude. Il réclame les prières de ses fidèles « pour échapper aux incrédules de Judée », à ceux qui ne veulent rien comprendre à ses positions : c'est bien la preuve qu'il connaît les remous créés par sa lettre aux Galates. Il a même des doutes sur l'accueil qu'on réservera à sa collecte, comme s'il avait conscience de n'être plus parfaitement en communion avec les apôtres de Jérusalem[127].

Comme à l'aller, l'escale de Troas constitua une halte bienfaisante. Paul y parvint quelques jours après la fête de Pâques, qu'il avait célébrée à Philippes, et il y resta une semaine. La foi en la Résurrection est si ardemment vécue par la mission paulinienne qu'elle situe durant cette période la seule résurrection opérée par Paul, sur la personne du jeune Eutychos qui était tombé d'une fenêtre du premier étage en l'écoutant prêcher dans une maison de Troas. Paul enseigna le plus longtemps qu'il le put cette jeune Église, prolongeant ses entretiens jusqu'à l'aube, et il célébra avec elle le repas eucharistique le jour du sabbat. Puis, laissant à bord ses compagnons avec les bagages, il marcha jusqu'à Assos de l'autre côté de la péninsule.

Il rembarqua, et tint à éviter l'escale d'Éphèse : il n'avait pas oublié les épreuves qu'il y avait subies et se montrait très conscient des risques qu'il y aurait courus en un temps où les passions suscitées par sa personne étaient loin de s'apaiser, tant parmi les Juifs que parmi les Grecs. C'est donc à l'escale suivante, à Milet, qu'il convoqua les plus fidèles des Éphésiens parmi ce qui restait de l'Église paulinienne locale. Les Actes ont conservé le souvenir du discours qu'il leur adressa, en le recomposant sous la forme d'un Testament spirituel, tel que les aimaient les Juifs hellénisés.

Ce voyage fut celui de la réflexion. Durant le long hivernage à Cenchrées et au cours des traversées, Paul eut tout le loisir de revenir sur sa mission, de dominer les conflits qui l'avaient déchiré et d'élaborer une synthèse de sa pensée tout en préparant le compte rendu qu'il devait présenter aux apôtres de Jérusalem. La lettre aux Romains, la plus longue qu'il ait jamais écrite, est un appel à la conciliation dans le respect de la diversité. Vis-à-vis du judaïsme, il revient aux positions définies à Jérusalem, reconnaît que les Juifs ont été appelés avant les Grecs même si tous sont égaux aux yeux de Dieu, admet l'utilité de la circoncision et, surtout, développe la place privilégiée d'Israël dans l'économie du salut[128].

A l'égard des Grecs d'Éphèse, il s'est sans doute efforcé de se laver d'un soupçon persistant de magie, implicite dans le discours reconstitué par Actes. A la façon d'un étranger qui réclame une récompense de sa cité d'accueil, il se justifie par son comportement pendant son séjour : son action a toujours été publique, gratuite et désintéressée, et il n'a jamais eu en vue que l'intérêt collectif. Il n'avait donc rien du séditieux, de l'asocial, de l'ennemi du genre humain que l'opinion voyait dans le magicien.

Paul fourbit ses arguments en même temps qu'il rassemble ses partisans. Chaque escale est l'occasion de compter ses fidèles afin de se présenter devant les apôtres de Jérusalem avec le maximum de témoignages favorables, suivant la coutume de l'époque. Ce voyage de retour lui permet de réactiver les liens d'hospitalité et d'amitié qui constituent la meilleure des garanties pour l'homme antique : à Patara et à Myra, sur la côte lycienne, dont les Églises résultaient d'une extension de la mission en Pamphylie lors du premier voyage[129] ; puis à Tyr et à Ptolémaïs en Phénicie, qu'il avait traversée à plusieurs reprises au cours de ses voyages d'Antioche à Jérusalem[130] ; à Césarée, où l'accueille pendant plusieurs jours Philippe, le missionnaire helléniste qui avait évangélisé la région vingt ans auparavant, après la mort d'Étienne[131]. Des chrétiens de Césarée l'escortent jusqu'à Jérusalem, où il bénéficie de l'hospitalité du Chypriote Mnason, un de ses plus anciens convertis puisque leurs liens remontent aux toutes premières missions. Le lendemain, il est fraternellement reçu par Jacques, le frère du Seigneur, le chef des Chrétiens juifs[132].

Paul avait donc bouclé la boucle et, apparemment, rassemblé en ses mains tous les fils d'une existence mouvementée. Les Actes veulent le faire rentrer à Jérusalem comme le héraut de la mission chrétienne, reconnu et salué par tous les courants de la primitive Église, que seule pouvait menacer la haine des Juifs extrémistes.

CHAPITRE XII

De Jérusalem à Rome : Paul et ses juges

Cette période de la vie de Paul, depuis son arrestation à Jérusalem jusqu'à l'heureuse issue de son transfert à Rome, paraît de loin la mieux connue puisque les Actes en donnent une chronique suivie, souvent de jour en jour, et parfois d'heure en heure. Ils conservent les souvenirs et les impressions de témoins visuels pour les événements de Jérusalem et utilisent pour le voyage de la Palestine à Rome un journal de bord tenu avec une extrême précision.

Beaucoup d'épisodes seront donc d'emblée familiers au lecteur : l'émeute au Temple, la captivité à Césarée, le naufrage surtout... Pourtant, bien que toutes ces données aient été fournies par des témoins de valeur, comme le montrent leurs descriptions des rebondissements judiciaires que confirme absolument le droit romain, on éprouve un sentiment de frustration. Ces témoins, des chrétiens grecs, n'ont en effet eu accès ni aux séances du Sanhédrin, ni même à la conférence que Paul eut dès son arrivée avec les Chrétiens juifs de Jérusalem : ils ne peuvent que signaler les comportements extérieurs et faire état des positions officielles, sans livrer un écho direct et détaillé des propos échangés. Ils ont certes rapporté avec exactitude les étapes de la procédure, mais nous n'entendrons jamais l'accusé ; comme la coutume antique exigeait de recomposer tous les discours pour leur donner une valeur synthétique et hautement significative, c'est l'acte d'accusation que nous lisons en creux à travers les apologies prêtées à Paul, plutôt que sa propre défense.

Enfin, si nous connaissons par leur nom tous les acteurs du drame, qui sont des personnages historiquement repérables, la trame chronologique des Actes reste toujours aussi imprécise : ils indiquent quelques durées ou délais, ils fournissent un jalon événementiel — une révolte messianique que l'historien juif Josèphe a lui aussi signalée —, mais on sait combien leurs synchronismes sont approximatifs à un ou deux ans près [1].

La date de l'arrestation de Paul ne peut même pas être fixée en fonction de la carrière du gouverneur romain, Antonius Félix, qui garde une certaine marge d'incertitude [2]. Félix a été rappelé à Rome la deuxième année du règne de Néron, c'est-à-dire après octobre 56, après avoir accompli, selon les Actes, un mandat de deux ans [3]. C'est Néron qui, tout au début de son règne (fin 54 ou début 55), l'avait nommé procurateur de la province avec autorité sur la Judée ; on l'avait envoyé en Palestine assez longtemps auparavant, selon Tacite et les Actes [4], et il avait fait ses débuts comme commandant militaire en Samarie. Dans les limites du gouvernement de Félix, l'arrestation de Paul pourrait avoir eu lieu aussi bien à la Pentecôte 56 qu'à la Pentecôte 55 ; c'est la date précédemment mise en évidence pour l'hivernage à Corinthe, en 54-55, et, au-delà, la conjoncture de 53 retenue comme catalyseur de l'opposition à Éphèse, qui font retenir la seconde hypothèse.

Depuis plus de trois ans, depuis 52 au moins, Félix avait appuyé puis dirigé une répression très dure contre les différents mouvements autonomistes.

Quand Paul arrive en Judée, au printemps 55, la tension est extrême entre les Juifs et les païens. La nation est prête à tout, dans une spirale infernale de revendications, de dénonciations, de condamnations et de représailles : « On épiait de loin ses ennemis, on ne se fiait même pas aux amis que l'on voyait approcher, dans une atmosphère de suspicion et de défense[5]. »

LA RÉPUTATION D'UN APOSTAT

Tout commença donc pour Paul par une campagne de dénigrement orchestrée par des gens d'Asie[6]. Il avait évité l'escale d'Éphèse pour ne pas courir de risques inutiles, mais ses adversaires d'hier le rattrapèrent et sans doute même le précédèrent à Jérusalem. Qui sont ces « Juifs d'Asie » ? Des orthodoxes ? Des dissidents ? Des convertis ? Il ne peut guère s'agir d'hellénistes, ni même de johanniques, tant leur attachement au Temple est manifeste. On s'arrêtera donc à l'hypothèse de Chrétiens issus du judaïsme, qui ont conservé beaucoup d'attaches dans les milieux de Jérusalem et qui brandissent la lettre aux Galates comme un brûlot.

Ce sont en effet ses formules à l'emporte-pièce sur l'incompatibilité entre la Loi et la foi qui circulent de bouche en bouche. On accuse Paul d'avoir abandonné les commandements, de ne plus observer coutumes et interdits, de juger la circoncision inutile : il n'impose rien de tout cela aux païens et, pis encore, il en dissuade les Juifs. C'est l'accusation d'apostasie et d'incitation à l'apostasie ! Les apparences étaient certes contre Paul, mais jusqu'où poussait-il sa position, à tête reposée, quand il affirmait que la circoncision était inutile ? Jusqu'aux Juifs de naissance ? Sans doute pas, puisqu'il avait fait circoncire Timothée, né de mère juive. Sur ce point il se montra hésitant sinon contradictoire, si bien que le débat n'a cessé d'agiter les Pères de l'Église... et même les exégètes modernes : si Paul avait eu un fils, l'aurait-il fait circoncire[7] ?

A Jérusalem, on qualifia les atermoiements du pharisien converti d' « opportunisme impie » : c'est l'image de lui que garderont une certaine postérité judéo-chrétienne et la tradition rabbinique[8].

Le mouvement d'opinion ainsi créé inquiéta jusqu'à l'entourage de Jacques. Avant même l'arrivée de Paul, on le sent indécis à son sujet : le schisme est dans l'air, puisque l'apôtre d'Éphèse semble n'avoir pas tenu compte des accords de Jérusalem, en tout cas des obligations alimentaires décrétées impératives après son départ et qu'on s'empresse de lui signifier. Là gît le malentendu, mais il y en a d'autres ! La collecte, en particulier, pose maintenant problème et Paul se tourmente à ce propos depuis Éphèse : on a pensé que les Juifs chrétiens de Jérusalem se jugeaient compromis par de l'argent venu de convertis païens ou encore qu'ils éprouvaient des réticences à recevoir de la Diaspora des contributions qui concurrençaient ou remplaçaient celle qui était normalement due au Temple[9]. Le groupe de Jacques se montre plus cassant que lors de l'entrevue antérieure, malgré une fraternité de façade que soulignent les Actes : il fait remarquer à Paul que son courant est minoritaire (ce qui semble d'ailleurs excessif[10]) ; il développe des positions en retrait de celles de 51 en exigeant des convertis païens les prescriptions du Lévitique applicables aux prosélytes, ce qui équivaut à établir une inégalité entre chrétiens juifs et chrétiens grecs. On ne connaît pas la réponse de Paul sur le fond, les Actes se bornant à suggérer qu'il présenta une apologie fondée sur l'histoire de sa vie comme il l'avait fait dans ses lettres aux Galates et aux Corinthiens.

Mais, extérieurement au moins, il assuma la prise de position publique qu'exigeaient de lui les Chrétiens de Jérusalem. En acceptant d'accomplir au Temple les sacrifices qui concluaient son vœu de ne pas se couper les cheveux, en s'associant pour cette occasion à quatre « nazir » et en réglant leurs dépenses avec la sienne, il donnait des preuves de sa rigoureuse observance et de sa solidarité avec les Juifs pratiquants, et il démontrait qu'il aidait les plus pauvres à se conformer à la Loi [11].

Pour l'opinion publique, la question des relations entre Juifs et Grecs posait un problème d'une brûlante actualité. Minorer la Loi — ce qu'on était en droit de reprocher à Paul —, n'était-ce pas menacer le Temple et par là même la nation juive ? Ennemi du peuple, ennemi de la Loi, ennemi du Temple [12], voilà l'équation à laquelle on aboutit très vite en dépit de l'ostensible comportement de Paul et bien qu'il ne s'en soit jamais pris au Temple dans ses écrits. Mais, à une période où les Romains ont menacé à plusieurs reprises la sainteté du lieu et où le parvis a servi de cadre à des émeutes et à de dures répressions, on glisse facilement du religieux au politique en considérant les manquements envers le sanctuaire comme un crime envers la nation. La tension grandissante entre le peuple juif et les autorités romaines, depuis le gouvernement de Ponce Pilate, exacerbe les nationalismes, encourage les extrémistes et oblige par là même les conservateurs à raidir leur position.

LE SOUPÇON DE TRAHISON

Les amis des Romains — Paul ne pouvait nier l'avoir été, comme d'ailleurs beaucoup d'autres pharisiens [13] — se trouvaient dans une posture délicate après les maladresses accumulées par le gouverneur Félix. D'un côté, il menait une répression brutale et aveugle contre toutes les bandes nationalistes et les villageois suspects de les aider : les croix se multipliaient donc au bord des routes [14]. De l'autre, s'il envoyait facilement la troupe, il n'adoptait pas une attitude très claire vis-à-vis des sectes juives et des mouvements insurrectionnels : ses compatriotes lui reprochèrent d'avoir laissé la situation se dégrader en Samarie en 52, pour tirer profit du brigandage, et Josèphe l'accuse d'avoir fermé les yeux sur l'assassinat du grand-prêtre Jonathan qui le gênait beaucoup [15]. Sa vie privée elle-même constituait une provocation pour les Juifs pieux, depuis qu'en 54 ou 55 il avait enlevé une princesse juive, Drusilla, au mari circoncis et prosélyte qu'on lui avait enfin trouvé ; à la suite de cette union, illicite et scandaleuse du point de vue de la Torah, le roi Agrippa se tenait à l'écart de sa sœur et de son beau-frère [16]. Le mirage de l'Orient agissait sur Félix comme sur beaucoup d'autres hauts magistrats romains, qui recherchaient tous les unions princières, la richesse et le pouvoir, la fascination de l'occultisme [17].

La situation ne cessa d'empirer. L'année 54 avait été marquée par l'élimination de la bande d'Éléazar qui menait depuis plus de vingt ans une guérilla à partir des montagnes de Judée. Mais ce « brigandage », comme disaient les Romains [18], n'avait pas disparu ; les nationalistes s'organisaient maintenant en des espèces de milices rurales qui fusionnaient à l'occasion avec des mouvements charismatiques. En effet, les aventures messianiques se succédaient sans interruption depuis des décennies; celle du Juif d'Égypte qui, tel un nouveau Moïse, voulut rassembler le peuple au désert pour y attendre la libération de Jérusalem, ne sera que la dernière d'une longue série. Les nationalistes ont trouvé une alternative au renforcement de la répression : non contents de guerroyer dans la campagne, ils portent désormais la violence au cœur de la ville, et jusque sur le parvis du Temple.

Le terrorisme naquit sous le gouvernement de Félix : on assassinait les gens en plein jour et en pleine ville. On noyautait les grands rassemblements populaires, notamment les pèlerinages, en se mêlant à la foule et en cachant de petits poignards sous les vêtements; on choisissait une cible et on la frappait à l'improviste; il ne restait plus qu'à prendre part à l'émotion générale pour dérouter les recherches de la police. Ces terroristes ne ressemblaient en rien à des brigands : leur extérieur inspirait confiance et certains étaient proches des pharisiens. Les Romains les appelèrent « sicaires », d'après le nom latin du petit poignard recourbé avec lequel ils frappaient leurs victimes [19].

Ils constituent certes le « parti de la guerre », mais leur existence même fait pression sur les modérés, dont l'historien Josèphe, un pharisien de noble souche, représente bien le point de vue. Tous les mouvements charismatiques qui secouent la Judée sont décrits comme des entreprises révolutionnaires, absolument opposées au libéralisme gréco-romain et dangereuses pour la société [20]; sous cet angle, tout appel à la conversion — qui est par définition changement —, toute prédication d'idées nouvelles peuvent paraître subversifs. Pour tenter de freiner les débordements d'un nationalisme extrémiste, les conservateurs se font les ardents défenseurs de la tradition. Beaucoup se montrent maintenant partisans d'imposer la circoncision à ceux qui désirent s'établir définitivement en Judée, même si d'autres, comme Josèphe, n'admettent pas la contrainte et soutiennent que chacun doit honorer Dieu par conviction personnelle[21]. C'est l'échec des expériences de symbiose tentées par Hérode le Grand au début du siècle : à Césarée de Galilée — fondation juive mais dont la population avait adopté le style de vie de sa majorité grecque —, les rixes et les émeutes interethniques se multiplièrent sur l'agora durant le gouvernement de Félix[22].

Et pourtant les Juifs de la ville, parmi lesquels le groupe des hellénistes autour de Philippe, parlaient grec et vivaient dans un cadre grec. Mais le problème de la séparation des Juifs et des païens, pour répondre aux exigences de la loi mosaïque, était bien d'une actualité dramatique : ceux qui en refusaient le principe passaient pour des traîtres aux yeux des nationalistes, extrémistes ou modérés.

LE FLAGRANT DÉLIT

Toutes les conditions étaient donc réunies pour que l'on redoute, en 55, une Pentecôte rouge — qui n'aurait pas été la première du genre. Dans les périodes de grande tension, des foules beaucoup plus nombreuses qu'à l'ordinaire montaient à Jérusalem, pour les fêtes, de tous les coins de la Palestine : en 51, on les comptait par dizaines de milliers. Elles campaient autour du sanctuaire et donnaient ainsi l'impression à la garnison romaine, installée dans la forteresse Antonia qui surplombait le Temple, de l'assiéger de toutes parts[23]. Les grands pèlerinages exacerbaient les passions et le parvis du

Temple était en perpétuelle ébullition. Les rixes y étaient fréquentes et les bagarres dégénéraient aisément en émeutes ; le moindre geste pouvait passer pour une provocation, tant il y avait eu de maladresses. Lors de la Pentecôte de l'an 4 avant notre ère, c'est du Temple que partit la grande insurrection nationaliste. Plus récemment, lors de la fête de Pâques 52, un soldat s'était moqué des pèlerins par un geste indécent ; des jeunes gens avaient lancé des pierres sur la troupe et l'arrivée de renforts, qui investirent les portiques, avait créé une panique indescriptible : on parla de 20 à 30 000 victimes[24]. Les Juifs avaient appris à monter sur les toits des portiques pour bombarder les Romains de projectiles, en évitant un corps à corps où ils se savaient inférieurs.

Si l'on ajoute à cela la menace des sicaires et la crainte des exécutions sommaires — « chacun s'attendant à la mort soudaine » —, on comprendra qu'il ne faisait pas bon « être différent » sur les parvis du Temple à la Pentecôte 55 : quiconque était ressenti comme « différent », quiconque n'était pas du même parti ou de la même secte, était épié de loin et considéré comme un ennemi[25].

On imagine donc l'attention avec laquelle on suivait tous les mouvements de Paul, que précédait une si fâcheuse réputation. L'incident éclata le dernier jour de sa purification. A force de l'avoir vu parcourir la ville avec son escorte de Grecs, des Juifs d'Asie — convertis ou non, on ne sait — se crurent en droit de crier à la profanation : en entrant dans le sanctuaire avec un Éphésien qu'ils avaient bien reconnu, Trophime, il aurait transgressé l'interdit qui protégeait son enceinte contre les païens en les contenant sur les parvis extérieurs. Nul ne pouvait ignorer cette loi qu'un écriteau rappelait en grec et en latin. La pancarte prévoyait une procédure de flagrant délit : les lévites, qui assuraient la police du Temple, étaient autorisés à signaler le profanateur à la foule et à le faire exécuter sur place, par lapidation. La communauté outragée — la « foule des Juifs », comme disent les Actes — élimine ainsi immédiatement l'intrus ; sans doute quelques prêtres et quelques jeunes gens suffisent-ils pour donner à l'exécution son caractère rituel de meurtre collectif[26].

On entraîna donc Paul vers la porte de la ville pour le lapider hors des murs, comme jadis Étienne. Bien sûr, il ne tombait pas lui-même sous le coup de l'interdit, puisqu'il n'était pas un étranger aux termes de la loi. Mais, en l'accusant d'avoir introduit des Grecs non circoncis dans le sanctuaire, ses adversaires savaient ce qu'ils faisaient : en droit rabbinique, l'incitation au crime était assimilée au crime lui-même, particulièrement en matière de profanation, et passible de la même peine.

Paul était-il réellement coupable ? Toute la logique des Actes vise à démontrer le contraire, avec ce long prologue à l'événement qui établit son indéniable comportement de Juif pieux. Peut-être fut-il victime de sa réputation, les lévites et la foule lui imputant spontanément la présence d'étrangers sur le parvis intérieur. Peut-être paya-t-il son inconscience, ou l'un de ces coups de cœur dont il se montrait coutumier. Peut-être tenta-t-il réellement un acte de bravoure en introduisant au Temple un païen converti, non circoncis mais qui avait la foi et pour qui il revendiquait l'héritage d'Abraham, le Père des Croyants[27]...

Paul ne dut son salut qu'à l'intervention rapide du tribun qui commandait la garnison de Jérusalem et qui était seul responsable du maintien de l'ordre dans la ville puisque le gouverneur résidait à Césarée. Il s'attendait toujours à un incident les jours de grande fête. Depuis l'émeute de Pâques 52, des soldats montaient la garde sur le toit des portiques pour prévenir tout mouvement séditieux de la foule assemblée ; en cas de troubles, ils se répandaient sous les portiques. Étant donné la gravité de la situation, il fit encore descendre des troupes de la forteresse, qui était directement reliée au Temple. Il s'empara de celui qui causait l'incident — qu'il prit pour un faux Messie et un séditieux de plus —, le mit immédiatement aux fers comme on le faisait pour les émeutiers et les brigands arrêtés en flagrant délit, et entreprit de le ramener à la forteresse en attendant d'éclaircir la situation et d'établir les responsabilités[28].

C'était compter sans Paul et la foule qui, chacun de leur côté, en appelaient à la justice populaire, ainsi qu'ils en avaient le droit.

LE JUGEMENT DU PEUPLE

La foule ne cessait de crier et le tribun fut forcé d'en tenir compte, tout en protégeant Paul, car l'attitude tumultuaire pouvait avoir valeur de procédure pénale dans le monde antique. Les autorités romaines le savaient bien, qui reconnaissaient le droit des cités libres de l'Empire à envoyer un accusé au supplice par acclamation populaire. Et c'est ainsi que le gouverneur de Césarée appréciera plus tard la manifestation contre Paul, sans doute au vu du rapport de police établi par le tribun[29]. Cette procédure sommaire est attestée dans la Palestine romaine des années 60, où les manifestations tumultuaires d'approbation et de désaveu étaient d'ailleurs fréquentes[30]. Dans ces circonstances, le magistrat ou l'officier romain donnait toujours la parole à l'accusé : « Défends-toi devant la foule ! » disait-on à celui que des spectateurs déchaînés voulaient envoyer aux bêtes[31]... Paul, qui avait déjà traversé l'épreuve à Éphèse, réclama donc son droit de réponse et le tribun le lui accorda; la procédure pénale juive de cette époque autorisait d'ailleurs à présenter soi-même sa défense.

Le discours de Paul ne saurait donc paraître suspect, même si le chroniqueur des Actes l'a évidemment recomposé[32]. Paul se trouve dans la nécessité d'établir son origine juive et de prouver par là que l'interdit du Temple ne le concerne pas : il s'exprime en araméen et non en grec (ce qui fait grand effet), il mentionne son ascendance, il se fait reconnaître du grand-prêtre et des membres du Sanhédrin qui ont autrefois utilisé ses services. Après cet inévitable exorde, il procède, nous dit l'auteur des Actes, comme il le faisait en Grèce, c'est-à-dire qu'il présente une apologie — en fait, l'histoire de sa vie — où il évoque sa révélation et développe le thème du persécuteur converti. Jusque-là, la foule accepte tout, dans l'atmosphère charismatique et messianique qui imprègne alors la Judée; le rappel du baptême passe tout aussi bien, signe que le mouvement baptiste restait vivant. Mais les cris reprennent quand Paul définit son apostolat comme une mission pour les païens... L'auditoire recommence alors à hurler sa condamnation à mort en jetant manteaux et poussière en l'air[33]. Tout achoppe, en cette période troublée de nationalisme exacerbé, sur les relations entre Juifs et païens; à côté, les points de doctrine semblent bien secondaires, et les manifestations charismatiques individuelles ne sont pas suspectes.

Mais le tribun sait désormais que Paul est un Juif de la Diaspora, qu'il relève normalement du proconsul de Syrie, alors en charge de la Cilicie, supérieur hiérarchique du procurateur de Césarée; de surcroît, Tarse, sa patrie, jouit des privilèges d'une « cité libre » et garde le droit de juger ses ressortissants[34]. Paul n'était pas un obscur agitateur et le tribun ne pouvait laisser la procédure d'exécution sommaire aller jusqu'à son terme. Il le fit donc rentrer dans la forteresse Antonia — pour le protéger, certes, mais il voyait toujours en lui un séditieux et pensait lui faire administrer la trique à titre d'admonestation. Il lui restait à découvrir que Paul était aussi citoyen romain[35].

Il n'était pas facile de commander à Jérusalem. Le tribun Lysias avait à l'esprit le triste précédent du tribun Céler qui, deux ans auparavant, avait été condamné par l'empereur, renvoyé à Jérusalem, livré aux Juifs et décapité, pour ne pas avoir poursuivi les responsables d'une agression contre des pèlerins et avoir laissé l'affaire s'envenimer[36]. Il devait louvoyer entre un prisonnier à prendre en considération, puisqu'il était citoyen romain, et un Sanhédrin à ménager, qui n'hésitait pas à expédier des ambassadeurs à Rome pour se plaindre des gouverneurs et des tribuns militaires. Aussi mit-il le plus grand soin à mener l'enquête de police et convoqua-t-il le Sanhédrin afin de pouvoir établir, enfin, un acte d'accusation suffisamment étayé.

PAUL ET LE SANHÉDRIN

La comparution de Paul commence comme une confrontation, mais tourne à la querelle doctrinale et sombre dans l'empoignade et le désordre. Au Sanhédrin, les pharisiens sont majoritaires et Paul n'a jamais renié ses attaches, ni eux les leurs : il s'adresse à des « frères ». Volontairement ou non, il utilise, selon les Actes, le langage d'un Juif hellénisé, citant la Bible dans le texte grec des Septante et parlant, comme un Grec, de « conscience » et de « comportement civique »[37]. Les saducéens, qui constituaient la fraction intégriste du judaïsme, veulent donc aussitôt le faire taire, avec leur brutalité coutumière : le grand-prêtre Ananie ordonne de le frapper sur la bouche, et Paul réplique par des injures.

Paul aurait alors habilement joué les deux tendances du Sanhédrin l'une contre l'autre[38]. En se réclamant d'abord de l'appartenance et du « style » pharisiens qui distinguaient si bien la secte de celle des saducéens : les pharisiens, malgré leur rigueur, s'aimaient beaucoup entre eux et s'efforçaient de maintenir la concorde dans toute la communauté, tandis que les saducéens avaient une attitude rébarbative et bourrue, même avec leurs coreligionnaires. Les deux sectes s'opposaient aussi sur un point de doctrine, celui de la résurrection des morts. C'est donc ce seul aspect de l'évangile, fondamental il est vrai, que clame Paul, sans que l'auteur des Actes se préoccupe des ambiguïtés : les pharisiens réservaient en effet la résurrection aux seuls justes et la concevaient plutôt comme le passage de l'âme dans un autre corps[39]. Le combat doctrinal, qui dépassait de beaucoup les protagonistes, servait Paul. Il aurait eu au Sanhédrin des partisans acharnés admettant sans difficulté la révélation particulière dont il avait eu le privilège. Et les assistants (car les débats étaient publics) n'y comprenaient plus rien et se divisaient entre les deux camps. La comparution tourna court et le Sanhédrin se montra incapable de rédiger l'acte d'accusation que les autorités romaines exigeaient de lui pour mettre la procédure en marche.

Les sicaires prirent alors le relais. Parmi ces jeunes gens, souvent de bonne famille, qui pratiquaient l'assassinat politique comme un sport, quarante se réunirent et formèrent une conjuration, en s'engageant par vœu et par serment à éliminer l'apostat qui avait mérité l'anathème[40]. Ils proposèrent au grand-prêtre et aux Anciens hostiles à Paul de l'exécuter lors d'une nouvelle comparution, sur le chemin de la prison au Sanhédrin ; ils exprimaient là le point de vue des saducéens, pour qui les droits juridictionnels du Sanhédrin étaient incontestables[41]. Le tribun vit le danger, dont l'aurait averti le propre neveu de Paul, et il prit les mesures nécessaires : il fit partir le détenu de nuit pour la résidence du gouverneur, avec une escorte impressionnante qui devait l'accompagner jusqu'à Antipatris, aux frontières de la Samarie ; au-delà, on ne craignait plus les terroristes de Judée.

Jusqu'au bout, le tribun réussit à appliquer la loi romaine, qui définit très précisément la compétence et les attributions des polices locales, fût-ce en cas de flagrant délit ou de brigandage. En transférant le prisonnier au gouverneur, il doit lui envoyer un rapport écrit contenant les conclusions de l'instruction préliminaire. Les Actes citent ou recomposent ce document dans lequel le tribun souligne combien le cas de Paul est embarrassant : l'accusation s'appuie sur des « questions touchant la Loi mosaïque » qui ne relèvent pas de poursuites au criminel. C'est dire qu'il n'a pas retenu le délit constitué par la transgression de l'interdit affiché et que l'affaire lui paraît se réduire à des querelles de doctrines et de sectes dont les autorités romaines n'ont pas à connaître (la conclusion rejoint celle du proconsul Gallion à Corinthe en 51). Cependant, Paul lui semble bien être un fauteur de troubles : il a échappé à une exécution sommaire et à une tentative d'assassinat, il défie toute accusation régulière[42]... Un prisonnier encombrant et un dossier mal instruit : voilà ce que le tribun transmet au procurateur.

L'IMPASSE JURIDIQUE[43]

Le procès de Paul aurait pu se dérouler rapidement et facilement. Il s'agissait en effet d'une procédure dont les gouverneurs de province avaient souvent à connaître ; l'accusation était soutenue par des personnes privées, et ils jugeaient en leur conseil, les parties plaidant avec ou sans avocat. La loi romaine exigeait simplement que toutes les parties soient présentes et qu'il y ait un acte d'accusation en bonne et due forme. Dans le cas de Paul, toutes les difficultés résultèrent de ces garanties qu'on donnait à l'accusé. La distance entre Jérusalem et Césarée protégeait Paul, mais n'accélérait pas son procès : il fallait faire venir des délégués du Sanhédrin auquel le tribun avait confié l'accusation ; il fallait faire venir le tribun lui-même, non seulement comme témoin privilégié mais parce que la loi romaine lui enjoignait de poursuivre l'enquête de police ; il aurait même fallu faire venir les premiers dénonciateurs, ces Juifs d'Asie dont Paul soulignera l'absence. On assista ainsi à deux ajournements sous le gouvernement de Félix[44].

L'acte d'accusation était difficile à établir, d'autant que Paul se montrait aussi redoutable procédurier que violent polémiste, même si les Actes n'insistent guère sur cet aspect de sa personnalité. La lettre aux Galates révèle avec quelle aisance il dominait alors la rhétorique des plaidoyers latins[45]. Les gens du Sanhédrin le savaient bien, qui jugèrent bon de s'adjoindre un avocat professionnel, Tertullus, au fait de la jurisprudence impériale : il retourna contre Paul un argument utilisé par les légistes de

Claude contre les Juifs factieux d'Alexandrie qui stigmatisait les chefs de sectes illicites comme une « peste » pour l'humanité[46]. Le juriste persuada le grand-prêtre de la nécessité de donner un tour politique à une affaire religieuse puisque les Romains ne concevaient pas, comme les Juifs, la « profanation » et qu'ils limitaient le délit d'impiété à la transgression d'une loi sacrée (on n'avait pu en convaincre Paul) ou à un dommage matériel infligé au Temple ou à une synagogue[47].

Les termes et le contenu de l'accusation intentée à Paul ne cessèrent donc d'évoluer. Les Asiates, sur le parvis du Temple, avaient crié à la profanation, ce que le tribun n'avait pas admis. Une partie du Sanhédrin, lors de la comparution de Paul, avait conclu à l'apostasie, ce qui ne constituait pas un délit au regard de la loi civile. Devant Félix, l'avocat du Sanhédrin plaida donc la sédition à l'échelle de toute la Diaspora, présenta Paul comme le chef d'une secte illicite et contesta aussi, discrètement, l'intervention du tribun qui représentait pour les Juifs un déni de justice ; le cas du tribun Céler, où l'empereur Claude avait donné raison aux autorités de Jérusalem, servait de référence[48]. Devant Festus, on en reviendra à des infractions commises contre la Loi mosaïque et contre le Temple : il ne pouvait s'agir que des privilèges reconnus aux communautés juives par les gouvernements successifs[49], celui de trancher elles-mêmes pour les délits religieux (mais sans autoriser évidemment la peine capitale) et celui d'envoyer une contribution annuelle au Temple ; on utilisa donc contre Paul la collecte concurrente qu'il avait organisée[50].

PLAIDOIRIE A LA ROMAINE

Paul, d'après la plaidoirie reconstituée dans les Actes, répondit plutôt en juriste qu'en apologiste, réfutant point par point tous les chefs d'accusation avec des arguments inspirés par la jurisprudence romaine et la législation impériale récente.

Pour établir qu'il n'est en rien mêlé aux entreprises et aux manifestations séditieuses des nationalistes, il souligne que son séjour à Jérusalem, le foyer de toute l'agitation, ne dura que douze jours. En effet, pour limiter les troubles dans les villes « chaudes », comme par exemple Alexandrie, l'administration s'efforçait de réglementer la circulation des non-Grecs, indigènes et Juifs, et de réduire à quelques jours leur visite dans la capitale[51]. De surcroît, son comportement à Jérusalem, en tant qu' « étranger de passage », est digne de sa cité d'origine et de celle qui le recevait ainsi que s'y attendaient les notables : il n'a pas fréquenté les groupes qui discutaient sur les parvis du Temple et qui déclenchaient si facilement des bagarres ; ni dans les synagogues, ni dans la ville, il n'a fomenté de réunion qui aurait pu ressembler à une conjuration, comme l'avaient fait d'autres éducateurs au début du siècle[52].

Il lui fallait ensuite démontrer que sa religion n'avait rien d' « illicite » ; en effet, seules les associations ou communautés de dévots « illicites » tombaient sous le coup de la loi romaine. Par « licite » ou « illicite », le législateur ne songeait pas à la nécessité d'une autorisation : la liberté religieuse fut toujours un principe reconnu dans le monde gréco-romain, à condition que les croyances nouvelles ou les cultes privés ne portent atteinte ni aux bonnes mœurs, ni à l'ordre public, ni à la stabilité de l'État.

Comme il y avait tout de même eu, à la fin de la République et au début de l'Empire, des applications restrictives, Paul s'abrite derrière un concept juridique unanimement admis : le service de son dieu « ancestral » *(patrôos théos)*. Les colonies étrangères d'une grande ville l'invoquent quand elles veulent construire un sanctuaire à leurs divinités nationales, car l'État antique, depuis ses origines, reconnaît cette catégorie de dieux et de cultes privés[53]. Paul se réfère aussi aux privilèges reconnus par l'État romain à la religion juive en s'affirmant en conformité avec la Loi et l'Écriture. Enfin, il contre-attaque sur le point précis de sa collecte en lui donnant comme destinataire « son peuple », c'est-à-dire le peuple juif, et non pas les chrétiens en particulier, ce qui évacue l'accusation de détournement de fonds réservés au Temple et s'appuie sur l'autorisation donnée par Rome pour la perception du *didrachmon*[54].

La spécificité de sa foi et de sa doctrine à l'intérieur du judaïsme, il ne la nie pas. Mais il la présente dans un cadre et dans une perspective admissibles pour des Grecs et pour des Romains de l'époque. Paul récuse pour son groupe l'appellation de « secte », qui pour les contemporains implique « faction » et « sédition » ; il utilise celle de « voie », que la philosophie classique a imposée aux esprits. C'est encore pour les élèves des philosophes qu'il évoque sa vie dirigée par sa « conscience » — avec plus d'à-propos, il faut bien le dire, que devant le Sanhédrin ! Son message religieux se limite à l'annonce de la résurrection, que certains Juifs parmi les pharisiens avaient déjà su lire à travers les Prophètes[55]. Rien n'est nouveau, rien n'est révolutionnaire, d'autant que l'espérance de la résurrection figurait aussi au cœur de nombreux cultes anatoliens et sémitiques, notamment dans la ville toute proche de Tyr[56].

Le gouverneur Félix ne pouvait en disconvenir, lui qu'attirait l'Orient et qui venait d'épouser une princesse juive. Il s'était lié aux thaumaturges juifs et les Actes des apôtres lui prêtent même un éclectisme religieux, assez courant à l'époque, qui le pousse à s'informer davantage, en privé, de la doctrine chrétienne[57]. Son successeur, Festus, était un esprit positif qui ne se piquait ni d'études ni de philosophie ; cependant, la façon dont le procès de Paul s'enlisait dans des querelles doctrinales ne cessait de l'embarrasser. Il sollicita donc l'avis du roi Agrippa II, un Hérodien, lorsque celui-ci vint le saluer à son arrivée dans la province[58]. C'est l'occasion pour l'auteur des Actes de faire prononcer à Paul un plaidoyer destiné aux lettrés, aux Grecs ou aux Juifs hellénisés.

PLAIDOYER DEVANT LES NOTABLES

Agrippa II, auquel Claude puis Néron avaient constitué un royaume assez important en Galilée et au nord de la Palestine, manifestait publiquement son attachement aux pratiques du Temple où il se rendait régulièrement ; il se montrait également intransigeant sur le chapitre de la circoncision et ne concevait même pas un mariage mixte. Mais, élevé à la cour impériale de Rome, il vivait en Palestine à la manière d'un roi hellénistique en s'associant une « reine-sœur », Bérénice — ce que la population assimilait à un inceste[59]. L'hellénisme constitue sa référence culturelle, morale et politique : il n'hésite pas à dire, dans un discours officiel à Jérusalem, que les Grecs « sont le plus éminent de tous les peuples » et à exalter le modèle athénien ou spartiate de la liberté[60].

Paul s'adresse d'abord au Juif, dont il salue la piété et le savoir en lui réaffirmant sa fidélité à « notre religion » et sa fierté de pharisien, en lui rappelant la promesse faite aux Patriarches et sa foi en la résurrection, qu'Agrippa ne semble pas avoir partagée : l'agrégation des Chrétiens à la postérité d'Abraham est l'argument majeur qu'à la fin de sa vie Paul développe en milieu juif[61].

Il s'efforce alors de toucher le lettré et, à travers lui, le public des notables romains et hellénisés, dont les Actes esquissent d'ailleurs la silhouette en arrière-plan[62]. Mais bien que l'audience publique offre un cadre idéal pour une démonstration et une défense de la religion chrétienne, et bien que les Actes emploient le terme technique d' « apologie » (discours de défense), le discours de Paul ne contribue pas à fonder l'apologétique chrétienne[63]. L'orateur évite toute controverse ou tout exposé doctrinal. Il « raconte sa vie » — et c'est ce qui paraît intéresser le roi[64]—, ou plutôt une partie de sa vie, la crise intérieure que fut sa conversion[65]. C'est ce que l'apôtre avait effectivement fait dans sa lettre aux Galates et dans une de celles aux Corinthiens. Mais, alors que ces apologies authentiquement pauliniennes prennent la sensibilité grecque à rebours en pratiquant une autobiographie « folle » qui ne rapporte que sa faiblesse et non ses hauts faits[66], celle des Actes se situe dans la veine classique des récits miraculeux qui exaltent la puissance supérieure du dieu que l'on sert à travers ses miracles. Devant Agrippa, Paul n'aurait développé que trois thèmes : celui du persécuteur converti, celui de la vision (ou épiphanie) divine, celui du « retour sur Dieu ». Il en appelle à une foi commune et à une sensibilité religieuse très répandue. On peut parler de conformisme — mais de la part de Paul ou du chroniqueur ?

En concluant sur Moïse et les Prophètes, les Actes s'appliquent à montrer que rien n'est « nouveau », ni *a fortiori* subversif dans le message paulinien. Un Juif politiquement modéré, tel Agrippa II[67], ne pouvait qu'y être sensible. Soucieuse d'éviter le grief d'innovation dans un contexte extrêmement troublé, l'apologétique paulinienne revendique désormais ses racines et s'attache aux continuités par-delà les ruptures[68].

« J'EN APPELLE À CÉSAR »

Paul passa presque deux ans en détention préventive, à Césarée[69]... Sa vie était toutefois supportable dans un milieu où il comptait, semble-t-il, beaucoup d'amis. Arrêté à la Pentecôte 55, il resta à la discrétion du gouverneur Félix jusqu'au rappel de ce dernier à Rome à l'automne 56 ou, plus vraisemblablement, vu les conditions de navigation, au début du printemps 57. Ce délai était courant, sinon normal, dans les tribunaux provinciaux[70].

Il n'est donc pas nécessaire de faire intervenir la cupidité notoire du gouverneur Félix, qui aurait tenté pendant toute cette période de négocier la rançon de Paul — supposé riche, peut-être à cause de la collecte[71] ! Félix était empêtré dans de multiples difficultés et voulait à tout prix éviter le procès de concussion et de mauvaise administration que les Juifs intentaient si facilement à leurs procurateurs : incapable de régler le conflit entre les Juifs et les Grecs de Césarée, il se voyait contraint de laisser deux délégations adverses porter l'affaire à Rome et il redoutait leurs rapports. L'hostilité de ces hellénistes le rapprochait naturellement du grand-prêtre et des autorités de Jérusalem, à qui il venait de donner des gages en les débarrassant de membres du clergé subalterne qui entraient dans l'opposition; les meneurs furent eux aussi envoyés à Rome[72].

Son successeur Festus, qui avait les mains plus libres, se préoccupa dès son arrivée de liquider tous les problèmes en suspens : brigandage endémique, terrorisme, procès différés... Dès sa première visite à Jérusalem, on lui présente le cas de Paul comme un contentieux entre les autorités sacerdotales et le gouverneur, au cours d'une manifestation tumultuaire ; les sicaires, eux non plus, n'ont pas désarmé et préparent une nouvelle tentative d'assassinat[73].

Festus veut régler l'affaire : il admet l'acte d'accusation rédigé par le grand-prêtre et le Sanhédrin et convoque toutes les parties (comme l'exigeait la loi romaine) à Césarée, devant son tribunal, là où Paul était détenu. Il veut établir des faits patents, des « actes pervers », ceux qui rendent une religion illicite[74]. Paul, dont les Actes ne reconstituent pas cette fois la plaidoirie, répond sur les griefs de sédition et de violation des exemptions reconnues par l'État à la religion juive, validité de la Loi mosaïque et privilège du Temple : n'est-ce pas encore sa collecte qui est en cause ? L'accusation a dû abandonner le grief de profanation, que n'avait pas démontré l'enquête de police. Et, à nouveau, le procès s'enlise : soit que Paul ait signalé des vices de forme ou récusé des juges comme il en avait le droit[75], soit que les débats aient encore une fois dévié vers une querelle doctrinale dont le procurateur n'avait pas à connaître (c'est ce que suggèrent les Actes[76]), soit enfin que la « clientèle » de l'apôtre (c'est le terme qu'emploient les Actes[77]) et ses amis de Césarée aient multiplié les interventions et les manifestations pour paralyser l'action judiciaire. En tout cas, le procurateur veut débloquer la situation en éloignant le procès du conflit qui déchirait

Césarée : il propose de le déplacer à Jérusalem, où il pourrait s'entourer, dans son conseil ou à titre privé, d'experts en théologie du Sanhédrin [78].

Ce fait nouveau est décisif pour Paul. Il refuse cette éventualité et « en appelle à César » pour obtenir son transfert à Rome. Peut-être utilise-t-il une procédure d'appel dont le citoyen romain avait le privilège ; peut-être se contente-t-il de récuser un tribunal jérusalémitain afin de placer le procurateur dans une impasse et de le contraindre, après consultation de son conseil, à renvoyer la cause devant les tribunaux impériaux [79]. Les gouverneurs le faisaient assez fréquemment dès qu'ils ne pouvaient s'appuyer sur une jurisprudence, ainsi que pour des atteintes à la sûreté de l'État dont ils préféraient ne pas avoir à connaître ; l'empereur encourageait cette attitude.

Paul se rendait compte qu'il n'arriverait pas vivant à Jérusalem. Demander son renvoi à Rome équivalait à se donner un *habeas corpus* [80]. L'apôtre et son entourage savaient les avantages qu'offrait la citoyenneté romaine : une protection contre les décisions hâtives ou abusives des hauts fonctionnaires et, dans le cas de Paul, l'arrêt de la procédure locale en cours, qui reprendrait à Rome dans des conditions tout à fait autres. La difficulté à déplacer accusateurs et témoins rendait les choses plus ardues, bien qu'en la circonstance les empereurs en aient limité le nombre et se soient efforcés de pallier les défections en les pénalisant lourdement. De plus, dans un milieu bien différent, les tribunaux locaux étaient le plus souvent désavoués.

Paul a donc joué une bonne carte, qu'il avait longtemps gardée dans sa manche : peut-être une carte forcée si l'on estime qu'il n'a pas exercé un recours en droit mais une pression de fait, en tablant sur sa notoriété et sur l'embarras du gouverneur.

Car réussir le coup n'était pas à la portée de tout le monde : le gouverneur pouvait toujours refuser cette solution, et il fallait encore disposer de relations à Rome pour préparer le terrain auprès de la cour et de la chancellerie impériale. Aussi ces appels n'émanent-ils jamais de personnages insignifiants, mais de notables à l'échelle locale disposant d'amis parmi les hauts fonctionnaires romains en poste dans leur province[81]. L'issue du procès de Césarée prouve une fois de plus l'importance sociale de Paul, qui naquit citoyen à Tarse, dont la famille était répandue dans toute la Diaspora, que le gouverneur de Chypre Sergius Paulus avait protégé, qui comptait désormais des parents et des amis à Rome dans des milieux fort variés et parfois proches de la cour, dans l'entourage des princes juifs et des grands affranchis impériaux.

UN TRANSFERT MOUVEMENTÉ

Malgré leur notoriété, les détenus transférés à Rome y partaient enchaînés, avec une petite escorte militaire commandée par un centurion. Ses chaînes, Paul semble bien les avoir gardées de Jérusalem à Rome quand il circulait en public; il les avait exhibées à Agrippa[82]. Cependant, on ne pouvait maltraiter un prisonnier qu'on amenait de si loin. Les centurions acceptaient tous les accommodements[83] et, surtout, l'apôtre effectua le voyage en compagnie d'un de ses « collaborateurs » macédoniens, Aristarque, et de membres moins éminents de l'équipe missionnaire qui tinrent le journal de bord reproduit dans les Actes[84]. Enfin, une succession de hasards heureux, en l'occurrence des bateaux de rencontre, épargna à Paul l'épreuve d'un transfert par route de terre, ce qui était le mode normal d'acheminement des prisonniers ordinaires; les conditions du transfert étaient donc assez douces, du moins à la mesure de l'inconfort et des risques du voyage antique[85] !

Normalement, un centurion en mission policière s'efforçait de se déplacer le plus rapidement possible et dans les meilleures conditions de sécurité en utilisant l'infrastructure des services officiels, les relais de la poste et les routes ou les navires militaires[86]. A l'époque, on voyageait ordinairement sur des caboteurs ou des cargos : le centurion trouva à Césarée un petit navire de commerce qui faisait du cabotage le long des côtes de Syrie et d'Asie Mineure, et qui devait remonter jusqu'à Lesbos; l'officier espérait tomber sur un transbordement en cours de route pour gagner Rome. Le problème est qu'ils partaient trop tard : après le jeûne de l'expiation, à la fin septembre[87]. A cette saison s'annoncent déjà les tempêtes d'équinoxe et l'on interdit la mer à la navigation dès octobre. Les bateaux de guerre ne circulent plus; les armateurs privés acceptent, eux, de prendre des risques pour augmenter leurs profits, mais généralement avec de petites barques inconfortables, comme celle qu'emprunta Paul, qui longent les côtes sans naviguer en droiture. Cette première croisière fut très lente, rythmée de fréquentes escales : à Sidon en Phénicie où Paul put visiter ses amis, puis à Myra où il en comptait d'autres[88].

C'est à Myra qu'on déniche enfin un navire égyptien en route vers Rome. Il s'agit cette fois d'un grand navire, parti d'Alexandrie *in extremis* et que la violence du vent a détourné vers le nord. Le capitaine veut gagner l'Italie par la route des îles — Crète, Malte et Sicile —, l'une des plus fréquentées à l'époque; on longeait la Crète par le sud pour s'abriter des coups de vent du nord et parce qu'on y disposait d'un bon port

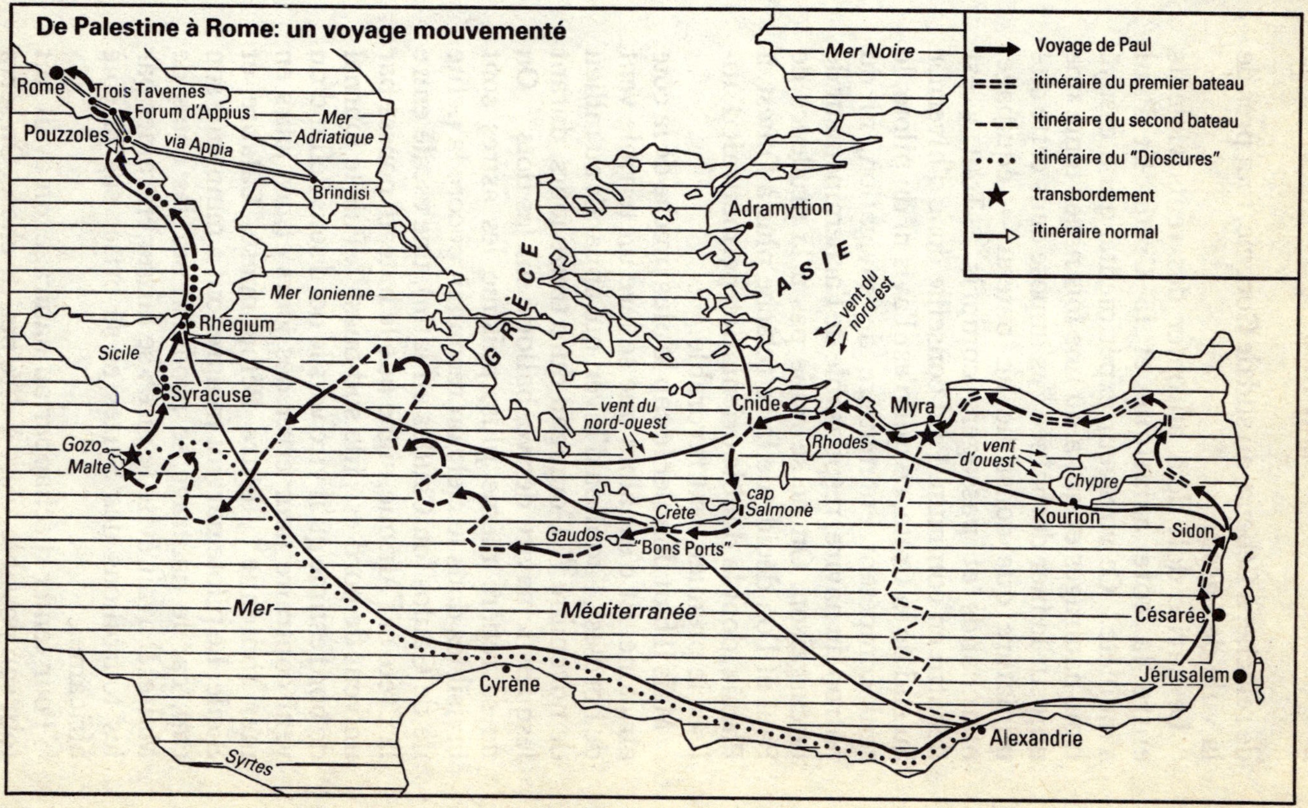
De Palestine à Rome: un voyage mouvementé
Voyage de Paul
itinéraire du premier bateau
itinéraire du second bateau
itinéraire du "Dioscures"
transbordement
itinéraire normal
Mer Noire
Rome
Trois Tavernes
Forum d'Appius
Mer Adriatique
Pouzzoles
via Appia
Brindisi
Adramyttion
G R È C E
A S I E
vent du nord-est
Mer Ionienne
Rhegium
Sicile
Syracuse
Cnide
Myra
vent du nord-ouest
Rhodes
vent d'ouest
Gozo
Malte
Chypre
cap Salmonè
Crète
Kourion
Sidon
Gaudos
"Bons Ports"
Mer
Méditerranée
Césarée
Cyrène
Jérusalem
Alexandrie
Syrtes

de relâche, à Lébèna, au sud de Gortyne, tout près de la ville de Lasaia.

Le navire doit déjà affronter des vents violents entre la côte asiatique et la Crète. Et Paul s'inquiète... Ce voyageur expérimenté, qui a essuyé trois naufrages et qui a dû une fois nager toute une nuit sur la mer déchaînée[89], s'impose dans cette cité miniature que constitue un bateau — équipage, marchands et passagers compris[90]. Tout y est débattu en commun. Paul conseille donc d'hiverner au sud de la Crète, ce qui n'est l'avis ni du pilote, le seul compétent en matière de navigation, ni du patron du navire, responsable de l'acheminement de la cargaison. On ne se rallie pas à la prudence de Paul et l'on décide de faire relâche plus à l'ouest, à Phénix, dont la double orientation permettrait d'utiliser le premier vent favorable.

Mais il faut doubler le cap le plus proche de la côte africaine. Et c'est alors que se lève un terrible vent de nord-est, l'aquilon d'hiver, qui apparaît au milieu de novembre[91]. L'ouragan dure treize jours, durant lesquels le navire dérive, ballotté sur les flots[92]. On ne se repère même plus, puisque les astres sont invisibles dans le ciel ; on reconnaît encore la petite île de Gaulos (ou Caudos en latin), une escale entre la Crète et l'Afrique, signe que le bateau, poussé par un vent de nord-est, file sud-ouest[93]. Puis le journal de bord estime qu'il vire vers le nord sous l'effet d'un vent contraire pour errer des jours et des jours en mer Ionienne[94], entre Péloponnèse, Calabre et Sicile. Le pilote parvint malgré tout à maintenir son cap, car le naufrage se produisit sur les côtes de Malte. Il avait évité le pire : se laisser entraîner par les tourbillons des Syrtes et se briser sur la côte africaine.

Pour tenter d'échapper au naufrage, on avait fait tout son possible, c'est-à-dire peu de chose. On serra les voiles, on remonta la chaloupe en profitant d'une accalmie dans les parages de Gaulos, on ceintura la coque avec des câbles pour empêcher qu'elle ne se disloque — vieux procédé attesté depuis le VIIIe siècle ! Il fallait alléger le navire : on se résolut à jeter à la mer les cabestans, puis la cargaison, les deux gouvernails, les ancres et même, à la fin, les vivres... Le quatorzième jour, le navire de Paul offrait le tableau désolé qui, malgré sa fréquence, apitoyait tant les sensibilités antiques : un tas de planches brutes et informes voguant au gré des flots[95].

Dans cette désolation, un homme se dresse pour rassembler les énergies et éviter la panique : Paul. Les autres membres de la mission se préoccupent davantage de la météorologie et des manœuvres, qu'ils suivent attentivement. C'est Paul qui distribue les vivres; c'est encore lui qui remarque la tentative des matelots de s'enfuir avec la chaloupe en abandonnant navire et passagers; c'est enfin lui qui fait intervenir les soldats romains. En vue de la terre, il réunit tous les vœux qui s'étaient élevés, en ces jours de péril, vers les divinités protectrices des marins et célèbre l'Eucharistie sur le pont[96].

Mais les épreuves continuent. Au moment d'aborder à Malte, le bateau s'échoue sur un banc de sable; la proue commence à s'enfoncer tandis que la poupe se disloque peu à peu. Il devient dangereux de rester à bord et l'on évacue enfin le navire, les uns à la nage, les autres en s'agrippant à des planches, d'autres encore soutenus par les matelots[97]. Ainsi Paul survécut-il à son quatrième naufrage, moins éprouvant, quand même, que celui qui l'avait obligé à tenir une nuit entière avant d'être repêché.

A Malte, le journal continue à égrener les misères ordinaires du voyage : après le naufrage, la pluie et le froid de l'hiver, les serpents[98]... Mais ces « Barbares » phéniciens leur réservent un accueil chaleureux : les chefs de l'île sont d'ailleurs romanisés et d'autres navires y passent l'hivernage. Durant ces trois mois, Paul aide les médecins à enrayer une épidémie de dysentrie, ce qui lui permettait de gagner le vivre et le couvert ; sans doute ses compagnons plus jeunes travaillaient-ils selon l'habitude pour les pêcheurs qui les hébergeaient [99].

Les dernières étapes du transfert ne posèrent pas de problèmes. Dès que la navigation fut possible, au début du printemps 58, Paul et son escorte se rembarquèrent sur un navire alexandrin qui avait hiverné dans l'île. De Malte à Pouzzoles par Syracuse et Reggio di Calabria, le voyage ne prit pas deux semaines. L'arrivée des premiers navires d'Alexandrie à Pouzzoles mettait toujours la ville en fête. Dans ce port cosmopolite, des ressortissants de tout l'Orient s'étaient organisés en comptoirs et avaient implanté leurs dieux [100] ; Paul y aura retrouvé les Juifs et — pourquoi pas ? — des Chrétiens [101]. Pour gagner Rome, il suivit à pied la Via Appia, l'itinéraire le plus long et le moins confortable, mais le plus économique : en dépit de ses misères physiques, il affronta, au rythme d'une vingtaine de kilomètres par jour, les moustiques, l'eau avariée, la promiscuité des cabaretiers, des mariniers, de leurs esclaves et de leurs bêtes de somme dont fourmillait en particulier Forum d'Appius [102]. De Pouzzoles à Rome, il ne connut aucun hébergement amical, mais l'atmosphère agitée, sordide et nostalgique des auberges où tous ces professionnels du voyage s'accommodaient le moins mal possible et égrenaient leurs souvenirs [103].

Paul n'entrait pas à Rome de façon glorieuse, comme à Jérusalem, trois ans auparavant, quand les gens de Césarée lui avaient fourni une escorte et des adresses pour servir de relais. Éprouvé, enchaîné, à bout de ressources et surtout sans nouvelles, semble-t-il, des proches et des sympathisants auxquels il avait trois ans plus tôt envoyé cette longue lettre doctrinale, l'apôtre frôlait le découragement. L'espoir revint avec l'accueil que lui firent des Juifs de Rome, avertis de son arrivée depuis Pouzzoles et qui avaient parcouru 40 kilomètres à sa rencontre jusqu'au Forum d'Appius[104] : il était donc un peu connu dans la ville et ses amis d'autrefois lui étaient restés fidèles. La lettre aux Romains, écrite en 54, qu'Aquila et d'autres avaient diffusée autour d'eux, avait eu un heureux effet.

HEUREUSE SURPRISE À ROME

Un détenu transféré depuis une province allait normalement à la caserne des prétoriens, puisque le préfet du prétoire était chargé de la police de la capitale. Mais on ne peut imaginer qu'un aussi haut personnage — à l'époque Burrus, un des précepteurs de Néron — se soit occupé lui-même d'un cas somme toute secondaire et qui ne relevait certainement pas non plus de la police secrète[105] ! Paul eut donc affaire à l'un des subordonnés du préfet, peut-être au chef de la garde prétorienne. Il apprit que ses accusateurs n'étaient pas encore arrivés à Rome et obtint de les attendre en résidence surveillée, sous la garde d'un soldat. Il bénéficia les premiers jours de l'hospitalité d'un de ses fidèles ou amis, mais, conformément aux principes de la bonne éducation antique, il n'abusa pas de la situation et loua ensuite un logement[106]. A Rome, Paul n'était plus démuni : il retrouvait les amis et les parents qui avaient quitté Éphèse dès 54 et reconstitué ici une Église domestique[107] ; il comptait certainement des membres de sa famille parmi ceux qui gravitaient autour de la Compagnie de Tarse, dont le bureau était installé sur le Forum ; peut-être même son demi-frère était-il dans la capitale [108]...

Et l'on se mit à attendre. Paul était arrivé au tout début du printemps 58, dès l'ouverture de la navigation. Le printemps et l'été passèrent sans que l'on vît venir d'envoyés de Jérusalem. Il y eut encore un hiver, et l'attente reprit pendant toute la belle saison 59 : une tradition romaine gardera le souvenir du séjour de Paul dans la capitale durant ces deux années précisément [109].

Personne ne vint jamais, à moins que l'affaire n'ait jamais été appelée devant le tribunal impérial. Quoi qu'il en soit, au bout de ces deux ans, Paul se retrouva libre. Il ne moisit pas en détention comme ces prêtres juifs que Félix avait envoyés eux aussi à Rome pour régler leur différend avec le grand-prêtre (en 54 ou 55) et qui y attendaient encore leur jugement vers 63 [110]. L'Empire romain, en effet, ne connaissait pas encore la prescription [111] ; il est d'ailleurs peu vraisemblable que les autorités de Jérusalem aient eu le désir d'abandonner l'accusation, tant les pénalités étaient lourdes, même si elles pouvaient craindre que le tribunal impérial ne les déboute et ne les renvoie à leurs instances communautaires comme l'avait fait Gallion à Corinthe — ce qui n'aurait servi à rien, puisque Paul aurait évidemment refusé de revenir à Jérusalem [112] !

La libération de Paul résulte peut-être simplement d'un problème très matériel : l'engorgement des tribunaux romains au début de l'Empire. Les empereurs avaient en effet une manière bien radicale de clarifier la situation : ils liquidaient eux-mêmes les dossiers sans même faire comparaître les parties [113].

En tout cas, le silence des gens de Jérusalem et l'absence de communications entre la Ville sainte et les synagogues de Rome causèrent une très grande surprise à la mission paulinienne : les Juifs rencontrés n'avaient reçu aucune lettre de Judée et aucun de ceux qui arrivaient alors d'Orient ne s'était montré défavorable à Paul. Il est vrai que les derniers notables à avoir effectué récemment le voyage de la capitale étaient des Juifs de Césarée, des hellénistes, qui connaissaient le procès en cours, puisqu'il se déroulait dans leur propre cité, mais qui comptaient parmi eux des partisans de Paul [114]. Leur influence s'exerça peut-être auprès d'un certain groupe chrétien d'origine samaritaine et helléniste, qui aurait constitué, selon Eusèbe [115], le premier noyau de l'Église romaine dans les années 40. Une vingtaine d'années plus tard, la plupart des communautés romaines semblent rester fidèles au judaïsme et pratiquer une voie moyenne, conforme à ce que préconisaient Pierre et les apôtres de Jérusalem, entre les traditions ou exigences juives et l'accueil des païens [116] : on comprend que Paul ait pu se demander s'ils le connaissaient surtout comme l'auteur « sulfureux » de la lettre aux Galates ou comme le théoricien mesuré de celle aux Romains.

De toute façon, les Juifs à Rome formaient une nation éclatée, sans rien de l'organisation unitaire ni de l'esprit nationaliste qui caractérisaient la communauté d'Alexandrie, si bien qu'on ne pouvait en attendre une réaction d'ensemble. Socialement, tous étaient intégrés à la culture dominante, la plupart de langue grecque et une minorité seulement de langue latine ; mais, sur le plan religieux, il y avait des synagogues certainement très traditionalistes, comme celle des « Hébreux », et d'autres beaucoup plus liées à la société païenne, comme celles placées sous le patronage d'Auguste et d'Agrippa, son gendre [117]. Enfin, les princes hérodiens, qu'on élevait souvent à la cour, constituaient un pôle de ralliement et pouvaient mobiliser, devant les tribunaux, des factions importantes : Paul savait ce qu'il faisait en nommant ceux des Hérodiens qu'il connaissait en tête de sa salutation aux « Romains », immédiatement après ses parents et ses proches [118].

Dans cet environnement contrasté mais somme toute favorable, Paul pratique son apostolat en acceptant tous ceux qui « entraient avec lui dans une relation d'hospitalité » et en se tissant un réseau local « d'hôtes et d'amis [119] ». Il y eut désormais à Rome « ceux de Paul » : telle était l'heureuse conclusion d'un procès interminable et non terminé.

CHAPITRE XIII

Les inconnues des dernières années : traditions, légendes et histoire

« Après avoir plaidé sa cause, l'apôtre repartit de Rome, de nouveau, dit-on, pour le ministère de la prédication » : des documents écrits gardaient à Rome, au IVe siècle encore, les traces de ces ultimes pérégrinations apostoliques, mais ils ne connurent malheureusement jamais la même diffusion que les Actes des apôtres[1]. Il n'y a plus de témoignages authentiques de Paul que l'on puisse rattacher avec certitude à cette période de sa vie[2]. Dans l'obscurité de ces dernières années, un seul événement émerge, dont la mémoire collective avait précieusement conservé le souvenir : son martyre à Rome[3].

Dès lors, la légende s'empare de Paul. Il devient la figure exemplaire de l'apôtre-voyageur auquel reste encore à atteindre les limites occidentales du monde. Il s'affirme comme le type de l'apôtre-philosophe prêchant dans les milieux intellectuels de Rome. Il acquiert enfin la dignité de cofondateur de l'Église romaine, associé à Pierre. Dans les composantes de ces portraits schématiques, quelques traditions ont subsisté dont il convient maintenant d'apprécier l'ancienneté et la valeur.

« JUSQU'AUX BORNES DE L'OCCIDENT[4] » ?

C'est Clément, évêque de Rome à la fin du Ier siècle et témoin direct de la période apostolique, qui prolonge ainsi jusqu'en Espagne une trajectoire missionnaire de l'Orient vers l'Occident que la chronique des Actes avait arrêtée à Rome dans la perspective apologétique qui lui était propre.

Le projet espagnol est possible, et même vraisemblable. Paul y songeait à vrai dire depuis le dernier hiver passé à Corinthe[5], car, dans le cadre de la Paix romaine, le bassin oriental et le bassin occidental de la Méditerranée ne constituaient plus deux zones de circulation aussi nettement séparées qu'auparavant par le verrou de la Sicile : les gens de Tarse, en particulier, avaient pris l'habitude de visiter les pays occidentaux. L'Espagne, plus que la Gaule encore, attirait les trafiquants et les intellectuels de Syrie et de Palestine du fait de l'ancienneté de ses liens avec la Phénicie et le rayonnement mondial (« œcuménique », auraient dit les Grecs) du sanctuaire situé aux Colonnes d'Hercule, c'est-à-dire au détroit de Gibraltar ; c'est à lui qu'on faisait habituellement allusion quand on parlait des « bornes de l'Occident ».

D'ailleurs, une fois libéré, Paul ne pouvait guère rester à Rome : comme son cas semble ne pas y avoir été réellement tranché, il courait trop le risque de s'y voir imputer telle ou telle menée subversive. A l'instar d'autres personnalités étrangères contestées, il prit donc du champ et il est certain qu'à cette époque l'Espagne recueillait souvent les exilés d'Italie[6]. Les Actes de Pierre, biographie romancée composée vers 180, affirment la réalité du voyage espagnol et l'interprètent comme une nouvelle étape dans l'évangélisation du monde païen : une vision

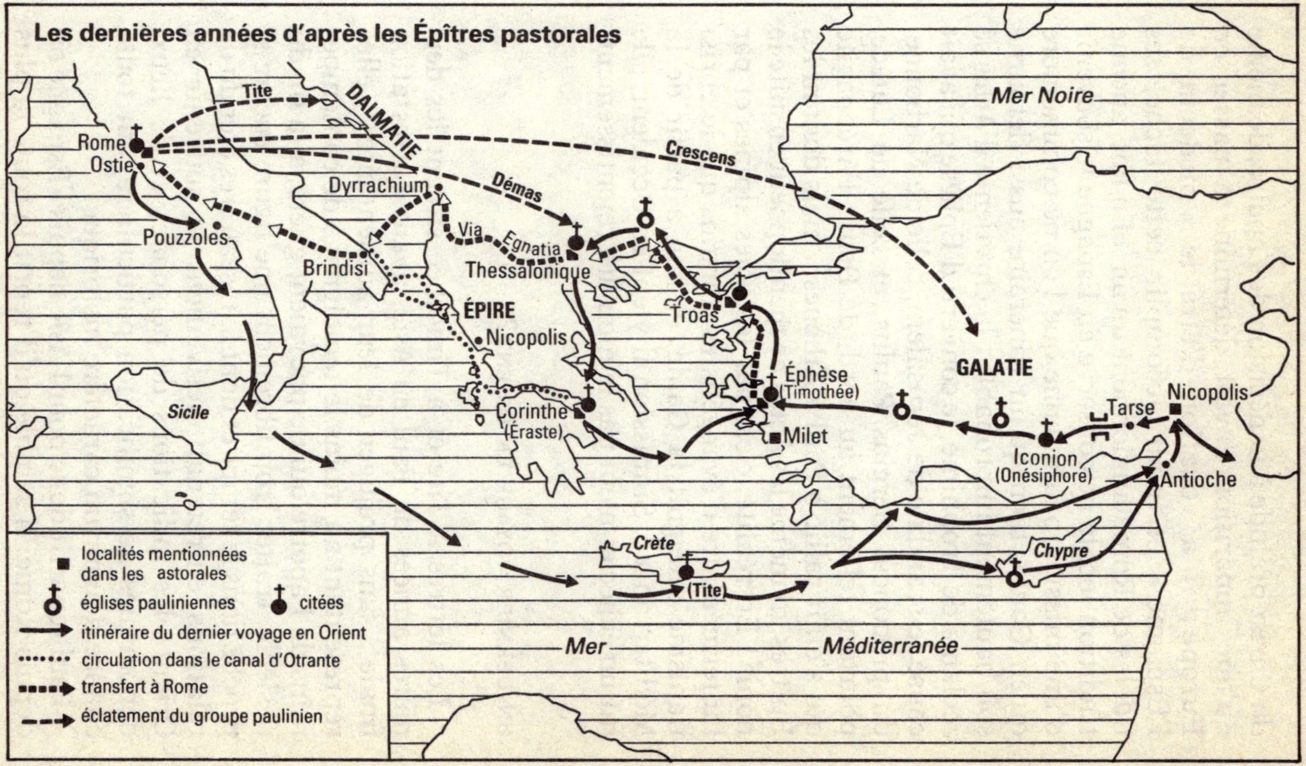
Les dernières années d'après les Épîtres pastorales
Mer Noire
Tite
DALMATIE
Crescens
Rome
Ostie
Dyrrachium
Démas
Pouzzoles
Via
Egnatia
Brindisi
Thessalonique
Troas
ÉPIRE
Nicopolis
Éphèse
(Timothée)
GALATIE
Nicopolis
Tarse
Sicile
Corinthe
(Éraste)
Milet
Iconion
(Onésiphore)
Antioche
Crète
(Tite)
Chypre
Mer
Méditerranée
localités mentionnées dans les astorales
églises pauliniennes
citées
itinéraire du dernier voyage en Orient
circulation dans le canal d'Otrante
transfert à Rome
éclatement du groupe paulinien

du Christ prélude à la décision de l'apôtre, de même qu'une apparition l'avait déterminé à passer en Europe ; il a vocation d'être le « médecin de l'Espagne » et, pour accomplir cette tâche, ses fidèles de Rome lui donnent un an[7]. En fait, aucune tradition locale ne conserve en Espagne le souvenir d'une mission paulinienne que l'on ne commémore qu'en Gaule, bien qu'un itinéraire aussi détourné soit hautement improbable : la chrétienté d'Arles se réclama de Trophime, le converti d'Éphèse qui avait causé le scandale de Jérusalem, celle de Narbonne, du proconcul Sergius Paulus, et celle de Lutèce, pourtant tellement au nord, de Denys l'Aréopagite qui s'était rallié à Paul à Athènes... mais dont ni les Épîtres, ni même les Actes ne mentionnent ensuite le nom[8] ! En réalité, c'est par les voies alpines et par l'intermédiaire d'évangélistes romains que le christianisme atteignit la Gaule, et non à partir de la Méditerranée[9]. Si mission il y eut en Occident, elle fut un échec et n'eut pas le moindre retentissement.

UN DERNIER VOYAGE EN ORIENT ?

Les lettres à Tite et à Timothée situent les dernières années de Paul en Asie, avant l'arrestation finale : sans préjuger de leur authenticité[10], elles représentent au moins le témoignage de contemporains de l'apôtre qui ne pouvaient guère, à la fin du Ier siècle, traiter trop librement une figure encore si proche dans le temps et dont le réseau très étendu de relations entretenait activement le souvenir en Orient ; les indications de personnes et de lieux, dépourvues de signification particulière, ont toute chance d'avoir un caractère historique.

Paul repartit donc pour l'Asie depuis l'Espagne ou depuis Rome. Il semble qu'il reprit la route la plus fréquentée, celle qu'il avait utilisée à l'aller et qui passait par la Sicile, la Crète et Chypre. En faisant escale en Crète, il y laissa Tite, dont la tradition localise la mission autour de Gortyne en milieu juif[11]. Lui-même se dirigea directement vers la Syrie du Nord et il hiverna à Nicopolis, tout près de la frontière cilicienne, à mi-chemin d'Antioche et de Tarse[12]. Il était accompagné de plusieurs membres de la mission éphésienne — dont Tychique — et d'Artémas, un nouveau venu[13]. Apollos annonçait aussi sa venue et devait faire escale en Crète.

A la belle saison, il entreprit de visiter ses Églises d'Asie et d'Europe, sans doute en voyageant principalement par mer eu égard à son âge et à ses fatigues. De Nicopolis et de Tarse, il pouvait toutefois gagner la Lycaonie par la route des Portes de Cilicie. A Iconion, il s'attacha Onésiphore qui le suivra désormais jusqu'au bout ; c'était un notable à la tête d'une maisonnée nombreuse[14].

A Éphèse, l'étape suivante, les choses se passèrent à nouveau très mal. La première lettre à Timothée dénonce une vigoureuse offensive judaïsante[15], émanant de docteurs de la Loi qui se croyaient compétents et qui enseignaient n'importe quoi, de Juifs imbus de leur noblesse et de leurs traditions — il y en avait beaucoup au Ier siècle[16] — qui opposaient leurs « mythes » et leurs « généalogies » à la foi du croyant.

Plus douloureuses encore se révèlent les défections, stigmatisées comme des apostasies[17]. Parmi ceux dont « la foi a fait naufrage » et qui tiennent des propos impies pour un paulinien, on cite un certain Hyménaios, et surtout Alexandre, un Juif d'Éphèse qui dirigeait un atelier ou une petite entreprise de métallurgie : le temps était loin où il essayait de prendre la défense de Paul devant la foule déchaînée[18]... Contre les apostats, Paul aurait usé de l'anathème comme il s'était toujours réservé le droit de le faire pour les déviationnistes[19]. Il partit sur ces entrefaites en laissant derrière lui une communauté déchirée, à charge pour Timothée de panser les plaies; mais il envisageait un retour rapide étant donné la gravité de la situation[20].

Il passa alors en Macédoine et prolongea probablement son voyage en Europe jusqu'à Corinthe, où il retrouva Éraste; celui-ci le raccompagna en Asie[21].

Ainsi se déroulèrent sans doute les derniers mois de liberté de Paul, d'après les éléments fournis par la lettre à Tite et la première lettre à Timothée. La deuxième lettre à Timothée, elle, utilise les souvenirs d'un prisonnier qui a déjà derrière lui plusieurs mois de détention et de procédure, et qui a subi un nouveau et pénible transfert à Rome.

ABANDONS, DÉFECTIONS, TRAHISONS... ET DERNIÈRES FIDÉLITÉS

L'arrestation de Paul eut lieu en Asie[22], et très certainement à Éphèse. Elle résulta encore, dans l'immédiat, des luttes d'influence auxquelles se livraient les différents groupes chrétiens et que la violence de l'apôtre, lors de son premier passage, avait exacerbées : c'est ce que Paul lui-même et Clément de Rome appelaient le mécanisme de la « jalousie » *(zélos)*[23]. Ces déchirements se lisent encore dans les écrits asiatiques de la fin du Ier siècle, sans qu'il soit possible de les dater précisément et d'y voir clairement des allusions à Paul.

D'après les johanniques, de graves remises en cause personnelles secouèrent l'Église d'Éphèse après qu'on eut convaincu d'erreur « ceux qui se disaient apôtres » et, versatile, celle-ci oublia « son premier amour » ; les chrétiens laxistes, ceux qui consommaient les animaux immolés (les idolothytes) sont explicitement visés[24]. Cette lutte de factions a pris fin, une vingtaine d'années plus tard, quand Onésime, l'esclave converti par Paul, figure parmi les dirigeants de la chrétienté locale, où l'on se réfère alors abondamment aux écrits pauliniens : Onésime reconnaît la discipline de ses fidèles et souligne que toute racine hérétique a été extirpée ; mais il fallut auparavant fuir certaines sectes et chasser de nouveaux missionnaires qui enseignaient une mauvaise doctrine[25]. Quant au groupe de Pierre, il imputa les malheurs de Paul à l'interprétation tendancieuse qu'on avait donnée de certaines de ses lettres : des « ignorants », des « instables » en avaient perverti le sens[26]. Sans pouvoir conclure plus précisément, il faut prendre acte de la vitalité du judaïsme en Asie et de la façon dont il marqua durablement des chrétientés de la région d'Éphèse[27].

Cette fois encore, l'accusation de subversion motiva certainement l'arrestation de Paul : l'événement est directement lié aux réunions publiques contradictoires qu'Alexandre se mit à tenir à Éphèse après sa rupture avec Paul[28]. Il y eut une nouvelle trahison, celle de Philétos qui participa lui aussi, avec Hyménaios, à la contre-mission ; il y eut de nouvelles défections, celle de Phygélos, un Éphésien de vieille souche[29], et celle d'Hermogène qui laissera dans la région la réputation d'un flatteur et d'un hypocrite[30]. Mais Paul n'est pas seul : avec lui, on nomme Timothée, fidèle au poste ; Aquila et Priscilla, de retour à Éphèse ; Trophime d'Éphèse et Éraste de Corinthe, ainsi que Tychique qui sert toujours de courrier[31]. Onésiphore s'entremet autant qu'il le peut à Éphèse pour faire abandonner l'accusation[32].

Que les accusateurs de Paul soient les mêmes qu'en 53-54 ou que la lutte de factions ait pris un caractère nouveau, on comprend que le proconsul ait souhaité se débarrasser au plus tôt d'un prisonnier encombrant, qui s'entendait si bien à créer les imbroglios judiciaires ! Il prit très vite la décision que Félix et Festus avaient différée pendant plus de deux ans, et renvoya à nouveau l'accusé devant le tribunal impérial.

Le transfert se déroula dans des conditions beaucoup plus pénibles qu'en 57, principalement parce qu'on emprunta la voie terrestre et parce que le prisonnier se sentait l'objet d'une indifférence ou d'une hostilité presque générales. En Orient, à l'automne 57, on l'avait accueilli et soigné, malgré ses chaînes, à l'escale de Sidon et à celle de Malte ; cette fois, personne ne le rafraîchit ni ne lui donne à boire ; tous se détournent... sauf un, Onésiphore, qui sauve ainsi l'honneur de la chrétienté d'Asie[33].

La voie de terre impliquait de suivre la Via Egnatia, et donc de traverser la Macédoine. Pour la dernière fois, Paul descendit au port d'Alexandrie de Troas et prit un de ces petits bateaux qui faisaient la traversée jusqu'à Néapolis. Une quinzaine d'années, pas davantage, s'étaient écoulées depuis sa découverte de l'Europe... C'est à ce moment, sans doute, qu'il laissa son lourd manteau de voyage et ses livres en dépôt chez Carpos, à Troas : soit pour alléger son bagage en vue d'un voyage à pied qu'il pressentait long et pénible, soit comme gage, pour se procurer quelques fonds[34].

Car Paul fait alors l'expérience d'un isolement et d'un dénuement extrêmes — pour la première fois semble-t-il de sa vie. La longue plainte qu'exhale la seconde lettre à Timothée trouve un écho dans l'écrit tout à fait authentique, celui-là, qu'est la lettre aux Philippiens[35]. Si l'on voit là un argument, parmi d'autres, pour dater ce texte de la dernière captivité à Rome, l'apôtre révèle qu'il n'a pas trouvé un meilleur soutien à Philippes quand il y passa enchaîné [36].

Au terme du dernier voyage, à nouveau la caserne des prétoriens et, cette fois, une comparution devant le préfet du prétoire dont la compétence s'étendait désormais du maintien de l'ordre public au délit d'opinion. C'est lui qui avait à connaître des crimes commis en Asie, au-delà d'une distance de 100 milles de Rome. Tigellin, de sinistre réputation, avait succédé à Burrus en 62 [37]. En effet, les choses ont bien changé à Rome depuis 58. Néron a inauguré une monarchie à grand spectacle et considère sa personne comme sacrée à la manière des autocrates orientaux : il est le « dieu Néron ». Aussi, à partir de 62, a-t-on remis à l'honneur la loi de majesté pour punir les offenses à l'empereur, et elle est devenue extensive [38]; un aspect de la *majestas* consiste en particulier à refuser la nouvelle idolâtrie qui s'attache à l'empereur-dieu, dont les prestations artistiques elles-mêmes sont maintenant sujets d'adoration. C'est en vertu de la loi de majesté qu'on peut recevoir et instruire l'accusation contre Paul : il n'y a pas en effet de loi qui déclare illicite la nouvelle religion et les Chrétiens ne sont pas encore poursuivis en tant que tels [39], bien que les pouvoirs publics sachent maintenant les distinguer des Juifs, ce qui n'était pas le cas en 58-59 [40].

Pour l'instruction, Paul affronte donc Tigellin et sans doute Néron [41]. Si l'on en juge par le récit (romancé) du procès d'un philosophe en 66, le tribunal impérial recherchait surtout une preuve écrite du délit. L'interrogatoire portait sur l'identité et le statut, puis sur l'accusation de pratiques comme l'exorcisme et le prophétisme. Lors de cette *prima actio,* Paul se défend bien [42]. Le tribunal conclut à l'impossibilité de trancher et demande un supplément d'enquête.

Mais les accusations ont un effet désastreux sur le groupe de disciples qui entoure l'apôtre : il éclate. La seconde lettre à Timothée donne la liste des abandons et des exils. Tite quitte l'Italie pour la Dalmatie toute proche, Démas et sans doute Crescens préfèrent regagner leur pays d'origine en Asie. Auprès de Paul restent seulement Onésiphore, Luc, le médecin, et Tychique, son agent de liaison habituel, qu'il envoie aussitôt à Éphèse pour faire venir Timothée et Marc[43]. Le petit groupe qui le soutient encore, composé presque exclusivement d'Occidentaux qui parlent latin, n'est en rien représentatif des communautés juives de Rome ni des fidèles de Paul; s'agit-il d'esclaves et d'affranchis de la maison impériale[44] ?

Cette dispersion ne saurait étonner dans l'atmosphère romaine des années 62-68, quand la police poursuivait les groupements qu'elle jugeait séditieux et s'efforçait de les dissoudre par la terreur. Les sectes religieuses ou philosophiques, les premières visées, se déchirèrent; l'incitation à la délation déclenchait la panique et les apostasies ne se comptaient plus, aussi bien parmi les chrétiens, en 64, que dans les écoles philosophiques en 64-65[45]. Certains achetaient leur liberté en renonçant à tout militantisme, et ce fut peut-être le cas de Démas[46]; d'autres n'hésitaient pas à accabler le maître par cupidité ou par jalousie[47].

UN APÔTRE TRAHI OU UN PHILOSOPHE PERSÉCUTÉ ?

Paul apparaissait-il donc à Rome comme le chef d'une secte qu'on pouvait assimiler à une école philosophique ? C'est en tout cas l'image que la tradition romaine la plus ancienne garda de lui : celle d'un apôtre-philosophe.

En effet, les biographies romancées de l'apôtre s'attachent peu, pour la période romaine, aux épisodes de la prédication apostolique. L'élaboration asiatique du Roman de Paul signale en une seule phrase que Paul prêchait dans une grange en dehors de Rome. La version occidentale, en latin, des Actes de Pierre développe un peu le thème en évoquant une Église domestique, celle de Narcisse, qui accueille Paul, puis Pierre, et en prêtant à Paul la mission de remettre dans le droit chemin les Chrétiens de Rome que les premiers prédicateurs avaient entraînés à judaïser[48]. Mais ils ne montrent jamais les deux apôtres en train de collaborer réellement et ne laissent à Paul qu'un rôle public tout à fait secondaire : il a quitté Rome quand Pierre commence à y prêcher[49] ; dans l'affrontement de Pierre et du magicien Simon qui représente le contre-apôtre[50], Paul est absent et affligé d'une réputation de charlatan[51] ; il y avait une place à prendre dans la mission romaine et c'est Pierre qui l'a prise. Ce tableau romancé du rôle respectif des deux apôtres dans la Rome de Néron trouve une confirmation dans l'autoportrait que donne d'elle-même la chrétienté romaine des années 100 : elle se montre beaucoup plus fidèle aux traditions juives que les convertis des missions pauliniennes et elle a gardé les références cultuelles vétéro-testamentaires avec toute leur imagerie ; dans la mesure où elle joint à l'héritage lévitique une réelle estime pour l'ordre romain et un désir sincère d'ouverture aux païens, elle paraît bien la fille de l' « apôtre de la voie moyenne » tel que les Actes des apôtres ont dépeint Pierre[52].

Le « frère aimé » de Pierre est toujours nommé en seconde position[53]. Il a laissé aux premières générations de chrétiens romains le souvenir d'un « sage », d'un « enseignant de justice », expert dans l'interprétation des Écritures[54]. Clément de Rome, qui écrit dans les années 90 et qui a donc pu connaître Paul, le présente à la façon d'un philosophe populaire, comme un « héraut » : le philosophe idéal n'est-il pas le héraut de la divinité[55] ? Ce charisme propre à Paul — avoir réconcilié la foi et la philosophie — n'apparaissait que très discrètement dans les lignes ultimes des Actes des apôtres, mais il est très développé dans les derniers écrits de la mission paulinienne, où la figure du « philosophe-héraut » l'emporte sur celle de l' « apôtre » et du « docteur ». Puis on l'exalte au IIIe siècle quand on forge une correspondance apocryphe entre Sénèque et Paul[56]. Depuis Éphèse, en fait, Paul avait acquis la réputation, la stature d'un de ces sages, d'un de ces maîtres à penser auxquels s'attachaient les Grecs[57]. Et, plus tard, l'importance qu'il eut dans le développement de la chrétienté romaine ne tint qu'à son ascendant intellectuel et à la diffusion qu'y connurent peu à peu ses idées quand elles étaient exprimées avec modération, en dehors de toute polémique. Ces idées pénétrèrent le milieu pétrinien, relayées par Marc et par Silas qui appartenaient (ou avaient appartenu) aux deux groupes[58]. De même que Paul avait reconnu à Pierre l'autorité particulière de celui qui détenait directement les paroles de Jésus[59], de même le groupe de Pierre admit finalement le caractère fondateur des écrits pauliniens.

Lors de sa nouvelle captivité à Rome, en attendant la seconde instruction, Paul ne se trouve donc pas réduit à l'inactivité, même si son groupe est restreint ; sept ou huit adeptes constituent d'ailleurs la clientèle normale d'un philosophe oriental à Rome[60]. Une dernière fois, Paul a rallié ses fidèles : Luc, Marc qui arrive d'Asie et qui sert de lien avec le groupe de Pierre, Timothée qu'on attend d'Éphèse, Apollos peut-être si l'on estime que la lettre aux Hébreux conserve le souvenir des horribles supplices subis par les Chrétiens dans les jardins de Néron en 64[61]... La situation matérielle de l'apôtre s'améliore aussi grâce à l'aide qu'il reçoit des Philippiens par l'intermédiaire d'Épaphrodite[62]. Paul prend encore le temps d'écrire aux fidèles d'Orient pour leur prêcher la concorde et dénoncer, toujours vigoureusement, l'action des chrétiens juifs en qui il voit des déviationnistes[63]. Mais, malgré des sursauts d'énergie et d'espoir, il sent venir la mort[64].

L'ACCUSATION DANS SON CONTEXTE

Un philosophe, un maître à penser qui rassemblait autour de lui quelques adeptes était immédiatement suspect dans la Rome de Néron et de Tigellin. L'imputation de Néron selon laquelle les philosophes cultivaient la magie rendait vulnérables toutes les sectes orientales, sinon le stoïcisme officiel[65] : dès qu'on signalait un thaumaturge, Tigellin diligentait une enquête. Entre 62 et 66, le délit d' « impiété » recouvrait le grief général de thaumaturgie et de magie impie : non que Néron se montrait sceptique ou réticent vis-à-vis de l'occultisme, mais il redoutait le pouvoir mystérieux des mages et voulait s'assurer l'exclusivité de leurs services[66]. L'accusation de magie portée collectivement contre les philosophes avait des implications politiques : la cour était convaincue que les aspirations mystiques menaient à des opinions subversives et que le pouvoir devait se garder des pourvoyeurs d'idées, innovateurs en matière de religion[67].

La police néronienne finit par dresser un portrait

type du suspect, dont bien des traits pouvaient s'appliquer à Paul[68]. On épiait la différence, l'allure allogène et le costume étranger ; or Paul avait un type oriental assez marqué pour qu'on puisse le prendre pour un Égyptien, et il portait le manteau de voyage qui désignait le philosophe[69]. Il garda jusqu'à la fin d'ardents partisans, et la ferveur des disciples laissait toujours supposer l'existence d'un groupe d'opposition, à caractère subversif[70]. Le soupçon devenait encore plus grave si le groupe se réunissant dans une semi-clandestinité, tels les pythagoriciens[71] : or le Roman de Paul ne situe pas la prédication de l'apôtre (quand il était libre) en pleine ville, mais dans une grange des faubourgs[72] — là où les Romains s'attendaient à trouver non les notables de la communauté, mais les Juifs de basse extraction, des vagabonds sans feu ni lieu avec une botte de paille pour tout bagage ; là où des magiciens charlatans et des jetteurs de sorts exerçaient leurs talents[73]. Dans le cas de Paul, cette figure de marginal correspond-elle à la réalité, ou ne sert-elle qu'à expliquer rétrospectivement une condamnation qui liait le préjugé antiphilosophique et le souci de l'ordre public en réprimant les associations et les réunions illicites[74] ?

Il est probable que l'accusation ait rebondi sur des faits constatés à Rome, dont la police avait les témoins sous la main, car cela seul permettait un jugement rapide : les délits dénoncés en province exigeaient au moins un an d'enquête[75]. Par les pratiques de délation que suscitait et encourageait la police, on obtenait facilement à Rome une « grande foule d'accusateurs ». Surtout dans les périodes de catastrophes et d'émotions populaires comme il s'en produisit à Rome en 64, lors du gigantesque incendie qui dévasta le centre de la ville et de nombreux quartiers ; et encore en 65 et en 66, quand une comète puis une épidémie frappèrent les imaginations comme de mauvais présages. En de telles occasions, la foule cherchait d'elle-même des boucs émissaires et rejetait spontanément ceux qui, tels les Chrétiens, « étaient détestés pour leurs turpitudes » parce que insuffisamment intégrés à la communauté civique et à ses rites collectifs[76]. On pouvait voir dans la comète, et plus encore dans l'incendie, de spectaculaires avertissements envoyés par les dieux pour exiger l'expiation des impies. Les Romains imputèrent la première condamnation collective des Chrétiens qui eut lieu alors au caractère particulier de leur religion (leur « superstition »), asociale pour Tacite et révolutionnaire pour Suétone.

Il n'existe aucune source qui établisse un lien entre la répression collective de 64, qui fit sans doute de 200 à 300 victimes, et la condamnation de Paul. Ses écrits et sa prédication auraient sans doute pu alimenter le grief d'incendiaire puisque, dans le style apocalyptique, il annonçait le retour du Christ sur terre au milieu d'un feu flamboyant[77], mais il ne semble pas qu'on ait jamais retenu ce délit contre un Chrétien. Cependant, l'apôtre assista peut-être à l'événement et il est possible qu'il l'ait eu en tête quand il évoque, au début de sa lettre aux Philippiens, le courage de certains Chrétiens devant la persécution dans la ville où il est incarcéré[78].

Les années 67 ou 68 sont celles qu'ont avancées, pour la mort de Paul, les chronographes antiques du IVe siècle[79]. A ce moment, Néron est absent de Rome et voyage en Grèce, mais le mouvement de dénonciations se poursuit avec une vigueur accrue[80]. L'exécution de l'apôtre ne serait donc pas liée aux condamnations en chaîne de Chrétiens en 64, ni à la persécution des philosophes en 65-66[81]. Mais les Actes du martyre de Paul, qui représentent une tradition romaine indépendante et certainement très ancienne[82], mettent en évidence les griefs de subversion et de magie[83].

L'accusation a pu être soutenue ou utilisée par les astrologues et les thaumaturges officiels qui appartenaient au cercle intime de Néron. Deux témoignages convergent en ce sens. D'abord, le mage Simon, dont l'affrontement avec Pierre a nourri les plus anciennes traditions romaines et qui symbolise le contre-apôtre, est présenté à partir du IVe siècle comme un familier de Néron et comme la figure exemplaire du mage officiel, protecteur de l'État, soucieux du bien-être de la population et soutien de l'empereur ; le premier à le décrire ainsi est celui qui a remanié les Actes de Pierre pour y introduire Paul et l'intégrer au combat contre le mage[84]. Beaucoup plus proche des événements, l'Apocalypse impute la persécution déclenchée par Néron à un haut personnage de la cour qui est en même temps un mage venu d'Égypte. On l'a identifié à ce Tiberius Claudius Balbillus qui s'était trouvé à Éphèse en même temps que Paul, qui avait ensuite occupé la charge de préfet d'Égypte et qui, de retour à Rome depuis 60, exerçait dès lors une influence prédominante à la cour impériale[85] ; c'est lui qui avait conseillé à Néron des manifestations expiatoires après tous les prodiges néfastes qui avaient frappé les imaginations[86]. Paul a donc eu l'occasion — c'est incontestable — de le trouver à deux reprises sur sa route : à Éphèse en 53-54, et à Rome entre 60 et 68... Et l'on ne saurait oublier que dans son cas, comme d'ailleurs dans celui de Pierre, les traditions les plus anciennes insistent sur la confrontation du charismatique inspiré par Dieu avec la magie païenne : au IIe siècle, les Actes de Pierre mettent Paul en concurrence avec le thaumaturge Simon, sans qu'il ait cette fois le dessus, et les Actes de Paul font apparaître l'apôtre, après sa mort, dans le cercle des philosophes de la cour [87] ; bien plus tôt, l'auteur des Actes des apôtres souhaitait déjà inaugurer la mission paulinienne par une victoire symbolique sur un mage de Chypre [88].

Les Actes du martyre de Paul, tels que le souvenir s'en conserva en Asie jusqu'au IIe siècle, situent l'événement dans le même contexte que la lettre aux Philippiens et que la deuxième lettre à Timothée. Luc est présent, ainsi que Tite, de retour de Dalmatie, et peut-être encore Timothée, dont on connaît par ailleurs une incarcération ultérieure [89] ; l'apôtre est entouré par des convertis issus de la maison impériale [90]. Après sa condamnation, on le conduit à la sortie de Rome, sur la route d'Ostie, pour l'exécuter. Et voici ce qu'on se répétait à Rome au jour commémoratif de sa mort : « Il se leva, se tourna vers l'orient et pria longtemps en ces termes : Père, je remets mon esprit entre Tes mains... Il termina sa prière en hébreu pour être en communion avec les Patriarches. Puis il tendit son cou, sans plus prononcer un mot [91]. »

LE HÉROS FONDATEUR DE L'ÉGLISE DE ROME

Quel qu'ait été le retentissement des procès successifs de Paul, son souvenir s'estompa assez rapidement dans la mémoire des Romains, ce qu'explique peut-être la dispersion immédiate de son groupe. D'ailleurs, rien ne prédisposait Paul à devenir un saint populaire, ni l'élévation de sa doctrine, ni la rudesse de ses épîtres : même un Clément de Rome, à la fin du Ier siècle, n'atteste qu'une connaissance et une intelligence très partielles de ses thèmes fondamentaux [92]. La première *Basilica Pauli*, érigée dans la zone funéraire de la Porte d'Ostie, n'a livré que quelques vestiges médiocres qui ne donnent pas une très haute idée du plus ancien monument commémoratif de son martyre ; enfin, l'art romain a individualisé son portrait beaucoup plus tardivement que celui de Pierre[93].

Mais, entre le IIe et le IVe siècle, l'Église de Rome découvrit peu à peu le rôle fondateur de son martyre en christianisant le culte du héros mort. En effet, toute cité antique s'organisait autour d'un tombeau, réputé celui de son fondateur, qui la protégeait et constituait le premier pôle de rassemblement de la communauté[94]. A la fin du IIe siècle, les Chrétiens avaient fait de même : un prêtre, nommé Caius, évoque les « trophées » des deux apôtres « fondateurs », Pierre et Paul, l'un au Vatican, l'autre sur la route d'Ostie ; il s'agit assurément des monuments élevés sur le lieu de leur inhumation, l'identification du trophée et du tombeau étant tout à fait classique[95]. De la même façon, c'est pour l'honorer « comme un sauveur », « selon l'usage païen », que les peintres retrouvèrent ou recomposèrent le visage de Paul : le prototype en est le portrait — somme toute banal — diffusé par les Églises d'Asie à la fin du IIe siècle[96].

Au IVe siècle, à l'époque des conversions aristocratiques sous les règnes de Constantin et de ses successeurs, un nouveau motif apparaît pour promouvoir la figure de Paul, l'intellectuel, qui devient alors le symbole d'une culture chrétienne plus largement ouverte aux valeurs païennes[97] : l'estime de Sénèque et la forte impression qu'aurait faite l'apôtre sur la cour impériale ajoutent la touche finale à une composition dont les premières esquisses remontent aux Actes des apôtres et aux Pastorales[98]. Paul reçoit au IVe siècle le titre de *Magister Scientiae ;* comme un lettré, il porte un livre, le rouleau de la Loi nouvelle, qu'il élève parfois dans une attitude de triomphe. Sa figure devient complémentaire de celle de Pierre mais, inséparable du Prince des apôtres, il n'y gagne rien ; il reste dans son ombre.

L'association des deux apôtres symbolise aussi l'unité de l'Église, qui rassemble les convertis issus du judaïsme et ceux issus du paganisme. A travers les luttes de factions qui avaient si bien alimenté les persécutions, un idéal de concorde avait peu à peu vu le jour. A Rome, à la fin du Ier siècle, la lettre de Clément, qui déplore les effets néfastes de la « jalousie » dans l'Église, réunit Pierre et Paul dans la mission comme dans le malheur, tandis que la seconde lettre attribuée à Pierre s'achève sur une réhabilitation de Paul et un éloge de ses écrits. La réconciliation de ces deux figures symboliques devient une nécessité au IVe siècle quand l'Église se dilate aux dimensions de l'Empire, alors que les polémistes païens ont beau jeu de souligner la discorde au sein du premier collège apostolique [99]. Jérôme et Augustin exploiteront alors l'épître aux Galates pour affirmer l'égalité des deux apôtres et conclure à des responsabilités complémentaires impliquant le partage du champ apostolique. L'association de Pierre et de Paul est effective dans l'hagiographie romaine quand on remanie les Actes de Pierre pour y intégrer Paul [100], dans la liturgie avec la fête du 29 juin qui commémore en même temps — au Vatican et sur la route d'Ostie — un double martyre rapporté au même jour sinon à la même année [101], et dans l'imagerie pieuse que popularisent les sarcophages et de menus objets. Le thème de la concorde entre deux apôtres qui représentent deux cultures est illustré dans les basiliques où les mosaïstes font de Paul le pendant de Pierre et les flanquent chacun d'une figure féminine symbolisant une des deux chrétientés.

Cette affirmation de l'unité dans le respect mutuel

des différences constitue (enfin !) la reconnaissance officielle de celui qui avait tant combattu pour faire admettre la diversité des appels et la complémentarité des charismes, convaincu qu'il était que l'Église avait vocation universelle mais qu'elle ne pouvait croître que si l'on acceptait qu'un autre arrose ce qu'on avait soi-même planté [102].

Conclusion

Paul vécut et mourut en « apôtre », selon ses propres termes. Il devint la figure emblématique du missionnaire, ce qui ne revient pas exactement au même.

Depuis l'époque des Grandes Découvertes, le missionnaire passe dans l'imaginaire européen pour un aventurier de la foi, avide de gagner à l'Église les terres nouvelles en prêchant et en baptisant. Paul ne fut ni un conquérant, ni un propagateur qui aurait mis ses pas dans ceux des légions pour étendre l'Église aux dimensions de l'Empire nouvellement constitué. Cette perspective, il ne l'acquit que très tard, en méditant rétrospectivement sur une vie faite d'imprévus, de faux départs et de ruptures.

Car Paul le voyageur se déplaça souvent malgré lui, au rythme d'exils ou de captivités imposés par une situation locale qui se retournait contre lui. Le nombre de kilomètres parcourus ne doit pas nous hypnotiser. Il s'arrêtait dès que possible, s'installant successivement à Antioche, à Corinthe et à Éphèse. Au fil du temps, il circula même de moins en moins, préférant tout organiser depuis un lieu central. Il utilisa beaucoup de relais et d'intermédiaires, et il écrivit plus qu'il ne visita. Ce n'était pas vraiment un homme de terrain, et certains de ses contemporains le lui reprochèrent.

Contrairement à Alexandre ou à ses épigones, Paul ne brûla pas du désir d'aller toujours plus loin. Il ne chercha pas à multiplier les adhésions, ni à convertir des régions entières. La diffusion du christianisme fut le fait non des apôtres, mais des Chrétiens eux-mêmes, que ces derniers soutenaient de près ou de loin. Paul prêcha, écrivit, mais il baptisa peu, selon ses propres dires. Pas plus que les autres apôtres, il ne créa vraiment le milieu chrétien. Mais il sut l'organiser.

Son activité apostolique se développa selon une progression linéaire et sélective. Ses voyages eurent toujours un objectif précis et limité : à Antioche, à Éphèse, et sans doute en Macédoine, il répondit à un appel. Il choisit toujours ses itinéraires et ses étapes au terme d'un projet informé et mûri : il tenait compte des autres entreprises apostoliques ; il utilisait le réseau de relations constitué par une famille du textile très romanisée, la sienne ; il percevait la géopolitique de l'Empire et avait conscience des garanties qu'offrait le milieu romain, plus que les cités grecques, aux Juifs loyaux. Paul ne courut pas l'aventure chrétienne, mais suivit des chemins balisés par d'autres.

Son travail gagnait en profondeur ce qu'il perdait en ampleur. Une des réussites incontestables de Paul est d'avoir progressivement pénétré le cœur de la cité et de la société gréco-romaines. Il prêcha d'abord en Syrie, aux frontières de l'Empire, puis aux confins de l'Asie Mineure hellénisée et enfin en Europe, sur les marges de la cité, parmi les Juifs hellénisés et les sympathisants des synagogues. Il fallut attendre Éphèse pour qu'il s'impose vraiment dans la ville, comme un maître à penser tel que l'attendaient les Grecs. C'est le parcours exemplaire d'un Juif de la Diaspora, produit d'une expérience et d'une éducation pluriculturelles. Il connaît la nécessité pour l'étranger de se plier à un certain conformisme social avant de se faire accepter. Il peut s'appuyer sur une tradition de prosélytisme et utiliser un fonds commun, celui de la Bible grecque, celui des écrits messianiques ou apocalyptiques diffusés à l'époque hellénistique. Il est à l'aise, enfin, dans le tissu social du monde gréco-romain.

Paul a travaillé dans une structure de groupuscules : celle du premier christianisme, mais aussi celle de toute la société antique. Il n'était qu'un apôtre parmi d'autres, et il le savait bien. D'autres que lui avaient prêché en Asie, dans les Balkans et à Rome, où le christianisme arriva avant lui. Tous s'inscrivaient comme lui dans la tradition des prédicateurs itinérants de l'époque hellénistique et, surtout, dans celle des prophètes puisque eux-mêmes se désignaient ainsi. Tous partageaient les mêmes charismes prophétiques et thaumaturgiques. Beaucoup, enfin, changèrent de nom comme lui pour manifester publiquement leur engagement et signifier leur vocation particulière. Paul ne différait pas beaucoup des autres apôtres : il ne fut ni le plus grand, ni le plus respecté, ni même le plus dynamique. Ce qui semblait paradoxe à l'époque de Renan est devenu vérité communément admise à mesure qu'on connaissait mieux les conditions de développement du christianisme primitif.

Le lecteur des Actes des apôtres doit se garder d'une erreur d'optique. Malgré le rôle qu'y joue Paul et la place que tiennent ses écrits dans le Nouveau Testament, il n'a pas façonné à son image toute la chrétienté issue du paganisme. Tard venu au métier apostolique, il s'imposa difficilement dans un champ encombré et rencontra partout de très vives oppositions. Faut-il en faire un franc-tireur de la mission chrétienne ? C'est une question d'appréciation : il donne certes l'impression d'aller bien souvent à contre-courant, mais les tensions et les déchirements qui accompagnèrent les premières communautés chrétiennes semblent caractériser la mission de Pierre autant que la sienne ; elle dépasse en fait les contestations personnelles suscitées par son caractère abrupt, ses formules à l'emporte-pièce, ses prises de position irréfléchies et ambiguës. Paul prêcha à une époque où l'apostolat était vécu comme un appel individuel, qui se répercutait du maître aux disciples, sans référence à un principe unitaire autre que le Christ.

Il ne fit jamais l'unanimité autour de sa personne et n'acquit nulle part, de son vivant, l'autorité d'un fondateur. Mais il fut toujours l'âme d'un groupe. Dans une société organisée sur la base des relations personnelles, il sut jouer des atouts que lui donnaient sa naissance, dans une famille dispersée mais solidaire et influente, ainsi que l'ascendant naturel conféré par son savoir et sa force de caractère. Il n'y eut réellement, dans la première génération apostolique, aucune personnalité de pareille envergure. Jalousies et défections jalonnèrent sa vie, mais il ne se retrouva jamais seul : il suscita des fidélités remarquables qui « gardèrent le dépôt » et ne cessèrent de contribuer à la diffusion de ses écrits et de sa pensée. Sa méthode missionnaire (si l'on peut parler de méthode) consista à s'appuyer sur ces noyaux durs, tout à la fois pôles de résistance et pôles de rayonnement. En Macédoine comme en Asie, ils eurent un rayon d'action de 200 kilomètres environ, le long d'un axe routier majeur.

La méthode ne changea pas, mais l'homme évolua au cours d'une existence fertile en péripéties et en rebondissements. Passionné, Paul agissait souvent par coups de tête ou coups de cœur, se lançait dans des projets imprudents sans soupçonner les remous qu'ils allaient soulever, et son attitude paraissait quelquefois contradictoire. Mais l'échec ne le rebutait pas et il en tirait toujours la leçon. La rudesse de son caractère ne doit pas faire oublier son ouverture d'esprit, sa soif d'apprendre, son besoin de contacts nouveaux.

L'homme se façonna tout au long de sa vie. Il accumula les expériences, au prix de déchirements intérieurs peut-être, mais sans en renier aucune. Le jeune pharisien formé à la prédication et utilisé contre des groupes chrétiens garda l'habitude de la controverse : à la synagogue comme au tribunal, il ne cessa jamais d'argumenter contre l'adversaire et de se définir en s'opposant à lui. Mais les excès du polémiste ont pour corollaire la grandeur du doctrinaire, dont le propos incisif a imposé la théologie par-delà les générations.

Homme de la Diaspora, Paul eut toujours comme souci majeur de s'intégrer. Ce charismatique refusa ainsi de s'isoler dans un prophétisme obscur ou de se réfugier dans la contemplation. Ce visionnaire, ce passionné d'introspection, ne s'intéressait pas à l'individu pour lui-même mais par rapport à la cité et à la communauté humaine dont il était membre. Paul représente par là un équilibre rarement atteint entre un tempérament mystique, imprégné de tout un héritage juif, et un comportement pragmatique (voire « médiatique » !), modelé par l'idéal communautaire du monde grec.

Homme de l'Empire, il conçut d'emblée la famille, l'activité, la culture et, finalement, l'Église à un niveau international. Né et éduqué au sein d'une secte, entré par sa conversion dans ce qui paraissait une secte nouvelle aux yeux des Juifs et des Romains, travaillant dans des milieux tiraillés par les luttes de factions, il n'eut jamais l'esprit sectaire. Il devint ainsi le principal artisan de l'unité et de l'autonomie chrétiennes, même si celles-ci ne se réalisèrent pas immédiatement autour de sa personne, ni exactement sur les bases qu'il avait jetées. Quand Paul déposa les armes du polémiste pour exposer aux Romains la synthèse de son évangile et faire le point entre la Loi, la foi et le salut, il attestait le premier d'une réelle conscience d'Église, lui qu'on avait pu prendre à Antioche, à Corinthe et à Éphèse pour le plus grand commun diviseur. Dans ses lettres les plus récentes, il faisait enfin éclater le cadre groupusculaire utilisé par tous les apôtres, et imaginait déjà l'Église à l'échelle de la province, voire du monde. Tel était l'objectif lointain d'un intellectuel capable de passer de la pratique missionnaire à la mise en forme d'un « évangile », concevant l'unité doctrinale de l'Église avant même qu'elle n'ait une réalité institutionnelle.

La grandeur de Paul fut d'avoir su allier le pragmatisme et un certain conformisme social, qui rendait son message recevable par le monde gréco-romain, au courage de l'absurde, quand il devait se démarquer du milieu ambiant pour la gloire de Dieu. Renan ne l'avait pas compris, qui vit en l'apôtre un savant manqué. Paul ne s'enfermait ni dans le système d'une philosophie rationaliste, ni dans la tour d'ivoire d'un homme de lettres, ni dans son statut de privilégié. Il vivait sa foi et il risquait sa vie. Celui qui n'hésitait pas à provoquer ses contemporains s'il le fallait, celui qui maniait le paradoxe et pouvait faire l'éloge de la folie pour manifester la puissance de son Dieu, celui-là parle davantage à la sensibilité de notre siècle.

Notes *

INTRODUCTION. — PORTRAIT RECOMPOSÉ

1. Deux des épîtres majeures, écrites dans les années 53-54 (voir chap. XI), comportent un long passage autobiographique qui est une récapitulation de vie : Gal., 1,13 – 2,21 et II Cor., 11,16-33 et 12,1-12. D'autres passages du même type se trouvent dans Phil., 3,5 – 6 (mais l'épître est très difficile à dater : voir chap. XIII) et dans Col., 1,24 et 2,1-5, qui est souvent attribuée à Timothée pour des raisons surtout stylistiques (W. BUJARD, *Stilanalystische Untersuchungen zum Kolosserbrief*, Göttingen, 1973). De nombreuses données autobiographiques figurent, éparses, dans les épîtres aux Corinthiens et aux Philippiens dont l'authenticité est indéniable, en particulier I Cor., 15,32 et II Cor., 1,8-9, et dans les épîtres pastorales dont l'authenticité reste très débattue. On peut encore utiliser les salutations qui sont très développées dans l'épître aux Romains, dans celle aux Colossiens ainsi que dans les pastorales. Il est évident qu'un fait, même seulement suggéré dans les Épîtres, possède un statut historique que l'attestation la plus insistante dans les Actes des apôtres ne peut conférer à un événement inconnu par ailleurs : ce principe de méthode, qui dirige maintenant presque toutes les études pauliniennes, a été posé par J. KNOX, *Chapters in a Life of Paul,* New York, 1950. La portée autobiographique des Épîtres n'a fait l'objet que d'une étude spécialisée, celle de G. LYONS, *Pauline Autobiography. Toward a New Understanding,* Atlanta, 1985, qui se limite à l'étude littéraire et aux traditions philosophiques et rhétoriques.

2. Jér., 11,18-12,6 ; 15,10-21 ; 17,14-18 ; 18,18-23 ; 20,7-18. Parmi les compatriotes et quasi-contemporains de Paul, citons

* Pour les abréviations des revues et périodiques, se reporter *à L'Année philologique.*

les écrits autobiographiques de Nicolas de Damas, qui appartenait à la cour d'Hérode le Grand, et de Flavius Josèphe dont la *Vie* sera souvent utilisée ici à titre de complément ou de comparaison.

3. Gal., 1,15.

4. Sur la pratique de la confession dans l'Antiquité, voir l'ouvrage classique de R. PETTAZZONI, *La confessione dei peccati,* 3 vol., Milan, 1936 ; voir aussi A. SIZOO, *Reallexikon für Antike und Christentum,* t. I, Stuttgart, 1950, s.v. *Autobiographie,* col. 1050-1055.

5. Actes des apôtres, 9,1-9 ; 22,3-21 ; 26,4-21. Le lien entre le récit des Actes et l'habitude qu'avait l'apôtre de se raconter est souligné dans Actes, 14,27 ; 15,3 et surtout 21,19-20 : « Il raconta une par une les actions que Dieu avait faites par l'intermédiaire de son ministère. Et les auditeurs, après l'avoir écouté, glorifiaient Dieu. »

6. Les « Actes » de Paul à Éphèse se décomposent ainsi : arrivée et prédication (19,1-8) — première opposition — anonyme *(tines)* (19,9) — miracles (19,11-12) — deuxième opposition (19,13-15) — manifestation divine — glorification du Christ — confessions publiques et autodafés (19,18-19) — doxologie (19,20). L'« arétalogie » se définit par la combinaison d'un récit circonstancié et d'une présentation de la puissance *(arété)* du dieu : voir V. LONGO, *Aretalogie nel mondo greco,* Milan, 1969.

7. II Tim., 4,13. Sur l'habitude du journal, qui s'est répandue à l'époque hellénistique, voir G. MISCH, *Geschichte der Autobiographie,* 3e éd., Francfort, 1949, et A. MOMIGLIANO, *The Development of Greek Biography,* Harvard, 1971, qui intègre les épîtres pauliniennes dans cette tradition. La thèse des notes de voyage est au centre du livre d'E. TROCMÉ, *Le « Livre des Actes » et l'histoire,* Paris, 1957.

8. Gal., 2,14.

9. H. D. BETZ, « The Literary Composition and Function of Paul's Letters to the Galatians », *New Testament Studies,* 21, 1975, 353-379. Dans le cadre général d'une lettre, entre l'adresse (1,1-5) et la finale (6,11-18), se développent un exorde (1,6-12), la *narratio* (1,13-2,14), la *propositio* (2,15-21) et la *probatio* (3,1-4,31), avant une conclusion de type moralisant comme il était d'usage dans les lettres philosophiques.

10. Gal., 4,13 et 6,17 ; II Cor., 4,16 et 12,17. Paul n'a donné aucun détail sur ses maladies qui permettent d'identifier l'« écharde dans sa chair » et il est inutile de se livrer aux suppositions forcément gratuites qui ne peuvent tenter que les

amateurs de sensationnel, en dernier lieu l'homosexualité (J. SPONG aux États-Unis, 1991).

11. I Cor., 8,11.

12. Rom., 7. Voir W. G. KUEMMEL, *Roemer 7 und das Bild des Menschen im Neuen Testament,* Munich, 1974, et, en général, sur les tentatives d'explication psychanalytique de la conversion de Paul, K. STENDHAL, « The Apostle Paul and the Introspective Conscience of the West », *HTR* 56, 1963.

13. Sur l'auteur des Actes dont l'identification avec le médecin Luc, collaborateur de Paul, est affirmée depuis la plus haute Antiquité mais non prouvée, et sur ses ambitions littéraires, J. JERVELL, *Lukas and the People of God. A New Look at Luke's Acts,* 1972. Les remaniements des sources primaires dans une intention apologétique ont été mis en évidence dès 1913 par E. NORDEN, *Agnostos Theos,* Leipzig-Berlin, 1913, à consulter sur le rapport des Actes à l'histoire, de même que E. TROCMÉ, cité ci-dessus n.7. Les exégètes apportent aussi à l'historien, surtout par leurs recherches sur le mode de composition de l'ouvrage : ouvrages classiques de J. DUPONT, *Les Sources du Livre des Actes. État de la question,* Bruges, 1960, et *Études sur les Actes des apôtres,* Paris, 1967, ainsi que *Nouvelles Études sur les Actes des apôtres,* Lectio Divina 118, Paris, 1984. Les étapes de l'élaboration et les versions successives ont été dégagées par M. E. BOISMARD et A. LAMOUILLE, *Les Actes des deux Apôtres,* Paris, 1990, édition qu'il faut maintenant utiliser. Cependant, la valeur historique des Actes reste un *storm-center* dans l'érudition contemporaine : parmi les partisans récents, M. HENGEL, *Acts and the History of Earliest Christianity,* Philadelphie, 1980, et, pour la position inverse, J. JERVELL, *The Unknown Paul : Essays on Luke-Acts and Early Christian History,* Minneapolis, 1984 ; voir aussi *Studies In Luke-Acts. Essays in Honor of Paul Schubert,* Philadelphie, 1966.

14. Voir les démonstrations de E. NORDEN et de E. TROCMÉ, dans les ouvrages cités.

15. Ch. DELEHAYE, *Les Passions des martyrs et les genres littéraires,* Paris, 1966, et F. BOVON, « L'origine des récits concernant les apôtres », *Revue de théologie et de philosophie* 17, 1970, 345-350.

16. I Thess., 1,9.

17. Sur les intentions et les conditions qui présidèrent à la rédaction des Actes de Paul, en Asie (sans doute à Antioche de Pisidie) dans un milieu gnostique, témoignage de TERTULLIEN, *De baptismo,* 17,4. Ils sont donc forcément antérieurs au début du IIIe siècle. On pense maintenant qu'ils sont tout de même

postérieurs aux Actes de Pierre, composés soit en Asie, soit à Rome à la fin du IIe siècle et qui ont été remaniés au IVe siècle pour y intégrer Paul (version occidentale, en latin, dite des Actes de Verceil). Les Actes de Paul sont un écrit composite, qui résulte peut-être d'une compilation et qui retrace la vie de l'apôtre : de Damas à Jérusalem ; à Antioche ; en Lycaonie et en Pisidie ; en Lycie et en Phénicie ; à Éphèse ; à Philippes ; à Corinthe ; de Corinthe en Italie. Ils s'achèvent par le long récit du martyre à Rome. Voir R. KASSER, « Acta Pauli », *Revue d'histoire et de philosophie religieuse,* 40, 1960, 45-57, et J. D. KAESTLI, « Les principales orientations de la recherche sur les Actes apocryphes des apôtres », dans F. BOVON éd. *Les Actes apocryphes des apôtres,* Genève, 1981. A consulter dans la traduction commentée de E. HENNECKE et W. SCHNEEMELCHER (avec R. McL. WILSON pour l'édition anglaise), *New Testament Apocrypha,* II, 2e éd., Philadelphie, 1976. Traductions partielles de L. VOUAUX, *Les Actes de Paul et ses lettres apocryphes,* Paris, 1913.

18. Actes de Paul, 3,3 (p. 327).

19. On discute de savoir si l'épisode Lycaonie-Pisidie, qui constitue les « Actes de Thècle », appartient à l'ensemble composé par le « prêtre d'Asie » ou s'il s'est détaché d'un autre ensemble primitif vulgarisant des légendes locales pour exalter le rôle d'Antioche de Pisidie dans la diffusion du christianisme : voir l'introduction de G. DAGRON, *Vie et miracles de sainte Thècle,* Bruxelles, 1978, 33-47.

20. Livre fondamental de R. SÖDER, *Die apocryphen Apostelgeschichten und die romanhafte Literatur des Antike,* Würzburg, 1932.

21. Il faut rendre hommage, même si le développement de l'archéologie en Turquie a infirmé nombre de ses conclusions, aux travaux de pionnier de W. M. RAMSAY, *St. Paul, the Traveller and the Roman citizen,* Londres, 1895, et *The Cities of St. Paul, their Influence on his Life and Thought,* Londres, 1907. Les pages célèbres d'E. RENAN, *Saint Paul* (*Histoire des origines du christianisme,* livre III), Paris, 1869 gardent aussi beaucoup d'intérêt ; œuvre d'un maître dans les études sémitiques, il présente déjà, souvent, un tableau assez juste des relations de l'apôtre avec son milieu, bien qu'il reste très tributaire des Actes des apôtres et de leur orientation, et que la figure de Paul souffre d'être analysée dans un essai d'ensemble de reconstruction du christianisme primitif. La recherche contemporaine est surtout marquée par l'apport de la sociologie et un renouveau d'intérêt pour les sociétés antiques. Cela caractérise l'école américaine

dans les perspectives ouvertes par R. McMullen, *Le Paganisme dans l'Empire romain*, Paris, 1987 (New Haven, 1981). On relèvera les études de W. A. Meeks, *The First Urban Christians. The Social World of the Apostle Paul*, New Haven, 1983 (sur le thème de Paul comme une *city-person*), de P. Fredriksen, *From Jesus to Christ*, Yale, 1988. Enfin, des analyses structuralistes ont été tentées : J. G. Gager, « Some Notes on Paul's Conversion », *NTS*, 27, 1981, 697-704.

22. Les biographies d'exégètes ont évidemment d'autres ambitions que la nôtre et consacrent une plus large part à la doctrine paulinienne et à l'importance canonique de ses écrits : la plus solide et la plus complète reste celle (luthérienne) de G. Bornkamm, *Paul, apôtre de Jésus-Christ*, Genève, 1951. Courte mais bonne mise au point de M. A. Hubaut, *Paul de Tarse*, Bibliothèque d'histoire du christianisme 18, Tournai, 1989, qui tient largement compte des orientations de la recherche actuelle (catholique). Pour un panorama d'ensemble de la recherche paulinienne récente, M. Simon, « Trente ans de recherche sur l'apôtre Paul », *Ktema* 3, 1978, 3-31.

CHAPITRE PREMIER. — UNE FAMILLE IMPORTANTE, L'IMPORTANCE DE LA FAMILLE

1. Phil., 3,4-5.
2. Actes, 21,39.
3. A. N. Sherwin-White, *Roman Citizenship*, 2e éd., Oxford, 1973.
4. Limites codifiées par les empereurs : voir, en particulier, la célèbre lettre de Marc Aurèle aux Athéniens éditée par J. H. Oliver, *Hesperia*, Suppl. XIII, 1970.
5. En Cilicie, dans la région de Tarse, la famille d'un prince local, et, dans une région voisine, la dynastie de Commagène : voir T. B. Mitford, « Roman Rough Cilicia », *ANRW*, II/7/2, Berlin-New York, 1980, 1240-1246, et R. D Sullivan, « The Dynasty of Commagene », *ANRW*, II/8, Berlin-New York, 1977, 785. G. Dagron et D. Feissel, *Inscriptions de Cilicie*, Paris, 1987, no 26.
6. Le cas le plus célèbre est encore celui d'un Cilicien, l'amiral Séleucos de Rhosos (*Inscriptions grecques et latines de Syrie*, no 718). Tous les *imperatores* du Ier siècle avaient reçu par des lois successives (loi Julia de 89, loi Gellia Cornelia de 72, loi Munatia Aemilia de 42, à laquelle se réfère Octave Auguste) le droit de conférer la citoyenneté pour services militaires : dans la

région de Syrie-Cilicie en bénéficièrent même de simples commandants de navire comme C. Julius Menoès d'Antioche. Les Juifs se faisaient parfois dispenser du service militaire (voir les décrets pour les Juifs d'Asie cités par JOSÈPHE, *AJ*, 14,10 [185-264] et 16,1), mais cette dispense était intermittente (voir J. JUSTER, *Les Juifs dans l'Empire romain*, II, Paris, 1914, 269-272) ; sous Hérode, en particulier, c'est-à-dire à la génération du grand-père de Paul, de nombreux auxiliaires juifs furent envoyés à l'armée d'Octave en 30 et en Égypte en 25 ; confirmé par des exemples individuels relevés à Aphrodisias en Asie Mineure par J. REYNOLDS et R. TANNENBAUM, *Proceedings of the Cambridge Philological Society*, Suppl. 12, 1987, 57-58.

7. Voir le cas de C. Julius Nicanor, traité par C. P. JONES, « Three Foreigners in Attica », *Phoenix*, 32, 1978, 222-228. Parmi les artistes, un homme de Tarse, C. Julius Eudaimon, connu par une inscription de Delphes (*BCH*, 19, 1895, 548).

8. JOSÈPHE, *AJ*, 14, 8,2 [135-140] et *BJ*, 1,194. Voir A. GILBOR, « L'octroi de la citoyenneté romaine à Antipater père d'Hérode », *RD*, 50, 1972, 609-614.

9. *CIJ* n° 533 : C. Julius Justus (Ostie) ; il n'est pas assuré que C. Julius Euphranticos de Thessalonique (*CIJ* n° 66) soit un Juif. D'autres Juifs portent le gentilice Pompeius (*CIJ* n° 259) ou Antonius (*CIJ* n° 533).

10. PHILON, *Legatio ad Gaium*, 156-157. Sur les procédures ordinaires, G. MANCINETTI-SANTAMARIA, « La concessione della cittadinanza a Greci e Orientali » dans *Les « Bourgeoisies » municipales italiennes au IIe et au Ier siècle av. J. C.*, Paris-Naples, 1983, 133-136, et E. DENIAUX, *Ktema*, 1981, 133-141.

11. STRABON, 14,14 ; APPIEN, *BC*, 4,52,60,64 et 5,7 ; ATHÉNÉE, 215b ; PHILOSTRATE, *V.Ap.*, 1,12.

12. Voir ci-dessous chap. II et III.

13. C. B. WELLES, « Hellenistic Tarsus », *MUSJ* 38, *Mélanges R. Mouterde*, Beyrouth, 1962, 43-75, a supposé que Paul s'appelait Caius Julius.

14. M. CHRISTOL et S. DEMOUGIN, *ZPE*, 74, 1988, 14-21 ; voir aussi R. P. SALLER, *Personal Patronage under the Early Empire*, Oxford, 1981, et B. HOLTHEIDE, *Römische Bürgerrecht-politik und Römische Neubürger in der Provinz Asia*, Fribourg, 1983.

15. Voir M. A. HUBAUT, *Paul de Tarse*, Tournai, 1989, 7-8. Position inverse défendue par E. RENAN, *Les Apôtres* (Paris, 1886), dans *Œuvres complètes*, IV, 1941, 571 ; A. N. SHERWIN-WHITE, *Roman Society and Roman Law in the New Testament*, Oxford, 1963, 144-154, suivi par M. WOLOCH, « St. Paul's two Citizenships », *Helikon*, 11/2, 1971-1972, 452-454, et J. MODRZE-

JEWSKI-MÉLÈZE, « Les tourments de Paul de Tarse », *Mélanges Jean Imbert,* Paris, 1989, 397-412.

16. « *Peregrinae conditionis homines vetit usurpare Romana nomina* » (discours de Claude retranscrit sur les Tables de Lyon). Des non-citoyens tentaient d'obtenir un jugement allant dans le sens d'une citoyenneté qui avait été contestée en achetant les juges (CICÉRON, *Flac.*, 47 ; SUÉTONE, *Vespasien,* 3,1).

17. Le surnom latin de Paul a été compris comme une transformation de Saül par assimilation phonétique de E. RENAN, *Les Apôtres,* 571, à J.-R. ARMOGATHE, *Paul ou l'Impossible Unité,* Paris, 1980, 24, et J. MODRZEJEWSKI-MÉLÈZE, 99.

18. Ce problème a été peu traité sinon par J. GAGÉ, *Les Classes sociales dans l'Empire romain,* Paris, 1964, 144-145 ; voir aussi A. N. SHERWIN-WHITE, *Roman Society and Roman Law,* 146-149. Un exemple de citoyen de bonne foi, compromis dans une histoire administrative embrouillée, apparaît dans les *Tabula Clesiana (Ktema,* 6, 1981, 239-252). Les nouveaux citoyens étaient enregistrés à Rome (AE, 1971, n° 534) et des copies de l'édit de naturalisation étaient envoyées dans plusieurs villes de la région d'origine. Des actes de naissance sont attestés à Rome et en Égypte, mais on ne les emportait pas avec soi. La situation d'itinérant n'est en effet pas normale dans le monde romain. Sur l'importance vitale des témoignages, E. DENIAUX dans *Les « Bourgeoisies » municipales italiennes,* Paris-Naples, 1983, 276.

19. Actes, 21,38 (dans la bouche d'un Romain); l'opinion populaire, à Rome, plaçait les Égyptiens entre les Blancs et les Noirs (voir par exemple au IIe siècle la version latine des Actes de Pierre, 22 : « une femme... d'aspect éthiopien, non pas égyptien, mais totalement noire ») et développait contre eux un fort préjugé (J. P. V. D. BALSDON, *Romans and Aliens,* Londres, 1979, 68-69). Par son vêtement, le gros manteau appelé *paenula* (II Tim., 4,13), Paul s'identifiait aux philosophes populaires; sans arborer le *chiton,* ni l'*himation,* du rhéteur grec itinérant (LUCIEN, *Alexandre le faux prophète,* 11). Sur le critère de la toge, qui doit être portée en principe par tout citoyen, A. N. SHERWIN-WHITE, *Roman Law,* 150.

20. Voir ci-dessous chap. VI et VII.

21. Phil., 3,5 ; II Cor., 11,22 ; Rom., 15,5.

22. JÉRÔME, *In Philemonem,* 7,672.

23. I Sam., 9,10. Sur le règne, I Rois, 9.

24. Quand l'auteur des Actes fait directement parler Paul ou le Christ en « dialecte hébreu », le nom est donné sous sa forme araméenne *Saoul* (Actes, 9, 4 et 26,14). C'est sans doute un indice sur la façon dont Paul lui-même prononçait son nom d'origine,

de même qu'il appelait toujours Simon-Pierre par son surnom araméen de Céphas et qu'il employait à l'occasion l'araméen (voir chap. II). Dans le discours d'Antioche de Pisidie recomposé dans les Actes, Paul traite longuement du roi Saül, le grand homme de sa tribu, en donnant son patronyme sous la forme hébraïque *Kis* (Actes, 13,21), alors que l'historien juif Josèphe l'hellénise toujours sous la forme *Keis, Keisaios* ou *Keisos* (*AJ*, 6,45,62, [268]).

25. Saül inspira les campagnes des Macchabées (I Macc., 5,1-6 et 65-67).

26. Renouvellement de l'aristocratie par Hérode : JOSÈPHE, *BJ*, I,450-456 ; voir aussi Mt, 22,16 et Mc, 3,6 et 12,13. Opposition pharisienne à Hérode : *BJ*, I,571.

27. Phil., 3,5 ; Gal., 1,14. C'est dans un discours devant le Sanhédrin, recomposé dans les Actes, 23,6, que Paul s'affirme « pharisien fils de pharisien » ; voir aussi Actes, 26,5.

28. JOSÈPHE, *Vie*, 2,10-11, a fait l'expérience des trois sectes majeures et de la vie auprès d'un ermite avant de revenir aux pharisiens.

29. Sources et bibliographie dans E. SCHÜRER, *The History of Jewish People in the Age of Jesus Christ*, 2e éd. rev., Édimbourg, 1973-1986, II,381-388. On consultera toujours avec profit le petit livre de M. SIMON, *Les Sectes juives au temps de Jésus*, Paris, 1960. Voir encore A. PAUL, *Le Monde des Juifs à l'heure de Jésus*, Paris, 1981.

30. I Cor., 14,13 et 28.

31. La société juive au Ier siècle est surtout connue par JOSÈPHE, *BJ*, 2, 118-119 ; 162-166 ; *AJ*, 13,171-172 ; 18,9,11,23,25 ; *Vie*, 10, qui la décrit avec une terminologie et des structures grecques. Sur la cohésion de l'ancienne aristocratie, S. SAFRAI et M. STERN, *The Jewish People in the First Century*, Assen, 1972-1974, I et II. Sur la promotion des scribes et des pharisiens qui concerne des gens d'origine modeste et tentés par l'hellénisation, M. HENGEL, *Judaism and Hellenism*, Londres, 1974, 132, et J. JEREMIAS, *Jérusalem au temps de Jésus. Recherches d'histoire économique et sociale pour la période néo-testamentaire*, Paris, 1976, 16.

32. Sur cette formule pour des enfants voués, I Sam., 1,11 (Samuel), Jug., 13,7 (Samson), Lc, 1,15 (Jean-Baptiste). Confusion de Paul avec un *nazir* dans Actes, 24,5 mais le naziréat peut être temporaire ou permanent. Les interdits du naziréat (ne rien manger de vivant, ne pas se raser, ne pas boire de vin...) sont rappelés par HÉGÉSIPPE, *Panarion*, 2,5,7, et par EUSÈBE, *HE*, 2,23,3-7 pour des vœux perpétuels, mais dans Nombr., 6, ils ne

se rapportent qu'à des vœux temporaires, en général pour trente jours. Paul se fait raser à Cenchrées avant d'embarquer pour Jérusalem (fin du deuxième voyage, voir chap. IX) et célèbre les rites d'achèvement d'un vœu lors du troisième voyage (voir chap. XII) sans qu'on puisse déterminer s'il s'agit d'un vœu temporaire ou perpétuel, du naziréat ou d'un vœu de bonne navigation. Jacques était *nazir.*

33. Témoignages archéologiques à Jérusalem dans l'inscription de la tombe dite « de Jacques » (J. FINEGAN, *Archeology of the New Testament,* Jérusalem, 1983, 191-193) et de la synagogue édifiée par Théodotos (*Syria,* 1920, 190-197).

34. EUSÈBE, *HE,* 1,7,3 (généalogies souvent conservées par tradition orale et dans des archives privées après la destruction des registres par Hérode). Sur le goût de la généalogie, Lc, 3,23-38, et JOSÈPHE, *Vie,* 1,1-6.

35. II Cor., 11,22 ; Phil., 3,5.

36. D'après JÉRÔME, *In Philemonem,* 7,672, elle aurait quitté la Palestine lors d'une guerre : on pense à celles menées par Pompée dans les années 60 avant notre ère, avant la constitution de la province de Syrie. Giscala est connu comme une place forte à l'époque de JOSÈPHE, *Vie,* 13. Elle est assez proche de la route qui joignait Damas aux ports phéniciens. Voir aussi *De viris illustribus,* 5.

37. Voir ci-dessous chap. VII.

38. Actes, 21,39 et 22,3. Voir Gal., 1,21 et ci-dessous chap. VI.

39. Sur le textile à Tarse, la source essentielle est DION DE PRUSE, *Discours à Tarse* (94), 21-22; voir aussi PHILOSTRATE, *V.Ap.,* 1,7. Sur le trafic de Tarse à l'époque hellénistique et sous le Haut-Empire, L. ROBERT, *REA,* 62, 1960, 332-341 ; *BCH,* 101, 1977, 88-94; V. CONTORINI, *Rhodiaka.* I, Louvain-la-Neuve, 1983, 19-27. Pour le Bas-Empire, *Expositio totius mundi,* 39.

40. Liste donnée dans Rom., 16, 11 et 21. Sur le nom de Sopatros, qui exprime l'idée du double, du sosie du père, commentaire de C. BONNET, *Hommages à Maurice Sznycer,* Paris, 1990, 42-43 ; sur la mode des prénoms latins, J.-P. REY-COQUAIS, « Onomastique et histoire de la Syrie romaine », *Actes du VIIe Congrès d'épigraphie grecque et latine,* Bucarest et Paris, 1979, 179-180; sur les Hérodiens, E. BIKERMAN, *RB,* 47, 1938, 184-197.

41. Actes, 21, 39 et 22,3, et DION DE PRUSE, *Discours à Tarse,* 21,3. Carrières municipales de Juifs attestées en Asie au IIIe siècle (L. ROBERT, *Nouvelles Inscriptions de Sardes,* Paris, 1964, 56).

42. Actes, 16,13 et 18,3. Voir ci-dessous chap. VII, VIII et X.

43. XÉNOPHON, *Anabase,* 1,2,20. A. ERZEN, *Kilikien bis zum Ende der Perserherrshaft,* Leipzig, 1940. Voir ci-dessous chap. VII.

44. Sur cette pratique des pharisiens, J. JEREMIAS, *Jérusalem au temps de Jésus,* 16 : le Talmud a gardé le souvenir des métiers exercés par les premiers docteurs, parmi lesquels les métiers nobles du textile et ceux du cuir. Une tradition ancienne faisait de Paul un artisan du cuir. Seul le tissage était indigne (*AJ,* 18,9,1 [314]). La plupart des historiens contemporains en font plutôt un « fabricant de tentes », bien que cela puisse difficilement passer pour une spécialité : voir R. F. HOCK, « Paul's Tentmaking and the Problem of his Social Class », *JBL,* 97, 1978, 437-439, qui conclut, de son côté, à une famille de notables.

45. Étude générale de H. W. PLEKET, « Urban Elites and Business », dans P. GARNSEY, *The Roman Empire : Economy, Society, Culture,* Berkeley-Los Angeles, 1987, 131-144. Sur les métiers à Corycos de Cilicie durant l'époque byzantine, E. PATLAGEAN, *Pauvreté économique et pauvreté sociale à Byzance,* Paris, 1977, 158-169 (pp. 161 et 165 pour les métiers du textile).

46. *CIJ,* II, n° 931. *MAMA,* n° 467. La Diaspora est encore importante à Tarse à l'époque byzantine : voir S. D. GOTTEIN, *Speculum,* 39, 1964, 298-303. Sur le rôle local et parfois politique joué par des négociants juifs du textile au début de notre ère, JOSÈPHE, *AJ,* 18,319-331 : deux frères administrent Babylone au nom du souverain parthe.

47. J. SCHWARTZ, « Notes sur la famille de Philon d'Alexandrie », *Mélanges I. Lévy,* Bruxelles, 1963, 595-596.

48. Je renvoie à mon étude de cette structure en milieu phénicien dans *Studia Phoenicia,* V, Louvain, 1987, 281-282.

49. L. ROBERT, « Deux inscriptions de Tarse et d'Argos », *BCH,* 101, 1977, 91 et n. 4, et G. DAGRON-D. FEISSEL, *Inscriptions de Cilicie,* Paris, 1987, n° 26 (Adana).

50. Le document le plus révélateur émane de Palestiniens de Iamneia émigrés à Délos (*Inscriptions de Délos,* n° 2308), qui construisent un local, lieu de culte et lieu de réunion, pour leurs « frères », leurs « parents » et leurs « concitoyens ». Pour ce type de sociabilité, je renvoie à mon étude dans *L'Étranger dans le monde grec,* Nancy, 1988, 139-158.

51. Actes, 23, 16-22.

52. Rom., 16,13.

53. *CIJ,* n° 145 ; inscription d'Aphrodisias n° 58.

54. Le terme de « mère », comme celui de « père », peut être employé métaphoriquement dans la littérature juive : voir P. NEL, « The Concept " Father " in Wisdom Literature », *J. Northwest Semitic Language,* 5, 1977, 59-61. Mais cette mater-

nité élective est plutôt un usage grec attesté à l'époque hellénistique par Douris, *Fgt* 76,63 (mères de tués à la guerre confiées aux survivants), à l'époque impériale par Lucien, *Toxaris,* 22 (testament, pour trouver un tuteur à une femme veuve sans fils majeur ou avec une seule fille célibataire) et dans les papyrus. Voir Jn, 19,27.

55. Dans des milieux proches de Paul dans l'espace et dans le temps, Josèphe, *Vie,* 8, précise que son frère Matthias est né de même père et de même mère, et une princesse de Commagène (voisine de la Cilicie) se dit sœur du roi « par même mère » (*homométria : OGI,* 403,1.10). Cet usage et cette terminologie sont classiques.

56. Voir Cl. Mossé, « La dénomination des femmes athéniennes dans les plaidoyers démosthéniens », *Ktema* 10, 1985, 77-79. Actes, 23,16, parle du « fils de la sœur de Paul » !

57. Rom, 16,15 : le nom de Junia semble bien désigner une fille de citoyen romain (A. N. Sherwin-White, *Roman Law,* 162).

58. C'est la problématique de J.-R. Armogathe, *Paul ou l'Impossible Unité,* Paris, 1980, et de J. Mélèze-Modrzejewski, « Les tourments de Paul de Tarse », dans *Histoire du droit social, Mélanges Jean Imbert,* Paris, 1989, 397-412.

59. Notre connaissance de la Diaspora a été renouvelée en fonction de trois axes de recherche : sur l'interaction entre les deux cultures, grecque et juive (A. Momigliano, *Sagesses barbares. Les limites de l'hellénisation,* Paris, 1984, 87-136) ; par une étude spécifique des sources rabbiniques (J. Neusner, *The Rabbinic Traditions about the Pharisees before 70,* Leyde, 1971, et *First Century Judaism in Crisis,* New York, 1982) et par une meilleure connaissance de la littérature intertestamentaire (Éd. de la Pléiade, Paris, 1987) ; par l'archéologie enfin (synagogues d'Ostie, de Stobi en Macédoine, de Doura en Syrie, de Sardes et maintenant d'Aphrodisias en Asie Mineure). Voir la synthèse de A. T. Kraabel, « The Roman Diaspora. Six Questionable Assumptions », *J. Jewish Studies (Essays in Honor of Yigael Yadin),* 1982, 445-464.

60. Josèphe, *AJ,* 20, 1-4 (17-37) en Babylonie au Ier siècle. Il véhicule une image du marchand-missionnaire, relayant peut-être certains écrits rabbiniques (voir W. D. Davies, *Paul and Rabbinic Judaism,* 4e éd., Philadelphie, 1980, 133, n. 1). Tous les témoignages concernent l'Orient : pour l'Occident, l'esprit missionnaire de la Diaspora reste très discuté (voir en dernier lieu A. T. Kraabel, *art. cit.* n. 59, 451-453). Mais Saül a commencé en Orient, vers Damas.

61. A. T. Kraabel, *art. cit.,* 454.

CHAPITRE II. — L'AMOUREUX DU SAVOIR

1. Actes, 26,24.

2. Rome : peinture des catacombes de Prétextat (milieu du IIIe siècle); Florence, ivoire du IVe siècle (musée du Bargello). Avec Pierre, c'est le seul apôtre que le premier art chrétien ait individualisé, sous les traits conventionnels de l'Oriental et du lettré.

3. C'est déjà pour eux qu'écrit BEN SIRACH, Eccl., Prologue 35, au IIIe siècle av. J.-C. Le terme apparaît fréquemment dans les inscriptions juives, en particulier celles de la synagogue d'Aphrodisias en Asie Mineure, où les *philomateis* constituent un groupe d'étudiants attachés à la synagogue (J. REYNOLDS et R. TANNENBAUM, *Jews and God-fearers at Aphrodisias,* Cambridge, 1987, 8,30-34).

4. Mise au point commode de R. VOELTZEL, *L'Enfant et son éducation dans la Bible,* Le Point théologique 6, Paris, 1973.

5. Rom, 15,4.

6. Comparer Actes, 9,5 ; 22,7 ; 26,4 (récits par Paul lui-même de sa conversion) et Actes, 7,58 ; 8,1 et 3 ; 9,1,11,22,24 ; 11,25,30 ; 12,25 ; 13,2 et 7.

7. *A Greek-English Lexicon of the New Testament,* s.v. *Silas.*

8. E. M. MEYERS et J. E. LESTRANGE, « Les langues parlées dans la Palestine romaine », *Les Rabbins et les premiers chrétiens,* Paris, 1984.

9. II Tim., 3,16.

10. A. LEMAIRE, *Les Écoles et la formation de la Bible dans l'ancien Israël,* Fribourg, 1981.

11. Is., 28,9.

12. *Pirkè Aboth,* 5,21. Éd R. T. HERFORD, *Pirke Aboth : The Ethics of the Talmud,* réimp. New York, 1962.

13. Deut., 11,19.

14. La synagogue de Théodotos à Jérusalem, qui date de l'époque d'Hérode, avait été construite, entre autres fonctions, pour « l'enseignement des Commandements », c'est-à-dire de la Torah (inscription publiée dans *Syria* 1, 1920, 190-197).

15. Is., 17,10.

16. Des abécédaires et des exercices d'écoliers de l'époque ont été retrouvés à Qumrân, à Murabba'at et à l'Hérodion (*DJD*, 1961, 80-92 ; *RB*, 68, 1961, 118-126).

17. II Tim., 4,13.

18. Nous utilisons la *Vie* d'Apollonios de Tyane, à peu près contemporain de Saül, originaire de Cappadoce, une région

limitrophe de la Cilicie, et finalement étudiant à Tarse (PHILOSTRATE, *V. Ap.*, 1,7).

19. *V. Ap.*, 1,7.

20. Le terme de *ioudaïkôs* (« vivant en Juif » : Gal., 2,14), forgé sur *hellénikôs* à l'époque de II Macc., 13,21, est en train de passer dans la langue des lettrés grecs : PLUTARQUE, *Cicéron*, 7,6. L'auteur des Actes, 13,18, prête à Paul l'expression *tropophorein* (pour « supporter » quelque chose) déjà utilisée par CICÉRON dans sa correspondance : voir *Ad Att.*, 13,29,2. Le terme de *synekdemos* pour désigner le « compagnon de voyage » (II Cor., 8, 19 ; Actes, 19,29) est courant à l'époque (JOSÈPHE, *Vie*, 79 ; inscription de Samothrace, *Syll.*, 3,1052). Paul semble avoir pris dans les rues d'Athènes le terme de *katangeleus*, pour désigner les prêcheurs de divinités étrangères (comparer Actes, 17,18 et 23), ce que confirment les inscriptions *IG*, II/2, 1081 ; *OGI*, 548,10 et *IG*, XII/8,39, toutes du Ier siècle).

21. Paul est le premier à employer le terme d'*épiscopos* pour désigner un responsable d'une communauté locale : Phil., 1,1, qui est sans doute l'épître incontestablement authentique la plus tardive (voir ci-dessous chap. XIII), avant l'auteur des Actes, 20,28 (dans des propos prêtés à Paul) et celui de I Pet., 2,25 (qui fut un compagnon de Paul). En grec classique, le terme s'appliqua d'abord à des fonctionnaires de l'Empire athénien (ARISTOPHANE, *Oiseaux*, 1023, et inscriptions athéniennes du Ve siècle), puis à des magistrats de Rhodes (inscriptions *IG*, XII/1,49,42, au Ier siècle). Il a fréquemment le sens d' « inspecteur » dans les papyrus et passa de là dans la langue de Philon. Les communautés esséniennes l'utilisèrent aussi (*Écrit de Damas*, B, XIII, 7-20 et XIV, 9-12).

22. Sur l'emploi de termes de comptabilité dans le milieu macédonien, voir S. DOCKX, « Date et lieu de l'épître aux Philippiens », *RB* 80, 1973, 239, n. 17 ; les conclusions tirées par P. SAMPLEY, *Pauline Partnership in Christ. Christian Community in Light of Roman Law*, Philadelphie, 1980, sont trop systématiques et restrictives, car *koinônia* a un sens plus large et plus varié en grec que celui de « société commerciale ». Terminologie du commerce en II Cor., 1,22 et 2,17.

23. *V. Ap.*, 1,7.

24. Citations du comique MÉNANDRE, *Thais*, 218 dans I Cor., 15,33 ; du poète crétois ÉPIMÉNIDE dans Tite, 1,12 ; d'ÉPIMÉNIDE encore dans Actes, 17,18, que Paul aurait pu connaître par les stoïciens (citation reprise aussi par ARATOS, *Phénomènes*, 1).

25. Gal., 6,11. Comparer avec la formation à l'écriture beau-

coup plus poussée que reçut le sage Apollonios de Tyane, son compatriote et son contemporain (*V. Ap.*, 1,18).

26. *Amartolos,* qui était déjà passé avec un sens religieux dans la langue des païens d'Asie Mineure (*CIG*, 4307 et 4259 ; *OGI*, 55).

27. *Sperma, kritès* (qui n'est pas classique dans le sens de « juge »), *katakleronomein, paroikia ;* tous ces termes apparaissent dans le discours d'Antioche de Pisidie, Actes, 13,26-41.

28. Le terme est employé en ce sens, avec insistance, dans tout l'Ecclésiastique. Il était apparu avec cette acception dans la Septante, Deut., 31,30, etc.

29. I Cor., 3,14.

30. I Cor., 3, 6-9 ; 9,10-11 ; Gal., 6,8.

31. Il y a de nombreux points communs entre Philon et Paul qui ont tous deux reçu des influences grecques à travers le filtre du judaïsme hellénistique (H. CHADWICK, « St. Paul and Philo of Alexandria », *Bull. John Rylands Library,* 1966, 286-290) ; mais, pour Paul, la terminologie grecque ne représente qu'un outil, alors que Philon est parvenu à une synthèse des deux systèmes de pensée.

32. I Cor., 9,24 et 25 ; Phil., 2,16 et 3,14 ; Gal., 2,2 ; II Tim., 2,5 et 4,7-8.

33. Les courses du stade tenaient une place particulière à Tarse, dont le héros fondateur, Persée, était représenté sur les monnaies de l'époque comme le symbole du coureur, des ailes aux chaussures (voir L. ROBERT, *Documents d'Asie Mineure,* Paris, 1987, 59-60). La participation des Juifs d'Asie aux spectacles du monde païen est indiscutable : ils avaient, par exemple, des sièges réservés au théâtre de Milet (voir L. ROBERT, *Nouvelles Inscriptions de Sardes,* Paris, 1964, 41-45 ; *CIJ*, II, 748).

34. Voir ci-dessus l'introduction.

35. II Cor., 11, 25.

36. JOSÈPHE, *Vie,* 15.

37. I Tim., 2,9 et 15 ; Actes, 26,25 (discours devant Festus). Sur cet idéal de l'élite hellénisée, voir mon article dans *Dialogues d'histoire ancienne,* 16, 1990, 115-128.

38. Dans l'épître aux Éphésiens, en particulier, dont l'authenticité est difficilement admissible, en raison notamment de l'absence de références autobiographiques

39. L'obligation du latin sous le règne de Claude est attestée par DION DE PRUSE, 60, 17 (pour un Lycien naturalisé) ; l'application pratique de ce principe était peut-être difficile (A. N. SHERWIN-WHITE, *Roman Society and Roman Law,* 150). La « révolution géographique » de l'époque augustéenne a été mise

en évidence par C. Nicolet, *L'Inventaire du monde*, Paris, 1988. Sur la rhétorique de l'Épître aux Galates, H. D. Betz, *NTS*, 21, 1974-5, 353-379.

40. A quatorze ans pour Apollonios de Tyane (*V. Ap.* 1,7). Certains (la position extrême est représentée par C. van Unnik, *Tarsus or Jerusalem, the City of Paul's Youth*, Londres, 1962) ont pensé que Saül avait reçu toute son éducation à Jérusalem parce que les Actes, 23,3 emploient pour la formation jérusalémitaine un terme dérivé de *trophè* qu'ils opposent à *paideia*, comme représentant l'enseignement primaire par rapport à l'enseignement supérieur. Mais l'opposition n'est pas fondée : des éphèbes, des intellectuels considèrent la *trophè* comme l'ensemble de leur éducation (*IG*, XII/9, n° 289 ; *Anth. Pal.*, VII, n° 417).

41. Actes, 26,4.

42. C. Spicq, « La place ou le rôle des jeunes dans certaines communautés néo-testamentaires », *RB* 76, 1969, 508-527 (très complet).

43. *V. Ap.*, 1,7.

44. Voir l'épisode du jeune homme riche, Mc, 10,17-22 et Lc, 18,21.

45. Philon, *De specialibus legibus*, 1,77.

46. Voir par exemple Josèphe, *Vie*, 9 ; M. Pohlenz, « Paulus und die Stoa », *ZNW*, 42,1949,84.

47. *V. Ap.*, 1,7.

48. Josèphe, *Vie*, 9-12, entre sa seizième et sa dix-neuvième année.

49. Diogène Laërce, 7,28 et *FGrH*, 244 F, 59 : vingt-deux ans ; *Index Academicus*, 89,106 : vingt-quatre ans.

50. Josèphe, *Vie*, 12.

51. Strabon, 14,5,13 et 14.

52. L. Robert, *Documents d'Asie Mineure*, Paris, 1987, 46-90.

53. *Inscriptions de Délos*, 1512.

54. Strabon, 14,5,13 et 14.

55. *V. Ap.*, 1,7.

56. Strabon, 14,5,3.

57. Josèphe, *Vie*, 12. Sur les contacts de Paul avec le stoïcisme, M. Pohlenz, *Paulus und die Stoa*, Darmstadt, 1964, à compléter par M. Hengel, *Jüdentum und Hellenismus*, Tübingen, 1973,316. Mais Paul a également eu des notions de platonisme, plus que ne l'admettent d'ordinaire les exégètes : voir M. Simon, « Trente ans de recherches sur l'apôtre Paul », *Ktema*, 3,1978,15, à partir de l'immortalité conçue comme une béatitude individuelle dans II Cor., 4,7–5,10 et Phil., 1,23.

58. Gal., 2,14-21

59. II Cor., 10,10 et 11,6. Mais il faut tenir compte du lieu commun de l' « inaptitude » qui est répandu même chez les orateurs professionnels de l'époque classique (par exemple, ANTIPHON, 5,6).

60. Pour une chronologie plus précise, voir ci-dessous chap. III.

61. *V. Ap.*, 1,7 ; STRABON, 14,5,13.

62. STRABON, 14,5,15, qui mentionne en particulier des philosophes ambulants.

63. I. Cor., 14,11.

64. Actes, 22,3. Cette distinction est tout à fait traditionnelle dans les propos de rhéteurs étrangers et dans les épitaphes d'immigrés : voir M.-F. BASLEZ, *L'Étranger dans la Grèce ancienne,* Paris, 1984, 297-298.

65. Références dans E. SCHÜRER, *The History of the Jewish People in the Age of Jesus Christ,* 2e éd., II, 367-368. L'auteur des Actes, 5,34, le caractérise comme un docteur de la Loi particulièrement honoré, ce qui doit refléter le point de vue de Paul.

66. A. JAUBERT, *La Notion d'alliance dans le judaïsme aux abords de l'ère chrétienne,* Paris, 1963, 408-411. Le thème des prémices (Rom., 16,5 ; I Cor., 16,15) est commun à PHILON, *De spec. legibus,* 4,180 ; à Jacques, 1,18 ; à l'auteur de l'Apocalypse, 14,4. L'idéal militaire, qui est fondamental dans l'esprit de Qumrân, est repris dans II Tim., 2,4.

67. C. ORRIEUX, « La " parenté " entre Juifs et Spartiates », *L'Étranger dans le monde grec,* Nancy, 1988, 169-191, pour qui ces préoccupations sont surtout caractéristiques des Juifs de la Diaspora.

68. E.-M. MEYERS et J.-E. LESTRANGE, « Les Langues parlées dans la Palestine romaine », 58-71.

69. JOSÈPHE, *BJ*, 5,5,2.

70. Actes, 8,27 ; JOSÈPHE, *AJ*, 20,17-68 et 81-96.

71. Actes, 6,9.

72. L. Y. RAHMANI, « Jason's Tomb », *IEJ*, 1967, 61-100.

73. Admis par J. WILKINSON, *PEQ*, 1976, 76-77 ; exagéré pour E.-M. MEYERS et J.-E. LESTRANGE, 164.

74. Actes, 6,9.

75. Actes, 5,35-39. Il marque une distinction entre les Chrétiens et ceux qui pratiquent la révolte ouverte.

76. Actes, 22,3. Voir *Scholies* à Platon, 467b, et SYNÉSIOS, *Lettres*, 17,175a.

77. L'expression est reprise dans Lc, 8,35 et 10,39.

78. H. L. STRACK et G. STEMBERGER, *Introduction au Talmud et au Midrash,* Paris, 1986, 27-28 et 95-96 ; sur les écoles

rabbiniques antérieures à 70, voir en particulier, *Jewish Encycl.*, III, 1971, 116-118 et J. NEUSNER, *The Rabbinic Tradition about the Pharisees before 70*, Leyde, 1971, 373-376.

79. II Cor., 1,13.

80. *Sota* 22a.

81. Les *haburoth* rabbiniques de Jérusalem sont décrites dans le Talmud de Babylone et la Tosephta : voir *Encycl. Judaica*, s.v. *haber.*

82. R. LE DÉANT, « Traditions targumiques dans le corpus paulinien », *Bibl.*, 42, 1961, 28-48.

83. H.-L. MEYERS et J.-E. LESTRANGE, « Les langues parlées dans la Palestine romaine », 77-107.

84. Actes, 24,1.

85. H. L. STRACK et G. STEMBERGER, 31.

86. A. LEMAIRE, « L'enseignement essénien et l'école de Qumrân », *Hommage à Valentin Nikiprowetzky*, Louvain-Paris, 1986, 194.

87. Actes, 28,9 et 10.

88. Le thème du corps apparaît dans I Cor., 12,31. Paul évoque ses maladies dans Gal., 4,13 et II Cor., 12,7-8. Sur le journal de malade ou le journal de cure dont on trouve trace dans les inscriptions des sanctuaires guérisseurs ou dans les *Discours sacrés* d'AELIUS ARISTIDE, je renvoie à mon étude dans *L'invention de l'autobiographie*. Colloque ENS, 1990 (sous presse).

89. Eccli., 7,15 ; *Pirkè Aboth*, 2,2. Voir I Co., 4, 12 et I Th., 2, 9.

90. JOSÈPHE, *BJ*, 1,649. Sur la formation rabbinique de Paul, études classiques de E. P. SANDERS, *Paul and Palestinian Judaism : A Comparison of Patterns of Religion*, Londres, 1977 et de W. D. DAVIES, *Paul and Rabbinic Judaism*, 4e éd., Philadelphie, 1980. Sur la religion des pharisiens, on consultera aussi avec profit J. NEUSNER, *From Politics to Piety : the Emergence of Pharisaic Judaism*, 2e éd., New York, 1979.

91. Le terme est aussi repris à l'époque dans les écrits de Qumrân (*Règle de la communauté*, 1,1, etc.).

92. C. C. TORREY, *The Lives of Prophets*, Philadelphie, 1946 et M. SIMON, « Le pèlerinage dans le judaïsme du Ier siècle », dans *Les Pèlerinages de l'Antiquité biblique et classique à l'Occident médiéval*, Paris, 1973.

93. Ce thème apparaît dans la *Lettre d'Aristée*, un écrit alexandrin, et dans le Testament de Lévi. Toute la littérature juive de l'époque hellénistique est commodément réunie et traduite dans *La Bible. Écrits intertestamentaires*, La Pléiade, 1987. A la lumière de ces textes, on a pu constater que la pensée

de Paul était tributaire de toutes les tendances du judaïsme contemporain : le judaïsme palestinien, le judaïsme hellénistique et l'eschatologie. Je ne développerai pas davantage ce point mis en valeur dans l'étude de W. D. DAVIES. Sur les parallèles entre la pensée de Paul et celle des esséniens, M. HENGEL, *Jüdentum und Hollonismus,* Tübingen, 1973, 461-463 et J. MURPHY-O'CONNOR, « Paul et Qumrân » dans *Le Monde de la Bible,* Mai-Juin 1978. D'autres tentatives ont été faites depuis pour apprécier la part relative du judaïsme palestinien (qui pourrait correspondre au rôle attribué à Gamaliel) dans la formation de Paul : voir E. P. SANDERS, *Paul, the Law and the Jewish People,* 1983 et *Paul and Palestinian Judaism,* 1977.

94. Pour une remise en perspective sociologique et anthropologique de l'eschatologie juive, J. G. GAGER, *Kingdom and Community : the Social World of Early Christianity,* Englewood Cliffs, 1975, 2-65. Sur les lecteurs de la littérature intertestamentaire, V. TCHERIKOVER, « Jewish apologetic literature reconsidered », *Symbolae R. Taubenschlag dedicatae,* III, *Eos,* 48, 1956, 169-193.

95. Actes, 13,6-22.

96. I Cor., 2,9. Identification d'Origène d'après Clément de Rome. Voir E. SCHÜRER, *The History of the Jewish People in the Age of Jesus Christ,* 2e éd. rev., III, 799-801. La vision de la résurrection dans Éph., 5,14, dériverait de l'Apocalypse d'Élie suivant ÉPIPHANE, *Haer.,* 42,12,5, mais l'épître est certainement apocryphe.

97. Voir R. A. HORSLEY et J. S. HANSON, *Bandits, Prophets, and Messiahs : Popular Movements in the Time of Jesus,* Minneapolis, 1985.

98. Voir ci-dessous chap. XIII.

99. JOSÈPHE, *BJ,* 2,8,142. Voir *Génies, anges et démons,* Sources orientales, Paris, 1971.

100. *AJ,* 18,1,3 (12-15) et *BJ,* 2,8,14 (162-166). Actes, 23,8.

101. A partir du début du Ier siècle : Livre de Daniel, Assomption de Moïse, 10,12 ; Ps. Esdras, 4,52-55 ; Baruch, 30 ; IV Livre sybillin, 183c. Dans les épitaphes de la Diaspora apparaissent souvent les noms *Anastasis, Anastasius, Anastasia,* qui évoquent la « Résurrection » *(CIJ,* 211, 298, 364, 476, 576, 598...) : voir G. DELLING dans *ANRW,* II/20.1, 1987, 19.

102. J. NEUSNER, *From Politics to Piety : the Emergence of Pharisaic Judaism,* 2e éd., New York, 1979.

103. *Parrhésia :* Actes, 9,27 ; 13,44 ; 14,3 ; 19,8 ; 28,31 (c'est le mot de la fin). La *parrhésia,* définie par STOBÉE, *Florilèges,* III, 13,453, est passée des Grecs au judaïsme alexandrin (Septante,

Lettre d'Aristée, Philon), dans les Testaments, chez Josèphe et dans les Actes. Voir E. Norden, *Die antike Kunstprosa,* Leipzig, 1909.

104. L'étude fondamentale reste celle de S. Oltramare, *Les Origines de la diatribe romaine,* Lausanne-Genève, 1926, qui donne un index des thèmes diatribiques. Voir aussi le petit livre de H. Martin, *Le Métier de prédicateur,* Paris, 1988 et la thèse de Th. Schmeller, *Paulus und die « diatribe »,* Münster, 1987.

105. I Cor., 5,10.

106. I Cor., 13,1-8.

107. Gal., 2,14-21.

108. Actes, 26,29.

109. Voir Appendice II : « Ceux de Paul », avec les Loukâs, Stéphanâs, Apollôs, etc. Il se peut aussi que cela ait correspondu à un usage sémitique encore observé par les Orientaux hellénisés (voir ci-dessous chap. VIII). Sur l'usage des diminutifs dans la diatribe, S. Oltramare, 14.

110. Définition du rhéteur Hermogène, *Rhetores graeci,* III, 406, qui recherche les origines de la diatribe dans les discours des orateurs athéniens du IVe siècle. Le style parlé se distingue donc radicalement de celui du dialogue socratique, bien que la méthode soit la même.

111. S. Oltramare, 11. C'est aussi la façon de procéder des arétalogies.

112. II Pet., 3,7. P. Fredriksen, *From Jesus to Christ,* Yale, 1988, insiste sur cette difficulté de compréhension et pense y voir une des principales causes des oppositions ultérieures à Paul.

113. H. Thyen, *Der Styl des Judisch-Hellenistischen Homilie,* Göttingen, 1955. Les analogies les plus évidentes sont avec Épictète, *Entretiens* III, 22,13-18 (ne rien cacher de sa vie), 21-22 (mépris du corps et de la mort), 67-76 (refus du mariage), 100-107 (endurance).

114. L'exposé analogique du grain de blé pour expliquer la mort et la résurrection (I Cor., 15,35-37) était traditionnel chez les rabbins.

115. Aux exemples relevés dans l'épître aux Philippiens par S. Dockx, cité ci-dessus n. 22, on ajoutera l'expression « donner des arrhes » (II Cor., 1,22).

116. Paul appellera « collaborateurs » *(synergoi)* ses compagnons de mission en Asie (voir ci-dessous chap. x et l'ouvrage classique de W. H. Ollrog, *Paulus und seine Mitarbeiter. Untersuchungen zu Theorie und Praxis der Paulinischen Mission,* Neukirchen, 1979). Il faut insister sur l'importance de cet idéal

de « collaboration » professionnelle à Tarse dans le milieu des corporations (voir L. ROBERT, *Documents d'Asie Mineure,* Paris, 1987, 49-52). Cette terminologie est propre à Paul et à l'auteur des Actes qui fait souvent référence à l' « activité professionnelle » *(ergasia).* L'image des « détaillants » *(kapeleuontes)* utilisée pour des missionnaires de Corinthe en II Cor., 2,17, peut faire référence à une image du marchand missionnaire véhiculée par JOSÈPHE, *AJ,* 20,2,3 (34) et, peut-être, par certains écrits rabbiniques (W. D. DAVIES, *Paul and Rabbinic Judaism,* éd. 1948, 133, n. 1).

117. Gal., 1,16 et I Cor., 15,50, à rapprocher de Mt, 16,17.

118. Gal., 4,8. Du fait de ce contexte très particulier, il faut nuancer les conclusions de J. KRISTEVA, *Étrangers à nous-mêmes,* Paris, 1988, 117-118.

119. Rom., 10,12.

120. Col., 4,11.

121. Voir C. NICOLET, *L'Inventaire du monde. Géographie et politique aux origines de l'Empire romain,* Paris, 1988. Paul a acquis cette perspective à partir des années 50-55 au moins : la lettre aux Galates et la deuxième lettre aux Corinthiens sont adressées aux chrétiens d'une province (II Cor., 1,2) et non, comme auparavant, d'une cité ; dans I Cor., 15,17 et Rom., 16,5, l'expression « prémices de l'Achaïe » ou « prémices de l'Asie », pour désigner les premiers convertis, renvoie aussi à une géographie de la province.

122. Déjà bien vu par EUSÈBE, *HE,* 2,18,9.

123. Mt, 23,15. Sur le contexte, voir ci-dessus chap. IX.

124. Voir J. JUSTER, *Les Juifs dans l'Empire romain,* I, Paris, 1914, 388-390 et A. T. KRAABEL, « The Roman Diaspora : Six Questionable Assumptions », *J. Jewish Studies,* 33, 1982 *(Essays in Honour of Yigael Yadin),* 452-454 ; J. NEUSNER, *Early Rabbinic Judaism,* Leyde, 1979, 177-180.

125. PHILON, *De spec. legibus,* 1,77-78. Voir ci-dessous chap. XI.

126. Voir I Rois, 14,16, dans le texte grec des Septante (IIIe siècle avant notre ère). Le terme est rarement employé par les Juifs : une fois par JOSÈPHE, *AJ,* 17,4,1 (300), sous la forme d'un pluriel collectif pour une ambassade. Il est passé des Juifs aux Chrétiens : Paul est le premier à l'utiliser dans les lettres écrites en 54-55 aux Galates et aux Corinthiens (il n'apparaît pas dans les lettres aux Thessaloniciens, les plus anciennes). Il devient habituel aux auteurs chrétiens à partir de l'Évangile de Matthieu, écrit vers 80, sans doute à Antioche.

127. EUSÈBE dans *PG,* 24,213 ; voir aussi JÉRÔME, *Ad Gal.,* 1,1

(*PL*, 26,311) : sources inconnues ; JUSTIN, *Dialogue avec Tryphon*, 17 (IIe siècle) démarque et développe Actes, 8,22 ; 22,4 ; 26,10.

128. II Chron., 30,1 et 6.

129. Voir C. SPICQ, « La place ou le rôle des jeunes », *RB*, 76, 1969, 508-595.

130. Voir ci-dessous chap. VI, VII et X.

131. Voir J.-M. ANDRÉ et M.-F. BASLEZ, *Voyage, tourisme et villégiature dans l'Antiquité gréco-romaine*, à paraître. La mentalité des professionnels du voyage (marchands, hommes de lettres ou prédicateurs) est la même, comme le prouvent les thématiques très générales d'une épitaphe d'Oriental trouvée à Lyon (*J. Savants*, 1975, 58-75).

132. II Cor., 9,18-19. Sur les relais macédoniens en Grèce centrale : I Thess., 1,8,10 ; sur Épaphras qui relaya la prédication éphésienne en Phrygie : Col., 1,7-9, et Philém., 23 ; sur les Juifs de Macédoine et de Corinthe qui rejoignirent Paul en Asie et l'accompagnèrent à Jérusalem, voir ci-dessous chap. X. Tout cela inciterait à apporter quelques nuances à la thèse de A. T. KRAABEL, « The Roman Diaspora : Six Questionable Assumptions », 452.

133. SÉNÈQUE, *De matrimonio*, 49 ; APULÉE, *Apologie*, 72-73 ; PHILOSTRATE, *V. Ap.*, 1,13 ; ÉPICTÈTE, *Entretiens*, III, 22,67-76.

134. Paul précise qu'il était célibataire ou veuf vers 54 (I Cor., 7,8 et 9,1-5) ; il juge le célibat adapté à la vie apostolique (I Cor., 7,25-35). La légende du mariage de Paul apparaît dans CLÉMENT D'ALEXANDRIE, *Stromates*, 3,52,53, à partir de I Cor., 9,5, où le « nous » à propos des femmes à charge s'explique pourtant suffisamment par la présence de Sosthène et l'allusion qui suit à Barnabé, et à partir de Phil., 4,3 (sur *syzygos*, voir ci-dessous chap. VII). Cette possibilité est cependant admise par J.-R. ARMOGATHE, *Paul*, Paris, 1980, 36. L'hypothèse du veuvage s'est largement répandue (voir J. JEREMIAS, *ZNW*, 25, 1926, 310-312 et 28, 1929, 321-322).

135. Discours aux Anciens d'Éphèse recomposé dans Actes, 20,18-20. Ce point de vue s'appuie sur les multiples conseils de comportement pratique donnés dans les lettres aux Thessaloniciens et aux Corinthiens. On rappellera surtout l'injonction de ne pas « faire scandale » (I Cor., 13,13).

CHAPITRE III. — L'HOMME D'ACTION

1. Actes, 24,14.

2. Listes du Juif converti Hégésippe dans EUSÈBE, *HE*, 4,22,7. Voir M. SIMON, *Les Sectes juives au temps de Jésus*, Paris, 1961.

3. G. H. R. HORSLEY, « Popular Messianic Movements around the Time of Jesus », *Cath. Bibl. Quaterly*, 46, 1984, 471-495. Avec J. S. HANSON, *Bandits, Prophets and Messiahs*, Minneapolis, 1985 ; P. VIDAL-NAQUET, « Flavius Josèphe et les Prophètes », *CEPOA* 5, Louvain, 1989, 11-20.

4. D'après Mal., 3,28,24 et Eccl., 98,10-11.

5. Actes, 7,55 et 56 ; 6,15.

6. Actes, 6,8.

7. Actes, 6,9.

8. Voir C. SAULNIER, « Les lois romaines sur les Juifs selon Flavius Josèphe », *RB* 88, 1981, 161-197.

9. Dans la liste qu'il en donne dans *AJ*, 17,10,5-8 (271-284), Josèphe les traite fréquemment d'imposteur *(goès)*.

10. Actes, 4,1-15 et 5,17-21.

11. Actes, 6,1. Synthèse dans O. CULLMANN, *Le Milieu johannique*, Neuchâtel-Paris, 1976, 65-72, et R. SCROGGS, « The Earliest Hellenistic Christianity », dans *Religion in Antiquity*, Leyde, 1968, 176-206.

12. Actes, 6,2-6.

13. *AJ*, 18, 63-64.

14. Actes, 7,11-14 et 54-57. Sur l'interprétation de l'événement, mises au point très générales de V. R. L. FRY, *The Warning Inscriptions from the Herodian Temple*, Diss. Ann Arbor, 1974, 311-316 et J.-P. LEMONON, *Pilate et le gouvernement de la Judée*, Paris, 1981, 92-93, qui concluent tous deux à l'incapacité, à cette époque, du Sanhédrin pour les procès en matière de peine capitale. Sur la mise à mort des apostats, PHILON, *Spec. legibus*, 1,54-55 et S. ZEITLIN, *Megillat Taanit as a Source for Jewish Chronology and History in the Hellenistic and Roman Periods*, Philadelphie, 1922, 96-97.

15. Actes, 7,40-50. Études fondamentales de M. SIMON, « Saint Stephen and the Jerusalem Temple », *J. Eccl. History*, 2, 1956, 127-142 et V. NIKIPROWETZKY, « La spiritualisation des sacrifices », *Semitica*, 17, 1967, 97-116. Pour R. SCROGGS, *art. cit.*, c'est un condensé de l'évangile samaritain.

16. Actes, 3,1 ; Jacques en particulier, le parent du Seigneur, était renommé pour sa piété parmi les pharisiens eux-mêmes (EUSÈBE, *HE*, 2, 23, 6-7, citant les *Mémoires* d'HÉGÉSIPPE). Voir

aussi JOSÈPHE, *AJ*, 20, 9,1 (199-200) qui impute sa mort aux saducéens.

17. JOSÈPHE, *AJ*, 18, 1,3 (15).

18. Actes, 6,12 et 13.

19. Gal., 5,11 ; Col., 4,16. Les Actes tout entiers veulent être une démonstration du ritualisme de Paul, soit par son comportement, soit par les propos qu'ils lui prêtent (par exemple 24,10-11 et 17-18) pour nuancer l'effet de certaines épîtres où l'apôtre affirme que les Chrétiens, Corps du Christ, sont le Temple véritable de Dieu (I Cor., 3,16-17 ; 6,10-20 et II Cor., 6,16).

20. Actes, 7,58.

21. Actes, 6,9 : les contradicteurs étaient quelques-uns des synagogues.

22. Actes, 8,1-2.

23. Actes, 8,3 (voir 9,2) ; 22,4 et 19 ; 26,10 et 11. On se référera aux mises au point récentes de A. J. HULTGREN, « Paul's Pre-Christian Persecutions of the Church : their Purpose, Locale, and Nature », *JBL*, 95, 1976, 97-111 et P. FREDRIKSEN, *From Jesus to Christ*, Yale, 1988, 142-145.

24. Phil., 3,6 ; Gal., 1,13 et 212 ; I Cor., 15,9. Paul atteste que sa conversion eut bien lieu à Damas en précisant qu'il y « revint » après 3 ans de retraite (Gal., 1,16).

25. Actes, 11,19. Voir R. SCROGG, « The Earliest Hellenistic Christianity », 197-200.

26. Sur le rôle judiciaire du grand-prêtre et des Anciens, qui semblent avoir constitué une sorte de cour d'appel, voir JOSÈPHE, *AJ*, 18,14 et *Contre Apion*, 2,23.

27. Procédure connue par I Rois, 21,10.

28. Actes, 26,10. Le juge grec votait en effet « à bulletin secret » en déposant dans une urne un caillou ou un jeton de couleur ou de forme différente ; *psephos* désignait aussi bien en grec classique le caillou déposé dans l'urne (par exemple HÉRODOTE, 8,123) que le vote du juge (par exemple THUCYDIDE, 3,82 ; LYSIAS, 133,13). Formule employée métaphoriquement par PHILON, *Deus imm.*, 75 et JOSÈPHE, *AJ*, 2,6,9 (163) et 10,4,2 (60). Le jet du caillou exprime dans la mentalité grecque une prise de position et un sentiment de participation : étude d'ensemble de M. GRAS, « Cité grecque et lapidation », *Du châtiment dans la cité*, Rome, 1984, 85.

29. Sur la personnalité et l'action réelle de Pilate, et sur ses rapports avec Caïphe, exposé prudent de J.-P. LEMONON, *Pilate et le gouvernement de la Judée*, Paris, 1981, qui fait justice de bien des mythes tels que celui d'un rapport favorable de Pilate sur les premiers Chrétiens, ainsi que de la thèse d'une « vacance du

pouvoir » expliquant l'exécution illégale d'Étienne, thèse défendue sans grand succès par M. SORDI, *Il cristianesimo e Roma*, Bologne, 1965, 23 (voir H.-I. MARROU, *Athenaeum*, 44, 1966, 413).

30. I Macc., 15,15-24 et JOSÈPHE, AJ, 14,10,2 (190-195).

31. L'expression utilisée dans Gal., 1,16, « sans plus céder à la chair et au sang », peut indiquer qu'il se considérait comme un simple individu au moment de sa conversion.

32. Actes, 22,4 ; JUSTIN, *Dialogue avec Tryphon*, 17 et 108.

33. Actes, 26,12. Sur ces termes employés aussi par l'auteur de II Macc., 13,14, par PHILON et par JOSÈPHE, voir H. J. MASON, *Greek Terms for Roman Institutions*, Toronto, 1974, 48,133-134.

34. Sources citées par EUSÈBE, *Comm. in Isaiam*, 18,21 (*PG*, 24,213). Voir aussi JUSTIN, *Dialogue avec Tryphon*, 17 et 108 ; Justin est un Juif converti de Galilée qui écrit à Éphèse vers 130-140, trois générations après les apôtres ; il a pu rencontrer des gens qui avaient connu Paul. Son témoignage n'est pas complètement fiable (voir J. JUSTER, *Les Juifs dans l'Empire romain*, Paris, 1914, I, 389, n. 1) parce qu'il a aussi pu prendre ses renseignements dans la vie juive de son temps : les « apôtres » ne sont réellement attestés qu'à l'époque des Patriarches, après 70, mais ils ont pu exister avant puisque le terme se rencontre chez les Septante et qu'il est passé, c'est incontesté, des Juifs aux Chrétiens. La source d'Eusèbe n'est pas non plus connue.

35. Gal, 1,14.

36. A. J. HULTGREN, « Paul's Pre-Christian Persecutions of the Church », cité ci-dessus n. 23. Sur la flagellation disciplinaire, D. R. A. HARE, *The Theme of Jewish Persecution of Christians in the Gospel according to St. Matthew*, Cambridge, 1967, 44-46.

37. Gal., 1,18-19 ; Actes, 9,27.

38. Actes, 9,29.

39. Rappelons que Marc écrivit en grec son Évangile, le premier de tous, et qu'il portait un nom latin, signe d'une assimilation poussée : voir ci-dessous Appendice II.

40. Actes, 6,5 ; 8,5-13 ; 8,26-40 ; 21,8.

41. Sur la persécution comme « *stress experiment* » dans une explication structuraliste de la conversion, J. G. GAGER, « Some Notes on Paul's Conversion », *NTS*, 27, 1981, 699-700.

42. Gal., 1,14 ; voir Actes, 22, 3.

43. JOSÈPHE, *AJ*, 18,1,6 (23-24). Sur les zélotes, mises au point de M. HENGEL, *Die Zeloten*, Leyde, 1976 et de V. NIKIPROWETZKY, « Sicaires et zélotes. Une reconsidération », *Semitica*, 23, 1973, 51-64.

44. Actes, 21,20 et 22,3. Paul applique déjà le terme à des contradicteurs judaïsants chez les Galates (Gal., 4,17). Dans

Actes, 5,17, il qualifie le grand-prêtre et les saducéens. Il s'enracine dans la tradition scripturaire : Nomb., 25,11,13; I Rois, 19,10,14 (dans la bouche d'Élie); Eccli., 45,23 et 48,2; I Mac. 2, 24-26. PHILON, *Spec. leg.*, II, 55-57 et *V. Mos.*, I, 301-304 en fait l'éloge. Voir J. A. MORIN, *RB*, 80, 1973, 332-358.

45. Gal., 1,13; voir Actes, 21,20. Paul est le produit d'une éducation juive (voir M. HENGEL, *Die Zeloten*, 181).

46. II Cor., 11,2.

47. Cette grande oasis du désert syrien, centre caravanier relié à Palmyre et aux ports phéniciens, était renommée pour ses tissages et comme place de transit. Des Juifs et des Samaritains s'y installèrent dès le xe siècle, époque où Damas devient dans la Bible la figure emblématique de la ville païenne. Sur la présence juive à l'époque romaine, voir B. LIFSHITZ, *Donateurs et fondateurs dans les synagogues juives*, Paris, 1967, n° 61 et *RB*, 75, 1968, 377.

48. Il y fit des constructions monumentales et des gens de Damas comme Nicolas, avocat et historien, et son frère jouèrent un rôle important à sa cour (JOSÈPHE, *AJ*, 17,9,6 (240-247).

49. JOSÈPHE, *BJ*, 2,18,5 (480).

50. STRABON, 16,2,16 et 20 (contemporain d'Auguste).

51. *AJ*, 18,5,1 (113) : la toponymie de Josèphe est peu claire et on discute de savoir si les combats ont eu pour enjeu Gabalis en Idumée ou Gamala au nord. La défection de Damas fait pencher en faveur de la seconde hypothèse.

52. Mise au point dans E. SCHÜRER, *The History of Jewish People in the Age of Jesus Christ*, 2e éd. rev., Édimbourg, 1973-1987, I, Appendix 2 et II, 581-582.

53. *AJ*, 18,5,1 (113).

54. II Cor., 11,32; voir *OGI*, 616, où l'ethnarque est défini comme un chef de nomades.

55. Hypothèse développée en particulier par J. DANIÉLOU, *Les Manuscrits de la mer Morte et les origines du christianisme*, Paris, 1957, 98 et *La Nouvelle Histoire de l'Église*, I, Paris, 1963, 52.

56. II Cor., 11,32 (Actes, 9,25), à comparer avec ÉNÉE LE TACTICIEN, 38,68 (écrivain militaire grec du milieu du IVe siècle av. J.-C.). L'analogie est beaucoup plus précise qu'avec les textes bibliques en général invoqués (Jos., 2,15 et Is. 19,12), où on descend d'une fenêtre avec une corde sans qu'il soit question d'un panier de munitions; David ne sort pas de la ville.

57. JOSÈPHE, *AJ*, 18,5,3 (120-125). Dans son intéressant essai, R. JEWETT, (*Dating Pauls Life*, Londres, 1979, 31-32) a bien vu que la menace sur la ville venait de l'intérieur et a su la mettre en rapport avec l'expédition de Vitellius, avant mars 37, mais il

pense que les Nabatéens ne se sont rendus maîtres de la ville qu'après, une fois amorcé le retrait des légions, ce qui ne tient pas compte de l'argument numismatique : il partage l'opinion suivant laquelle l'ethnarque nabatéen de Damas devrait son autonomie à la politique libérale de Caligula à partir de 37.

58. Se trouvent ainsi fixées l'exécution d'Étienne et la conversion de Saül dont la date oscillait jusqu'ici entre 34 et 36, tout le monde s'accordant au moins à dater de fin 36 ou début de 37 le renvoi du grand-prêtre Caïphe. La chronologie dite « basse » avait pour principal inconvénient de réduire à douze ans un délai de quatorze ans fixé par Paul lui-même en Gal., 2,1 (voir les tentatives d'explication compliquées de J. DUPONT, « Les trois voyages de saint Paul à Jérusalem », *Études sur les Actes des apôtres,* Paris, 1967, 168-169) ; en considérant qu'il aurait fallu attendre un affaiblissement ou une vacance du pouvoir romain pour que les Juifs aient eu toute latitude de persécuter les Chrétiens (M. SORDI, *Il cristianesimo e Roma,* Bologne, 1965, 23 et aussi J. DANIÉLOU dans *La Nouvelle Histoire de l'Église,* 48), on s'appuie sur une fausse interprétation de la conjoncture, comme l'a démontré J.-P. LEMONON, *Pilate et le gouvernement de la Judée,* Paris, 1981 (voir ci-dessus n.29). La date de 34 est donc déjà défendue dans les études les plus récentes : J.-R. ARMOGATHE, *Paul ou l'Impossible Unité,* Paris, 1980, 56 ; R. JEWETT, *Dating Paul's Life,* 31-32 et M.-A. HUBAUT, *Paul de Tarse,* Tournai, 1989, 36.

59. Mise au point commode sur les différentes argumentations par P.-M. BEAUDE, *Jésus de Nazareth,* Paris, 1983, 36-38.

60. Le témoignage direct de Paul, II Cor., 5,16 est parfois utilisé dans ce sens bien qu'il ne signifie absolument pas que l'apôtre a connu le Christ « selon la chair ».

61. J. NEUSNER, *Josephus Pharisees. A Complete Repertory,* 1989, 276. L'hypothèse que la conversion de Paul se situe un an après la mort de Jésus peut éventuellement s'appuyer sur une tradition antiochienne (Chronique de Malalas, 242, 11 : voir ci-dessous chap. V), qui suppose un bref passage de Paul à Antioche quatre ans après l'ascension du Christ, ce qui pourrait correspondre à une étape de son retour en Cilicie, trois ans après sa conversion, rapporté dans Gal., 2,21 et Actes, 9,29.

CHAPITRE IV. — EXPÉRIENCES MYSTIQUES

1. Gal., 1, 15-16, en écho de Jér., 1,5 et d'Is., 49,1,6. Le lien établi par Paul entre la conversion et l'apostolat aux païens peut en partie fonder une interprétation conforme au schéma des psychologues : « *stress* » du persécuteur ; renversement total des valeurs, le bourreau adoptant le point de vue de ses victimes ; phénomène de « *post-decision dissonance* », résultant de l'alternative « le Christ ou la Loi », qui conduit à chercher un nouveau « support » en milieu païen : voir J. G. GAGER, « Some Notes on Paul's Conversion », *NTS*, 27, 1982, 697-704. L'interprétation est trop systématique, car on remarque que la définition de la conversion comme renversement des valeurs est parfaitement banale dans l'Antiquité (même pour les philosophes) et sans expérience traumatisante (voir n. 11) ; que l'expérience de la « persécution » doit être minorée (voir chap. III) ; que, surtout, Gal. est la seule épître qui pose radicalement le rejet de la Loi pour *le* Christ et qui établit un lien direct entre conversion et mission aux païens — mais elle fut écrite bien après l'événement, en 54, dans un contexte de crise aiguë avec les judaïsants (voir chap. XI) dont J. G. GAGER n'a pas tenu compte ; c'est peut-être seulement une reconstruction rétrospective et polémique de l'événement.

2. Gal., 1,12.

3. Gen., 12, 1-9 ; 13, 14-18 ; 15, 1-6 ; 17, 1-8. Ex., 3,4. Sam., 3,4-10.

4. Testament de Lévi, 2,6.

5. Actes, 9,4.

6. Deut., 4,12.

7. Éph., 3,3-12. L'authenticité de cette épître est très contestée.

8. Voir ci-dessus chap. II.

9. M. HENGEL, *La Crucifixion dans l'Antiquité et la folie du message de la Croix*, Paris, 1981.

10. Deut., 21,23. Cité Gal., 3,13. La citation est d'ailleurs amputée de « malédiction de Dieu ».

11. C'est la conclusion de J. G.GAGER, *art. cit.*

12. Sur le vocabulaire de la conversion, étude classique de A. D. NOCK, *Conversion. The Old and the New in Religion*, Oxford, 1933, 179-180, dont l'analyse pour la conversion de Saül est contestable du fait qu'elle ne s'appuie que sur les versions des *Actes* et non sur le témoignage direct et person-

nel des Épîtres ; la terminologie classique est utilisée par l'auteur des Actes, 26,20.

13. I Thess., 1,9 : emploi d'*épistrophè* dans le sens d'« abandon des idoles » ; II Cor., 7,9-10 et 12,21, Rom., 2,4 : emploi de *métanoia* pour le « repentir », le changement de conduite et de mentalité.

14. II Cor., 3,16, où la « conversion » *(métanoia)* est décrite et définie comme une apocalypse (« le voile tombe ») qui nous donne accès à la contemplation de la gloire de Dieu et nous permet de la refléter. Sur le thème de la « transfiguration » par union à Jésus, voir aussi Phil., 3,20.

15. Phil., 2 et 3,7-11. Voir déjà une définition de la conversion en ce sens en Gal., 4,9.

16. Le choix évocateur des adjectifs paraît être plus important encore que les faits eux-mêmes : c'est la façon de procéder des arétalogies païennes et l'on sent aussi derrière l'esprit des Macchabées (comparer avec I Macc., 1,21-24 et II Macc., 6,11-17 et 7,19.

17. Actes, 9,1-18. Les divergences entre les versions des Actes et celles de Paul ont été soulignées dès 1967 par G. LOHFINK, *La Conversion de saint Paul*, Paris, 1967.

18. Actes, 7,55.

19. II Cor., 12,2-5. Cette thématique caractérise les Apocryphes : voir ci-dessous n. 22.

20. II Cor., 12,1-4.

21. Actes, 26, 16 et 19.

22. Mt, 17,1-8 (les disciples tombent à terre) ; Mc, 9,2-13 (effroi) ; Lc, 9,28-43. On pense à la vision de Moïse, Ex., 33,18-23 et 34,5. Mais il y a un autre parallèle remarquable et éclairant sur le milieu des Actes avec le récit de la Transfiguration telle qu'on la voit au IIe siècle : lumière éclatante, l'apôtre tombe à terre « comme mort », ferme les yeux et entend une voix indescriptible ; aveuglé par l'éclat lumineux, il pense que le Seigneur veut le priver de la vue ; le Christ le relève en lui tendant la main et alors seulement il le voit (Actes de Pierre, 7,20, p. 67).

23. Voir ci-dessous, p. 107.

24. Apparition d'Isis : APULÉE, *Métamorphoses*, 11,1-7. Nuit d'initiation à Éleusis : *Anth. Pal.*, 9,298 (voir G. MYLONAS, *Eleusis*, Princeton, 1961, 263, 273 et 306-307). Cécité temporaire comme expiation à Épidaure (*IG*, IV/2, 121, XI, 90-94) et dans des cultes d'Asie Mineure (*TAM*, V/1,459 et *Epigr. Anatol.*, 12, 1988, 151-166, n. 5).

25. Actes, 9,10-17. Comparer, par exemple, avec la double

révélation d'Isis dans Apulée, *Métamorphoses,* XI, 3-6 (au converti) et 13 (au prêtre).

26. Actes, 9,25 (le nom désignant le couffin est différent de II Cor., 11,33) et 11 (adresse). A Antioche aussi, une tradition locale très ancienne localisait l'Église domestique dans la maison de Théophile (*Reconnaissances clémentines,* 71 ; début IIIe siècle) et la prédication de Paul rue Singon ou Siagon (*Chronique de Malalas,* 242,11, VIe siècle). Au IVe siècle, on montrait les maisons de Paul à Rome (JÉRÔME, *Cp,* 112,10) et à Tarse (SOZOMÈNE, *HE,* 7,19).

27. *Écrit de Damas,* I, 9 et II, 14.

28. II Cor., 3,16.

29. Gal., 1,14-15 et 2,2. Sur la date et les circonstances de ce second dévoilement, voir ci-dessous chap. IX.

30. Éph., 3,3 ; II Cor., 3,14-17. Le dévoilement est l'effet de la conversion (II Cor., 3,16).

31. II Cor., 12,3-4. Sur les circonstances, voir ci-dessous chap. V, n. 38.

32. II Hénoch, VIII et LVIII. Dans l'Apocalypse de Baruch, au contraire, la révélation ultime a lieu au cinquième ciel et le troisième est celui de la découverte du mystère solaire.

33. Sur la mystique juive, voir G. G. SCHOLEM, *Les grands courants de la mystique juive,* Paris, 1968.

34. Actes, 22,17. Voir ci-dessous chap. V, où je propose de la rapporter à une visite à Jérusalem qui aurait eu lieu vers 40-41. *Ectasis* est employé dans Lc, 5,26.

35. Quatorze ans avant II Cor., 12,2, soit en 40-41 : voir ci-dessus ; à rapprocher d'Actes, 26,12-13.

36. *Orama,* en grec ; la terminologie grecque usuelle différenciait ce type de vision de l'*optasia* (terme utilisé par Paul, II Cor., 12,3-4) qui est celui des papyrus mystiques du IIe siècle et qui s'applique en Grèce à la contemplation de spectacles ou d'objets ineffables et indescriptibles (*Anth. Pal.,* 6,210). Une étude du vocabulaire mystique en grec reste à faire. L'auteur des Actes a qualifié d'*optasia* l'expérience de Damas (Actes, 26,19) et l'Évangile distingue deux types de visions, celles qui sont ineffables comme celle de Zacharie (Lc, 1,22) et celles que l'on raconte comme celle de l'ange le matin de la Résurrection (Lc, 23,24).

37. Actes, 16,19 ; 18,9-10 ; 23,11 ; 27,24.

38. On pourra se référer en particulier à L. OPPENHEIM, *Le Rêve dans le Proche-Orient ancien,* Paris, 1959. Différents types de visions oniriques ont été définis par A.-J. FESTUGIÈRE, *La Révélation d'Hermès Trismégiste,* Paris, 1944-1954, I, 309-354. L'école de médecine de Pergame mettait les rêves en relation

avec la santé : on peut comparer les écrits de GALIEN, qui utilisait le rêve dans le diagnostic, et les *Discours sacrés* d'AELIUS ARISTIDE, qui suivit la cure de l'Asclépieion de Pergame (voir l'Introduction à l'édition d' A. J. FESTUGIÈRE, 19). En milieu juif, nombreux témoignages de Josèphe, *AJ*, 15,10,5 (373-379) et *BJ*, 1 (78-80) et 2 (113 et 159).

39. Voir ci-dessous chap. VII, sur les conditions réelles où fut prise la décision.

40. Gal., 1,1 et 16.

41. Gal., 1,11 et Rom., 1,1 (référence implicite à la conversion).

42. Révélées dans une vision, elles reviennent comme un leitmotiv dans les Épîtres, 1 Cor., 2,9 ; II Cor., 12,1-4 et Rom., 8.

43. Cor., 9,1 et 15,5-7. Voir EUSÈBE, *HE*, 1,12,4-5. Le thème du « dernier des apôtres » est développé en Gal., 1,17 ; II Cor., 11,5. Voir aussi Éph., 3,8.

44. L'opposition est développée par G. LOHFINK, *La conversion de saint Paul.*

45. Voir ci-dessous chap. XI.

46. Gal., 2,8. Voir ci-dessous chap. IX.

47. N'apparaît que dans les années 54-55 : II Cor., 10,13 et 16 ; Rom., 15,19 et 28. Le thème de l'Apôtre des Nations apparaissait dans Ps., 2,8, et celui de la Lumière des Païens dans Is., 49,6.

48. I Cor., 15,14-17.

49. II Cor., 5,16.

50. L'expression la plus belle de cette conviction fondamentale est l'hymne de Phil., 2,6-11. Voir aussi Rom., 5,6-8.

51. Phil., 3,11-12. Voir déjà II Cor., 4,8-10.

52. Paul a forgé dans l'épître aux Galates, 2,20, l'expression de « con-crucifixion », très caractéristique de cette association-participation aux souffrances du Christ qu'il éprouve. Le thème de la mort au désir, suggéré dans I Th., 4,5, sera très largement développé en Col., 3,5-11, qui est peut-être de Timothée : il s'agit de mourir à tout ce qui attire la colère de Dieu.

53. I Th., 5,24 ; Rom, 6,12-13 ; Phil., 1,6 et surtout I Cor., 15,49-57 et II Cor., 5,17.

54. I Th., 5,2 ; I Cor., 7,29 ; Rom., 13,11-12 ; Ph., 4,5.

55. Cette définition de la vie du croyant apparaît déjà dans la plus ancienne des Épîtres de Paul, I. Thess., 4,14-17.

56. Au centre de I Thess. Rappelons que l'authenticité de II Th., qui traite du même problème dans un contexte apocalyptique, est très contestée.

57. Déjà I Th., 5,24 (écrit vers 50), puis Gal., 3,27-28, repris dans Col., 3,10-11 ; Ph., 3,21.

58. Phil., 3,12.
59. II Cor., 6,11-13.
60. Phil., 3,14.
61. I Thess, 1,3.
62. II Cor., 4,13, qui se réfère au Psaume 116,10.
63. Phil., 1,1 et 8.
64. Gal., 3,26-27 et Rom., 6,3-4.
65. I Cor., 10,17.
66. Le thème ébauché dans I Cor., 6,15 et Rom., 6,1-5 et 12,5, sera amplement repris dans Col., 2,19 et 3,15 et dans Éph., 1,22 et 5,32. Sur la dénonciation de l'esprit sectaire parmi les chrétiens, I Cor., 1,10-13 et 3,3-9.
67. I Thess., 1,7.
68. Gal., 6,17. Voir O. Betz, « Stigma », dans *Theologisches Wörterbuch zum Neuen Testament,* 1964 et, surtout, C. P. Jones, « Stigma : tattooing and branding in Graeco-Roman Antiquity », *JRS,* 77, 1987, 139-155.
69. Voir ci-dessous chap. xi. Les Actes de Paul, 7,34, lient les marques et les fers.
70. A la fin de l'époque apostolique, la *Didachè,* 11,3-12. Au IIe siècle, lettre des Chrétiens de Lyon de 177, citée par Eusèbe, *HE,* 5,1,49 et Irénée, *Adver. Haeres.,* 2,31,2 et 5,6,1.
71. Barnabé, au contraire, dont il fut d'abord l'adjoint, était un lévite et appartenait à une caste sacerdotale (Actes, 4,36 et 11,23).
72. Gal., 1,15; à rapprocher de Jér., 1,5 et d'Is., 49,1. Sur l'influence de Jérémie, voir l'Introduction.
73. I Thess., 5,19-20 et I Cor., 12,10. « Recettes » pratiques dans la *Didachè,* 11,8-12.
74. Actes, 11,28; 15,32; 21,10 et 11.
75. Actes, 20,23. Testaments prophétiques dans Gen., 49,1-27 (Jacob), Deut., 33 (Moïse); Livre des jubilés, 35 et 36.
76. Actes, 16,18 et 19,11-17.
77. Sur cette pratique des exorcistes juifs, M. Simon, *Verus Israël,* Paris, 1948, 400-401.
78. Actes, 14,10; 19,11; 28,8; 20,9-10.
79. Inscription d'Épidaure, *IG,* IV 2/1, n° 121, XI. La maladie et même la mort font partie du châtiment qui amène le coupable ou sa famille à réparation dans les stèles d'expiation trouvées dans certaines régions d'Asie Mineure (exemples · *TAM,* V/1, nos 317, 318, 340; *MAMA,* IV, n° 106; et surtout *TAM,* V/1, n° 459 et *Epigr. Anatol.* 12, 1988, 151-166 : « châtiment aux yeux »; *Epigr. Anatol.* 13, 1989, 42-43 : expier pour guérir).
80. Actes, 12,26 (voir déjà, pour Pierre et Jean, Actes, 12,10).

Étude classique de O. WEINREICH, « Gebet und Wunder », *Religionsgeschichtliche Studien,* Darmstadt, 1968, 39-298. Sur l'interpolation de cet épisode, P. LEMERLE, *Philippes,* Paris, 1945, 38-39 et E. TROCMÉ, *Le « Livre des Actes » et l'histoire,* Paris, 1957, 131.

81. Actes, 28,3-6. Contre-épreuve dans LUCIEN, *Alexandre le faux prophète,* 10. Voir Ps, 91,13, Mc, 16,18, et Lc, 10,9.

82. Voir PORPHYRE, *Vie de Pythagore,* 23.

83. Actes de Paul, 7.

84. Épisode de Rufine, Actes de Pierre (Actes de Verceil), 1,2.

85. Sur la répression de la magie et pour situer Paul et les magiciens dans l'esprit du temps, étude classique de A. D. NOCK, « Paul and the Magus » (1935), repris dans *Essays on Religion and the Ancient World,* Oxford, 1972, 308-330.

86. Actes, 14,11 et 28,6.

87. Même ambiguïté à propos des sages païens : voir PHILOSTRATE, *V. Ap.,* 1,2. Sur le mage comme contre-image du thaumaturge dans la littérature païenne, LUCIEN, *Peregrinus* (magiciens de toutes les sectes, y compris les Chrétiens), et *Alexandre le faux prophète.*

88. I Thess., 2, 5-10.

89. I Cor., 14,2-11.

90. I Cor., 14,19 ; le miracle tel que l'entend Paul est la réponse à une prière commune (I Tim., 6,20).

91. A. D. NOCK, *art. cit.* Dans les Actes de Pierre, le « duel » entre Pierre et Simon occupe les quatre cinquièmes du récit ; on notera aussi le jeu sur les noms : Simon et Simon-Pierre. Voir ci-dessous chap. XIII.

92. Le contre-exemple païen est évidemment Apollonios de Tyane ; dans sa biographie romanesque rédigée par Philostrate au IIIe siècle, les miracles s'accumulent dans les derniers livres (VII et surtout VIII) avec une progression constante du surnaturel. On retrouve les mêmes prodiges que dans les Actes : résurrection, exorcismes, prodige de la chaîne, visions prémonitoires, avec en plus l'ubiquité. Pour mieux saisir le point de vue nuancé et très étudié des Actes, voir H. C. KEE, *Medicine, Miracle and Magic in New Testament Times,* New York, 1986. Sur la façon dont les Actes ont atténué la figure traditionnelle du thaumaturge, analyses intéressantes de F. NEIRYNCK, « The Miracle Stories in the *Acts of the Apostles* » et de C. J. A. HICKLING, « The Portrait of Paul in *Acts* 26 », dans *Nouvelles Études sur les Actes des apôtres,* Paris, 1984, 169-213 et 499-503.

93. Gal., 1,11-12.

CHAPITRE V. — LA DIFFICILE INTÉGRATION

1. Gal., 1,17.

2. Des traditions locales situent le lieu de la conversion de Saül à 15 kilomètres au sud-ouest de Damas, au lieu dit Kokba (voir A. HARNACK, *Die Mission und die Ausbreitung des Christentums,* 4e éd., Leipzig, 1924,636). C'était un foyer judéo-chrétien fort ancien d'après HÉGÉSIPPE, *Panarion,* 30,2,8.

3. Voir les études de P. CANIVET, V. NIKIPROWETZKI et A. de PURY dans *Le Désert. Image et réalité,* CEPOA 3, Louvain, 1989.

4. Actes, 9,3 : « ... alors qu'il était en route, il lui advint de s'approcher de Damas. »

5. Sur cette terminologie en général, voir O. BECKER, *Das Bild des Weges und verwandte Vorstellungen im frühgriechischen Denken,* Berlin, 1937. Sur son emploi dans le Nouveau Testament, J. DUPONT, *Études sur les Actes des apôtres,* Paris, 1967, 474-475. Paul, I Cor., 4,17. Le thème des deux Voies est développé dans *Didachè,* 1-6.

6. Sur l'image négative de la ville dans l'Ancien Testament, J. NEUSNER, « Experience of the City in Late Antique Judaism », *Approaches to Ancient Judaism,* 5, 1985, 43-49. Sur l'image de Damas dans les écrits esséniens, C. T. FRISCH, *The Qumrân Community,* New York, 1956,21.

7. JOSÈPHE, *Vie,* 2,11-12 ; voir aussi *BJ,* 2,8,7 (137-138).

8. PLINE, *HN,* 20,4 (657) ; JOSÈPHE,, *BJ,* 2,8,2-13 (119-161).

9. JUSTIN, *Dialogue avec Tryphon,* 70,4 ; HÉGÉSIPPE, *Panarion,* 11, repris par EUSÈBE, *HE,* 4,22,7. Voir J. SCHMITT, « Le milieu baptiste de Jean le Précurseur », *RScR,* 47,1973,391-404.

10 Actes, 19,4 et 13,24-25.

11. E. TROCMÉ, *Le « Livre des Actes » et l'histoire,* Paris, 1957, 198-200 ; J. HADOT, « Les manuscrits de Qumrân et le christianisme », *RUB,* 24, 1971,385-399. Les lettres de Paul les plus imprégnées d'essénisme ont été écrites à Éphèse en 53-54 (voir ci-dessous chap. X) : on ne peut donc déterminer s'il reçut ces influences lors de sa conversion ou plus tard en Asie.

12. Gal., 1,15. Voir encore Rom. 8,20-30, à comparer avec *Écrit de Damas,* A,II,11. C'est dans l'épître aux Éphésiens que le thème est le plus développé (1,4) et que, de façon générale, les sémitismes et les ressemblances stylistiques avec les écrits de Qumrân sont les plus nombreux, mais son authenticité est extrêmement discutable.

13. Phil., 1,1, à comparer avec *Écrit de Damas,* B, XIII, 7-20 et XIV, 9-12. Le terme est employé systématiquement dans les

épîtres pastorales (II Tim., 2,7 et Tite, 1,7) dont l'authenticité est discutée (voir ci-dessous chap. XIII). Voir, en général, J. MURPHY-O'CONNOR, éd., *Paul and Qumrân*, Londres, 1968 (repris par le même dans *Le Monde de la Bible*, mai-juin 1978, en minimisant les rapports).

14. Le représentant le plus brillant de cette élite à l'époque d'Hérode est Nicolas de Damas, avocat et historien (*FGrH*, 90 F, 134-137).

15. II Cor., 11,32 (voir Actes, 9,23-25). Sur la police d'une ville assiégée, ENÉE LE TACTICIEN, 11,14,17.

16. Sur le détail de l'évasion, voir ci-dessus Chap. III. Les fouilles archéologiques et la découverte du rempart romain rendent le récit de Paul tout à fait vraisemblable. Sur la garde des portes, ENÉE, 5 et 28.

17. C'est pourquoi Paul donne une telle place à ce séjour à Jérusalem dans la partie autobiographique de l'épître aux Galates, 1,18-20, tout entière écrite pour authentifier son évangile, et qu'il en atteste les effets avec une telle solennité : « Quand je vous écris cela, j'atteste devant Dieu que je ne mens pas. »

18. O. CULLMANN, « La diversité des types de christianisme dans l'Église primitive », *SMSR*, 38,1967,175-184 et « Courants multiples dans la communauté primitive, à propos du martyre de Jacques fils de Zébédée », *RecSR*, 80,1972, 55-68.

19. I Cor., 9,1 et 15,5-8. On sait que l'auteur des Actes a une définition plus étroite de la vocation d'apôtre, limitée par lui aux Douze.

20. Actes, 9,27 et 4,36. Sur l'importance des témoignages, I Tim, 3,10 et Tite, 1,5.

21. Personnage central de la première partie des Actes ; sur la chronologie, voir S. DOCKX, « Essai de chronologie pétrinienne », *RecSR*, 82,1974,221-241.

22. Synthèses, assez largement concordantes, de O. CULLMANN, *Le Milieu johannique*, Neuchâtel, 1976 et de R. E. BROWN, *La Communauté du disciple bien-aimé*, Paris, 1990.

23. Gal., 1,21 et 22. On relèvera que Paul inscrivit sa première mission dans le cadre d'une province romaine puisque Syrie et Cilicie constituèrent une province unique à partir de 44 ; l'épître fut rédigée 10 ans plus tard.

24. Voir ci-dessus chap. III ; Actes, 21,18.

25. Gal., 1,18-19 et Actes, 9,29.

26. Actes, 9,29 ; 8,40 et 21,8 (des Chypriotes, donc des gens de la Diaspora, font partie des premiers convertis).

27. *Wörterbuch zum Neuen Testament*, s.v. *exapostellô*, et

Actes, 9,30, à comparer avec 7,12 et 11,22. Voir E. TROCMÉ, *Le « Livre des Actes » et l'histoire*, 63.

28. Actes, 11, 22-26 ; 12,1-4 et 23. Sur la méthode du synchronisme, empruntée à l'histoire hellénistique et conservée en Orient jusqu'à Eusèbe, J. SIRINELLI, *Les Vues historiques d'Eusèbe de Césarée*, Paris, 1961, 34-38.

29. Sur le milieu antiochien, G. DOWNEY, *A History of Antioch in Syria*, Princeton, 1961. L'article de KRAELING, « Jewish Community at Antioch », *JBL*, 51, 1932, 130-160, reste classique. Les Juifs sont citoyens et intégrés à l'hellénisme (*Contre Apion*, 2,36).

30. Actes, 13,1.

31. Actes, 8,14-17 ; 9,32 ; 10,43. Voir O. CULLMANN, *Le Milieu johannique*, 67-68.

32. La source est le chroniqueur byzantin MALALAS, cité par DOWNEY, 192-195 ; l'hypothèse de troubles consécutifs à la première prédication chrétienne a été défendue par H. GRÉGOIRE, *Byzantion*, 1,1924,644-646.

33. Actes, 11,24 et 26 ; 13,1 et 2. L'équivalence entre « didascale » et « rabbi » est donnée par Jn, 1,38 et 20,16. Ces ministères itinérants sont longuement décrits dans la *Didachè*, 11.

34. Actes, 11,26 ; voir aussi 26,28, mis dans la bouche d'Agrippa ; I Pet., 4,16, dont le rédacteur est Silas. Sur ce type de composés, voir E. BIKERMAN, « Les Hérodiens », *RB*, 44,1937,193-194.

35. I Cor., 1,11 ; Gal., 2,12.

36. *Didachè*, 11,3 et 13.

37. Actes, 11,26 ; 13,1-2 ; 15,1 et 32-33. Sur les relations des hérodiens avec les esséniens, C. DANIEL, *Rev. Qum.*, 6,1967, 31-63 et 27,1970,397-402.

38. Actes, 11,27-30 et 12,24-25. Ces passages, très controversés et dont la forme même (12,25) est difficilement compréhensible, sont souvent considérés comme un doublet du voyage pour l'entrevue de Jérusalem, racontée au chap. 15, ou comme une anticipation de la remise de la collecte décidée lors de cette même entrevue (Gal., 2,10 et I Cor., 16,1), dont les Actes ne diront plus rien. Voir J. DUPONT, « La mission de Paul à Jérusalem », *Études sur les Actes des Apôtres*, Paris, 1967, surtout aux pages 223 à 225 et « Les trois premiers voyages de saint Paul à Jérusalem », *Études*, 167-171. Dans l'hypothèse de ce voyage, la chronologie demeure très difficile à établir et très controversée. La famine universelle à laquelle il est fait allusion peut être datée en fonction d'indices divers et non concordants soit en 46

(OROSE, 7,6,12), soit en 47-48 d'après un récit de JOSÈPHE, *AJ*, 19,5 (274-91), soit pendant l'une des deux années sabbatiques de la période, automne 40-automne 41 ou automne 47-automne 48 (l'année juive commençait avec la nouvelle lune suivant l'équinoxe d'automne : J. FINEGAN, *Handbook of Biblical Chronology*, Princeton, 1964,59) ; sur ce repère chronologique, J. JEREMIAS, « Sabbathjahr und neutestamentliche Chronologie », *ZNW*, 27,1928,98-99. De toute façon, la famine est un phénomène endémique dans la littérature rabbinique : voir K. S. GAPP, « The Universal Famine under Claudius », *HThR*, 28,1935,258-265 ; J. DUPONT, « La famine sous Claude », *Études*, 163-165 ; P. GARNSEY, *Famine and Food Supply in the Greco-Roman World*, Cambridge, 1988, 17-39 : les difficultés d'approvisionnement paraissent continues et générales au début du règne de Claude.

39. Témoignages pour le Haut-Empire de Josèphe, *BJ*, 1,2,4 (60) et *AJ*, 13,8,1 (230) et 14,10,5-6 (200-202) sur la dispense d'impôt à partir de l'époque de César ; TACITE, *Histoires*, 5,4.

40. Actes, 12,25. Voir EUSÈBE, *HE*, 2,15 et *Chronique* (CCV Olymp.), III (antérieur à la mort d'Hérode).

41. II Cor., 12,2, écrite juste avant le dernier séjour à Corinthe durant lequel fut rédigée l'épître aux Romains que des données de prosopographies internes permettent de dater de l'hiver 54-55 : voir ci-dessous chap. XI, et sur les apparitions, ci-dessus chap. IV. Certains auteurs rapportent cette vision à l'année 48, en rassemblant éventuellement en un seul voyage celui pour les aumônes et celui pour le concile de Jérusalem : cette hypothèse peut s'accorder avec Gal., 2,1-2, qui mentionne une révélation lors de la conférence, quatorze ans après la première visite à Jérusalem (37) ou, peut-être, après la conversion (34). Supposer deux voyages à Jérusalem et deux visions rend mieux compte, à la fois, des Épîtres et des Actes, sans réduire exagérément les durées données par Paul lui-même. Une vision vers 51, soit « quatorze ans après » la première visite à Jérusalem de 37, correspond à la date qui est la plus vraisemblable pour le concile de Jérusalem évoqué dans le même contexte ; d'ailleurs, la vision de Gal. n'est pas située à Jérusalem et paraît antérieure au voyage dans la capitale juive.

42. Actes, 22,17-18, présenté comme un envoi aux païens.

43. I Cor., 9,6.

44. Actes, 4,37. Sur la situation des lévites, S. SAFRAI et M. STERN, *The Jewish People in the First Century*, Assen, 1974-1976, I,585-586 et 596-597.

45. Voir ci-dessus chap. II. La contre-image de Pierre est évoquée en I Cor., 9,9.

46. Voir Valère Maxime, 7,3,8 ; Apulée, *Métamorphoses,* 8,24-30 ; Philostrate, *V.Ap.,* 6,10 et Porphyre, *Ad Marc.,* 14. Image défavorable du prédicateur juif dans Lucien, *Alexandre le faux prophète,* 6. Les apologistes chrétiens ne cesseront de plaider la gratuité de la prédication chrétienne : Tertullien, *Apologie,* 13,6 ; Eusèbe, *Traité sur la vie d'Apollonios,* 5 et 29 ; *DE,* 3,6 ; *HE,* 5,7,5 et 18,4 ; Clément d'Alexandrie, *Stromates,* 3,5,35. Sur la simplicité de vie des philosophes populaires, Épictète, *Entretiens,* III, 22.

47. Actes, 4,36. Sur le double nom prophétique, dont l'exemple le plus ancien est celui de Daniel-« Protège la vie du roi », P. Vidal-Naquet, « Les Juifs entre l'État et l'Apocalypse », dans *Rome et la conquête du monde méditerranéen. 2. Genèse d'un Empire,* Paris, 1978, 854-855. Autre exemple hébraïsant dans les Actes, 15,22 : Judas-Barsabbas, c'est-à-dire « Fils du sabbat », en témoignage de fidélité au judaïsme. Pour Saül-Paul et Silas-Silvain, voir ci-dessous chap. vi et vii.

48. Actes, 2,4 et 19,6.

49. I Cor., 14,14.

50. I Cor., 14,18 ; sur le « charabia », I Cor., 14,7 et 9.

51. I Cor., 14,3,4-5,6 et 13.

CHAPITRE VI. — LE SECOND DE BARNABÉ

1. Actes, 14,27-28 ; 15,40 ; 18,22. Sur les sources, voir E. Trocmé, *Le « Livre des Actes » et l'histoire,* Paris, 1957, 136-137 (on rédigea sans doute un journal de voyage).

2. I Cor., 1,12 et I Pet., 1,1, repris par Eusèbe, *HE,* 3,1-2. Sur Pierre à Antioche, voir chap. ix.

3. Pomponius Mela, *De situ orbis,* 2,7. Sur le milieu chypriote, T. B. Mitford, « Roman Cyprus », *ANRW,* II/7/2, Berlin-New York, 1980, 1286-1384. D'après Alexandre de Chypre, *Laudatio S. Barnabae Apos.,* 2,29, des « Juifs de Syrie », la région d'Antioche, séjournaient à Chypre quand Barnabé y prêcha ; les Juifs de Chypre sont connus par Philon, *Leg. ad. Gaium,* 282 (avant 41) et par Josèphe, *AJ,* 13,10,4 (284,287), à partir de 130 av. J.-C.

4. Actes, 13,1-3. Voir J. Coppens, « L'imposition des mains », *Les Actes des apôtres,* Louvain, 1979, 417-420 et A. Lemaire, *Les Ministères aux origines de l'Église,* Paris, 1971, 60-61. Cette optique est propre aux Actes (voir aussi 9,17) alors que Paul revendiquera toujours l'indépendance de sa mission.

5. Le mot grec « hypérète » traduit le *hazan* sémitique : voir

J. B. FREY, *ReSR*, 21,1931,154. Équivalent de « diacre » (ÉPIPHANE, *Haer*, 30,11). Le texte occidental donne « servant ».

6. Sur Barnabé, Actes, 4,36. Les traditions locales sur l'apôtre ainsi que les sources sur l'histoire de Salamine sont rassemblées dans *Salamine de Chypre*, XIII, *Testimonia Salaminia*, 1 (textes) et 2 (inscriptions).

7. Actes, 13,6-11. Voir A. D. NOCK, « Paul and the Magus » (1933), repris dans *Essays on Religion and the Ancient World*, Oxford, 1972, 308-330. Sur le discernement des charismes, voir ci-dessus chap. IV.

8. Actes de Barnabé, 23. Cette figure emblématique du mage contre-apôtre en référence à la cour de Néron apparaît aussi dans Apocalypse, 3,11-15 et, à la fin du IIe siècle, dans les Actes de Pierre. Elle me paraît avoir un fondement historique : voir ci-dessous chap. XI et XIII.

9. Sur l'incohérence du nom forgé par les Actes, E. TROCMÉ, *Le « Livre des Actes » et l'histoire*, 155, n. 1, et *Testimonia Salaminia*, 1, n° 16, p. 15, n. 3 : *elym* pourrait renvoyer au phénicien parlé dans certaines villes de Chypre comme Kition avec le sens de « sage » (attesté en arabe). Le texte occidental des Actes donne Hétoimas (ou -os) au lieu d'Élymas, ce qui peut rappeler le magicien Atoimos, Juif de Chypre, connu par JOSÈPHE, *AJ*, 20,7,2[142].

10. Actes, 13,9. Le double nom est relativement peu étudié encore, surtout sous sa forme grecque : G. DAUX, « L'onomastique romaine d'expression grecque », dans *L'Onomastique latine*, Paris, 1977, 405-417 ; I. KAJANTO, *Supernomina. A Study in Latin Epigraphy*, Helsinki-Helsingfors, 1966 ; J.-M. LASSERRE, « Onomastique et acculturation dans le monde romain », dans *Sens et pouvoir de la nomination*, Montpellier, 1988, 96-97.

11. Pour un exemple inverse, les Claudii prenaient volontiers le surnom de « Néron », parce qu'il signifiait la « force » dans la langue de leur région d'origine, la Sabine (SUÉTONE, *Tibère*, 1,5). Voir aussi G. H. R. HORSLEY, « Name change as an indication of religious conversion in Antiquity », *Numen*, 34, 1987, 1-18. Sur la pratique du changement de nom chez les prophètes, voir ci-dessus chap. V, n. 47. Pour la génération de Paul, beaucoup d'exemples viennent des Actes, 4,36 ; 13,1 et 5, auxquels il faut ajouter pour Jacques, EUSÈBE, *HE*, 2,1,2 et 23, et pour Simon, Mt, 10,2 ; Mc, 3,16 ; Lc, 6,14 ; Jn, 1,42, « Céphas », « Le Roc », étant une désignation messianique du judaïsme palestinien.

12. T. B. MITFORD, « Roman Cyprus » 1352-1353 ; G. DAGRON et D. FEISSEL, *Inscriptions de Cilicie*, Paris, 1987, 205. JÉRÔME,

De viris ill., 5, et *In Philem.*, 1, ainsi qu'Augustin, *Confessions*, 8,4, ont admis que Saül avait pris le nom du proconsul, mais non Origène. *Comm. Epis. Rom.*, 1,1.

13. Le consul de juillet 43 à juillet 44 est connu (T. B. MITFORD, 1300, n° 19) et cette date s'accorde avec celle donnée par EUSÈBE, *Chronique*, éd. Helm, 179, pour le départ de Marc à Alexandrie en 45. Sur Sergius Paulus, T. B. MITFORD, n° 20 et *PIR*², III, 221, n° 376 ; relations de la famille avec la Cilicie (*Inscriptions de Cilicie*, 125, n° 79) et avec Rome où la maison semble avoir inclus des Chrétiens à la fin du IIe siècle (M. BONFIOLI et S. PANCIERA, « Della cristianità del collegium... », *Rend. della Pontifica Accademia di Archeologia*, 44, 1971-1972, 185-201 ; 45, 1972-1973, 133-138) ; l'inscription chypriote, *IGR*, III, 935, mentionnant un proconsul Paulus, ne peut lui être rapportée car elle date du IIe siècle (MITFORD, n° 36). On ignore le surnom du proconsul Q. Sergius en charge entre 37 et 41 (MITFORD, n° 18) mais les dates ne conviennent pas.

14. H. HALFMANN, *Die Senatoren aus dem östlichen Teil des Imperium Romanum*, Göttingen, 1979, 106 et St. MITCHELL, « Population and the Land in Roman Galatia », *ANRW*, II/7/2,1073-1074.

15. Actes, 13,13-14. Sur Pergè, L. ROBERT, *RPh*, 32,1958,42.

16. Actes, 13,13.

17. Actes, 14,11, parle du « dialecte lycaonien » à Lystres, mais toute la population alphabétisée écrit en grec et en latin.

18. Actes, 13,51 ; la rupture avec les Juifs est signifiée par le geste symbolique des Juifs de retour d'une terre païenne, qui « secouaient la poussière de leurs pieds » pour ne pas souiller la Terre sainte; le geste est inversé (voir Mt, 10,14 et Mc, 3,11). Cette rupture immédiate du premier christianisme avec les synagogues d'Asie (affirmée aussi dans Apocalypse, 3,9) répond à un dessein apologétique que ne confirment ni l'extension réelle des synagogues dans cette région, ni, ailleurs, la séparation entre Juifs et Chrétiens (voir les conclusions de A. T. KRAABEL dans G. M. A. HANFMANN, *Sardis*, Harvard University Press, 1983, 180). Le parallélisme entre cette première mission et le rejet de Jésus par les synagogues de Galilée au début de sa vie publique (Lc, 4,16,30) est voulu.

19. Gal., 4,13-14 ; II Cor., 11,24-25 ; Actes, 14,19,21 ; la lapidation n'était pas un supplice en droit commun dans la

Grèce des cités, sauf le lynchage pour les incestueux (Apulée, *Métamorphoses*, 10,6,3), les empoisonneurs (2,27,4) et les magiciens (1,101 et *V. Apollonios*, 4,10, à Éphèse au Ier siècle).

20. Voir M. DUMAIS, *Le langage de l'Évangile. L'annonce missionnaire en milieu juif (Actes 13,16-41)*, Tournai-Montréal, 1976.

21. Gal., 4,8 ; 5,2-6 ; 6,12-13 ;. Actes, 16,1 et II Tim., 1,3-5, sur les ascendants de Timothée et ceux de Paul. Sur les raisons de donner à « Galates » un sens provincial et d'identifier les destinataires de l'Épître avec les Églises de la première mission, voir ci-dessus chap. premier.

22. Actes, 14,12. Scène d'épiphanie très fréquente dans les romans (par exemple en Asie dans la région de Milet, à la fin du Ier siècle, CHARITON, *Chairéas et Callirhoé*, 1,14,1 ; 2,2,6 ; 2,3,6-7 et 9), ce qui correspond donc à une attente populaire.

23. Gal., 3, 27-28. Sur le milieu, B. LEVICK, *Roman Colonies in Southern Asia Minor*, Oxford, 1967 et St. MITCHELL, *ANRW*, II/7/2,1053-1081, qui utilise surtout les inscriptions locales.

24. Gal., 4,28. Cette position extrême est néanmoins un argument de polémiste qui ne représente pas le point de vue définitif de l'apôtre : voir ci-dessous chap. XI.

25. Gal., 4,24.

26. Elle était plus rapide et plus facile que la route Est qui franchissait le Taurus par les portes de Cilicie, si bien que Cicéron envisagea de la prendre en septembre 51, alors qu'il voyageait d'Éphèse à Tarse ; il dut finalement choisir l'itinéraire oriental pour des raisons stratégiques (*Ad Fam.*, 15,4).

27. Les Actes de Thècle constituent la deuxième partie des Actes de Paul : sur la mise en forme de cette légende dans la région d'Antioche de Pisidie, G. DAGRON, *Vie et miracles de sainte Thècle*, Bruxelles, 1978, 33-47. Sur Onésiphore, II Tim., 2,16-18 ; Actes de Paul, 2,2-5 et 23.

28. Actes de Paul, 2,3.

29. STRABON, 12,6,1 (568).

30. Gal., 4,13-14. Cette maladie est souvent rapportée au second voyage de Paul sur les hauts plateaux, les commentateurs comprenant « Galatie » au sens non administratif mais géographique et ethnique du terme, et supposant en conséquence un prolongement de la mission au centre de l'Anatolie. Cependant, Paul utilise toujours le cadre provincial (la « Macédoine », l' « Asie »), même quand sa prédication n'a fait qu'effleurer la province (l' « Achaïe ») ; d'autre part, il ne semble pas s'être écarté des grandes routes ; or le réseau routier ne s'est développé dans la région véritablement galate, autour d'Ancyre

(Ankara), qu'à l'époque flavienne (D. H. FRENCH, « The Roman Road-System of Asia Minor », *ANRW*, II/7/2,707-711 : Ancyre est alors reliée à Iconion). Voir ci-dessous chap. VII.

31. Actes, 14,21-23. L'intention pastorale propre à l'auteur pourrait être de démontrer la nécessité de confirmer dans un second temps les convertis.

32. II Cor., 11,26.

33. Actes, 14,23. Voir E. NELLESSEN, « Die Presbyter der Gemeinden in Lykaonien und Pisidien », dans *Les Actes des apôtres*, Louvain, 1979, 493-498, qui admet un fondement historique à ce récit.

34. I Cor., 16,16 et I Thess, 5,12. Le terme d' « Ancien » n'apparaît que dans les Pastorales (I Tim., 5,1-2; 17-19; Tite, 1,5).

35. Actes, 14,24.

36. Actes, 14,26-27.

37. Rappelons, pour plus de clarté, que les manifestations d'hostilité contre Paul sont imputées aux seuls Juifs par les Actes, mais que ceux-ci ont été rédigés après la révolte et la chute de Jérusalem, en 70, alors qu'il devenait essentiel pour le christianisme de se dissocier de la religion des rebelles vaincus. Elles ont été expliquées et interprétées successivement par les exégètes et les historiens dans des perspectives très différentes. L'interprétation la plus classique, de saint Augustin à Luther, était que Paul avait effectivement rejeté le judaïsme, ce que ne confirme pas son seul écrit réellement doctrinal, l'épître aux Romains. L'interprétation qui prévaut donc actuellement et qui s'appuie surtout sur Gal. et II Cor. est que les difficultés vinrent de la tendance judaïsante qui constituait un des quatre courants majeurs du christianisme primitif (bonne présentation de R. E. BROWN et J. P. MEIER, *Antioche et Rome*, Paris, 1988). Récemment, on a voulu aussi faire de Paul un extrémiste qui rejetait tout sauf le Christ (E. P. SANDERS, *Paul and Palestinian Judaism*, Philadelphie, 1977) ou encore une victime de sa difficulté à communiquer (P. FREDRIKSEN, *From Jesus to Christ*, Yale, 1988, 164-165).

CHAPITRE VII. — UNE MISSION SANS LIMITES

1. Cependant, on discute encore pour savoir s'il faut le dater avant ou après le concile de Jérusalem, le meilleur argument pour le rapporter avant cette conférence étant que les Corinthiens n'ont pas entendu parler, lors de la première mission de

Paul (I Cor., 16,1-4), de la collecte qui avait été décidée lors du concile de Jérusalem (Gal., 2,10). Cet argument a été développé par G. Lüdmann, *Paulus. Der Heidenapostel*, 138-139, et accepté par J. Murphy-O'Connor, « Pauline Missions before the Jerusalem Conference », *RB*, 89, 1982, 83. Le déplacement de cet événement peut aussi rendre compte d'une évolution de la pensée de Paul quant à la circoncision des païens : Timothée, Judéo-Grec converti et recruté au début de la seconde mission (I Thess., 1,1 et 3,2 ; Actes, 16,1-3), a été circoncis ; Tite, Grec recruté juste avant le voyage à Jérusalem, ne l'a pas été (Gal., 2,1-3). Prendre un point de vue diachronique sur ce problème très débattu (voir ci-dessous chap. xii, n. 7) incite à nuancer le soi-disant opportunisme de l'apôtre et ses contradictions apparentes. L'auteur des Actes a voulu situer antérieurement la réunion apostolique de Jérusalem pour mieux légitimer l'envoi de Paul aux païens.

2. Actes, 15,36-39. Sur l'évangélisation d'Alexandrie par Marc, Eusèbe, *HE*, 2,16,1, d'après une tradition fixée à la fin du IIe siècle. Les relations entre Chypre et Alexandrie sont faciles : voir ci-dessus chap. vi. Date de 45 donnée par *Chronique*, éd. Helm, 179.

3. Actes, 15,32 et 37. Voir *A Greek-English Lexicon of the New Testament*, s.v. *Silas*.

4. II Cor., 10,13-14.

5. Actes, 16,2 ; voir Gal., 2,1-3 ; la circoncision de Timothée a été très discutée par les savants et les exégètes : mises au point de E. Trocmé, *Le « Livre des Actes » et l'histoire*, Paris, 1957, 163 et R. E. Brown dans *Antioche et Rome*, Paris, 1988, 23-24.

6. Phil., 3,22 ; I Thess., 3,2 et 6 ; I Cor., 4, 17.

7. Actes, 16,6, dont l'expression alambiquée a suscité beaucoup d'hypothèses hasardeuses allant jusqu'à faire voyager Paul au centre de l'Asie Mineure, vers Pessinonte et Ancyre, malgré l'absence de routes romaines jusqu'à l'époque flavienne (voir chap. vi, n. 30). Mais l'étude des populations, dans la région de la première mission, donne une explication simple : voir St. Mitchell, « Population and the Land in the Roman Galatia », 1060-1061.

8. J. Bérard, « Recherches sur les itinéraires de saint Paul en Asie Mineure », *RA*, 1935, I,57-90.

9. I Pet., 1,1 ; Eusèbe, *HE*, 3,2,1. Des Églises sont connues au IIe siècle à Amastris, Nicomédie et Sinope ; sur la vigueur du christianisme dans ces régions au début du IIe siècle, Pline le Jeune, *Lettres*, 10,96 et Lucien, *Alexandre*, 27,25. Les Actes d'André, un apocryphe du IIe siècle, rappellent aussi une

prédication de cet apôtre dans la région, qui aurait pu refouler Paul.

10. Sur les relations avec les baptistes et les johanniques, voir ci-dessus chap. v et ci-dessous chap. x avec les références citées n. 17-19.

11. J. Bérard, « Les itinéraires de saint Paul en Asie Mineure », *RA*, 1935, I, 80-81.

12. R. Jewett, *Dating Paul's Life*, 59-61.

13. Actes, 20,7,2 ; II Tim., 4,13 ; II Cor., 2,12.

14. La tradition du partage par tirage au sort entre les Douze à Jérusalem est mentionnée dans les Actes de Thomas, 1-3, au début du IIIe siècle, et dans les Actes de Philippe, 8, au IVe siècle. Elle est recueillie par Origène citant un document qu'il appelle la Paradosis.

15. En paraphrasant II Cor., 10,12.

16. Actes, 16,9 ; voir ci-dessus chap. IV.

17. Actes, 16,10-16,17 : une des « section-nous » ; voir E. Trocmé, *Le « Livre des Actes » et l'histoire*, 128-129.

18. *CIL*, III, n° 386 (inscription latine de Troas) ; *IG*, X/2/1, n° 291 (inscription de Thessalonique, fin IIe siècle) ; l'inscription d'un marchand de Thyatire à Philippes est douteuse : elle est discutée par L. Robert, *R. Ph*, 13, 1939, 136-150, mais admise par P. Lemerle, *Philippes et la Macédoine orientale à l'époque chrétienne et byzantine*, Paris, 1949, 28.

19. Actes, 16,14,15 et 40. On a discuté de son statut, de son type d'activité (teinturerie artisanale ou entreprise de commerce de luxe ?), de son indépendance, qui peut paraître étonnante au non-spécialiste des sociétés antiques : bonne mise au point de G. H. R. Horsley, *New Documents Illustrating Early Christianity*, Macquarie University, 1982, 25-32. Sur le rôle de certaines femmes dans les synagogues, B. J. Brooten, *Women Leaders in the Ancient Synagogue*, Brown Judaic Studies, 36, 1982.

20. Identifications : Rom., 16,20 et Actes, 17,5-7 et 9 ; Rom., 16,21 et Actes, 20,4 ; Rom., 16,21.

21. Sur le milieu, P. Collart, *Philippes*, Paris, 1937 ; P. Lemerle, *op. cit.* n. 18 ; F. Papazoglou, *Les Villes de Macédoine à l'époque romaine*, Paris, 1988, 405-413.

22. Actes, 16,11 et 17,1. Sur la population romaine en Macédoine, F. Papazoglou, « La province de Macédoine », *ANRW*, II/7/1, Berlin-New York, 1979, 338-351 et 356-357.

23. Philon, *Legatio ad Gaium*, 36. Les inscriptions de Thessalonique attestent seulement d'un culte au Très-Haut, mais cette épiclèse peut s'appliquer à d'autres dieux orientaux que le Dieu des Juifs.

24. Le commentaire linéaire de P. Lemerle, *Philippes*, 15-68, reste fondamental.

25. Phil., 1,1.

26. Il n'y a aucune raison de minimiser ses activités comme J.-R. Armogathe, *Paul ou l'impossible unité*, Paris, 1980, 102. La forme du nom de métier en *-polis* n'est pas signifiante, car ces composés ne s'appliquent pas uniformément aux petits métiers : à Athènes, au IVe siècle, un « chalcopole » ou « marchand de bronze » peut aussi bien être un chaudronnier qu'un marchand d'armes qui travaille sur une grande échelle. Partout, les marchands de pourpre appartiennent à l'aristocratie du monde des affaires et de la cité : voir H. W. Pleket, « Urban Elites and Business in the Greek Part of the Roman Empire », dans P. Garnsey, *The Roman Empire : Economy, Society and Culture*, Berkeley et Los Angeles, 1987, 141-142. Sur les *Purpurari* de Philippes, *CIL*, III, 1664.

27. La localisation proposée par P. Collart, 458-459, diverge notablement de celle retenue par P. Lemerle, 26-29, et est beaucoup plus extérieure. L'argument du trajet autorisé le jour du sabbat, avancé par ce dernier, me semble probant.

28. C'est l' « exhortation » (I Thess., 2,3).

29. Phil., 4,2.

30. Phil., 4,3 et Origène, *In Joh.*, 6,36 ; au contraire, Eusèbe, *HE*, 3,25.

31. *Stromates*, 3,52-53, repris par Eusèbe, *HE*, 3,30,1. Le terme est tout particulièrement utilisé dans le milieu des gladiateurs à l'époque romaine. Dans le théâtre classique : Euripide, *Troyennes*, 1001 et *Iphigénie en Tauride*, 250 ; Aristophane, *Ploutos*, 945.

32. F. Schürer, 2e éd. rev., II, 215 et 356-369. Voir J. Levy, *Wörterbuch über die Talmudim und Midrashim*, Darmstadt, 1963, I, col. 518 et M. Jasnow, *A Dictionary of Targunim*, I, 383.

33. R. MacMullen, *Le Paganisme dans l'Empire romain*, Paris, 1987, 88.

34. Actes, 16,20. Voir les textes latins rassemblés par M. Whittaker, *Jews and Christians : Graeco-Roman Views*, Cambridge, 1984, 105-124.

35. Actes, 16,19 et 22. Voir A. N. Sherwin-White, *Roman Society and Roman Law in the New Testament*, Oxford, 1963, 102-103.

36. Le terme employé dans Actes, 16,21 (*éthè*) est le terme officiel utilisé dans les édits rassemblés par Josèphe, *AJ*, 14,10,8 (214), 21 (246), 23 (258), 24 (260), 25 (263), 19,5,2-3 (289) et 20,1,2 (13) qui les autorisent comme « ancestrales » (*patria*) ou régulières (*nomizomena*).

37. Des textes attestent les interdictions ponctuelles du prosélytisme à Rome, par exemple VALÈRE MAXIME, 1,3,2, pour l'année 131 avant notre ère. L'hypothèse de mesures répressives sous le règne de Claude a été défendue par A. MOMIGLIANO, *Claudius the Emperor and his Achievement*, Oxford, 1934, 29-30, et refusée par A. N. SHERWIN-WHITE, 79-81, mais celui-ci ne prend pas en considération les textes adressés aux Grecs, cités par JOSÈPHE, *AJ*, 19,5,3 (287-291) pour l'année 41.

38. A. N. SHERWIN-WHITE, 79, insiste sur la forme archaïque de l'accusation.

39. I Thess., 2,2 ; voir aussi Phil., 1, 30 : « Vous m'avez vu dans le combat. » D'après II Cor., 11,25, l'apôtre reçut au total trois fois des coups de trique.

40. I Cor., 9,20. Hypothèse de P. LEMERLE, *Philippes*, 38.

41. Voir le vieux mémoire, encore utile, de E. EGGER, *Des formalités de l'état civil*, Mémoires d'histoire ancienne et de philologie, Paris, 1863, 105-129 et les remarques générales de Ph. GAUTHIER, *Symbola*, Nancy, 1972, 76-81. Sur les difficultés à prouver sa citoyenneté au Ier siècle avant notre ère et sur le rôle irremplaçable des témoins, E. DENIAUX dans *Les « Bourgeoisies » municipales italiennes*, Paris-Naples, 1983, 267-277.

42. DION, *Discours aux Rhodiens*, 60,24 (sous Claude). Cependant, A. N. SHERWIN-WHITE, *Roman Law*, 71-76, a rassemblé des données de la République et de l'Empire et a démontré que les magistrats romains pouvaient faire enchaîner et flageller un citoyen, au moins quand il y avait eu procès et condamnation.

43. Actes, 17,9 : l'expression grecque de l'auteur des Actes, « *labontes ton ikanon* », que l'on retrouve aussi en 15,15, est la traduction du latin *satis accipere*, corrélat de *satis dare*, « fournir une garantie par caution » (voir A. N. SHERWIN-WHITE, « Paul and the Cities », *Roman law*, 95). En droit romain, il s'agit du *vadimonium* qui garantit la comparution au jour dit. La trivialité de ce détail est la meilleure garantie de l'historicité de l'épisode.

44. I Thess., 2,9 : ce passage a été interprété à tort comme un mode de prédication à l'atelier ou sur le pas de la porte par J. MURPHY-O'CONNOR, *Corinthe au temps de saint Paul*, Paris, 1986, 257-258.

45. I Thess., 2,3.

46. Attesté par PHILON, *De vita Mos.*, 2,41, et suggéré par JOSÈPHE, *AJ*, 20, 2,3 (34-35).

47. I Thess., 1,9 ; Philém., 24 ; Col., 4,10-11 ; Actes, 20,4 et 27,2.

48. Actes, 17,4,11. La catégorie des « craignant Dieu » reste imprécise, puisque l'auteur des Actes peut désigner ainsi quelqu'un que Paul dit expressément être juif et qui porte un nom hébreu : voir ci-dessous chap. VIII, n. 82 ; on ne peut donc exclure que Paul ait converti à Thessalonique des Juifs hellénisés. Rappelons que la situation des « craignant Dieu » à la synagogue n'est définie avec précision que par JOSÈPHE, *AJ*, 20,2,3 et 8,11 (34-35 et 195) : ils observent le rituel ancestral sans avoir part à la Loi des Juifs et sans être circoncis. Mais c'est en Mésopotamie.

49. I Thess., 1,8-9.

50. I Thess., 2,2 et 14, à rapprocher d'Actes, 17,4 et 5.

51. Voir B. LIFSHITZ et J. SCHIBY, *RB*, 75, 1968, 368-378, à compléter par E. TOV, *RB*, 81, 1974, 394-399.

52. Sur le milieu de Thessalonique et l'institution du « politarque », voir F. PAPAZOGLOU, *Les Villes de Macédoine à l'époque romaine*, BCH Suppl. 16, Paris, 1988, 206-210.

53. I Thess., 1,8 : ils circulent en Macédoine orientale jusqu'au lac Ohrid, le long de la Via Egnatia, ce qui permettra à Paul de dire que sa prédication a atteint l'Illyrie (Rom., 16,19) c'est-à-dire la région de Lychnidos d'après STRABON, 17,323, mais aussi en Grèce centrale. La comparaison, très populaire, avec les oiseaux migrateurs est exploitée en particulier par PLATON, *Lois*, XII, 952.

54. Phil., 1,5 (qui est une lettre certainement très tardive : voir ci-dessous chap. XIII). Le thème de la *koinônia* apparaîtra dans les années 53-54, à l'époque d'Éphèse, dans Gal., 2,9, Rom., 15,26 et Philém., 6. Le terme peut avoir en grec le sens de « société commerciale », mais il s'applique aussi, plus généralement, à toute structure de participation, aussi bien politique que de sociabilité : on ne peut donc être aussi affirmatif que S. DOCKX, « Date et lieu de l'épître aux Philippiens », *RB*, 80, 1973, 239, n. 17 (même point de vue développé plus largement par P. SAMPLEY, *Pauline Partnership in Christ. Christian Community and Commitment in Light of Roman Law*, Philadelphie, 1980).

55. Phil., 4,15. Voir S. DOCKX, *art. cit.* dans note précédente.

56. I Thess., 4,9 et 10 ; 3-7 et 11-12.

57. Actes, 17,6-7, qui apparaît comme un doublet de 24,5, l'accusation d'être « un fléau de l'humanité » reprenant un édit de Claude : voir F. CUMONT, *RHR*, 91, 1925, 1-17.

58. I Thess., 2,14.

CHAPITRE VIII. — ÉLABORATION D'UNE STRATÉGIE MISSIONNAIRE

1. Phil., 4,15.

2. II Cor., 11,8-9.

3. I Thess., 1,8-10. Sur Dobéros, F. PAPAZOGLOU, « La province de Macédoine », *ANRW*, II/7/1, Paris-New York, 1979, 347.

4. Voir R. MACMULLEN, *Paganism in the Roman Empire*, New Haven (Yale), 1981, 154-158.

5. I Thess., 5,10-20 ; II Thess., 2,2.

6. Actes, 20,4 : parmi les compagnons du troisième voyage, en 55, un certain Caius de Dobéros. Bien que l'auteur donne comme ethnique (de cité) *Doberios* alors que les autres sources ne connaissent qu'un ethnique tribal, *Doberes* ou *Doberi*, il s'agit bien de la localité de Macédoine et non de celle de Derbè en Lycaonie puisque le dénommé Caius est dit « Macédonien » en 14,19. Sur *Doberios*, voir F. PAPAZOGLOU, *Les Villes de Macédoine à l'époque romaine*, Paris, 1988, 328-333.

7. Rom., 16,21 ; Col., 4,10 et Actes, 27,2 ; Actes, 19,29 et 20,4.

8. A propos d'Apollonios de Tyane, à peu près contemporain de Paul et originaire de la même région, témoignage de PHILOSTRATE, *V. Ap.*, 4,19.

9. Le terme de voyage « d'étude » ou « théorétique » est employé dans Actes, 17,16 et 23. Sur ce type de voyage, J.-M. ANDRÉ et M.-F. BASLEZ, *Voyage, tourisme et villégiature dans l'Antiquité gréco-romaine* (à paraître).

10. Actes, 17,18, à comparer avec les passages plus développés de *V. Ap.*, 4,17 et 19.

11. Actes, 17,23. Voir PAUSANIAS, 1,14 (guide touristique du IIe siècle) et, sur le « dieu inconnu », LUCIEN, *Philopatris*, 9. La façon dont Paul altéra la réalité est déjà relevée par JÉRÔME, 1,12.

12. Actes, 17,16,24-29. Voir ci-dessus chap. III. Sur le point de vue assez proche de Zénon, le fondateur du stoïcisme, voir PLUTARQUE, *Moralia*, 1034b.

13. Les relations du discours à l'Aréopage avec la pensée hellénistique ont été soulignées dès 1913 par E. NORDEN, *Agnostos Theos*. Thème développé par E. DES PLACES, *La Religion grecque*, Paris, 1969, 329-361 et, avec plus de nuances, par J. DUPONT, « Le discours à l'Aréopage », *Nouvelles Études sur les Actes des apôtres*, Paris, 1984, 380-423.

14. Actes, 17,30. Sur cette conception nouvelle de la divinité, qui remonte à la fin du IVe siècle, voir C. HABICHT, *Gottmenschentum und Griechische Städte*, 2e éd., Munich, 1970, 160-165.

15. Actes, 17,18. L'habitude d'associer les divinités en couple pour augmenter leur puissance est particulièrement caractéristique des cultes égyptiens.

16. Actes, 17,18 et 32. Le thème du *spermologos* apparaît chez DÉMOSTHÈNE, *Sur la couronne*, 127 ; repris à l'époque impériale par ATHÉNÉE, 344c et par PLUTARQUE, *Alcibiade*, 36 et *Moralia*, 664a pour les racontars d'un matelot à l'escale.

17. I Cor., 1,17 et 20-22 ; II Cor., 11,3-6.

18. Actes, 17,18 et 20. Voir E. DERENNE, *Les Procès d'impiété intentés aux philosophes à Athènes au ve et au ive siècle av. J.-C.*, Liège et Paris, 1930 et M. OSTWALD, « Early Trials for Impiety at Athens », dans *From Popular Sovereignty to the Sovereignty of Law*, University of California Press, 1986.

19. Athènes, comme toutes les villes libres de l'Empire, avait gardé des prérogatives judiciaires. Depuis l'époque classique, l'Aréopage connaît des procès d'impiété (voir E. DERENNE, cité n. 18) ; à l'époque impériale, sa compétence est attestée pour les cas d'empoisonnement (AULU-GELLE, *Nuits attiques*, 12,7) qui supportent souvent une accusation de magie, et pour des actes subversifs comme les faux (TACITE, *Annales*, 2,55).

20. I Thess., 2,18.

21. I Thess., 3,1-2 et Actes, 17,14-15.

22. Actes, 17,34. Voir *A Greek-English lexicon of the New Testament*, s.v. *Damaris*.

23. Les conclusions de L. B. URDHAL, « Jews in Attica », *Symbolae Osloenses*, 43, 1968, 39-56, sont très discutables : les Juifs d'Athènes se réduisent à quelques unités (cinq identifications incontestables) qui témoignent d'une présence clairsemée depuis le IIe siècle av. J.-C.

24. Apologie d'Aristide pour Hadrien et d'Athénagoras (dont le nom semble indiquer un Athénien de naissance) pour Marc Aurèle et Commode : voir P. GRAINDOR, *Athènes sous Hadrien*, Le Caire, 1934, 212-213.

25. Le milieu corinthien est surtout connu par les témoignages du géographe STRABON, à l'époque d'Auguste, et (pour Cenchrées) d'APULÉE, *Métamorphoses*, 10,19-35 et 11,8-16, au IIe siècle, ainsi que par les fouilles américaines et par les inscriptions grecques et latines : mise au point récente de J. WISEMAN, « Corinth and Rome I », dans *ANRW*, II/7/1, Berlin-New York, 1979, 438-548, qui apporte les correctifs parfois nécessaires aux nombreuses études spécialisées telles que F. J. DE WAELE, *Corinthe et saint Paul*, Paris, 1961 ; O. F. A. MEINARDUS, *St. Paul in Greece*, 2e éd., Athènes, 1973 ; J. MURPHY-O'CONNOR, *Corinthe au temps de saint Paul*, Paris, 1986.

26. I Cor., 16,15; II Cor., 1,1 et 11,10 (à rapprocher de Gal., 1,21).

27. Actes, 18,11, de l'automne 50 au début de l'été 51 (voir ci-dessous).

28. Sur la tradition et les fonctions du « prostate » dans l'Antiquité grecque classique, Ph. GAUTHIER, *Symbola*, Nancy, 1972, 126-136. Sur l'adaptation du « prostate » grec au modèle du « patron » romain et sur les prostates des synagogues, bonne mise au point de H. J. LEON, *The Jews of Ancient Rome*, Philadelphie, 1960, 191-194.

29. Rom., 16,1-2. Sur le sens technique de *pragma* pour désigner les « affaires », G. THEISSEN, *The Social Setting of Pauline Christianity. Essays on Corinth*, Philadelphie, 1982, 249-250.

30. Actes, 18,3, dont le texte occidental précise qu'Aquila et Paul étaient de la même tribu. Le métier de « faiseur de tentes » ne peut d'ailleurs être considéré comme une spécialité, sans compter qu'une tradition ancienne fait de Paul un travailleur du cuir. C'est une occupation de circonstance, en raison des besoins particuliers et momentanés de la ville (voir ci-dessous n.32), qui peut à l'occasion convenir à tout artisan ou commerçant du textile obligé de gagner sa vie à l'étranger. Nuancer les conclusions de R. F. HOCK, « Paul's Tentmaking and the Problem of his Social Class », *RBL*, 97, 1978, 437-439.

31. La date de cette expulsion est l'un des repères de la chronologie paulinienne; elle est fixée par OROSE, 7,6,15 (suivant Josèphe) à la neuvième année du règne de Claude, entre janvier 49 et janvier 50, c'est-à-dire plus d'un an avant l'arrivée du proconsul Gallion (voir ci-dessous n.71), ce qui s'accorde avec le séjour de dix-huit mois, tel qu'il est fixé dans les Actes. Cette date a été inutilement débattue en fonction de textes moins précis de SUÉTONE, *Claude*, 25,4 et DION CASSIUS, 60,6, qui ne se rapporte pas forcément au même événement : voir la mise au point de J. WISEMAN, « Corinth and Rome I », 503-504, n. 255.

32. O. BRONEER, « The Apostle Paul and the Isthmian Games », *Bibl. Archeologist*, 25, 1962, 1-31, et « Paul and the Pagan Cults at Isthmia », *HTR*, 64, 1971, 169-187.

33. Actes, 18,7 (sur le personnage, voir Col., 4,11). Rappelons que l'expression de « craignant Dieu », qu'utilise si fréquemment l'auteur des Actes, s'applique dans le vocabulaire des synagogues aux Juifs comme aux prosélytes : voir ci-dessous n. 76.

34. Rom., 16,23. Sur la relation d'hospitalité, fondamentale dans le monde grec, voir *L'Étranger dans la Grèce antique*, Paris, 1984, 49-83.

35. La villa d'Anaploga date justement des années 50-70 (fouilles non publiées) : voir J. WISEMAN, « Corinth and Rome I », 528.

36. J.-M. ANDRÉ et M.-F. BASLEZ, *Voyage, tourisme et villégiature dans l'Antiquité gréco-romaine* (à paraître).

37. I Cor., 12,13-31. Voir M. LANG, *Cure and Cult in Ancient Corinth*, Princeton, 1977 et A. E. HILL, « The Temple of Asclepius : an Alternative Source for Paul's Body theology », *JBL*, 99, 1980, 437-439. Ce sanctuaire est décrit par PAUSANIAS, 2,4,5.

38. I Cor., 9,24-27. Voir les études de O. BRONEER citées ci-dessus n.32.

39. I Cor., 5,10-11 ; 6,9-10 et 13-18. A éclairer par STRABON, 8,6,20 (378) ; APULÉE, *Métamorphoses*, 10,19-35 (sur les perversions de la bonne société) ; et PHILOSTRATE, *V. Ap.*, 4,25 (les bouges de la route de Cenchrées). Mise au point de H. D. SAFFREY, *RB*, 92, 1985, 359-374 et, en général, C. SALLES, *Les Bas-Fonds de l'Antiquité*, Paris, 1982, 26-32.

40. I Cor., 1,26.

41. Voir par exemple 13,1,12 et 50 ; 17,4,12 et 34.

42. C'est le cas d'Éraste, qui exerce une charge municipale (Rom., 16,23), et de Caïus, propriétaire d'une grande villa (Rom., 16,23 ; voir ci-dessus n. 35) ; de Stéphanas et de Chloé, propriétaires d'esclaves (I Cor., 1,11 et 15,16). Corinthe, refondée par César comme colonie romaine en 44 av. J.-C., fut alors peuplée de vétérans et d'affranchis auxquels s'ajoutèrent des immigrés syriens et juifs attestés avant le règne de Caligula (PHILON, *Legatio ad Gaium*, 281) : voir STRABON, 8,6,23 ; Plutarque, *César*, 52,57 ; Pausanias, 2,1,2 ; Dion Cassius, 43,50,3-5.

43. I Cor., 16,22 : salutation en araméen. Voir aussi en 10,25 le terme *makellon*, qui est une hellénisation du latin *macellum*, employé à la place d'*agora*.

44. Voir J. KENT, *Corinth*, VIII,3, *The Greek Inscriptions*, n° 232.

45. I Cor., 9,20-22 et 8,12-13.

46. I Cor., 7,21-23. Étant donné les documents dont on dispose, il est impossible de déterminer le pourcentage de riches et de pauvres parmi les convertis de Paul : points de vue opposés de W. MEEKS, *The First Urban Christians : the Social World of the Apostle Paul*, New Haven, 1983, 73 et 173-174, et de D. ENGELS, *Roman Corinth*, Chicago et Londres, 1990, 108 et n. 57. L'appréciation reste subjective.

47. I Cor., 11,21, qui est très descriptif et explicite (il ne s'agit pas de banquets « à la romaine », comme le pense J. MURPHY-

O'CONNOR, 243-245). Sur les banquets communautaires dans les communautés sémitiques de Grèce, je renvoie à mon étude dans *L'Étranger dans le monde grec*, Nancy, 1988, 139-158.

48. I Cor., 9,10 et 10,25-33. Voir J. MURPHY-O'CONNOR, « Freedom or the Ghetto ? », *RB*, 85, 1978, 543-574.

49. I Cor., 9,26-33.

50. I Cor., 1,14-17 et 10,16.

51. I Cor., 1,17-25 ; 2,4-13.

52. I Cor., 4,9-13, à rapprocher de II Cor., 4,7-11 ; 6,4-10 et surtout 11,21-30. Sur le modèle arétalogique, voir ci-dessus Introduction.

53. I Cor., 11,2 et 23-29, à rapprocher de Lc, 22,17-20 ; comparer avec Mt, 26,26-29 et Mc 14,22-25. Sur Paul célébrant la Cène, Actes, 20,7 (à Troas) et 27,35 (sur le bateau, en route vers Rome).

54. I Thess., 1,8-9.

55. I Thess., 2,5-6 : même portrait, plus développé, chez le rhéteur AELIUS ARISTIDE au IIe siècle (*Discours*, 46, 399-406).

56. I Thess., 4,13-18 et 5,11. Voir aussi dans II Thess. (dont l'authenticité est improbable), 2,2 et 3,11-12.

57. I Thess., 2,9,10,12-13, dont on peut rapprocher II Thess., 3,7-11.

58. L'importance de la tradition épistolaire dans le milieu sémitique a été mise récemment en évidence par P. E. DION, « Les types épistolaires hébréo-araméens », *RB*, 86, 1979, 544-579, et « La lettre araméenne passe-partout », *RB*, 89, 1982, 528-575. On connaît des correspondances familiales ainsi que des lettres spécialisées comme les lettres de recommandation, abondamment pratiquées par Paul à partir d'Éphèse (voir ci-dessus chap. II) ; elles font, comme le fera Paul, un usage abondant des noms de « frère » et « sœur ».

59. II Thess., 2,2 et 2,15. Mais l'authenticité de cette seconde épître est très contestée.

60. Voir plus tard, en 53-54, I Cor., 1,11 et 7,1.

61. Cette pratique est attestée (au moins indirectement puisque l'authenticité de l'épître n'est pas assurée) par II Thess., 3,17 et, dans les lettres que Paul a indiscutablement dictées, par I Cor., 16,21 ; Gal., 6,11 (où Paul caractérise son écriture personnelle par de grosses lettres).

62. II Thess., 2,15 ; 3,6 et 14.

63. I Thess., 5,27.

64. I Thess., 1,1 et 3,2.

65. Encore cette allusion émane-t-elle de II Thess., 3,1-2,

qui n'est sans doute pas contemporaine des événements et ne constitue pas une source meilleure qu'Actes, 18,12-17.

66. Ce point de vue propre à l'auteur des Actes, qui entraîne évidemment des réserves sur la valeur du livre comme source historique, a été développé par A. N. SHERWIN-WHITE, « Paul and Gallion », dans *Roman Society and Roman Law in the New Testament*, Oxford, 1965, 99-104.

67. Actes, 18,3. Sur le sens de l'expression, qui fait l'objet d'un débat, voir ci-dessous.

68. A. N. SHERWIN-WHITE, 101. Voir ci-dessus chap. VII et n. 37.

69. L'exégète S. DOCKX, « Lieu et date de l'épître aux Philippiens », *RB*, 80, 1973, 230-246, a formulé l'hypothèse que la comparution devant Gallion a entraîné condamnation et incarcération en rapportant à cette conjoncture l'épître aux Philippiens, très difficile à dater. Il est évident que la mention d'un « prétoire » et d'affranchis impériaux conviendrait aussi bien à Corinthe, qui est colonie romaine et résidence du gouverneur, qu'à Rome ou à Éphèse. Mais le contexte évoqué est radicalement différent de celui des Actes ; il est même unique dans les épîtres pauliniennes dont l'authenticité est indiscutable, ce qui m'incite à rapporter cette lettre non seulement, comme beaucoup de savants, à une captivité romaine, mais même à la dernière période de la vie de Paul : voir ci-dessous chap. XIII.

70. Actes, 18,7 ; voir I Cor., 1,1.

71. La date de juin ou même mai 51 pour la comparution de Paul devant Gallion est maintenant universellement admise, surtout après complément et relecture de l'inscription de Delphes mentionnant ce proconsul : voir, du point de vue des exégètes, B. SCHWANK, « Der sogennante Brief an Gallio und die Datierung des I Thess. », *BZ*, 15, 1971, 265-266, suivi par S. DOCKX, « Chronologie de saint Paul depuis sa conversion jusqu'à son séjour à Rome », *NT*, 13, 1971, 261-304, et, du point de vue des historiens, J. WISEMAN, « Corinth and Rome I », 503, n. 255. L'inscription est datée du printemps 52 ; le proconsul était arrivé à la fin d'avril (départ de Rome fixé au milieu d'avril, date limite : DION CASSIUS, 60,11,6 et 17,3) de l'année civile précédente, et il ne resta pas une année entière à Corinthe qu'il prit en aversion selon son frère SÉNÈQUE, *Lettre à Lucilius*, 4,104.

72. Voir la partie autobiographique de Gal., 2,1, qui situe cette deuxième rencontre avec les apôtres de Jérusalem quatorze ans après la première, en 37.

73. Actes, 18,18 est évidemment un doublet de 20,3 (voyage

de 54-55 qui prévoyait d'emblée un retour à Jérusalem pour porter la collecte), puisque Paul n'accomplira les cérémonies finales de son vœu qu'en 21,23-24 et 26. Cependant, la tradition d'un vœu de naziréat, temporaire ou permanent, paraît authentique.

74. Thèse principale de W. A. MEEKS, *The First Urban Christians. The Social World of the Apostle Paul,* New Haven, 1983, surtout 14-16 : le cadre de la cité favorise tous les processus de changement et Paul est l' « homme de la cité » *(a city person).*

75. Cette problématique est définie par P. VIDAL-NAQUET pour un Grec d'Orient romanisé, dans « Flavius Arrien entre deux mondes », P. SAVINEL éd., *Histoire d'Alexandre. L'Anabase d'Alexandre le Grand et l'Inde d'Arrien,* Paris, 1984, 311-394, et elle est reprise, à propos de Paul, par J. MELEZE-MODRZEJEWSKI, « Les tourments de Paul de Tarse », *Mélanges Jean Imbert,* Paris, 1989, 398-403.

76. Actes, 16,14 (Lydie) ; 17,4 et 17 (des groupes) ; 18,7 (Titius Justus). L'auteur emploie en général l'expression « craignant Dieu », mais une fois aussi « Grecs pleins de crainte » (17,4) et une autre fois encore « pleins de crainte » sans précision (17,17). On a généralement identifié toutes ces dénominations entre elles et avec celle de « Grecs » distingués des « Juifs » par Actes, 17,4,12,17 et 18,4, identification qui ne va pas sans problème puisqu'un des « craignant Dieu » de Corinthe est désigné comme Juif par Col., 4,11, qu'il porte le nom hébreu de Jésus et un surnom latin, Justus, qui traduit souvent l'hébreu Sadok (Actes, 18,7 ; voir J. JUSTER, *Les Juifs dans l'Empire romain,* Paris, 1914, II, 231).

77. Une première réaction avait cru pouvoir démontrer que cette catégorie particulière n'était qu'un mythe et que l'expression ne signifiait rien d'autre que « pieux » : L. H. FELDMAN, « Jewish " Sympathizers ", *in* Classical Literature and Inscriptions », *TAPA,* 81, 1950, 200-208, suivi par H. J. LEON, The Jews of *Ancient Rome,* Philadelphie, 1960, 253, n. 1, et développé par L. ROBERT, *Nouvelles Inscriptions de Sardes,* Paris, 1964, 37-58. L'opinion commune a changé après la publication d'une liste double d' « Hébreux » et de « craignant Dieu » de la synagogue d'Aphrodisias (J. REYNOLDS et R. TANNENBAUM, *Jews and God-Fearers at Aphrodisias,* Cambridge, 1987) ; on admet désormais qu'il s'agit bien d'une catégorie de personnes associées à la synagogue (J. G. GAGER, *HThR,* 79, 1986, 91-99 ; R. TANNENBAUM et L. H. FELDMAN, *Biblic. Arch. Rev.,* 12, 1986, 55-57 et 58-63).

78. *AJ,* 20,2,3 et 4 (34-35 et 41).

79. Trois emplois collectifs du terme de « craignant Dieu »

pour un groupe. Au théâtre de Milet : « Place des Juifs, ceux qui craignent Dieu » (*CIJ*, 748). A Panticapée (Crimée) : « Synagogue des Juifs et des craignant Dieu » (*RB*, 76, 1969, 96). Dans la synagogue d'Aphrodisias, groupe minoritaire distingué des « Hébreux » (cité ci-dessus n. 77). L'emploi et le contexte sont contradictoires, mais il faut relever que l'expression des deux premières inscriptions n'est ni claire ni correcte.

80. Exploitation des données prosopographiques de la liste d'Aphrodisias, dans *Jews and God-Fearers at Aphrodisias*, 54-58.

81. Voir surtout A. T. Kraabel, *Numen*, 28, 1981, 113-126; *Essays in honor of Kr. Stendhal*, Philadelphie, 1986, 150-156, et Mac Lennan-A. T. Kraabel, *Bibl. Arch. Rev.*, 12, 1986, 47-53. J. Reynolds et R. Tannenbaum (cité ci-dessus n. 77) trouvent au contraire confirmation de la thèse des Actes dans l'inscription d'Aphrodisias.

82. Voir ci-dessous Appendice II.

83. Le problème n'a pas encore été étudié, bien que l'on connaisse de nombreuses formes de diminutifs (hypocoristiques) dans les langues sémitiques; ils sont beaucoup plus rares en grec, où les formes abrégées en *-as* ou en *-ôs* (du type Apollôs, Stéphanas, Hermas, Loukas, etc.) ne sont pas classiques et apparaissent seulement au Ier siècle avant notre ère dans des lieux cosmopolites comme le port de Délos ou plus tard Corinthe : à titre d'exemples, un Apollôs d'Alexandrie à Délos (*EAD*, XXX, n° 478) et un Syrien de Hiérapolis du nom d'Apollas (*Ins. Délos*, 2598). Le plus ancien est Onesas, nom servile.

84. I Cor., 5 et 8 (voir aussi 6,6 et 5,20).

85. Voir ci-dessus chap. II.

86. Actes, 14,15-17 et 17,22-31, qui développent, quoique de façon différente, les seuls thèmes d'un dieu créateur et vivant.

87. La participation des Juifs à la vie grecque (politique, armée, fêtes funéraires des païens) et leur attitude positive vis-à-vis de la culture grecque (religion et langue) sans qu'ils ne perdent rien de leur identité nationale ont été mises en évidence par la recherche récente : voir en particulier les analyses concordantes de G. Delling et L. H. Kant dans *ANRW*, II/20, Berlin-Paris, 1987, 7-15 et 671-713.

CHAPITRE IX. — L'HOMME SEUL

1. Le témoignage autobiographique de Gal., 2, et celui des Actes, 15,1-29 (dont on a déjà relevé qu'ils utilisaient une source antiochienne) concordent sur les trois aspects du conflit :

l'autorité apostolique de Paul, la circoncision des convertis païens et les règles *casher*, bien qu'ils divergent sur le théâtre des affrontements et que l'auteur des Actes se livre, comme d'habitude, à des synchronismes artificiels et présente la situation finale comme harmonieuse.

2. Voir ci-dessus chap. VI.

3. Chronique de Malalas, 242,8-22 ; sur ce chroniqueur byzantin du VIe siècle qui recourt aux documents officiels et connaît bien les archives locales mais cite ses auteurs sans discernement, voir ci-dessus chap. VI.

4. Chronique de Malalas, 246,20. Evhodos (ou Evhodios) est aussi connu d'EUSÈBE, *Chronique*, II, 750-756.

5. Actes, 15,2 emploie pour cet événement le terme grec classique qui désigne la lutte de factions : *stasis ;* le motif avancé en est un débat doctrinal (*zétéma*).

6. Actes, 28,24 et 29.

7. Mc, 2,22.

8. Rom., 11,11-12 et 77,24.

9. Gal., 2,3.

10. Voir ci-dessus chap. VIII. Sur l'évolution de la position des autorités romaines vis-à-vis de la circoncision, M. SMALLWOOD, « The Legislation of Hadrian and Antonius Pius against Circumcision », *Latomus*, 18, 1959, 334-347, à compléter par *Latomus*, 20, 1961, 93-96.

11. Voir JOSÈPHE, *AJ*, 16,7,6 [225] (à propos de Syllaios de Nabata, époque d'Auguste) ; 13,9,1 [257] (pour des Iduméens) ; 20,139,145, et (à propos de mariages mixtes entre la dynastie hérodienne et des princes voisins) ; 20,5 [39-47] : le débat entre deux conseillers juifs sur l'opportunité de faire circoncire le roi d'Abadiène qui vient de se convertir, au milieu du Ier siècle, est particulièrement éloquent.

12. Actes, 10,9-29. Voir aussi Mt, 15,15-20.

13. Gal., 2,4. A la même époque, la prédication d'un marchand juif dans une cour orientale est « rectifiée » par un missionnaire plus rigoriste et la circoncision est aussi au cœur du débat (JOSÈPHE, *AJ*, 20,1-4 [17-37]). Le terme de « faux frères », proche de « faux apôtres » (II Cor., 11,13), désigne évidemment des Chrétiens et non des émissaires du Sanhédrin comme l'a supposé W. SCHMITHAUS, *Paulus und Jacobus*, Göttingen, 1963, 54-56 et 89.

14. Actes, 8, 14-25. Pierre et Jean furent envoyés examiner les communautés fondées par les hellénistes.

15. Gal., II, 1-2. Paul emploie le même terme d'« apocalypse » qu'en Gal., 1,12, Rom., 8, 18, I Cor., 2,10 et 14,30 : cela

peut indiquer, dans sa langue, aussi bien une apparition que la révélation de la volonté divine.

16. Actes, 15,3.

17. Voir par exemple les tournées des princes hérodiens pour réveiller les sympathies chez leurs obligés grecs avant de se présenter devant Auguste : JOSÈPHE, *AJ*, 17,219,224-249.

18. C'est le point de vue des Actes, 15,2, qui emploient un verbe d'ordre *(etaxan)*. Sur l'envoi en mission de Barnabé depuis Jérusalem, Actes, 11, 23.

19. Sur le rôle et l'influence de Pierre à Antioche, G. DOWNEY, *A History of Antioch in Syria*, Princeton, 1961, Excursus 3 : « Peter in Antioch », 583-586.

20. Gal., 1,18 (à comparer avec Mt, 17,24-25) : on peut discuter la valeur du verbe *historein* utilisé à cette occasion, qui signifie en grec classique « s'enquérir » mais qui a pris chez les auteurs hellénistiques et chez Josèphe le sens plus simple de « visiter ». Sur la transmission de la tradition du Christ par les Douze : I Cor., 15,3-8 et 11, 23-25.

21. Actes, 10 ; Gal., 2 ; I Cor., 1,12 ; I Pet., 1,7.

22. Gal., 2,2 n'en mentionne qu'une, « en privé », « aux notables », alors que Luc en distingue trois : une première réunion d'accueil, Église, apôtres et anciens (Actes, 15,4), une réunion des apôtres et des anciens pour délibérer (Actes, 15,6), une réunion des apôtres et des anciens avec toute l'Église pour la décision commune (15,22).

23. A comparer avec II Cor., 11,5 et Phil., 3,5.

24. On peut rapprocher Actes, 15,5 de Gal., 2,4 : Luc nomme ceux dont Paul tait le nom, peut-être par égard aux maîtres de sa jeunesse.

25. Gal., 2,6.

26. Des divergences fondamentales entre Paul et une partie au moins des gens de Jérusalem sont supposées par des exégètes tels que S. G. F. BRANDON, *The Fall of Jerusalem and the Christian Church*, Londres, 1951, 77-79.

27. Gal., 2,9.

28. Gal., 2,7-8.

29. Gal., 2,9. La meilleure définition de la *koinônia* est donnée par ARISTOTE, *Éthique à Nicomaque*, VIII. La tentative de J. P. SAMPLEY, *Pauline Partnership in Christ. Christian Community and Commitment in Light of Roman Law*, Philadelphie, 1980, pour faire de *koinônia* l'équivalent de *societas*, c'est-à-dire une structure sur le modèle des sociétés d'affaires, n'est guère fondée. La parité ainsi créée est matérialisée par un geste oriental — se donner la main droite — attesté aussi bien chez les

Juifs (II Rois, 10; I Chron., 29,24; II Chron., 30...) que dans l'Orient achéménide et parthe (DIODORE, 16,43,3; CHARITON, 6,7,5). Sur les développements théologiques de la *koinônia*, voir S. BROWN, « *Koinônia* as the Basis of N. T. Ecclesiology », *One in Christ*, 12, 1976, 157-167.

30. Actes, 15,7-11.

31. Actes, 15,6-30 bloquent ensemble le débat sur la circoncision et celui sur les interdits alimentaires dans le cadre d'une joute oratoire entre Pierre et Jacques, ce qui a inspiré à l'historiographie moderne l'appellation de « premier concile de Jérusalem », certains supposant même une convocation de tous les apôtres revenus de tous les champs de mission (voir encore M. HUBAUT, *Paul de Tarse*, Paris, 1989, 52). Ces plongées diachroniques menant à des synchronismes factices sont habituelles dans ce genre de littérature : voir ci-dessus chap. V et, comme exemple parallèle dans la littérature païenne, PHILOSTRATE, *V. Apollonios*, 4,42. I Cor., 8,10 et Actes, 21,25 prouvent que Paul ne fit jamais sienne cette décision dans sa zone de mission, ce qui eût été plus qu'une provocation s'il avait participé à la réunion. Bonne mise au point de D. CATCHPOLE, « Paul, James and the Apostolic Decree », *New Testament Studies*, 1977, 428-440, qui résume l'opinion communément admise par les exégètes, bien que certains comme G. BORNKAMM ou W. SCHMITHALS refusent au décret son caractère apostolique et y voient une réglementation synagogale.

32. Voir D. CATCHPOLE, *art. cit.*, et M. SIMON, « The Apostolic Decree and its Setting in the Ancient Church », *Bulletin of the John Rylands Library*, 1970, 437-447.

33. Lév., 17,18, repris dans *La Lettre d'Aristée*, 139-142 (Alexandrie, IIIe siècle), *Le Livre des jubilés* (vers 125), *Le Roman de Joseph et d'Aseneth*, 7,1 (Alexandrie).

34. Sur le sens de *porneia* dans un contexte chrétien, voir A. ROUSSELLE, *Porneia : de la maîtrise du corps à la privation sensorielle*, Paris, 1983. Les Grecs autorisaient par exemple les mariages entre frères et sœurs germains, mais non utérins.

35. II Cor., 6,14-7,1.

36. Gal., 2, 12 (voir Actes, 15,5).

37. Actes, 11,2.

38. Voir les octrois de privilèges rappelés par JOSÈPHE, *AJ*, 14,10.

39. II Cor., 11,5.

40. Gal., 2,14.

41 « Juifs par nature » (2,15) est une expression aristotélicienne reprise dans Rom., 2, 27 et 11, 21-24. *Ioudaïzein* et

ioudaïkôs sont des termes forgés sur *hellenizein* et *hellenikôs* à l'époque des Macchabées (II Macc., 13,21) et repris exclusivement dans la Bible grecque et chez JOSÈPHE (*AJ*, 20,11,1 [258]); *ethnikôs*, un composé de même formation, relatif aux « nations » *(ethnè)* païennes, n'apparaît que dans Mt, 5,47 ; 6,7 ; 18,17 et Jn, 3,7, ainsi que chez JOSÈPHE, *BJ*, 6,17.

42. Voir E. WILL-C. ORRIEUX, *Ioudaïsmos-Hellènismos*, Nancy, 1986, 10-11.

43. Actes, 6,1.

44. C'est lui qui rédigea à Rome la première lettre de Pierre (I Pet., 5,12), où il se qualifie de « frère fidèle ».

45. EUSÈBE, *HE*, 3,36,2 et *Chronique*, II, éd. Schoene, 2, 150, 156, repris par Jérôme. Malgré les efforts des deux chroniqueurs, cette tradition est évidemment incompatible avec celle qui étend à vingt-cinq ans l'épiscopat de Pierre à Rome.

46. Pour EUSÈBE, *Chron.* II, 150, 156, il fut ordonné par Pierre ; pour *Les Constitutions apostoliques*, 7,26 (IVe siècle), il le fut par Paul. Bien plus tard, Jean Chrysostome témoignera encore de tendances judaïsantes de l'Église d'Antioche, ce qui a conduit J. DANIÉLOU, *Nouvelle Histoire de l'Église*, Paris, 1963, 53, à induire qu'elle se partageait entre une Église judéo-chrétienne et une Église helléniste.

47. Mt, 16,18-19 ; 17,24-25, et 15,5.

48. On peut opposer Mt, 10, 5-6 et 15, 24 à 28, 16-20.

49. Voir R. E. BROWN et J. P. MEIER, *Antioche et Rome*, Paris, 1988, 172-176.

50. Philém., 24. Voir aussi Col., 4,10 ; II Tim., 4,11 ; et I Pet., 5,13, Marc constituant alors un trait d'union entre les cercles pétrinien et paulinien.

51. Gal., 2,9 (récit de la conférence apostolique de 51) et 2,11 (récit de l'incident d'Antioche). I Cor., 1,12 et 15,5. Ces deux épîtres furent écrites en 53-54. Paul n'utilise qu'une fois le nom de « Pierre », quand il rappelle sa première rencontre avec l'apôtre en 37 (Gal., 1,18). L'équivalence entre l'araméen *céphas* et le grec *petra* est donnée par Jn, 1,42.

CHAPITRE X. — LE TEMPS DE L'ESPOIR ET DES PROJETS

1. Voir ci-dessous chap. XI.

2. Il s'agit d'une glose du *Codex* de Bèze, qui représente la recension occidentale des Actes des apôtres, à propos d'Actes, 18,22.

3. Actes, 18,26 et I Cor., 16,19.

4. Voir Actes, 18,24-27 et 19,22 ; I Cor., 16,15,19, etc.

5. C'est la route officielle suivie par les magistrats romains qui viennent prendre leur poste en Asie (voir J. ROUGE, *Recherches sur l'organisation du commerce maritime en Méditerranée sous l'Empire romain*, Paris, 1966, 129-130) et donc un itinéraire très fréquenté (par exemple PHILOSTRATE, *V. Ap.*, 5,20).

6. Sur les laines et les teintures dans la vallée du Lycos, STRABON, 12,8,16 et PLINE, *HN*, 8,190. Sur les laines de Milet, voir CICÉRON, *II Ver.*, 1,86 ; PLINE, *HN*, 8,190 et 29,33 ; DENYS le Périégète, 823. Sur la pourpre de Lydie, obtenue à partir d'une racine, VITRUVE, 7,14,1 et PLINE, *HN* 19,18,47 et 21,27,51 (pourpre nommée *colossinus* d'après la ville de Colosses).

7. Actes, 18,19.

8. Sur les johanniques, voir ci-dessus chap. III et surtout ci-dessous.

9. I Cor., 16,1-4 (qui est antérieure à la lettre aux Galates mentionnant la collecte), confirmée par Actes, 16,4 bien que l'épisode soit rapporté au second voyage comme tout ce qui concerne les entrevues de Jérusalem.

10. II Tim., 3,10-11 : ces épreuves ne peuvent se rapporter qu'au troisième voyage, puisque Timothée fut recruté lors du deuxième. A rapprocher des obscurités sans doute voulues de Actes, 18,23.

11. Actes, 19,1 et 18,23 qui précisent que Paul « traversa successivement le pays galate et la Phrygie ». J. BÉRARD, « Les itinéraires de saint Paul en Asie Mineure », *RA*, 1935, I, 84-88 (trop peu connu), a fait justice de l'hypothèse invraisemblable d'une prospection en Turquie centrale par Césarée de Cappadoce, Tavium, Ancyre et Pessinonte. On peut encore ajouter à son argumentation : les Actes, qui indiquent les régions dans l'ordre où Paul les a traversées, ne mentionnent pas la Cappadoce ; aucun écrit paulinien ne parle des Chrétiens de ces régions, recrutés au demeurant dans un milieu rural (PLINE le Jeune, *Lettres*, 10,69,9) tout à fait étranger à Paul et qui relèvent de la zone concernée par I Pet., 1 ; l'adresse de la lettre « aux Galates » n'indique pas nécessairement des peuples qui vivent en tribus, en Turquie centrale, au lieu des cités de Lycaonie et de Pisidie incluses dans la province de Galatie puisqu'on peut à cette époque désigner les gens par leur région aussi bien que par leur cité (à propos de Trophime, dit parfois « Asiate », parfois « Éphésien » : Actes, 20,4 et 21,29). J. BÉRARD, 85, évacue aussi l'hypothèse déconcertante du premier historien à avoir essayé de lire les voyages de Paul sur le terrain, W. RAMSAY, *St. Paul : the Traveller and the Roman Citizen*, Londres, 1907, 265-266, qui

supposait une route de montagne entre Apamée et la haute vallée du Caystre, dans une région reconnue impraticable encore par les géographes du XIXe siècle, et sans aucune voie naturelle. On n'a pas assez tenu compte du milieu professionnel dont Paul était issu et qui était familier avec l'itinéraire de la vallée du Lycos.

12. STRABON, 14,2,29 (663) : l'accès est particulièrement aisé vers le sud-est, c'est-à-dire la Pisidie ; les étapes sont indiquées par la *Table de Peutinger,* 10,1. Strabon décrit comme « à flanc de montagne » *(paroreios)* la section comprise entre Laodicée du Lycos et la Lycaonie, ce qui correspond à la route de montagne mentionnée dans Actes, 19,1.

13. Outre STRABON, 12,8,16 (578) et PLINE, *HN,* 8,190, témoignage de l'Apocalypse, 1,4 sur la laine et les banques de Laodicée et de l'édit du Maximum sur l'exportation des tuniques et des manteaux. Sur l'implantation juive qui remonte à la fin du IIIe siècle, JOSÈPHE, *AJ,* 12,3,4 (147-153) et 14,10,20 (241-243). Sur la population, voir L. ROBERT dans J. DES GAGNIERS, *Laodicée du Lycos,* Québec-Paris, 1969, 360.

14. Voir JOSÈPHE, *AJ,* 14,10,13 (228-230).

15. Actes, 19,3.

16. Voir F. BLANCHETIÈRE, « Juifs et non-Juifs. Essai sur la Diaspora juive en Asie Mineure », *RPHR,* 54, 1974, 367-382.

17. Ils nécessitent une lecture à plusieurs niveaux pour distinguer les principales strates qui nous renseignent indirectement sur l'histoire de la communauté ou, au moins, sur ses composantes successives : sur ce point, l'accord s'est établi entre les principaux exégètes, O. CULLMANN, *Le Milieu johannique,* Neuchâtel-Paris, 1976, et R. E. BROWN, *La Communauté du disciple bien-aimé,* Paris, 1990.

18. Jn, 4, 4-42 ; Actes, 8, 1-25, qu'on pourrait isoler comme étant les Actes de Philippe.

19. Jn, 4, 21.

20. Leur recueil missionnaire le plus ancien semble avoir été un recueil de miracles, qu'on a appelé l'Évangile des Signes et dont une partie a été reprise dans l'Évangile de Jean : voir D. M. SMITH Jr., « The Milieu of the Johannine Miracle Source », dans *Jews, Greeks and Christians,* Leyde, 1976, 164-180.

21. Actes, 18,25, qui emploient à son propos le verbe *lalein,* le même que pour les apôtres à la Pentecôte (Actes, 2,3).

22. Version occidentale des Actes des apôtres.

23. Actes, 19,11-19, à rapprocher de Mc, 5,28 et Lc, 6,9. Il y a un parallèle avec l' « action à distance » de Pierre, relatée en 5,15.

24. Ce point est vérifié par les sources chrétiennes ultérieures et surtout par des témoignages directs de synagogues anatoliennes mises récemment à jour par l'archéologie : voir A. T. Kraabel dans G. Hanfmann, *Sardis*, Harvard University Press, 1983, 178-180.

25. I Cor., 16,19.

26. Outre les ouvrages classiques et généraux de F. Steinleitner, *Die Beicht in Zusammenhange mit der Sakralen Rechtspflege in der Antike*, Leipzig, 1913, et de R. Pettazzoni, *La confessione dei peccati*, III, Bologne, 1929, voir H. W. Pleket, « Religious History as the History of Mentality », *Faith, Hope and Worship*, Leyde, 1981, 178-189. L'aspect régional est mis en évidence par la répartition des témoignages épigraphiques dans *TAM*, V/1.

27. On comparera les espoirs mis dans le mage Apollonios de Tyane lors d'une peste (Philostrate, *V. Ap.*, 4,1).

28. Liste dans D. M. Magie, *Roman Rule in Asia Minor*, Princeton, 1950, 1332, n. 8, et 1421, n. 73.

29. Hésychius et *La Souda* s.v. *ephesiaka grammata*. Voir Ch. Picard, *Éphèse et Claros*, Paris, 1922, 130 et 131.

30. Roman de Xénophon d'Éphèse, 1,7 (fin du Ier siècle ou début du IIe).

31. Actes, 19,13-16, à rapprocher, malgré la présentation péjorative, de Josèphe, *AJ*, 8,45-49, sur la qualité des exorcistes et guérisseurs juifs.

32. On peut citer par exemple le mariage, vers 60-70, de Claudia Balbilla, fille d'un bienfaiteur de Pergame, procurateur impérial, puis préfet d'Égypte avec un prince de Commagène d'hellénisation très récente et fidèle à ses traditions ancestrales (leur fils portera le nom significatif de Philopappos) : A. et E. Bernand, *Inscriptions du colosse de Memnon*, Le Caire, 1960, n° 29.

33. Voir A. Stein, *PIR*, *Balbillus*, 38 et ci-dessous chap. XI.

34. Balbillus est paré par sa petite-fille du titre de « sage » *(sophos) : Inscriptions du colosse de Memnon*, n° 29.

35. Voir ci-dessus chap. IV.

36. Actes, 19,10. On ne doit pas déduire du nom de Tyrannos qu'il s'agissait d'un Phrygien, plus ou moins en rapport avec le culte mystique du dieu Men : sur le nom, mise au point de J. et L. Robert, *Bulletin épigraphique*, 1973, 95.

37. Col., 1,28 ; 2,3 ; 2,8 et 23 (que cette épître soit de Paul lui-même ou d'un de ses collaborateurs — Timothée ? —, comme on s'accorde maintenant à le penser pour des raisons stylistiques et théologiques : voir W. Bujard, *Stilanalystische Untersu-*

chungen zum Kolosserbrief..., Göttingen, 1973). A rapprocher de Philém., 6.

38. Philém., 19, qui ne précise pas le domicile de Philémon; celui-ci se déduit de l'identification des convertis avec ceux de l'Épître aux Colossiens. D'ailleurs, le nom de Philémon et celui de son épouse, sous la forme Apphia que donne Philém., 2, sont bien attestés dans la région, en particulier à Iconion de Lycaonie et à Antioche de Pisidie, localités très liées à celles de Phrygie occidentale (dédicaces au dieu Men, *CMRDM*, 1,149 et 6; inscription de Balbura en Pisidie).

39. Philém., 7. Comparer son activité à celle du bienfaiteur connu par l'inscription de Colosses (*IGR*, IV, 870), qui fournit du blé à très bas prix lors d'une disette.

40. Actes, 19,29; mais on tiendra compte de l'intention continue de l'auteur de montrer la pénétration du christianisme dans la meilleure société.

41. Il est traditionnel d'établir un parallèle entre la lettre de Paul à Philémon, pour défendre un esclave fugitif, et celle de PLINE le Jeune, *Lettres*, 9,21 (début du IIe siècle), « à son cher Sabianus », dans les mêmes circonstances. A l'époque de Paul, ce comportement caractérise les stoïciens comme Sénèque.

42. Éph., 6,5-9; Col., 4,1; I Pet., 2,18 et 5,3. Voir aussi I Tim., 6,1 et Tite, 2,9.

43. Voir par exemple la description des domaines seigneuriaux dans le roman de CHARITON D'APHRODISIAS (en Carie, au sud d'Éphèse), 2,2-3 et 4,2,1-8 (fin du Ier siècle ou début du IIe).

44. Paul, Philém., 12, emploie à son propos le verbe *katechein* qui s'applique ordinairement aux esclaves consacrés dans les temples *(katoichoi)* : voir L. DELEKAT, *Katoche, Hierodulie und Adoption-freilassung*, Munich, 1964. Sur les aspects juridiques et théologiques du problème de l'esclave fugitif, M. SORDI, *Paolo a Filemone o della Schiavitù*, Milan, 1987.

45. Col., 4,9.

46. Col., 4,12 (qui est peut-être écrite par Timothée), Philém., 4,23 (rédigée par Paul), à rapprocher de Ph., 2,25 (rédigée par Paul).

47. Col., 4,7 et Éph., 6,21; Actes, 20,4; voir inscription de Delphes, *FD*, III4,471 (Ier ou IIe siècle).

48. Actes, 20,4 et 21,28-29; II Tim., 4,20. Sur les enfants exposés *(threptoi)*, voir A. CAMERON, *Anatolian Studies Buckler*, Manchester, 1939, 27-62.

49. Témoignages du billet A Philémon, écrit directement par Paul, et de l'épître aux Colossiens, sans doute d'un secrétaire et peut-être de Timothée, mais dont la salutation (4,18) est de la

main de l'apôtre. Sur la date de ces documents, voir ci-dessous chap. XI.

50. Lorsqu'il s'arrête à Smyrne lors de son voyage à Rome vers 110, l'évêque d'Antioche, Ignace, écrit à Éphèse et aussi aux Églises de Magnésie et de Tralles (EUSÈBE, *HE*, 3,36,4-9). Dès la fin de sa première année à Éphèse, Paul, I Cor., 16,19, peut parler « des » Églises d'Asie.

51. STRABON, 13,4,14 (630). Bonnes mises au point sur la région, ses activités, son réseau de relations chez G.H.R. HORSLEY, *A Study to the Letters to the Seven Churches of Asia*, Manchester, 1969, et surtout dans la publication collective éditée par J. DES GAGNIERS, *Laodicée du Lycos*, Québec-Paris, 1969, 6-7.

52. STRABON, 13,4,17 (631).

53. Inscriptions de Hiérapolis, *IGR*, IV, 816,821 et 822 et *CIL*, III, 748 (en latin).

54. En 62 av. J.-C., témoignage du plaidoyer de CICÉRON, *Pro Flacco*, 68. L'installation remontait à la fin du IIIe siècle (JOSÈPHE, *AJ*, 12,3,4 et 14,10,20 [241-243]).

55. On relève ces tendances à travers l'épître aux Colossiens, sans parler d'une observation très ritualiste du calendrier qui était, elle aussi, caractéristique des esséniens : voir ci-dessous, pp. 227-228.

56. Col., 4,12-13 et 10-11 (il n'est pas cité parmi les Juifs de l'entourage de Paul) ; Col., 1,7-9.

57. Les sources antiques hésitent à ce sujet : Marcion, qui écrit en Asie au IIe siècle, ne sait s'il est le fils ou l'ami de Philémon.

58. Col., 4,17. Plus tard la tradition fera d'Archippos et de Nymphas les deux premiers évêques de Laodicée. Onésime, l'esclave de Colosses, semble bien être devenu plus tard évêque d'Éphèse, où Ignace d'Antioche le connut (Éph., 1,2,6).

59. Éph., 6,21, qui est peut-être, en fait, une lettre adressée a Laodicée (Marcion, IIe siècle) ou une encyclique pour toutes les Églises de la région ; Col., 4,7-9.

60. Col., 4,10. Voir ci-dessous chap. XI. Les Églises johanniques fonctionnaient de manière plus souple, puisque Jean ne les visitait que « sur invitation » (EUSÈBE, 3,23,6-8).

61. Comparer Éph., 5,19 et Col., 4,16 à I Cor., 14,19 et 26-31.

62. Comparer la liste des ministères dans Éph., 4,11 et I Cor., 12,28.

63. *AE*, 1977, 800.

64. Voir ci-dessus chap. IX. Ce pourrait être un argument pour rattacher les communautés johanniques d'Asie au Jean que Paul avait alors rencontré à Jérusalem et dont il juge bon de se

couvrir dans Gal., 2,9, écrite à Éphèse pour établir sa mission en Asie Mineure, alors que les Actes n'en parlent pas. Cette identification du fondateur des Églises johanniques d'Asie avec Jean fils de Zébédée, l'un des Douze, est celle communément admise par l'Église depuis le IIe siècle ; toujours rejetée par O. CULLMANN, *Le Milieu johannique,* n. 318, elle a été progressivement admise par R. E. BROWN, *La Communauté du disciple bien-aimé,* 36-37.

65. Apocalypse, 2 et 3, qui donne sur les activités de Laodicée des détails très concrets.

66. Documents cités par JOSÈPHE, 14,10,13 [228-229] et 19 [240] (Éphèse), 17 [235] (Sardes), 22 [247-255] (Pergame) et 16,6,6 [171] (Sardes), qui semblent bien être authentiques. Inscription de Philadelphie, *CIJ* II, 754. La documentation archéologique relative aux synagogues de Lydie est traitée dans le volume édité par G. HANFMANN, *Sardis,* 180-183.

67. Col., 4, 11.

68. Ces deux pôles de la mission paulinienne ont également reçu des Églises johanniques citées Apoc., 2,1-7 et 3,14-19.

69. Zone délimitée d'après le circuit de la lettre envoyée de Rome dans les années 60 (I Pet., 1,1).

70. Actes, 18,1, à rapprocher du témoignage, pour la Bithynie, de PLINE le Jeune, *Lettres,* 10,96,6 et 9. Voir ci-dessus chap. VIII.

71. Actes, 19,22 ; Col., 4,11 (identifiable avec Actes, 18,7) ; I Cor., 16,15-19 ; 1,11 ; 16,12.

72. Actes, 19,29 ; Philém., 24.

73. I Cor., 4,17 ; II Cor., 12,18 ; Actes, 19,22 et Phil., 2,19 ; Phil., 2,25 ; I Cor., 16,12.

74. I Cor., 4,17, à rapprocher de I Thess., 3, 1-3.

75. Sur la succession de ces événements, on pourra au moins consulter utilement la reconstitution de S. DOCKX, « Chronologie paulinienne de l'année de la grande collecte », *RB,* 81, 1974, 183-195.

76. Projet de I Cor., 16,5-8 : Paul envisageait de partir en mai, de visiter la Macédoine et la Grèce durant l'été et l'automne, et d'hiverner à Corinthe avant de regagner Jérusalem le printemps suivant. Reste l'hypothèse d'une visite intermédiaire à Corinthe suggérée par II Cor., 12,14 ; sur les différentes interprétations qu'on peut donner à ce texte, S. DOCKX, 191-193.

77. I Cor., 7,1 (les Actes de Paul ont refabriqué, au IIe siècle, certaines de ces lettres).

78. II Cor., 10,10.

79. Sur cette découverte de l'exégèse moderne, voir J.-F.

Collange, *L'Épître de saint Paul aux Philippiens*, Genève, 1973 et *Énigmes de la deuxième épître de Paul aux Corinthiens*, Cambridge, 1972. L'essentiel du dossier corinthien provient d'Éphèse (voir cependant II Cor., 1-8, une lettre écrite en Macédoine).

80. Billet inclus dans Phil., 4, 10-20.

81. Inclus dans II Cor., 9.

82. II Cor., 2,4.

83. C'est l'hypothèse de S. Dockx, *art. cit.*, à propos de II Cor., 1-7, qui aurait remplacé II Cor., 10-13, conservé mais non envoyé.

84. Phil., 3. Inspiré de l'Ancien Testament, ce genre littéraire (voir dans la littérature hellénistique le *Testament des Douze Patriarches*) est un discours d'adieu qui constitue une récapitulation de vie. Les Actes, 20, 22-35, en prêtent un autre à Paul pour les Éphésiens, à la manière johannique (voir Jn, 13-17).

85. Voir la belle démonstration de M. D. Benz, *New Testament Studies*, 21, 1975, 353-379. C'est un argument péremptoire pour identifier les destinataires avec les habitants des colonies romaines de Pisidie et de Lycaonie, dans la province de Galatie, et non avec les tribus galates, très peu hellénisées et incapables d'apprécier, du centre de l'Asie Mineure.

86. Voir ci-dessus chap. ii.

87. Voir L. Cerfaux, *L'Itinéraire spirituel de saint Paul*, Paris, 1966, 75-76, qui compare de ce point de vue les deux épîtres aux Thessaloniciens, les plus anciennes, et celles écrites à Éphèse.

88. Voir A. D. Nock, « The Vocabulary of the New Testament » (1933), *Essays on Religion and the Ancient World*, Munich, 1972, 341-343 : par exemple « posséder » (*katéchestai :* Philém., 13) ; « myste » (Phil., 4,12) ; « renaissance » (*palingenesia :* Tite, 3,5).

89. Ch. Picard, *Éphèse et Claros*, Paris, 1922, 305.

90. Col., 2,18.

91. Par exemple l'auteur de l'épître aux Éphésiens dont les sémitismes et des particularités stylistiques (« la puissance de sa force ») ainsi que les thèmes du « mystère » et de la « vérité » rappellent la littérature liturgique du Qumrân (voir P. Benoît, « Qumrân and the New Testament », dans J. Murphy-O'Connor éd., *Paul and Qumran*, Londres 1969).

92. I Cor., 3, 16-17 et II Cor., 6, 14-7, 1 (écrites à Éphèse). On peut encore citer la formule pré-paulinienne de I Cor., 16,22 et de Rom, 1, 3-4.

93. Philém., 24 et Col., 4,10, qu'on peut envisager de rappor-

ter à une période ultérieure pour tenir compte de la *Chronique* d'EUSÈBE qui prolonge jusqu'en 62 le séjour de Marc à Alexandrie.

94. Rappelons qu'Apollos est à peu près unanimement considéré comme l'auteur de la lettre aux Hébreux, sur laquelle cette analyse repose.

95. I Cor., 3, 5-9 et 16, 12 (« notre frère Apollos »).

96. Aspects soulignés dans Actes, 18, 24-25.

97. Philém., 24 ; Col., 4,14.

98. Eusèbe, *HE*, 3,4,6.

99. Lc, 4,23 et 38. Le prologue de cet Évangile est un exposé de méthode à la manière des historiens classiques comme Thucydide, très lu à l'époque.

100. Actes, 20,31 *(trietia* pour *triennium)*, 21,40 *(dialektos* pour *dialectus)*, 23,40 *(praitorion* pour *pretorium)*, 27,12 *(chôros* pour *caurus)*.

101. Actes, 27,7-44 ; 28, 11-13. Voir S.M. PRAEDER, « Sea Voyages in Ancient Literature and the Theology of Luke-Acts », *Cath. Bibl. Q.*, 46, 1984, 683-706.

102. Actes, 14,11 et 18,2 ; sur l'*eugeneia*, 13,50 ; 17, 4 et 11 ; 28,7 et 10 ; 17,5.

103. Voir L. COHN-HAFT, *The Public Physicians of Ancient Greece*, Northampton Mass., 1956 et H. M. KOELBING, *Artz und Patient*, 1977, 78-176.

104. Voir ci-dessous chap. XIII.

105. Col., 4,11 (Juif). Il est certainement identifiable avec Titius Justus « craignant Dieu » (Actes, 18,7), bien que le terme de *théon sebomenoi* s'applique normalement aux sympathisants plutôt qu'aux Juifs (contrairement à *theosebeis*). Mais le *cognomen* Justus est bien la traduction de l'hébreu *Sadok :* il est possible que l'auteur des Actes ait fait une erreur d'interprétation sur la base d'une terminologie qui restait assez floue (voir ci-dessus chap. VI, n. 30).

106. Rom., 16,7.

107. Étude classique de W. H. OLLROG, *Paulus und seine Mitarbeiter*, Neukirchen, 1979.

108. L'expression est appliquée à Tite (II Cor., 8,23) et à Philémon (Philém., 17).

109. I Tim., 4,14 et II Tim., 1,6, l'expriment par le rituel de l'imposition des mains.

110. Col., 1,7 et 4,7. Cette appellation est également utilisée pour un diacre dans IGNACE, *Éph.*

111. Pour Archippos, Philém., 2 (sur son ministère, Col., 4,17) ; l'appellation est aussi employée pour Épaphrodite (Phil.,

2,25) en même temps que « collaborateur ». Sur Sosthène, I Cor., 1,1.

112. I Cor., 16,9 ; II Cor., 2,12.

113. Plan de voyage de I Cor., 16,4-8 (abandonné dans II Cor., 1,16, mais, semble-t-il, à peu près repris plus tard : Actes, 20,1-3).

114. Rom., 15,24 et 28 (écrit à Corinthe, au terme de la mission éphésienne et qui fait état de projets antérieurs, plusieurs fois ajournés). Actes, 19,2.

115. Les intellectuels « syriens » (au sens large) se familiarisent avec l'Occident romain après que le philosophe Poseidonios d'Apamée a découvert la côte provençale au début du Ier siècle av. J.-C. (STRABON, 4,1,7). Sous Néron, un philosophe cilicien visite Gadès (Cadix : *V. Ap.*, 4,47 et 5,1-7) et on trouve de très nombreux Orientaux dans la vallée du Rhône, dont un sage syrien (C. P. JONES, *Am. J. Phil.*, 1978, 336-353) et un médecin (EUSÈBE, *HE*, 5,2,6).

116. Aquila et Priscilla : d'Asie Mineure à Rome (Actes, 18,2), de Rome à Corinthe et à Éphèse (I Cor., 16,19 ; Actes, 18,18), d'Éphèse à Rome (Rom., 16,3), de Rome à Éphèse (II Tim., 4,19). Urbanus, un « collaborateur » inconnu par ailleurs : d'Éphèse ou de Corinthe à Rome (Rom., 16,9).

117. L'expression « jusqu'aux extrémités de la terre » était familière à l'auteur des Actes, 13,47, qui l'insère dès le premier discours fait à Antioche de Pisidie. Pour un Juif hellénisé, c'est un écho d'Is., 49,6, d'après les Septante, et du Siracide, 24,32.

118. Les sources sur la collecte sont Gal., 2,10 ; I Cor., 16,1-4 ; II Cor., 8,1-24 et 9,1-15 ; Rom., 15,25-31.

119. Cette conjoncture a été mise en évidence par J. JEREMIAS, « Sabbathjahr und neutestamentliche Chronologie », *ZNW*, 27, 1928, 98-99. Elle est la même que quatorze ans auparavant, en 41, où elle avait peut-être déjà motivé une visite de Paul à Jérusalem pour convoyer des fonds (voir ci-dessus chap. V). L'année juive commençait avec la nouvelle lune suivant l'équinoxe d'automne (voir J. FINEGAN, *Handbook of Biblical Chronology*, Princeton, 1964, 59).

120. II Cor., 8,10.

121. II Cor., 9,12-13.

CHAPITRE XI. — LES GRANDES ÉPREUVES

1. Cette situation n'est signalée qu'en Phil., 2,19-21 et 4,11-12, lettre de captivité que l'on rapporte souvent à la période éphésienne mais que nous nous proposons d'intégrer à un séjour romain : voir ci-dessous chap. XIII. Les difficultés à dater cette épître sont soulignées dans S. DOCKX, « Lieu et date de l'épître aux Philippiens », *RB*, 80, 1973, 230-246 (sur la méthode suivie, voir ci-dessous Appendice I).

2. II Cor., 1,8, à rapprocher de Rom., 16,4 (écrit lors du retour d'Éphèse à Jérusalem).

3. II Cor., 4,16 et 6,5, à rapprocher de Gal., 6,17 (écrit à Éphèse ou en quittant Éphèse).

4. La première incarcération a été partagée par ses parents, Andronicos et Junia, dans une situation également menaçante pour Aquila et Priscilla (Rom., 16,3) qui sont aussi des Juifs. Plus tard, alors que son entourage juif l'a quitté (Col., 4,10), captivité partagée par Épaphras (Philém., 23), et nouvelle incarcération partagée par Aristarque, Épaphras étant alors libéré (Col., 4,10 et 12 ; à l'époque de Philém., 24, Aristarque était libre) : la lettre à Philémon, authentique, a été écrite d'Éphèse puisque Paul y demande l'hospitalité et envisage son retour par la route du Méandre et du Lycos (Philém., 22 ; confirmé par le prologue de Marcion : *apostolus jam ligatus scribit eis ab Epheso*) ; celle aux Colossiens, qu'elle émane directement ou non de Paul, nomme les mêmes personnages et se réfère au même contexte ; elle est postérieure au billet à Philémon puisque le problème de l'esclave Onésime est réglé (Col., 4,9). On peut hésiter à rapporter ces lettres à la mission des années 51-55 ou à la dernière arrestation de Paul en Asie dans les années 62-66 (voir ci-dessous chap. XIII) : tout dépend de l'importance donnée à la *Chronique* d'EUSÈBE, qui prolonge jusqu'en 62 le séjour de Marc à Alexandrie (nommé Philém., 24 et Col., 4,10). Mais, en tout état de cause, à l'issue de son séjour à Éphèse, Paul, II Cor., 6,4, parle « des » captivités qu'il y a subies.

5. II Cor., 1,8.

6. L'essentiel de la documentation est fourni par Gal. et II Cor., qui présentent des similitudes et des parallèles significatifs. Voir aussi Col. et Éph.

7. Actes, 19,13-16 : concurrence et déception des magiciens juifs ; 23-40 : émeute des orfèvres au théâtre.

8. Le discours prêté par Actes, 19,35-40, à un des hauts magistrats d'Éphèse est tout à fait vraisemblable, bien que nous

ne connaissions leur point de vue qu'*a silentio* par le mutisme que les archives locales observent toujours sur des crises que nous connaissons par ailleurs. Le cadre est celui de l'émulation entre les cités d'Orient pour se faire bien voir du pouvoir et en obtenir titres et dignités : d'après Actes, 19,35, l'enjeu est pour Éphèse le titre de « gardien du temple » (du culte impérial).

9. Voir surtout au début du IIe siècle, pour le nord de l'Asie Mineure, la célèbre *Lettre sur les chrétiens* de PLINE le Jeune, *Lettres,* 10, 96, 10 (parallèle souligné par A. N. SHERWIN-WHITE, *The Letters of Pliny : a Historical and Social Commentary,* Oxford, 1966, 709).

10. Voir B. LE GUEN-POLLET, « La rémunération du prêtre en Grèce ancienne », *Inf. His.*, 50, 1988, 149-156 et G. BERTHIAUME, *Les Rôles du mageiros. Étude sur la boucherie, la cuisine et le sacrifice dans la Grèce ancienne,* Leyde, 1982.

11. Voir L. CRÁCCO-RUGGINI, « La vita associativa nelle città dell' Oriente greco », dans *Assimilation et résistance à la culture gréco-romaine dans le monde ancien,* Paris, 1976, 463-491 (sur les émeutes fomentées par les corporations d'Éphèse : voir *BCH,* 7, 1883, 524).

12. Exemple précis de leur façon de faire à Pergame dans CICÉRON, *Pro Flacco,* 7,17. Voir J. COLIN, *Les Villes libres de l'Orient gréco-romain et l'envoi au supplice par acclamations populaires,* Bruxelles, 1965.

13. Col., 4,11 : Aquila et Priscilla ne comptent plus parmi les « collaborateurs » de l'apôtre.

14. Rom., 16,3-5. L'hypothèse que cette salutation était en fait adressée à des gens habitant Éphèse, comme on le pense parfois, est incompatible avec le départ des collaborateurs juifs signalé en Col., 4,11, puisqu'elle cite une « Maria » ou « Myriam », outre Andronicos, Junia, Aquila et Priscilla.

15. Actes, 19,34 et 37.

16. Voir par exemple H. I. BELL, « Anti-Semitism in Alexandria », *JRS,* 31, 1941, 1-2, et E. M. SMALLWOOD, *The Jews under Roman Rule,* Leyde, 1976, 226-230.

17. Outre les lettres de l'Apocalypse citées ci-dessous n. 20, le procédé est repérable chez les *Épistolographi graeci* d'époque impériale. Les dialogues philosophiques procèdent eux aussi par allusion.

18. II Cor., 1, 9 : le terme grec employé, *apokrima,* a le sens précis de *responsum,* qui désigne une réponse à une supplique écrite adressée à l'empereur, émanant du secrétaire *a responsis* (H. J. MASON, *Greek Terms for Roman Institutions,* Toronto, 1974, 126).

19. Sur ce personnage, mise au point de H. G. Pflaum, *Les Carrières procuratoriennes équestres*, Paris, 1960-1961, 34-41.

20 Apoc., 13,11-15. L'identification est due à J. Schwartz, « Ti. Claudius Balbillus, préfet d'Égypte et conseiller de Néron », *BIFAO*, 49, 1950, 37-55, qui rapporte ce tableau au rôle joué par Balbillus lors des persécutions de Néron en 64.

21. Les Éphésiens élevèrent deux monuments commémoratifs de ce passage, postérieurs à la mort de Claude en octobre 54, mais un délai certain pouvait s'écouler entre la décision d'un monument et son érection (J. Keil, *Forschungen in Ephesos*, III, 41-42, réinterprété par H. G. Pflaum, *op. cit.*). Balbillus revint en Égypte par l'Italie et la Sicile, ce qui implique un voyage de plusieurs semaines avant la fermeture de la mer à l'automne 54 (Pline, *HN*, 19,3) ; il avait été nommé préfet d'Égypte pour 55 et devait avoir quitté Rome en avril 55.

22. I Cor., est écrite au moment de Pâques (5,8) quand Paul est libre et envisage un voyage à la Pentecôte (16,1-9).

23. Le témoignage des Actes, 19, 10 n'est pas décisif puisque « deux ans après », à partir de l'arrivée de Paul à la fin 51, peut s'entendre comme année-repère et non comme année-durée, surtout si l'on tient compte du fait que l'année juive commençait à l'automne. Comme d'habitude et obéissant à son projet apologétique d'ensemble, l'auteur a déplacé le conflit en le situant parmi les magiciens juifs.

24. I Cor., 15,32. Cet emploi de *theromachein* est unique dans le Nouveau Testament et le mot n'est pas utilisé par les Septante. A cette époque, il s'applique en grec soit au combat contre les fauves à l'amphithéâtre (la *venatio*), soit au charisme particulier de l'« homme divin » qui maîtrise les bêtes féroces : Paul ne pouvait que souhaiter éviter cette assimilation (voir ci-dessus chap. IV et les textes cités dans F. Cumont, *L'Égypte des astrologues*, Bruxelles, 1937, 64-65 ou encore Sénèque, *Lettres*, 85,41).

25. Dans la littérature de Qumrân, le « lionceau impétueux » est Alexandre Jannée, cruel conquérant de la Transjordanie ; dans Apoc., 13,1-2 et 11, les persécuteurs Néron et Balbillus sont vus chacun comme une « bête » ; pour les Actes des martyrs, voir Eusèbe, *HE*, 5,1,57,58 et 2,6.

26. M. R. James, *The Apocryphal New Testament*, Appendix II : « Acts of Paul », 571-574. Le récit dérape ensuite dans le fantastique, puisque Paul est reconnu et épargné par un lion qu'il avait autrefois rencontré dans les montagnes.

27. I Cor., 4,9. Sur le sens technique d'*epideixis* (« représentation »), voir L. Robert, *REG*, 1936, 244. *Epithanatios*,

« condamné à mort », pris au vocabulaire des Septante, est traduit par TERTULLIEN, *De pudicia,* 14 : *veluti bestiarios*; employé au Ier siècle par DENYS d'Halicarnasse, *AR,* 7,35. L'emploi de *theatron* (« théâtre ») dans le sens de *theama* (« spectacle ») est propre à Paul, mais correspond à une évolution sémantique attestée par des dérivés (*theatria, theatrizontes*) à l'époque impériale. La même expression est utilisée au sens propre, pour un supplice, dans Hébr., 10,32-34, à propos de la persécution des Chrétiens à Rome sous Néron et dans la lettre des Chrétiens de Lyon en 177 (EUSÈBE, *HE,* 5,1,37 et 40).

28. Mise au point de P. GARNSEY, *Social Status and Legal Privilege in the Roman Empire,* Oxford, 1970, 124-125 et 129-131. L. ROBERT, *Les Gladiateurs dans l'Orient grec,* Paris, 1940, 320-321.

29. *Digeste,* 48,13,7 (sacrilège); PAUL, *Sententiae,* 5,23,17 (magie).

30. Actes, 19,29-31. Comme la ville d'Éphèse n'est pas une cité libre, la réunion au théâtre ne peut correspondre à une assemblée civique; elle ne peut s'expliquer que par le rassemblement du *koinon* d'Asie qui avait lieu une fois l'an dans le cadre du culte impérial. Dans une occasion identique, c'est-à-dire une fête impériale, eurent lieu l'envoi aux bêtes des Juifs d'Alexandrie en 38 (PHILON, *Contre Flaccus,* 10,74-85) et celui de Polycarpe, évêque de Smyrne en 155 ou 156 (EUSÈBE, *HE,* 4,15,15).

31. Voir E. DERENNE, *Les Procès d'impiété intentés aux philosophes à Athènes au Ve et au IVe siècle av. J.-C.*, Liège et Paris, 1930, et M. OSTWALD, « Early Trials for Impiety at Athens », dans *From Popular Sovereignty to the Sovereignty of Law,* University of California Press, 1986, 528.

32. Actes, 19,37, qui reconstituent le discours du secrétaire (35-40) en utilisant les arguments habituels aux notables romanisés des provinces. Ce secrétaire de l'Asie, chargé des temples de l'Asie et particulièrement de ceux d'Éphèse, est connu par des inscriptions de Hiérapolis de Phrygie et d'Éphèse (*OGI,* 458; *Forschungen Ephesos,* III, 40 [avec commentaire] et 80).

33. Situation décrite par APULÉE, *Métamorphoses,* 3,4,4 et dans le martyre de Polycarpe de Smyrne (EUSÈBE, *HE,* 4,15,22).

34. A Pergame, témoignage de CICÉRON, *Pro Flacco,* 7,17.

35. Cas célèbre d'Attale de Pergame, citoyen romain, lors de la persécution de Lyon, en 177 (EUSÈBE, *HE,* 5,1,44 et 50); on insiste (*HE,* 5,1,47) sur l'embarras du gouverneur qui s'efforce de distinguer, parmi les accusés, ceux qui lui « paraissent » posséder la citoyenneté romaine, preuve qu'il n'était pas facile d'établir son statut.

36. Rom., 16,4.

37. Époque de I Cor.

38. II Cor., 6,9.

39. II Cor., 6,4-5.

40. II Cor., 11,25, à rapprocher d'Actes, 14,19 et 16, 22-23.

41. A la fin de son séjour éphésien, Paul, II Cor., 11,23-25, comptabilise « des » emprisonnements, « des » plaies, cinq fois la flagellation juive, trois fois la trique romaine et une fois la lapidation. Voir J. JUSTER, *Les Juifs dans l'Empire romain*, Paris, 1914, II, 161.

42. Voir ci-dessus chap. III.

43. Comparer I Cor. (écrite à Éphèse) et Rom. (écrite à Corinthe). Sur les moyens des Juifs d'Éphèse, plusieurs édits cités par JOSÈPHE, *AJ*, 14,10 (223); voir Ch. SAULNIER, *RB*, 88, 1981, 161-190.

44. *Lex Porcia* (IIe siècle av. J.-C.), confirmée à l'époque d'Auguste par la *Lex Julia de vi publica*. Sur la peine de la trique et ses applications, P. GARNSEY, *op. cit.*, 136-141.

45. Voir ci-dessus chap. IV.

46. Philém., 22, l'apôtre envisageant sa proche libération.

47. II Cor., 4, 16 et Gal., 6,17, écrits contemporains (voir ci-dessous).

48. Témoignage de I Cor., 1,10-4,21, que l'on appelle parfois la « lettre des partis » et qu'on s'accorde à considérer comme une lettre indépendante dans le dossier corinthien.

49. Voir surtout I Cor., 4,18 et 5,3 et aussi Gal., 4,20 et Col., 2,5.

50. Gal., 4,20.

51. Le terme *schismata* (I Cor., 1,10) ne doit pas induire en erreur : il signifie « dissentions ».

52. Voir II Cor., 7,18 et ci-dessous.

53. I Cor., 1,12.

54. I Cor., 9,4-7.

55. I Cor., 5,9-11 et 7,1.

56. I Cor., 1,24.

57. La similitude de situation et la simultanéité des événements évoqués par Gal. et II Cor. (écrites toutes deux à l'issue du séjour éphésien) ont souvent été relevées. Col. et Phil. évoquent le même problème (peut-être à des périodes différentes de la vie de Paul) ainsi que Rom., 15,31, écrite avant le retour à Jérusalem.

58. L'expression de Gal., 2,12 (reprise dans Tite, 1,10-11; Actes, 10,45 et 11,2) est caractéristique de l'Église primitive pour désigner les chrétiens issus du judaïsme alors que les Juifs

sont désignés collectivement par le seul terme de la « circoncision » (Gal., 2,9) : bonne mise au point de M. SIMON, « Trente ans de recherches sur l'apôtre Paul », 21. Voir aussi II Cor., 11,22.

59. Gal., 1,6 ; Col., 1,23.

60. Gal., 6,12 (à rapprocher de Gal., 2,6 et de Phil., 3,5) ; II Cor., 11,5 et 3,13.

61. L'importance du titre d' « apôtre » dans les adresses a été soulignée par S. DOCKX, *RB*, 80, 1973, 230-246, mais en faire un repère de chronologie conduit à des impasses.

62. Gal., 5,1 et 22,24 et II Cor., 10,1-5 et 8 ; 4,4-5 (cet autoritarisme des missionnaires judaïsants est sensible dans l'épître de Jacques).

63. Col., 2,8 ; reprise de thèmes esséniens en 1,12-13 et 16 (à rapprocher d'Éph., 1,21). W. SCHMITHALS, *Paulus und die Gnostiker,* Hambourg, 1965, a posé à propos des Églises d'Asie le problème d'un gnosticisme très précoce, bien représenté à Antioche selon la tradition et qui aurait imprégné progressivement les fondations pauliniennes, mais cette interprétation semble anachronique pour les courants de la primitive Église.

64. II Cor., 2,5-8 ; 11,13-14 et 22-23. Leur vision de Moïse (3, 13-16) est à rapprocher de PHILON d'Alexandrie, *Vie de Moïse,* 2,2.

65. Gal., 1,7 (la mission avait peut-être un chef pris à partie en 1,9 et 3,1) ; sur sa doctrine : 5,3-6, 13 et 3, 6-29 (à comparer avec Actes, 7,2-8).

66. Col., 2,16 et 21.

67. Gal., 4,10 et Col., 2,16 ; il s'agit d'observer l'année sabbatique, la fête du Premier de l'an et les Nouvelles Lunes, les fêtes saisonnières (Pâques, Pentecôte, Tabernacle, Expiation) et le sabbat. Elles rythmaient, en fait, la vie de la mission paulinienne (I Cor., 5,7 et 16,8 ; Actes, 20,6 et 16).

68. Col., 2,11 ; Gal., 5,2-6 et 11 ; 6,12-13. La circoncision est la condition de participation au repas pascal (Ex., 12,44) ; c'est pourquoi on la pratiquait sur les esclaves domestiques et sur les prosélytes. Imposée à Qumrân (*IQS*, 5,8 et *Doc. Damas*, 15,5,6).

69. Gal., 5,11. Il y a sous-jacent, en particulier, le problème toujours très débattu de la circoncision de Timothée.

70. I Cor., 15,11.

71. Éph., 4,5-6.

72. Gal., 1,6 (*metatithestai :* « changer de camp ») et 8-9 (malédiction à rapprocher de I Cor., 16,22).

73. Gal., 4,9-10 et Col., 2,21 (thème des *stoicheia* d'une philosophie toute humaine) ; Éph., 4,14.

74. Col., 4,10.

75. Surtout dans la profession de foi de Gal., 1,4 (voir F. Bovon, *Mélanges Marcel Simon,* Paris, 1977, 91-107).

76. Gal., 5,11 ; cette souplesse est sensible en Col., 4,16 et Éph., 5,16.

77. Gal., 6,12, dans la partie — il faut le souligner — écrite de sa propre main.

78. Gal., 5,3 et 6,13.

79. Gal., 3,6-29, qu'il faut opposer au judaïsme hellénistique (Siracide, 44,19-21 ; Livre des Jubilés, 15, 26-27), aux esséniens (*Doc. Damas,* 15,5,6), à la tradition rabbinique (*Mishna Quiddush.,* 4,14) et à Philon d'Alexandrie, *De Abrahamo,* 275-276.

80. Gal., 3,2 ; 5,2-6 et 12, à rapprocher de Col, 2,11 ; Éph., 2,11-12 et Phil., 3,2 (la circoncision n'est plus qu'une « incision »).

81. Gal, 3,28, à rapprocher de Col., 3,11 et d'Éph. 2,19. Ce n'était pas encore la position prise en I Cor., 1,24, qui reconnaissait deux types de Chrétiens, et elle est abandonnée en Rom., 1,16 ; 2,9,10 ; 10,12.

82. Col., 2,21 et 23.

83. Gal., 3,19-20 et 23-26 ; 4,2 ; I Cor., 15, 56. A comparer avec Siracide, 24,23-24. Au Ier siècle de notre ère, Philon d'Alexandrie et certains traités rabbiniques affirment que seuls sont réellement libres ceux qui vivent selon la Loi mosaïque ; point de vue repris par un écrit chrétien juif, Jacq., 1,26 : la « loi parfaite » est appelée « loi de liberté ».

84. Voir encore Phil., 3,8-9 et les expressions torturées de I Cor., 9,20-21 : « J'ai été sans-Loi avec ceux qui sont sans-Loi... pour gagner les sans-Loi, mais non pas sans Loi de Dieu puisque sous la Loi du Christ. »

85. Beaucoup plus nuancée, quelques mois plus tard, dans Rom., 9.

86. Actes, 21,21. C'est ce qu'a bien montré F. Refoule, « Date de l'épître aux Galates », *RB,* 95, 1988, 161-183, même si nous ne suivons pas toutes ses conclusions en termes de chronologie absolue.

87. II Pet., 3,16, écrite vraisemblablement en Asie ou pour l'Asie à la fin du Ier siècle, une fois les passions calmées.

88. Il faudra attendre le concile de Laodicée, au IVe siècle, pour mettre un terme aux pratiques judaïsantes des Chrétiens de la région : sabbat, phylactères, fêtes juives, lecture de l'Ancien Testament ; voir G. Hanfmann, *Sardis from Prehistoric to Roman Times,* Cambridge Mass., 1983, 182.

89. II Pet., 3,15. Irénée, *Adv. Haeres.,* 3,3,4 : « L'Église

d'Éphèse, fondée par Paul et où Jean demeura jusqu'aux temps de Trajan... »

90. L'épître de Jacques déplace le débat de l'opposition entre la foi et la Loi, établie par Paul, à celle entre la foi et les œuvres, mais en reprenant pour les retourner beaucoup d'expressions de Gal. et Rom. (voir 2, 14, 21, 22, 24). Elle s'adresse à la même société, très différenciée, que celle décrite dans les lettres d'Éphèse (voir 2,2-7).

91. EUSÈBE, *HE*, 3,36,5, citant IGNACE, Éph., 1,2,6 ; JUSTIN, *Dialogue avec Tryphon*, 47, qu'EUSÈBE, *HE*, 4,18,6 situe à Éphèse.

92. TERTULLIEN, *De baptismo*, 17.

93. La source est le dossier épistolaire II Cor., rédigé peu de temps après Gal., dont Paul reprend, mot pour mot, de nombreuses formules, mais après le paroxysme de la crise, alors que Paul se trouve déjà en Macédoine (II Cor., 2,13 et 7,6). Sur le contenu particulier de II Cor., 10-13, qui répond à la contre-offensive judaïsante, commentaire de C. K. BARRETT, repris dans *Essays on Paul*, Londres, 1982.

94. II Cor., 1,15-17 (à comparer avec I Cor., 16,8) ; 1,23 ; 2,1 et 4. Voir encore 13,10.

95. Sur la présentation par l'indéfini dans les textes de polémique religieuse ou philosophique (« un certain »..., « quelques-uns »...), voir en particulier L. ROBERT, *Le Sanctuaire de Sinuri près de Mylasa*, I, *Les Inscriptions*, 37. C'est un procédé de la diatribe.

96. II Cor., 13,1 (voir ci-dessous).

97 II Cor., 5,16 et 10,7.

98. Gal., 1,18 et 19 ; voir ci-dessus chap. V.

99. II Cor., 11,5 et 12,11.

100. Les Actes d'André ont été composés dans le courant du IIe siècle en Achaïe (voir *New Testament Apocrypha*, 392-425). André aurait donné de nombreux signes à Corinthe (Actes d'André, 25).

101. II Cor., 12,1-12 ; 3,14,17 et 10,5.

102. Voir surtout II Cor., 10,1 et 5 et ci-dessus.

103. II Cor., 2,17 et 11,4.

104. II Cor., 12,11 et 10,13-14.

105. II Cor., 10,13 ; 15,16 (voir déjà I Cor., 3,5-9).

106. II Cor., 8,23.

107. II Cor., 1,2 et 11,20.

108. II Cor., 12, 13-18, à rapprocher de I Cor., 9,3-18.

109. I Cor., 16,1-4.

110. Le problème se lit en creux dans les correctifs apportés

par Paul, II Cor., 8,8,10,11-14 et 20. Sur les conditions de la perception et du transfert du *didrachmon,* J. JUSTER, *Les Juifs dans l'Empire romain,* Paris, 1914, I, 381, d'après Philon. Sur la participation des *sebomenoi, AJ,* 14,7,2.

111. II Cor., 7,13-14. Tite est porteur de la lettre II Cor., 2,14-7,4.

112. II Cor., 2,12, à compléter par Actes, 19,21-22 et 20,1-3, qui fixent à trois mois le périple européen qui s'achève à Pâques ; il a donc commencé au cours de l'hiver.

113. II Cor., 2,12-13 et 7,8. Sur l'Église de Troas, Actes, 20,7-11. Il aurait alors composé II Cor., 10-14, très dure, qu'il n'aurait finalement pas envoyée mais donnée plus tard à Timothée (voir S. DOCKX, *RB,* 81, 1974, 188-189).

114. Actes, 19,22.

115. II Cor., 7,5 (les Actes sont muets sur ces épreuves et ces difficultés). Voir Actes de Paul, 7,34 dans M. R. JAMES, *The Apocryphal New Testament,* Oxford, 1955, 297 : les marques au fer rouge sont liées aux chaînes ; voir ci-dessus chap. IV.

116. II Cor., 8,2 et 7,5, où la déception de Paul s'exprime de façon énigmatique : « non pas comme nous l'avions espéré mais comme Dieu le voulait, en s'offrant d'abord au Seigneur, puis à nous. »

117. Voir II Cor., 11,9 et Phil., 4,15 ; ci-dessus chap. VIII.

118. Phil, 2,12 et 4,2-3, dont la date est difficile à établir (voir ci-dessous chap. XIII).

119. II Cor., 8,1-3.

120. II Cor., 7,6-16, dite la « lettre de réconciliation » ; 8,6-24 et 9,1-15 qui constitue la lettre de mandatement.

121. II Cor., 6,14-7,1, dans une argumentation de type essénisant ou johannique.

122. II Cor., 2,5-8.

123. II Cor., 13,1 ; cette procédure contre un Ancien prévue par Deut., 19,15 est envisagée aussi dans Mt, 18,16 et I Tim., 5,19.

124. II Cor., 13,2 (voir I Cor., 5,3) et 10. Voir J. JUSTER, *Les Juifs dans l'Empire romain,* Paris, 1914, II, 159-161.

125. Actes, 20,3-4. L'épître aux Romains est rédigée alors et envoyée du port de Cenchrées, où a été fondée une Église et où Paul a été accueilli (Rom., 16,1-2). La date peut être précisée en fonction de deux adresses qui sont celles de personnages importants et connus : la « maison d'Aristoboulos », un Hérodien cité avant un certain Hérodion, qui quittera Rome la première année du règne de Néron, en 55, pour devenir roi de Petite Arménie (JOSÈPHE, *BJ,* 2,252) et la « maison de Narcisse »,

ce dernier identifiable avec le célèbre affranchi de Claude qui se suicide dès l'avènement de Néron, à l'automne 54, mais dont Paul ne connaît pas encore la mort.

126. Actes, 20,4-17 et 21,1-17, qui sont des passages à la première personne du pluriel, avec indication des dates, des durées et des escales (21,10-11 étant plus ou moins un doublet de 11,27-28). Voir F. Bovon dans *Les Actes des apôtres,* Louvain, 1979, 339-351, qui a mis en évidence une trame inspirée de la littérature hellénistique. La mort de Paul est annoncée à la façon symbolique des prophètes de l'Ancien Testament (comparer Actes, 21,10-14 avec I Rois, 11,29-30; 22,11 ; Is., 8,1-4 ; Jr, 19,1 ; 27,2 ; Ez, 4-5).

127. Rom., 15,25 et 30-31.

128. Voir Rom., 15,5-33 ; 5,16 ; 2,25 et 3,1-8 et surtout 9-11 qui constitue un essai indépendant.

129. Actes, 21,1 (Myra n'est mentionné que dans un seul manuscrit). Voir Actes, 14,24-25.

130. Actes, 21,7. L'évangélisation de ces étapes, comme des précédentes, est longuement racontée dans les Actes de Paul, 3-5, qui la situent au départ d'Antioche au début, semble-t-il, du troisième voyage.

131. Actes, 21,8 : ce fut l'un des Sept du groupe d'Étienne (6,5) qui évangélisa la Samarie (8,5), convertit un eunuque éthiopien (8,26), puis évangélisa Césarée où il se fixa définitivement (8,40).

132. Actes, 21,16-18.

CHAPITRE XII. — DE JÉRUSALEM À ROME : PAUL ET SES JUGES

1. Actes, 21,37 et Josèphe, *AJ*, 20,7,6 (voir ci-dessous). Voir ci-dessus chap. v.

2. Les gouverneurs de Judée ne se sont régulièrement succédé de deux ans en deux ans que de 44 à 48 (sous Claude), puis à partir de 62 (sous Néron) avec Albinus, le second successeur de Félix. Ventidius Cumanus fut en poste de 48 à 52. Pour couvrir la période 52-62, il faut que Félix, ou bien son successeur immédiat Festus, soit resté procurateur en Judée très longtemps, d'où deux hypothèses possibles : celle de E. Schürer, *History of the Jews,* maintenue dans l'édition révisée de 1973-1987, 464-466, n. 42, qui optait pour Félix à cause du caractère impitoyable que lui reconnaît Tacite, *Histoires,* 5,9, et du grand nombre d'événements que Josèphe, *BJ*, 2,12,8 (247-270) et *AJ* 20,8,5-8 (160-181) rapporte à son gouvernement — en fait, la révolte de l'Égyptien,

l'apparition des sicaires et l'affaire de Césarée ; et l'hypothèse d'A. von Harnack, *Geschichte der altchristlichen Literatur*, II/1, 1897, 233-239, qui réduisait au contraire le gouvernement de Félix à une brève période au début du règne de Néron pour tenir compte de la *Chronique* d'Eusèbe, éd. Schoene II, 155, qui situe son rappel la deuxième année du règne de Néron. Nous adoptons cette « chronologie haute », qui s'accorde avec les dates que nous avons proposées au chap. xi, en fonction de raisonnements indépendants, pour le début des incidents d'Éphèse et pour la date de Rom. D'autre part, l'argumentation de Schürer a un caractère subjectif, car enfin les événements rapportés au gouvernement de Festus (*AJ*, 20,8,9-11 [182-196]) sont également nombreux.

3. Actes, 24,27. M. Sordi, *Studi Romani*, 8, 1960, 401-402, a bien montré que cette indication chronologique incluse dans une courte phrase se rapportant strictement à la succession de Félix (« Après deux ans accomplis, Félix reçut Festus comme successeur ») ne peut concerner la captivité de Paul et en fixer la durée, comme on le pense trop souvent ; la syntaxe grecque s'y oppose. Mais on ne peut admettre la démonstration qui fixe l'arrestation au printemps 54, car elle oblige à rapporter l'entrevue de Jérusalem à une période antérieure au deuxième voyage malgré les indications personnelles de Paul (voir chap. vi). Elle s'appuie exclusivement sur les Actes et, d'autre part, son idée centrale, à savoir que le rappel de Félix est antérieur à la disgrâce de son frère Pallas en février 55, puisque celui-ci obtint son quitus, n'est pas confirmée par Tacite ; Pallas garda encore beaucoup d'influence.

4. Actes, 24,20, à rapprocher de Tacite, *Annales*, 12,54. Sur son commandement militaire et un partage des responsabilités entre Cumanus et lui, données concordantes de Tacite, de Josèphe, *BJ*, 2,247 et de Suétone, *Claude*, 28.

5. *BJ*, 2,13,3 (257).

6. Actes, 21, 20-28. Sur l'exécution sommaire du *msamdaia* (« celui qui pousse à l'apostasie »), voir ci-dessus chap. iii, n. 14.

7. Voir en particulier le débat entre Augustin, *Lettres*, 82,19 et Jérôme. La plupart des exégètes modernes ont préféré contester le témoignage, unique, des Actes, 16,13, sur la circoncision de Timothée. Voir l'actualité du débat, encore, dans R. E. Brown, *Antioche et Rome*, Paris, 1988, 24 et F. Refoule, « Date de l'épître aux Galates », *RB*, 95, 1988, 172-176.

8. *Homélies clémentines*, 6-9 (à la gloire de Pierre). Évangile de Barnabé, 45 et traditions ébionites (Irénée, *Adv. haereses*,

1,26,2 ; EUSÈBE, *HE*, 3,27,4). Talmud cité par F. H., RENGSTORF, *Das Paulusbild in der neueren Forschung*, Darmstadt, 1969, 589.

9. C'est le point de vue de G. BORNKAMM, *Paul apôtre de Jésus-Christ*, Genève, 1970, 750. Cet argent perçu, entre autres, dans les synagogues pouvait paraître détourné de ce qui revenait normalement au Temple : voir ci-dessus, chap. XI, n. 110. Ces problèmes expliqueraient le silence anormal des Actes sur l'opération de la collecte.

10. La seule synagogue chrétienne du Ier siècle exhumée jusqu'ici à Jérusalem est de petite taille (J. MURPHY-O'CONNOR, *Guide archéologique de la Terre sainte*, Paris, 1982, 100-101).

11. Actes, 21,23-26, reprenant 18,18 (qui doit être un doublet, déplacé).

12. Actes, 21,28.

13. Voir ci-dessus chap. I et VI, et le cas de l'historien Flavius Josèphe né, lui, en 37.

14. JOSÈPHE, *BJ*, 2,12, 8-13,6 (247-270) ; *AJ*, 20,8,5-8 (160-161).

15. JOSÈPHE, *AJ*, 20,8,5 (162) et TACITE, *Annales*, 12,54.

16. SUÉTONE, *Claude*, 28. Drusilla, née en 38 (*AJ*, 19,9,1 [354]), avait épousé en 53 Azizos d'Émèse (*AJ*, 20,7,1 [139]), puis Félix peu de temps après (*AJ*, 20,7,2 [141-143]).

17. Voir ci-dessus chap. XI.

18. Voir l'ouvrage classique de R. MACMULLEN, *Enemies of the Roman Order*, Cambridge, Harvard Univ. Press, 1966. Sources dans JOSÈPHE, *BJ*, 2,13,2-6 (253-265) et *AJ*, 20,8,6 (169-172).

19. JOSÈPHE, *AJ*, 20,8,10 (186) : sur le nom ; *BJ*, 2,13,3 et 17,2 (254-256 et 408), qui les décrit et les désigne comme le « parti de la guerre », en les assimilant aux brigands nationalistes. Voir M. HENGEL, *Die Zeloten*, Leyde, 1976, 355-368 et 405-409.

20. *BJ*, 2,13,4 et 6 (259 et 264-265) ; *AJ*, 20,8,6 (169-172), à propos du prophète égyptien qui est présenté comme un aspirant à la royauté à l'instar des esclaves révoltés ou des usurpateurs de la période précédente.

21. JOSÈPHE, *Vie*, 23 (112-113) ; il s'agit de deux proches du roi Agrippa.

22. *BJ*, 2,13,6 (266-270). Voir B. LIFSHITZ, « Césarée de Palestine, son histoire et ses institutions », *ANRW*, II/8, Berlin-New York, 1977, 514-517.

23. *BJ*, 2,3,1 (42-44).

24. *BJ*, 2,3,1-2 (40-48) et *BJ*, 2,12,1 (223-226).

25. JOSÈPHE, *BJ*, 2,13,3 (256-257).

26. Actes, 21,27-31 (voir JOSÈPHE, *BJ*, 5,192 et *AJ*, 15,417 ; PHILON, *Legatio ad Gaium*, 212). Un des écriteaux, en grec, a été retrouvé (*OGI*, 598) : il date du règne d'Hérode durant lequel

l'interdit a été aggravé (on est passé de l'amende à l'exécution immédiate). Voir le commentaire de J. MELEZE-MODRZEJEWSKI, « Les tourments de Paul de Tarse », dans *Histoire du droit social. Mélanges Jean Imbert*, Paris, 1989, 407-409.

27. Rom., 9,6,9 et 10,13, avec le thème des deux postérités et le retournement de situation, le cadet (le second appelé) l'emportant sur l'aîné.

28. Actes, 21,31-33, à rapprocher de *BJ*, 2,12,1 (224-226) et 7 (246).

29. Actes, 25,24 : jugement final du gouverneur Festus qui emploie le terme technique d'*épiboôntes* (dans deux manuscrits des Actes sur quatre). Voir l'étude classique de J. COLIN, *Les villes libres de l'Orient gréco-romain et l'envoi au supplice par acclamations populaires*, Bruxelles, 1965, 126, et les nuances apportées par J.-P. LEMONON, *Pilate et le gouvernement de la Judée*, Paris, 1981, qui préfère parler de « lynchages » plutôt que de justice populaire.

30. JOSÈPHE, *Vie*, 48 (en 66); comme manifestations tumultuaires sans caractère judiciaire, *BJ*, 4,5 (283) et 19,8,2 (345); l'émeute contre Jésus relève de cette catégorie et n'eut pas le caractère d'un jugement.

31. APULÉE, *Métamorphoses*, 3,2,6-4,4; EUSÈBE, *HE*, 4,15,22. Voir ci-dessus chap. XI.

32. Actes, 22,1-21.

33. Actes, 22,22-25.

34. Cet aspect juridique du problème est rappelé dans Actes, 21,34 par le procurateur Félix. Voir A. M. SHERWIN-WHITE, « Paul before Felix and Festus », dans *Roman Society and Roman Law in the New Testament*, Oxford, 1963, 55-57; sur les privilèges des citoyens de cités libres, P. GARNSEY, *JRS*, 56, 1966, 183, n. 159 et 160.

35. Actes, 22,25-29. La flagellation est donc immédiatement suspendue en vertu de la *lex Iulia de vi publica*. A Jérusalem, où il compte des parents et des partisans, Paul n'a aucun mal à faire reconnaître sa qualité.

36. *BJ*, 2,12,3-4 et 7 (232-235 et 246).

37. Actes, 23,1 et 5. Sur le concept de « conscience personnelle » *(syneidésis)*, qui est en lui-même négation de la Loi, C. SPICQ, « La conscience dans le N.T. », *RB*, 45, 1938, 50-80 et du même, *Théologie morale du N.T.*, I, 429-431, sur le sens civique, à la grecque, que Paul garde aux termes dérivés de *polis*.

38. Actes, 23,6-9, à rapprocher de JOSÈPHE, *BJ*, 2,8,14 (162-166) qui représente, il est vrai, le point de vue d'un pharisien.

39. *BJ*, 2,8,14 (163). Voir ci-dessus chap. II.

40. Actes, 23,12-13. Sur l'identification, qui s'impose, de ces conjurés avec les sicaires, M. HENGEL, *Die Zeloten*, Leyde, 1976, 358-359 et E. M. SMALLWOOD, *The Jews under Roman Rule*, Leyde, 1976, 279-280. Sur l'exécution sommaire de l'apostat et du traître, voir ci-dessus chap. III, n. 14.

41. EUSÈBE, *HE*, 2,23,1, établira un lien entre cette tentative contre Paul et l'exécution de Jacques, en 62, à l'instigation du seul grand-prêtre, Anne, convaincu de la souveraineté du Sanhédrin en matière de procès capital.

42. Actes, 23,25-30, qui disent reproduire (au style direct) la substance de la lettre.

43. Ces points de droit ont été soulignés par J. MÉLÈZE-MODRZEJEWSKI, « Les tourments de Paul de Tarse » (*op. cit.*, n. 26), 403-407. Sur le procès à Césarée, voir aussi J. DE CROIX, « Le procès de Paul à la lumière du droit romain », *B. and Th. St.*, 1969, qui conclut à un acquittement par défaut et A. N. SHERWIN-WHITE, « Paul before Felix and Festus » (*op. cit.*, n. 34).

44. Voir Actes, 23,35 ; 24,19 et 22.

45. Rappelons la remarquable démonstration de M. D. BENZ, *New Testament Studies*, 21, 1975, 353-379, citée ci-dessus chap. XI, n. 85.

46. Actes, 24,5, à rapprocher de la lettre de Claude aux Alexandrins, *Pap. London*, 1912, 11,23-25 ; 82-95 ; voir F. CUMONT, *RHR*, 91, 1925, 1-17.

47. Voir J. SCHEID, *Le Délit religieux dans la cité antique*, Rome, 1981, 157-168.

48. Actes, 24,6-8 ; sur l'affaire Céler, voir ci-dessus. Le délit de *religio illicita* (non légale) n'est que la formulation religieuse du délit de sédition ; Paul est dit « chef des nazoréens », par confusion (volontaire ?) entre les fidèles de Jésus de Nazareth et la secte des « observants » *(nazirim)* : voir ci-dessus chap. II.

49. D'après JOSÈPHE, voir J. JUSTER, *Les Juifs dans l'Empire romain*, Paris, 1914, I, 382-383, à propos de l'assimilation du vol de l'argent sacré à un sacrilège dont avaient à connaître les autorités romaines, et Ch. SAULNIER, « Lois romaines sur les Juifs », *RB*, 88, 1981, 187-191, à propos de l'intégration des Juifs à l'ordre romain.

50. Actes, 24,17, qui en est la seule mention dans tout le livre.

51. Actes, 24,11-12, à comparer avec la lettre de Claude aux Alexandrins citée n. 46.

52. Le contre-exemple implicite est celui de Judas et Matthias, docteurs de la Loi, qui montèrent la tête des jeunes gens qu'ils enseignaient contre les Romains à la mort d'Hérode

Antipas (JOSÈPHE, *AJ*, 17,6,2-3 [149-163]) : ils furent accusés de sédition et l'on mit en cause les relations de maître à disciples, ce qu'avait déjà fait Hérode le Grand.

53. Actes, 24,14. Pour la cité grecque, voir M.-F. BASLEZ, *Recherches sur les conditions de pénétration et de diffusion des religions orientales à Délos*, Paris, 1978, et, sur le *théos patrôos*, « Les communautés d'Orientaux dans la cité grecque », dans *L'Étranger dans le monde grec*, Nancy, 1988. Sur les aspects propres à la législation romaine, J. SCHEID, *art. cit.*, n. 47.

54. Sur la collecte, légale et officielle du *didrachmon*, voir ci-dessus chap. XI. TERTULLIEN, *Apologie*, 21,1 démontrera que le christianisme s'est développé à l'ombre du judaïsme, *religio certe licita.*

55. Actes, 24,14-16.

56. Voir la figure d'Attis en Asie Mineure et de Melqart à Tyr, dont on célèbre chaque année la mort et la résurrection dans une mystique qui dérive de vieux cultes agraires fondés sur le rythme des saisons.

57. Actes, 24,22-25; voir *AJ*, 20,7,2 (142) sur Félix et le magicien juif de Chypre Atomos.

58. Actes, 25,13-30.

59. JOSÈPHE, *AJ*, 20,7,1 et 8,4 (138-139, 158-159); *BJ*, 2,17,1 et 21,3 (405, 595-597).

60. *BJ*, 2,16,4 (358-365).

61. Au centre de Rom., dont s'inspire Actes, 26,6. Voir ci-dessus chap. XI.

62. Actes, 25,23.

63. Elle n'apparaît qu'au IIe siècle : sur ses origines, voir J. SCHWARTZ, « Traditions et ruptures dans l'apologétique chrétienne du Haut-Empire », *Ktéma*, 10, 1985, 43-49, qui relève l'apport du modèle arétalogique.

64. Actes, 26,1.

65. Actes, 26,9-23.

66. Ce thème a été développé par l'historiographie américaine récente : voir P. MARSCHALL, *Enmity and Other Social Conventions in Paul's Relations with the Corinthians*, Diss. Macquarie, 1980 et J. H. SCHÜTZ, *Paul and the Anatomy of Apostolic Authority*, Cambridge, 1975, 133.

67. Il essaya le plus possible d'éviter la guerre contre Rome (voir son grand discours, *BJ*, 2,16,4-17,1 [345-407]) et ses positions sont assez proches de celles de l'historien Josèphe (sur la peur de la révolution, voir ci-dessus). Voir R. S. SULLIVAN, « The Dynasty of Judaea in the First Century », *ANRW*, II/8, Berlin-New York, 1977, 329-345.

68. Cette tendance caractérise l'apologétique chrétienne du IIe siècle (voir F. BLANCHETIÈRE, « Judaïsmes et christianismes. Continuité par-delà les ruptures », *Ktéma*, 10, 1985, 37) : on ne peut déterminer si elle émane des propos de Paul ou de la rédaction des Actes.

69. Sur la lecture évidente de « deux années accomplies » (Actes, 24,27), voir ci-dessus n. 3.

70. Actes, 24,23 et 27. Deux ans de détention préventive attestés à Alexandrie dans les années 40 (PHILON, *Contre Flaccus*, 128-129). Le délai d'appel pour liquider une procédure devant les tribunaux provinciaux sera réduit à dix-huit mois par la législation du Bas-Empire (Papyrus *BGU*, II, 628).

71. Actes, 24,26 (voir aussi l'expression « se racheter par une rançon » prêtée à Paul en 28,19), à rapprocher de TACITE, *Annales*, 12,54. Cependant, la vénalité n'est pas une charge retenue par Josèphe contre Félix.

72. *BJ*, 2,13,7 (266-270); *AJ*, 20,8,8-9 (180-181), qu'on peut rapprocher de *Vie*, 3 (13).

73. *BJ*, 2,14,1 (271); *AJ*, 20,8,10-11 (185-200) : il mourut au cours de son mandat; Actes, 25,1-2,24.

74. Actes, 25,9 (« être jugé sur ces faits »); 4-6; 16-18.

75. Sur le droit de récusation, P. GARNSEY, *JRS*, 56, 1966, 182-183. D'autre part, seuls des « notables » (Actes, 25,4) étaient descendus jusqu'à Césarée et Paul pouvait toujours faire constater l'absence de certains de ses premiers accusateurs.

76. Actes, 25,19.

77. Actes, 24,23 (*oi idioi*); il est vrai que l'expression est attribuée au procurateur.

78. On déplaçait facilement un procès provincial pour éviter les pressions locales (voir le cas de Dion de Pruse jugé à Nicée dans PLINE le Jeune, *Lettres*, 10,81,3-4). On ne peut envisager que Festus ait voulu renvoyer le cas devant les instances communautaires en accord avec le statut reconnu à la nation juive, puisque le procurateur présidera le nouveau tribunal (Actes, 25,9).

79. Actes, 25,10. Depuis MOMMSEN, cet épisode est généralement considéré comme le cas typique (et unique !) de *provocatio* à l'époque julio-claudienne : voir A. H. M. JONES, *Studies in Roman Government and Law*, Oxford, 1960, 51-65 ; A. N. SHERWIN-WHITE, « Paul before Felix and Festus » (*op. cit.* n. 34), 68-70. De sérieuses réserves ont été apportées par P. GARNSEY, « The *Lex Iulia* and Appeal under Empire », *JRS*, 56, 1966, 182-185, suivi par J. MÉLÈZE-MODRZEJEWSKI, « Les tourments de Paul de Tarse », 404, n. 30, qui interprète l'appel à l'empereur comme un déclinatoire de compétence.

80. La formule est de Cl. NICOLET, *Le Métier de citoyen*, Paris, 1976, 35. Sur la menace des sicaires, Actes, 25,3.

81. Voir *SEG*, IX, 8,50-53 (Cyrénéens à l'époque d'Auguste) et PLINE le Jeune, *Lettres*, 6,31,3 (un Éphésien à l'époque de Trajan). Tous sont citoyens romains. La notoriété évidente de Paul est soulignée par P. GARNSEY, 185.

82. Actes, 21,33 ; 26,29 ; 28,20. La seule épître authentique (mis à part les Pastorales) où l'apôtre se présente enchaîné est Phil., 1,13. Sur cette règle du transfert, *SEG*, IX, 8,50-53 et PLINE, *Lettres*, 10,57,2.

83. Actes, 27,3.

84. Actes, 27,2 ; Actes, 27,1-28,16 est une des sections rédigées à la première personne du pluriel. Voir ci-dessus Introduction.

85. La forme anormale du transfert a été mise en évidence par J. ROUGÉ, « Actes 27,1-10 », *Vigiliae Christianae*, 14, 1960, 193-203. Pour les conditions de navigation, voir J. ROUGÉ, *Recherches sur l'organisation du commerce maritime en Méditerranée sous l'Empire romain*, Paris, 1966, et, pour les aspects matériels, J.-M. ANDRÉ et M.-F. BASLEZ, *Voyage, tourisme, villégiature dans l'Antiquité gréco-romaine* (à paraître).

86. PLINE le Jeune, *Lettres*, 10,57,2. Voir J. ROUGÉ, *art. cit.*, 197-198.

87. Actes, 27,9.

88. Actes, 27,3-5 ; voir aussi Actes de Paul, 28,31,33 (Myra), 35 (Sidon), 40 (Tyr).

89. Voir II Cor., 11,25.

90. Actes, 27,10-12. Voir II Cor., 11,25.

91. PLINE, *HN*, 2,47. Actes, 27,14, qui forge un nom en « grécolatin » pour indiquer sa direction : Euraquilon.

92. Actes, 27,14-38.

93. Le nom phénicien de cette île a sans cesse été déformé par les géographes grecs et latins en Caudos (POMPONIUS MÉLA, 2,111), Gaudos (PLINE, *HN*, 4,61), Klaudos (PTOLÉMÉE, 3,15)... Il n'y a donc rien à tirer de l'appellation Kauda donnée par Actes, 27,16, pour chercher comme l'avait fait W. RAMSAY un point situé beaucoup plus au nord en pleine Adriatique ; Actes, 27,16-17 localisent Kauda par rapport aux Syrtes, c'est-à-dire à la côte africaine.

94. Actes, 27,27 désigne l'espace maritime entre Crète et Sicile sous le nom d' « Adriatique », ce qui est attesté à l'époque : voir FLAVIUS JOSÈPHE, *Vie*, 3 (15) à propos d'un naufrage qu'il situe pourtant précisément sur la route de la Libye.

95. C'est une image traditionnelle du roman d'aventures.

PÉTRONE, *Satyricon*, 114 ; voir aussi ACHILLE TATIUS, *Roman de Leucippè et Clitophon*, 3,1-5.

96. Actes, 27,21-16 ; 30-32 ; 33-38.

97. Actes, 27,41-44.

98. Actes, 28,1-6 ; voir ci-dessus chap. IV, n. 81, sur cet épisode démarqué de Lc, 10,9. Le péril à terre, rebondissement du naufrage, est aussi un stéréotype du roman d'aventures.

99. Actes, 28,7-10. L'apôtre-médecin est un thème courant des Apocryphes : voir Philippe dans *The Apocryphal New Testament*, 40,114, où l'apôtre à son arrivée à Hiérapolis exerce dans un dispensaire vacant, et Pierre, dans *Roman clémentin*, 144. Les Actes de Pierre et de Paul (VIe-VIIe siècle) ainsi que la Passion de Pierre et de Paul, du Pseudo-Marcellus, situent l'épisode maltais non dans la grande île mais dans l'îlot de Gozzo *(Gaudo-meletes)* tout proche : voir *Acta Apostolorum Apocrypha*, I, 118-122 et 178-222.

100. Voir Ch. DUBOIS, *Pouzzoles antique*, Paris, 1907.

101. Le fait ne peut être archéologiquement prouvé, le dessin d'un crucifié parmi les graffiti d'une taverne se rapportant évidemment aux jeux de l'amphithéâtre (M. GUARDUCCI, *Acts of the 5-5-Int. Cong. of Greek and Latin Epigraphy*, Cambridge, 1967, 219-223). Sur les Juifs de Pouzzoles, JOSÈPHE, *Vie*, 3,16 et Actes, 28,14.

102. Célèbre description de la route et de ses inconvénients, au Ier siècle, par HORACE, *Satires*, I,5.

103. Actes, 28,15. Voir Horace encore sur les misères de l'hôtellerie et, sur les professionnels itinérants qui s'y rencontrent, les graffiti de Pouzzoles cités n. 101.

104. Actes, 28,15.

105. Le manuscrit occidental d'Actes 28,16 (beaucoup plus développé dans ce passage) précise que « les » prisonniers furent remis au « stratopédarque » : cette appellation s'applique normalement au *praefectus castrorum* d'une légion, mais le terme est utilisé dans le sens beaucoup plus large de « commandant militaire » dans les papyrus et par les auteurs grecs du Ier siècle (DENYS D'HALICARNASSE, *AR*, 10,36 ; JOSÈPHE, *BJ*, 6,4,3). Les différentes possibilités sont discutées par A. N. SHERWIN-WHITE, « Paul at Rome », dans *Roman Society and Roman Law in the New Testament*, Oxford, 1963, 108-110.

106. Actes, 28,16 (c'est le régime de la *custodia militaris*), 17 (délai de trois jours, qui est le délai normal de l'hospitalité), 30.

107. Rom., 16,3-7. Voir ci-dessus chap. XI.

108. Sur la *statio* de Tarse, L. MORETTI, « Sulle stationes municipiorum del foro romano », *Athenaeum*, 1958, 106-116. Sur Rufus et sa mère, Rom., 16,13 ; voir ci-dessus chap. Ier.

109. C'est celle qu'utilisent au IIIe siècle les rédacteurs de la correspondance apocryphe entre Paul et le philosophe Sénèque dont les lettres sont datées par les consuls de 58 et de 59 (à voir dans *New Testament Apocrypha*, II, 133-141).

110. JOSÈPHE, *Vie*, 3,13.

111. Le délai de dix-huit mois pour maintenir une accusation ne sera fixé qu'au Bas-Empire : voir ci-dessus n. 70.

112. Alors qu'en 54 (I Cor., 6,1), Paul demandait à ses lecteurs d'éviter les tribunaux païens et de recourir aux tribunaux juifs, en Rom., 13,1, il ne connaît plus que les tribunaux de l'Empire.

113. A. N. SHERWIN-WHITE, « Paul at Rome », 113 et 118-119, d'après DION CASSIUS, 60,28,6 ; les gouverneurs faisaient de même : *AJ*, 20,9,5.

114. Actes, 28,20-21. Voir JOSÈPHE, *AJ*, 20,9,1 et ci-dessus.

115. EUSÈBE, *HE*, 2,13,2-5, d'après *Apologie* de JUSTIN (IIe siècle).

116. Conclusion de R. E. BROWN dans *Antioche et Rome*, Paris, 1988.

117. Voir H. J. LEON, *The Jews of Ancient Rome*, Philadelphie, 1960, 75-121 ; les inscriptions funéraires de la catacombe de Monteverde, dans le Transtévère, évoquent le même type de société que Rom., 16 : 80 % de noms grecs et 20 % de latins ; des esclaves et des affranchis (voir aussi PHILON, *Legatio ad Gaium*, 155), dont certains sont devenus des notables.

118. Rom., 16, 10-11. Voir *BJ* 2,12,7 ; 14-38 (245-246) ; *AJ*, 20,6,3 (134-136) qui date de 52-53.

119. Actes, 28,23 : l'expression « venir vers lui à son hospitalité » *(xénia)* est en général comprise dans le sens de « venir à son logement », *xénia* étant interprété dans le sens de *xénôn*, la « chambre d'hôte », mais *épi xénian elthein* peut avoir le sens en grec classique de « venir comme un hôte » (PINDARE, *Néméennes*, 10,49).

CHAPITRE XIII. — LES INCONNUES DES DERNIÈRES ANNÉES : TRADITIONS, LÉGENDES ET HISTOIRE

1. EUSÈBE, *HE*, 2,22,2 ; l'expression « dit-on » se réfère toujours chez cet historien à des sources écrites. Voir aussi THÉODORET DE CYR, *Commentaire à la seconde épître à Timothée*, 4,17 (IVe siècle).

2. Parmi les épîtres incontestablement authentiques de Paul, seuls celle aux Philippiens et le billet à Philémon peuvent être éventuellement rapportés à une période romaine ; l'épître aux Colossiens et celle aux Éphésiens (dont certains situent la rédaction à Rome) ne sont de toute façon pas de la main de Paul et les épîtres dites pastorales (à Timothée et à Tite) sont des documents post-pauliniens : résumé des différentes positions et argumentations par R. E. BROWN dans *Antioche et Rome*, Paris, 1988, 227-235. Rappelons que nous avons rattaché l'épître à Philémon et celle aux Colossiens à la mission éphésienne : voir ci-dessus chap. XI.

3. Témoignage de CLÉMENT de Rome, I Clément, 5,7, qui fut à la tête d'une des communautés chrétiennes de Rome dans les années 90.

4. I Clément, 5.

5. Rom., 15,24 et 28. Tous les témoignages sur le voyage d'Espagne, au Ier siècle, ont été repris par J. ROUGÉ, « Le voyage de saint Paul en Occident », *Cahiers d'histoire*, 12, 1967, 237-247, qui conclut à la probabilité du voyage de Paul.

6. Voir, sous Néron aussi, le cas du philosophe Apollonios de Tyane, PHILOSTRATE, *V. Ap.*, 4,37-38. D'après les Apocryphes, Paul n'était déjà plus à Rome quand Pierre y arriva.

7. Actes de Pierre, 1,3, épisode surtout développé dans la version latine (Actes de Verceil) ; composés un peu avant les Actes de Paul à la fin du IIe siècle à Rome ou en Asie Mineure : voir *New Testament Apocrypha*, II, 279-282.

8. Légendes réfutées par J. ROUGÉ, *art. cit.*, n. 5.

9. Conclusions de Ch. PIETRI et G. BOWERSOCK dans *Les Martyrs de Lyon*, Paris, 1978, 211-231 et 249-255. Le cas de l'évêque de Lyon, Irénée, est caractéristique puisqu'il était originaire d'Asie Mineure, mais avait été formé à Rome.

10. Leur authenticité a récemment encore été défendue par l'exégète C. SPICQ, *Les Épîtres pastorales*, 4e éd., Paris, 1969, et S. DE LESTAPIS, *L'Énigme des Pastorales de saint Paul*, Paris, 1976, qui les rapportent aux années 55, mais les arguments négatifs sont très nombreux, bien que Paul ait évidemment écrit des lettres personnelles comme celle à Philémon : elles étaient ignorées des plus anciens compilateurs du IIe siècle ; leur style est très différent de celui des lettres authentiques, elles visent des déviations gnostiques qui ne sont pas réellement attestées pour la première génération chrétienne et, surtout, elles témoignent d'une organisation ecclésiale beaucoup plus élaborée que celle décrite par Paul. La correspondance fictive, qui constitue un genre littéraire assez ancien, devient réellement à la mode à

partir du Ier siècle : voir B. Fiore, *The Function of Personal Example in the Socratic and Pastoral Epistles*, Rome, 1986. Dans ce genre d'apocryphes, le niveau de réalité historique s'exprime dans les *realia* et les *personalia* (Spicq) : voir l'exemple d'Onésiphore n. 14.

11. Tite, 1,5. C'est la seule mention d'une chrétienté crétoise dans le Nouveau Testament, bien que Actes, 2,11 fassent figurer des Crétois à la Pentecôte. Sur les Juifs en Crète au Ier siècle, Tite, 1,10,14 ; Philon, *Legatio ad Gaium*, 282, Josèphe ; *AJ*, 17,12,1 [327] et *BJ*, II, 7,1 [103].

12. Tite, 3,12 ; sur ses compagnons, voir aussi II Tim., 4,20. On a pensé en général qu'il hiverna à Nicopolis d'Épire, la plus connue des villes de ce nom, ce qui rendait toute reconstitution d'itinéraire impossible : pourtant, Nicopolis d'Épire n'est pas sur la route de Rome à l'Asie par la Via Appia et la Via Egnatia, mais à des centaines de kilomètres au sud ; elle n'est reliée à l'Italie que par la circulation intérieure au canal d'Otrante. On connaît cinq autres Nicopolis antiques : celles d'Arménie et de Bithynie sont exclues pour des raisons géographiques et celle de Judée, au sud-ouest de Jérusalem, pour des raisons « diplomatiques » dans le cas de Paul.

13. Si l'on se fonde sur une tradition conservée par Actes de Paul, 10, Artémas ou Artémon aurait rencontré Paul lors de la traversée vers Rome et serait un converti de Pierre.

14. II Tim., 1,16. Onésiphore d'Iconion joue un rôle très important dans les Apocryphes, qui ont été composés dans cette région, alors qu'il est absent des deux récits de visite donnés par les Actes : voir Actes de Paul, 3,2,7,20 et 26 (dans la section des Actes de Paul et de Thècle rapportée au premier voyage mais qui mentionne des personnages de la fin de la vie de Paul, nommés dans les Pastorales comme Démas).

15. I Tim., 1,3-7.

16. Voir Josèphe, *Vie*, 1,1-6 et Mt, 1,1-18.

17. I Tim., 1,19-20. Sur Alexandre, II Tim., 4,14-15 ; confondu avec Hermogène dans Actes de Paul, 3,1 (voir ci-dessous n. 30).

18. Actes, 19,33.

19. II Cor., 13,2 et 10. L'excommunication est en général temporaire (J. Juster, *Les Juifs dans l'Empire romain*, Paris, 1914, II, 159-161.

20. I Tim., 2,14 ; la lettre est censée avoir été écrite de Macédoine à Timothée resté à Éphèse (1,3). On ne sait rien du conflit doctrinal, puisque la lettre traite de déviations vers l'ascétisme et le désengagement du monde qui paraissent improbables à l'époque de Paul.

21. II Tim., 4,20 : il a été présent pendant une partie du voyage de captivité et peut-être jusqu'à Rome avant de regagner Corinthe.

22. Cela ressort sans ambiguïté aucune de II Tim., 1,15 : le prisonnier a été abandonné par « tous ceux qui étaient en Asie » ; le texte ne dit pas « ceux qui venaient d'Asie » ou « qui étaient originaires d'Asie ». Des trois épîtres pastorales, seule II Tim. se présente comme un écrit de captivité. Arguer des adieux définitifs de Paul aux Éphésiens dans le discours de Milet (Actes, 20, 25 et 38) pour nier un retour en Asie, ne tient pas compte des stéréotypes du Testament spirituel, forme choisie par l'auteur des Actes ; ce n'est d'ailleurs qu'une des rédactions successives (voir M. É. BOISMARD et A. LAMOUILLE, *Les Actes des deux Apôtres* III, Paris, 1990, 251).

23. I Clément, 5,4-7, dans la longue série des grands malheurs provoqués par des « jalousies » entre frères ou entre compatriotes, à l'époque de l'Ancien Testament et à l'époque chrétienne ; c'est l'expérience que vit encore l'auteur lui-même à la fin du Ier siècle. A rapprocher de Phil., 1,15-17, le thème de la « jalousie » étant d'ailleurs déjà apparu en Gal., 4,17, qui n'est pas un écrit de captivité.

24. Apoc., 2,2,4 (lettre à l'Église d'Éphèse) ; les nicolaïtes visés en 2,6 sont définis à Pergame, 2,14, comme ceux qui consomment les idolothytes. E. RENAN, *L'Antéchrist* (1873), dans *Œuvres complètes,* IV, Paris, 1941, 1352-1356, a beaucoup utilisé ce témoignage et conclut que les pauliniens étaient visés derrière les nicolaïtes.

25. Ignace, Éph., 6,2 ; 7,1 ; 9,1.

26. II Pet., 3,15-16, datée maintenant de la fin du Ier ou du IIe siècle et qui est adressée à des Chrétiens d'Asie Mineure plus probablement qu'à des Romains.

27. Voir ci-dessus chap. XI.

28. II Tim., 4,14-15.

29. II Tim., 2,17 et 1,15 : le nom de Phygélos ou Phygalos, dont on connaît deux attestations au moins pour des Éphésiens, rappelle Phygéla, une petite ville limitrophe qui a été absorbée par Éphèse ; « il n'est pas étonnant, quand il s'agit de l'ethnique d'une petite ville, qu'il soit employé comme nom dans une ville de la même région » (L. ROBERT, *Hellenica,* I, Paris, 1940, 124 et n. 7).

30. Actes de Paul, 3,1 (série des Actes de Paul et de Thècle), qui situent sa rencontre avec Paul en Pisidie ou en Lycaonie, lors du premier voyage, et lui donnent le métier d'Alexandre.

31. II Tim., 1,2 ; 4, 12, 19 et 20.

32. II Tim., 1,18.

33. II Tim., 1,17.

34. II Tim., 4,13 ; ces pratiques sont tout à fait caractéristiques du voyage antique : voir J.-M. André et M.-F. Baslez, *Voyage, tourisme, villégiature dans l'Antiquité gréco-romaine*, à paraître.

35. Phil., 2,25, sur sa misère matérielle, et 2,20, sur son isolement (à rapprocher de II Tim., 4, 9, 11 et 16). Les deux épîtres manifestent la même confiance un peu forcée dans une libération proche (Phil., 1,19-25 et II Tim., 4,17-18) et développent un même thème, celui que le tribunal a servi de tribune à l'apôtre (Phil., 1,13 et II Tim., 4,17). Un dernier argument pour rapporter l'épître aux Philippiens à la dernière captivité à Rome réside dans le fait que l'apôtre, quand il envisage des retrouvailles, ne parle pas d'une « visite » mais d'un « retour », ce qui implique un « aller » à Rome par la voie de terre ; R. E. Brown dans *Antioche et Rome*, Paris, 1988, 229-231, ne l'a pas vu, bien qu'il soutienne lui aussi (et avec des arguments différents) l'hypothèse d'une captivité romaine, ce qu'attestait Marcion au IIe siècle.

36. Cette reconstitution du dernier voyage de Paul prisonnier s'appuie aussi sur le témoignage de Polycarpe de Smyrne, assez vieux pour avoir connu la génération apostolique, dans une lettre aux Philippiens citée par Eusèbe, *HE*, 3,36,13, qui leur rappelle tous ceux qu'ils ont vu passer captifs, enchaînés, en route vers Rome : Ignace, Rufus, Zosime et Paul lui-même. L'apôtre n'a parlé lui-même de ses chaînes que dans Phil., 1,13,14,17, si l'on excepte II Tim., 1,6, dont l'authenticité est discutable. Les captivités d'Éphèse auxquelles font allusion Philém. et Col. semblent avoir été moins dures.

37. Tacite, *Annales*, 14, 48 et 50-51. Dion Cassius, 59,4 et 60,3. Ulpien, *Off. proc. Leg. Coll.*, 14,3 (IIe siècle), mais cette délégation est déjà attestée à la fin du règne de Néron par Tacite, 15,58 et 61, qui associe Néron et Tigellin dans les interrogatoires. Ainsi, c'est Tigellin qui instruit le cas d'un philosophe cilicien arrêté à Rome dans Philostrate, *V. Ap.*, 4,44.

38. Tacite, *Annales*, 15,58.

39. Seulement à partir du règne de Trajan, dont le rescrit fera jurisprudence : voir Pline le Jeune, *Lettres*, 10,97. L'*Institutum Neronianum* (Tertullien ; Actes de Paul, 11,2) est un faux forgé par les Chrétiens du IIe siècle en considération de tous les Chrétiens morts, mais pour des raisons diverses, sous le règne de Néron : voir J. Zeiller, « *Institutum Neronianum.*

Loi fantôme ou réalité ? », *Rev. hist. ecclésiastique*, 50, 1955, 393-405.

40. Texte célèbre de TACITE, *Annales*, 15,44 (à propos de l'incendie de Rome en 64) ; voir E. M. SMALLWOOD, *The Jews under Roman Rule*, Leyde, 1976, 217-219.

41. II Tim., 4,16-17. L'expression « j'ai été délivré de la gueule du lion » est comprise par la plupart des commentateurs dans un sens métaphorique inspiré des Psaumes et de l'Ancien testament (voir J. M. C. TOYNBEE, *Animals in Roman Life and Art*, Londres, 1973, 67), malgré l'interprétation d'EUSÈBE, *HE*, 2,22,4. On ne saurait tout de même oublier que l'opposition intellectuelle désignait couramment Néron comme un « fauve », spécialement dans le genre littéraire de la diatribe si familier à Paul (voir la diatribe d'Apollonios dans PHILOSTRATE, *V. Ap.*, 4,36 et 38) ; la comparaison vient de la description du tyran dans PLATON, *Rép.*, 9,12,588b. Néron n'est explicitement désigné comme le responsable de la mort de Paul qu'à une époque assez tardive : Clément de Rome ne le nomme pas ; CLÉMENT d'Alexandrie (IIe siècle), *Stromates*, 7,106,4, situe la mort de l'apôtre à Rome sous le règne de Néron, mais ne parle pas de martyre ; c'est Origène d'Alexandrie, à la génération suivante, après son voyage à Rome, qui précisera que Paul « est mort martyr à Rome sous Néron » (source d'EUSÈBE, *HE*, 3,1,1-3) ; le rôle de l'empereur est développé dès le IIe siècle par les Apocryphes (Actes de Paul, 11,3-4 [fin perdue]). Sur la part prise réellement par Néron à ces instructions extraordinaires, SUÉTONE, *Néron*, 18.

42. II Tim., 4,17, à rapprocher peut-être de Phil., 1,12-13. Comparer avec PHILOSTRATE, *V. Ap.*, 4,44.

43. II Tim., 4,10-12 et 21 (on ne sait si Crescens gagne la Galatie ou les « Gaules », plus proches : les manuscrits divergent). Sur les défections sous prétexte de nostalgie dans les sectes en 65-66, PHILOSTRATE, *V. Ap.*, 4,37.

44. II Tim., 4,21 : un nom grec, Euboulos, et trois noms latins, Linus, Claudia et Pudens ; à rapprocher de Phil., 4,22, qui mentionne parmi l'entourage chrétien de l'apôtre « ceux de la maison de César ». Ce n'est cependant pas un argument suffisant pour rapporter Phil. à une captivité romaine, car des affranchis impériaux remplissaient des missions ou occupaient des fonctions dans les provinces, en particulier à Éphèse.

45. Témoignage de TACITE, *Annales*, 15,44 (les Chrétiens lors de l'incendie de 64) ; 15,45 ; 16,26 et 32 (dans le milieu stoïcien en 66), repris par PHILOSTRATE, *V. Ap.*, 4,37 (procès des philosophes en 65-66 : il ne reste au maître, quand il entre à Rome, que 8 disciples sur 34).

46. II Tim., 4,10 qualifie sa défection de retour à la vie ordinaire ; à rapprocher de TACITE, *Annales,* 16,33 (un stoïcien en 66).

47. TACITE, *Annales,* 16,32 (dans une secte stoïcienne en 66). « La jalousie et l'envie » ont été aussi relevées entre les Chrétiens par CLÉMENT, I Clément, 5 et 6, ce que confirmera quelques années plus tard un magistrat romain, PLINE le Jeune, *Lettres,* 10,96.

48. Actes de Paul, 10,1 (introduction au martyre). Actes de Pierre (Actes de Verceil), 3,1 (débat avec des docteurs juifs sur le sabbat, le calendrier juif, la circoncision) et 3,3.

49. Actes de Pierre, 2, 1-3 (Actes de Verceil) au IIe siècle. Le thème de la collaboration n'apparaît que dans les développements ultérieurs, à partir du Ve siècle (Passion de Pierre et de Paul, du Pseudo-Marcellus, Actes de Pierre et de Paul).

50. Voir la mise au point de R. E. BROWN dans *Antioche et Rome,* Paris, 1988, 250-254. Le personnage est peut-être le souvenir d'une mission samaritaine (EUSÈBE, 2,13,2-5, citant Justin).

51. Actes de Pierre, 2, 2,4 (p. 49) soulignent son absence et celle de Timothée envoyé en Macédoine.

52. Voir la brillante démonstration de R. E. BROWN dans *Antioche et Rome,* qui a scruté tous les textes évoquant directement ou indirectement l'Église romaine, génération par génération.

53. L'expression est de II Pet., 3,15 (écrite à la fin du Ier siècle ou au début du IIe, soit à Rome, soit en Asie Mineure). Sur la préséance de Pierre, I Clément, 5,2-7 (vers 90), Ignace, Rom., 4,3 (vers 110), IRÉNÉE, *Adv. haereses,* 3,3,2 (fin IIe siècle), ORIGÈNE, *Comm. Jean,* I, 25,163 (début IIIe siècle) et tous les Apocryphes.

54. II Pet., 3,15 ; I Clément, 5,2,6 : l'expression « enseignant de justice » est habituelle dans les écrits juifs hellénistiques (Siracide, 24,32 ; Dan., 12,13).

55. I Clément, 5,2,6, à rapprocher d'ÉPICTÈTE, *Entretiens* III, 22,69 et de Dion de Pruse, II, 18. Clément de Rome semble avoir été un Juif très hellénisé qui utilise volontiers les lieux communs aux Juifs et aux stoïciens (voir L. SANDERS, « L'hellénisme de saint Clément de Rome et le paulinisme. Le panégyrique de saint Paul », *Studia hellenistica,* 2, Louvain, 1943).

56. Actes, 28,31 : « Héraut du Royaume de Dieu ». I Tim., 2,7 : « Héraut, apôtre et docteur » ; II Tim., 1,11 : « Héraut, apôtre et docteur ». Correspondance entre Sénèque et Paul, *New Testament Apocrypha,* II, 135-141.

57. Voir ci-dessus chap. X.

58. Ces deux hommes sont mentionnés dans une relation réciproque qui rappelle celle établie entre Pierre et Paul dans I Pet., 5,12 et 13, écrite à Rome soit vers 65 (témoignage direct), soit vers 85 (génération suivante). Sur les thèmes et expressions communs à cette épître et à Rom., R. E. BROWN, *Antioche et Rome*, 172-178.

59. Voir ci-dessus chap. V et IX.

60. Sept adeptes de Paul après la première dispersion d'après Actes de Pierre, II, 1,4 (p. 49) ; huit pour un pythagoricien pour la même époque et dans le même contexte (*V. Ap.*, 4,37) ; cinq noms au total dans II Tim., 4,11 (Luc) et 21. Paul est prisonnier dans des conditions telles qu'il peut encore exercer un ministère (II Tim., 4,11) : c'est ce qui explique qu'on puisse éventuellement rapporter la lettre à Philémon à une captivité romaine.

61. Marc : II Tim., 4,11 et I Pet., 5,13. Timothée : II Tim., 4,21, à rapprocher peut-être de Phil., 2,19 ; Hébr., 13,23. Sur l'auteur et la date de l'épître aux Hébreux, R. E. BROWN, *Antioche et Rome*, 178-190.

62. D'après Phil., 2,25 et 4,10-11 et 8, suivant notre interprétation qui situe cette épître dans le même contexte que II Tim.

63. D'après Phil., 4,1-7 ; 1,15-17 et 3,2-11, avec la même réserve que précédemment.

64. II Tim., 4,6.

65. Sur le lien établi entre la « magie » et celui qui fait profession de « *sophia* », PHILOSTRATE, *V. Ap.*, 4,35 et 44 et 8,40 ; à rapprocher de l'accusation de démonologie imputée aux stoïciens (voir ÉPICTÈTE, II,7).

66. Sur son entourage de magiciens, PLINE, *HN*, 30,2.

67. DION CASSIUS, 52,36,4. Le grief de philosophie entre dans l'acte d'accusation d'hommes politiques comme Soranus (TACITE, *Annales*, 16,32) ou Rubellius Plautus (*Annales*, 14,57).

68. Rassemblés dans PHILOSTRATE, *V. Ap.*, 35 ; sur la singularité extérieure, voir aussi SÉNÈQUE, *Lettres*, 5,1-3 et 18,4.

69. Actes, 21,38 ; II Tim., 4,13.

70. L'idolâtrie des disciples fut retenue à cette date contre le stoïcien Épictète : voir M. POHLENZ, *Die Stoa. Geschichte einer geistigen Bewegung*, II, Göttingen, 1980, 166.

71. *V. Ap.*, 4,37 : dans les bois d'Aricie à 20 kilomètres de Rome.

72. Actes de Paul, 11,1 (p. 105) ; à rapprocher des réunions du mage Simon (Actes de Pierre, 2,2,4 [p. 48]).

73. JUVÉNAL, *Satire*, 3, 12-14 : ces Juifs louent des emplacements dans le sanctuaire d'Égérie, près de la porte Capène, sur la Via Appia.

74. La *Lex Iulia de collegiis* restait très restrictive en matière d'association (SUÉTONE, *César*, 42,2; *Auguste*, 32,2-4) et les « sodalités » religieuses ou philosophiques étaient facilement assimilées aux collèges illicites : voir F. DE ROBERTIS, *Il diritto associativo romano*, Bari, 1968.

75. TACITE, *Annales*, 13,43,1 et 52,2 (année 58).

76. TACITE, *Annales*, 15,44,4-9 est le seul des historiens latins à faire de la première persécution collective des Chrétiens la conséquence directe de l'incendie de Rome. DION CASSIUS, 62,16-17 décrit l'incendie sans parler des Chrétiens. SUÉTONE, *Néron*, 16 évoque une condamnation collective, qu'il situe bien sous ce règne, mais il la dissocie de la catastrophe de 64 (*Néron*, 38), peut-être parce qu'il répartit toujours les actions d'un empereur en deux catégories : ses bonnes initiatives (ici, la condamnation des Chrétiens) et ses crimes (ici, l'incendie volontaire de Rome). Voir J. BEAUJEU, « L'incendie de Rome en 64 et les Chrétiens », *Latomus*, 19, 1960, 65-80 et 291-311. Sur les effets des catastrophes, SUÉTONE, *Néron*, 36.

77. I Cor., 3,13 et II Thess., 1,17; Paul l'aurait répété devant Néron : Actes de Paul, 11,3 (p. 112).

78. Phil., 1,14.

79. EUSÈBE, *Chronique*, p. 207 (111e olympiade après les morts de Sénèque — 65 — et d'Octavie; JÉRÔME, *De viris illustribus*, 12 quand il présente la correspondance apocryphe de Paul et de Sénèque : la mort du philosophe est antérieure de deux ans à celle des grands apôtres Pierre et Paul; or il se suicida en 65. I Clément, 5,7 et 6,1 distingue clairement le martyre de l'apôtre et la persécution de 64.

80. TACITE, *Histoires*, 1,2 : bilan de la fin du règne de Néron; voir encore 2,10 (dans le milieu équestre) et 4,41 (dans le milieu sénatorial), ainsi que PLINE le Jeune, *Lettres*, 1,5 et 3,7 (dans le milieu des hommes de lettres).

81. Sur celle-ci, voir TACITE, *Annales*, 15 et 16 (la persécution des stoïciens est liée à la conjuration de Pison, comme le souligne SUÉTONE, *Néron*, 36, même si elle sert à conjurer le mauvais sort) et PHILOSTRATE, *V. Apollonios*, 4,36 et 44.

82. Les récits de martyres constituent avec les souvenirs des procès et les récits de miracles les composantes des *Vies* de saints dès les origines; les traditions étaient soigneusement préservées puisque le récit était lu, chaque année, au jour commémoratif de la mort du saint. Le martyre de Paul fut inséré au IIe siècle dans les Actes de Paul, composés alors en Asie Mineure, dont il constitue l'épisode final, indépendant : voir *New Testament Apocrypha*, II, 346-347.

83. Le délit religieux, fondé sur la qualité même de Chrétien et le « décret » de Néron (Actes de Paul, 11,4 [p. 112]), doit être rejeté puisque l'*Institutum Neronianum* est un faux du IIe siècle (voir ci-dessus n.39). Le délit de subversion est suggéré par la conviction de Néron que Paul est le chef d'une milice, au service d'un roi (Actes de Paul, 11,3 [p. 110] qui paraphrase les Évangiles [Mt, 26,53 et 27,11 ; Mc, 15,2 ; Lc, 23,2-3]). Le grief le plus évident est la peur de l'empereur devant un thaumaturge qui ressuscite les morts (Actes de Paul, 11,2 [pp. 106-108] qui démarquent Actes des Apôtres, 20,9), qui se dit immortel et qui prédit son apparition après sa mort (Actes de Paul, 11,4 [p. 114]).

84. PSEUDO-HÉGÉSIPPE, 2,3 qui traduisit JOSÈPHE, *Guerre juive*, en latin et qui est un Chrétien travaillant à Rome, sans doute dans les années 365-370. Le même thème est développé dans l'adaptation latine des Actes de Paul, au VIe ou au VIIe siècle, par le PSEUDO-LINUS, *Passions de Pierre et de Paul*, 10-13 et 17,4.

85. Apoc., 13,11-18, dont l'auteur a recueilli des traditions rapportées en Asie par des Chrétiens qui avaient fui Rome (voir V. CHAPOT, *La Province romaine proconsulaire d'Asie*, Paris, 1904, 419 et ci-dessous n.89). Sur l'identification de Balbillus, rappelons le brillant article de J. SCHWARTZ, *BIFAO*, 49, 1950, 37-55, cité ci-dessus chap. XI, n.20).

86. SUÉTONE, *Néron*, 36. Les astrologues avaient prédit à Néron qu'il serait déposé (*Néron*, 40).

87. Actes de Paul, 11,6 (p. 116).

88. Actes, 13,6-11 ; l'événement est parallèle à celui qui inaugure la mission de Pierre hors de Judée (Actes, 8,18-24, qui situent l'affrontement avec le mage Simon en Samarie et non à Rome).

89. Timothée n'est mentionné que dans Actes de Tite, 6, qui ajoutent à cet endroit aux Actes de Paul, 11,1 (p. 104) en se référant à Phil., 4,22. Sur sa captivité et la dispersion des Chrétiens « originaires d'Italie » après une persécution, et des supplices qui évoquent ceux ordonnés par Néron en 64, Hébr., 10,32-34 ; l'auteur en est vraisemblablement Apollos qui fut un des fidèles de Paul et les destinataires de façon assez plausible les Romains (voir l'argumentation réunie par R. E. BROWN, *Antioche et Rome*, Paris, 1988, 178-198) ; on ne saurait exclure qu'elle ait été écrite d'Éphèse, toutes les grandes villes orientales, ou à peu près, ayant été proposées comme lieu d'envoi ! Auquel cas, la dispersion qu'elle mentionne constituerait un maillon dans la chaîne des traditions relatives au martyre de Paul.

90. Actes de Paul, 11,1 (p. 104), à rapprocher de Phil., 4,22. Le personnage de Narcisse, qui est une des adresses de Rom., 16,11

(voir ci-dessus chap. XI) réapparaît en relation avec la « maison de César », mais comme converti et avec l'autorité d'un Ancien (Actes de Pierre [version latine des Actes de Verceil], 1,3).

91. Traduction d'après l'édition du papyrus de Hambourg par C. SCHMIDT et W. SCHUBART, *Acta Pauli*, Hambourg, 1936, 68-69.

92. Voir K. BEYSCHLAG, *Clemens Romanus und der Frühkatholizismus*, Tübingen, 1956, 339-340. Le « paulinisme affadi » des épîtres pastorales est aussi, pour certains exégètes, un argument en faveur de leur caractère apocryphe (voir M. SIMON, « Trente ans de recherches sur l'apôtre Paul », *Ktema*, 3, 1978, 31).

93. Sur ces données archéologiques, voir M. SIMON, « L'apôtre Paul dans le symbolisme funéraire chrétien », *MEFR*, 50, 1933, 157-160 et la synthèse de Ch. PIETRI, « Jam regnant duo apostolorum principes », dans *Roma Christiana*, II, Paris, 1976, 1537-1626.

94. Voir Ch. PIETRI, *Roma Christiana*, II, 1570. A Rome, les mausolées impériaux avaient évidemment la même fonction.

95. Caïus cité par EUSÈBE, *HE*, 2,25,6-7 et daté des années 199-217 ; on discute de savoir si ces « trophées » ont été élevés sur le lieu de l'exécution ou sur celui de l'inhumation, ou même si l'expression ne désigne pas le corps du martyr par métaphore poétique, mais l'identification du trophée au tombeau est de loin la plus vraisemblable : voir G.-Ch. PICARD, *Les Trophées romains*, Paris, 1957, 500-501. Eusèbe interprète les trophées comme des tombeaux.

96. EUSÈBE, *HE*, 7,18,4, qui manifeste d'ailleurs une certaine réticence à l'égard de ce culte des images. D'autres images sont signalées par saint Augustin. Pour le prototype, Actes de Paul, 3,3 (p. 237).

97. Sur ce contexte nouveau, voir Ch. PIETRI, *Roma Christiana*, II, 1537-1538.

98. Correspondance apocryphe entre Sénèque et Paul dans *New Testament pocrypha*, II, 133-141. Sur la personnalité intellectuelle de Paul, voir surtout ci-dessus chap. II et X.

99. Argument de Porphyre : voir P. DE LABRIOLLE, *La Réaction païenne*, Paris, 1942, 261.

100. C'est l'œuvre du Pseudo-Hégésippe (voir n. 83), vers 365-370.

101. Voir la belle description de la fête et du lieu de culte par l'Espagnol PRUDENCE, *Peristephanon*, *Hymne* XII, au tout début du Ve siècle. Pour éviter d'être en contradiction avec les

Actes de Pierre, qui situent la prédication de l'apôtre à Rome pendant une absence de Paul, on finit par supposer un délai d'un an, jour pour jour, entre le martyre de Pierre et celui de Paul.

102. I Cor., 3,6-8.

APPENDICE I

Essai de chronologie paulinienne

34	conversion séjour à Damas retraite au désert (3 ans) retour à Damas		
printemps 37	fuite de Damas Jérusalem : 1re rencontre apostolique (15 jours) retour à Tarse	Damas : menace de siège	printemps 37
?	mission à Antioche (1 an)		
40-41	*collecte et voyage à Jérusalem ?* vision dans le Temple (14 ans avant II Cor.) retour à Antioche	année sabbatique	40-41
été 44 ?	1er voyage missionnaire à Chypre, Pisidie, Lycaonie, Pamphylie retour à Antioche		
		Marc à Alexandrie ?	*45 ?*
?	2e voyage missionnaire : Lycaonie, Phrygie, Mysie		
49	passage en Europe Macédoine (3 semaines à Thessalonique) Athènes	expulsion de Juifs de Rome	49

automne 49	Corinthe		
	(1 an et 6 mois)		
avril 51- juillet 51	comparution devant Gallion	Gallion à Corinthe	avril 51- juillet 52
été 51	Jérusalem : 2e rencontre apostolique, 14 ans après la première		
automne 51	incident d'Antioche départ d'Antioche		51
hiver 51-52	arrivée à Éphèse		52
53	épreuves		
	(2 ans et 3 mois)		
	arrestations	Balbillus à Éphèse	53
printemps 54	départ pour Troas	nouveau proconsul en Asie	54
	Macédoine : II Cor. (14 ans après vision) Grèce (3 mois)	avènement de Néron Félix procurateur de Judée	octobre 54
hiver 54-55	Cenchrées : épître aux Romains	† Narcisse Aristoboulos quitte Rome	automne- hiver 54
Pâques 55	Macédoine. Retour	année sabbatique	55
Pentecôte 55	Jérusalem : arrestation		
	détention à Césarée (2 ans)		56
		Félix remplacé par Festus	début 57
automne 57	transfert à Rome		
printemps 58	arrivée à Rome		58
	détention (2 ans)	*années attribuées à la correspondance apocryphe avec Sénèque*	59

60	non-lieu, départ de Rome	Balbillus à Rome	60
?	*voyage en Espagne ?*		
		loi sur le lèse-majesté	62
		incendie de Rome	64
?	arrestation en Asie		
		conspiration de Pison	65
		mort de Sénèque	
		procès de philosophes	66
		(2 ans)	67
67 ou *68 ?*	mort de Paul	mort de Paul	68

LES PROBLÈMES

Paul ne fournit qu'une chronologie relative en reconstruisant son passé par cycles : un cycle de trois ans d'apprentissage entre sa conversion et la première réunion apostolique à Jérusalem (Gal., 1,18) ; deux cycles de quatorze ans, le premier entre les deux réunions apostoliques à Jérusalem (Gal., 2,1), le second entre sa première révélation et une lettre qu'il écrit aux Corinthiens depuis la Macédoine (II Cor., 12,1). Cette façon d'appréhender la durée se fonde sur les cycles juifs de sept ans, que conclut une année sabbatique.

Sinon, l'apôtre ne donne qu'un repère événementiel : le contrôle de Damas par les Nabatéens, qui mettent alors la ville en état de siège. La conjoncture la plus vraisemblable est l'approche des légions romaines, en route pour la capitale nabatéenne de Pétra, au printemps 37. Ce repère chronologique nouveau constitue un des pivots de cette étude.

Les Actes des apôtres n'apportent, eux aussi, qu'un seul élément de chronologie absolue : le proconsulat de Gallion en Achaïe, qu'une inscription et la correspondance de Sénèque permettent de circonscrire du printemps 51 au printemps 52 (Actes, 18,12). Il s'agit depuis 1913 de l'élément décisif de la chronologie paulinienne. Les Actes fixent la durée de quelques escales ou hivernages dans les passages où ils reproduisent le journal de voyage (17,2 : 3 semaines à Thessalonique ; 18,11 : 1 an et 6 mois à Corinthe ; 19,8 et 10 : 2 ans et 3 mois à Éphèse ;

20, 3 : 3 mois en Grèce ; 20,6 : 5 jours à Philippes, 7 jours à Troas ; 20,14-15 : 4 jours de Mitylène à Milet ; 21,4 : 7 jours à Tyr ; 21,10 : plusieurs jours à Césarée ; 21,27 : 7 jours à Jérusalem ; 27,17-27 : 14 jours de tempête ; 28,7 : 3 jours d'hospitalité à Malte ; 28,11 : 3 mois d'hivernage à Malte ; 28,12 : 3 jours à Syracuse ; 28,14 : 7 jours à Pouzzoles ; 28,17 : 3 jours à Rome ; 28,30 : 2 ans de *custodia militaris ;* voir aussi 24,1 et 27 ; 25,1). Par contraste avec cette précision du journal, le chroniqueur se montre très vague sur la longue durée : « Bon nombre de jours passèrent... » pour le séjour à Damas (9,23) ; « ils s'attardèrent assez longtemps... » pour la seconde mission à Antioche (14,28).

Enfin, comme il était usuel dans la littérature historique depuis l'époque hellénistique jusqu'à celle d'Eusèbe de Césarée, l'auteur s'applique à inscrire son héros dans le déroulement de l'histoire universelle, mais, selon l'habitude générale, ses synchronismes sont forcés et approximatifs, et il rassemble en une même année plusieurs événements proches pour rendre son argumentation plus probante. Ainsi, le synchronisme central dans la seconde partie des Actes, qui date le premier voyage de Barnabé et de Paul à Jérusalem ainsi que l'arrestation et le départ de Pierre de Jérusalem (Actes, 11,27-12,23), s'établit en fonction d'événements qui s'étalent au moins sur trois ans : l'annonce d'une famine (11,27-30), qui peut correspondre à l'année sabbatique 41 ; l'exécution de Jacques fils de Zébédée (12,2-4) en 41 ; la mort d'Hérode Antipas (12,21-23) en 44. L'introduction est d'ailleurs approximative : « vers ce temps-là... » (12,1).

Les autres repères événementiels donnés par les Actes ne sont pas datés : ni le proconsulat de Gallion (18,22), ni la succession de Félix (24,27), ni la révolte du faux prophète venu d'Égypte (21,38).

Les incertitudes sont donc très grandes, et les problèmes multiples. On peut tenter trois types de reconstitutions :

— les reconstitutions des exégètes, qui s'efforcent d'établir une chronologie relative des Épîtres en fonction des thèmes et des expressions récurrents ainsi que de l'évolution de la pensée. Ce sont les plus répandues, mais elles restent très subjectives et aboutissent à des résultats contradictoires (voir, par exemple, les multiples tentatives de S. Dockx, « Lieu et date de l'épître aux Philippiens », *RB*, 80, 1973 ; « Chronologie paulinienne de l'année de la grande collecte », *RB*, 81, 1974 ; « Chronologie de la vie de saint Paul depuis sa conversion jusqu'à son séjour à Rome », *NT*, 13, 1971). Les difficultés d'une telle chronologie ont été soulignées par J. A. T. Robinson, *Re-dater le Nouveau Testament,* Paris, 1987, et par F. Refoule, *RB*, 95, 1988 ;

— les reconstitutions des historiens, moins connues et en général isolées, qui se fondent sur des synchronismes ponctuels suggérant une relation de cause à effet : ainsi les années sabbatiques, qui entraînent la disette en Judée, et la (ou les) collecte(s) pour Jérusalem (J. Jeremias, « Sabbathjahr und neutestamentliche Chronologie », *ZNW*, 27, 1928) ; ou encore les changements de personnel politique, l'évolution du droit ou des pratiques de gouvernement, qui peuvent expliquer certaines péripéties de la vie de l'apôtre (voir, par exemple, M. Sordi, « I primi rapporti dell' autorità romana con il cristianismo. A proposito della cronologia degli Atti », *Studi Romani,* 8, 1960). Elles gardent elles aussi un caractère hypothétique, surtout quand elles ne prennent en considération qu'un épisode isolé et non un large pan de la vie de l'apôtre ;

— la reconstitution du « temps vécu » pour les voyages apostoliques en fonction des distances, du moyen de transport et de la saison. Ainsi, l'intéressant essai de R. Jewett, *Dating Paul's Life,* Londres, 1979. Mais, là encore, de nombreuses incertitudes subsistent, en particulier sur le mode de transport utilisé par exemple d'Antioche à Jérusalem, distante de six cents kilomètres mais qu'on peut atteindre par mer en abordant à Césarée, ce qui réduit considérablement le temps du voyage). Il faut tenir compte de multiples contingences : même la durée d'une traversée peut varier du simple au triple dans l'Antiquité, eu égard aux conditions climatiques, aux types de navires, aux risques pris par le pilote, au nombre indéterminé des escales. Il n'y a pas de « durée moyenne » pour les voyages antiques ; par nécessité, chacun a son rythme propre.

Malgré tout, les Épîtres pauliniennes et les Actes des apôtres constituent une source pour l'histoire, car ces textes reflètent dans une certaine mesure la conjoncture, même s'ils ne s'y réfèrent pas précisément. Il faut donc tenter de les replacer dans leur juste contexte en les confrontant avec les données des inscriptions et des historiens (Josèphe, Tacite, Suétone), en établissant des parallèles avec des récits similaires aux Actes, sans perdre de vue la nécessité d'intégrer au schéma proposé tous les documents disponibles.

APPENDICE II

« Ceux de Paul ». Étude du milieu paulinien

ACHAÏKOS : converti de Corinthe. Visite Paul à Éphèse en 53 (I Cor., 16,17). *(Transcription d'un nom géographique latin,* Achaïcus, *qui désigne quelqu'un originaire de la province romaine d'Achaïe et qui a été donné à un esclave. Sans doute de la maison de Stéphanas.)*

* AGABOS : prophète de Jérusalem (Actes, 11,28 et 21,10, un de ces épisodes étant sans doute le doublet de l'autre) Ou bien est venu à Antioche annoncer une famine prochaine, ou bien est venu à Césarée prédire à Paul son arrestation à Jérusalem. (*Nom hébreu* Hagab.)

ALEXANDROS : converti d'Asie, à la tête d'un atelier de métallurgie ou d'un commerce des métaux (II Tim., 4,14). Excommunié pour « blasphème » (I Tim., 1,20). Se retourna contre Paul et le prit publiquement à partie (II Tim., 4,14-15). Sans doute identifiable avec un Juif d'Éphèse converti lors du troisième voyage (Actes, 19,33). *(Nom grec classique : Juif hellénisé.)*

AMPLIATUS : converti de Rome, connu personnellement de Paul (Rom., 16,8). *(Surnom latin, formé sur un participe passé, qui est caractéristique des milieux très humbles.)*

* ANANIAS : converti juif de Damas. Baptise Paul après en avoir reçu l'ordre dans une vision (Actes, 9,10-19). *(Transcription grecque d'un nom hébreu.)*

ANDRONIKOS : parent de Paul. Converti avant lui et apôtre avant lui. Compagnon d'une des captivités de Paul, sans doute à Éphèse, puis parti pour Rome. Époux de Junia (Rom., 16, 7). *(Nom grec classique : Juif hellénisé.)*

APELLES : converti de Rome (Rom., 16,10). *(Nom grec classique, tiré de la mythologie.)*

* *Les noms sont simplement transcrits du grec. Personnage seulement nommé dans les Actes des apôtres.*

APOLLOS : « frère » de Paul (I Cor., 16,12). Longue mission à Corinthe où il se constitua son propre groupe de fidèles (I Cor., 1,12 ; 3,4,6-8 et 22 ; 4,6). Puis rejoignit Paul à Éphèse. Identifié avec un Juif d'Alexandrie, de tendance johannique, docteur de la Loi, bon orateur et charismatique, catéchisé par Aquila et Prisca à Éphèse et envoyé par eux à Corinthe (Actes, 18,24-25). Fidèle jusqu'au bout : rejoignit Paul à Nicopolis, à la fin de sa vie, en visitant Tite en Crète (Tite, 3,13) ; souvent identifié avec l'auteur de l'épître aux Hébreux, écrite après la mort de Paul par un collaborateur de Timothée (13,23). *(Juif hellénisé : nom grec tiré de la mythologie, dérivé d'Apollon qui n'est attesté sous cette forme que dans l'aire ptolémaïque, à Alexandrie, en Cyrénaïque et à Chypre.)*

APPHIA : convertie de Colosses. Épouse de Philémon (Philém., 2). *(Notable grecque. L'orthographe du nom est fidèle à la graphie locale.)*

AQUILA : « collaborateur » de Paul. Fondateur d'Églises domestiques à Éphèse (I Cor., 16,19) et à Rome (Rom., 16,5). Partagea les risques courus par Paul, puis quitta, semble-t-il, Éphèse pour Rome. Retourna plus tard à Éphèse (II Tim., 4,19). Mari de Prisca. Identifié avec un Juif converti, de la même tribu que Paul, originaire du Pont, artisan du textile, chassé de Rome par un édit de Claude, réfugié à Corinthe en 50-51 où il embaucha et hébergea Paul au début de son séjour (Actes, 18,2-3). Passa ensuite à Éphèse, où il catéchisa Apollos et appela Paul (Actes, 18,18,19 et 26). Grand voyageur qui exerça un métier itinérant. *(Désigné par un surnom latin : Juif romanisé.)*

ARCHIPPOS : converti de Colosses, auxiliaire de Paul (Philém., 2). Ministre chargé d'un service (Col., 4,17). Fils ou ami de Philémon. *(Nom grec classique.)*

ARISTARCHOS : « collaborateur » de Paul à Éphèse (Philém., 24). Compagnon d'une des captivités de l'apôtre (Col., 4,10). Idendifié avec un Macédonien, converti de Thessalonique (Actes, 20, 4), qui fit partie du troisième voyage, de la Macédoine en Grèce, puis en Asie et à Jérusalem (Actes, 19,29 et 20,5), qui resta en Palestine durant la captivité de Paul et l'accompagna finalement de Jérusalem à Rome (Actes, 27,2). *(Nom grec classique.)*

ARISTOBOULOS (esclaves et affranchis d'): convertis de Rome (Rom., 16,10). *(Leur maître, cité avant un certain Hérodion, est identifiable avec un prince de la dynastie iduméenne, descendant d'Hérode le Grand, qui séjourna à la cour impériale jusqu'au début du règne de Néron, à l'automne 54, quand il devint roi de Petite Arménie [JOSÈPHE, BJ, 2,252].)*

ARTÉMAS : compagnon de Paul à Nicopolis, à la fin de sa vie. Courrier (Tite, 3, 12). *(Désigné par un diminutif de forme populaire ; nom grec tiré de la mythologie. Se retrouve peut-être dans Artemon, patron de navire, converti par Paul [Actes de Paul, 10 — p. 7].)*

ASUNKRITE : convertie de Rome qui fait partie d'un groupe de Grecs. *(Nom grec non classique tiré d'un adjectif et faisant référence à une abstraction [« l'Incomparable »], qui est caractéristique d'une esclave.)*

BARNABAS : voir IOSEPH. Nom prophétique pris par un lévite, qui signifie en hébreu « Fils du Réconfort » (Actes, 4,36). Désigné toujours sous ce nom par Paul. Premier maître de Paul qu'il forma à la mission. L'accompagna lors de la visite apostolique à Jérusalem en 51 (Gal., 2,2 ; Actes, 15,2-12, 25). Rupture avec Paul à Antioche, en 51, sur la question des règles *casher* (Gal., 2,13). Le seul des apôtres, avec Paul, à être célibataire et à travailler (I Cor., 9,6). A rencontré Paul lors de son premier passage à Jérusalem après sa conversion (Actes, 9,27). Est allé le chercher à Tarse pour la mission d'Antioche (Actes, 11,22-29). Organisa le premier voyage missionnaire à Chypre, sa patrie, et en Lycaonie-Pisidie (Actes, 13,1). Pris pour le dieu Zeus à cause de sa prestance (Actes, 14,12). Après la rupture, nouvelle mission à Chypre (Actes, 15,39). Cousin de Marcus. *(Nom hébreu.)*

CAIUS : converti de Corinthe, baptisé par Paul (I Cor., 1,14). Hôte de Paul durant son dernier séjour à Corinthe (Rom., 16,23). *(Désigné par un prénom latin qui peut être porté par un affranchi [ils étaient nombreux à Corinthe] ou par un notable grec [cette mode est fréquente en ce milieu].)*

* CAIUS DE DOBEROS : converti macédonien venu rejoindre Paul à Éphèse en 53-54. L'accompagna ensuite en Europe et en Macédoine (Actes, 19,29 et 20,4). *(Notable désigné par un prénom latin et un ethnique. Peut-être un vétéran romain, car ils étaient assez nombreux dans la ville.)*

CARPOS : converti d'Alexandrie de Troas. Garda en dépôt les bagages de Paul (II Tim., 4,13). *(Nom grec classique.)*

CÉPHAS : SIMON, dit CÉPHAS, dit PIERRE (Jn, 1,42). Une des « colonnes » de l'Église de Jérusalem (Gal., 2,9). Le premier à avoir été privilégié par une apparition du Christ ressuscité (I Cor., 15,5). Hôte de Paul à Jérusalem pendant quinze jours en 37 (Gal., 1,18). Visita Antioche en 51 : rupture avec Paul sur la question des règles *casher* (Gal., 2,11). Séjourna à Corinthe avec sa famille vers 53-54 et y créa un nouveau groupe chrétien (I Cor., 1,12 et 3,22). Prédicateur itinérant, qui voyageait avec sa femme (I Cor., 9,5). Identifié avec

PIERRE, qui soutint Paul lors de la réunion apostolique de 51 (Actes, 15,7-12), qui est au centre de la première partie des Actes des apôtres, 1-12. A Rome, plus tard, son groupe intégra d'anciens fidèles de Paul, Silas et Marcus (I Pet., 4,12-13) et réhabilita l'action de Paul quand s'esquissa l'association des deux apôtres comme cofondateurs de l'Église de Rome (II Pet., 3,15). *(Toujours désigné par Paul par ce surnom araméen. Juif de Galilée. Paul le voit donc comme un homme de culture araméenne, mais l'auteur des Actes comme quelqu'un de culture grecque.)*

CÉSAR (esclaves et affranchis de) : convertis appartenant à la maison impériale (Phil., 4,22). La localisation à Rome est plausible, étant donné le contexte de l'épître, mais non certaine, car des esclaves et des affranchis impériaux étaient en poste dans les provinces, en particulier à Éphèse pour exploiter le monopole de la pourpre.

CHLOÉ (esclaves et affranchis de) : convertis de Corinthe. En voyage à Éphèse où ils portèrent un message à Paul (I Cor., 1,11). *(Nom grec.)*

CLAUDIA : convertie de Rome pendant la dernière captivité (II Tim., 4,21). *(Désignée par un gentilice romain.)*

CLEMENS : « collaborateur » de Paul (Phil., 4,3). L'identification avec Clément de Rome, responsable d'une des Églises de la capitale à la fin du Iᵉʳ siècle est improbable (EUSÈBE, *HE*, 3,4,9). Peut-être de Troas en Asie. *(Désigné par un surnom latin très répandu, surtout en Italie et, en particulier, à Philippes.)*

CRESCENS : converti de Rome durant la dernière captivité. S'exila en Dalmatie (II Tim., 4,10). *(Surnom latin dérivé d'un participe présent, qui dénote une origine très humble, très répandu parmi les esclaves et les affranchis.)*

CRISPUS : converti de Corinthe, baptisé par Paul (I Cor., 1,14). Identifié avec un Juif de Corinthe, chef d'une synagogue (Actes, 18,8). *(Juif romanisé, désigné par un surnom latin assez répandu, surtout en Italie.)*

DEMAS : converti d'Éphèse (Philém., 24). « Collaborateur » de Paul (Col., 4,14). Accompagna Paul durant son dernier voyage de captivité, puis fit défection et s'exila à Thessalonique (II Tim., 4,10). Peut-être d'Antioche de Pisidie (Actes Paul, 3,1). *(Nom grec classique.)*

ÉPAINETOS : premier converti de Paul à Éphèse (Rom., 16,5). Sans doute issu du milieu juif, baptiste ou johannique (Actes, 19,1-7). *(Nom tiré d'un adjectif [« Louable »] qui caractérise un milieu populaire.)*

ÉPAPHRAS : compagnon de captivité de Paul à Éphèse (Philém., 23). Converti de Colosses (Col., 4,12). Ministre de l'Église de

Colosses (Col., 1,7), en liaison avec Paul (Col., 1,8). *(Nom grec tiré de la mythologie, diminutif d'Épaphroditos, caractéristique des milieux populaires.)*

ÉPAPHRODITOS : converti de Philippes, « collaborateur » de Paul (Phil., 2,25 et 4,13). Apporta une aide financière à Paul en captivité. Gravement malade, retourna à Philippes. *(Nom grec tiré de la mythologie [« Protégé d'Aphrodite »], très répandu à l'époque romaine, surtout chez les affranchis.)*

ÉRASTOS : converti de Corinthe, intendant de la cité (Rom., 16,23). Rejoignit plus tard Paul à Éphèse et fut envoyé en avant avec Timothée pour préparer le voyage de Macédoine (Actes, 19,22). Rejoignit encore Paul lors de son dernier voyage en Grèce, mais le quitta cette fois à Corinthe (II Tim., 4,20). Magistrat (édile), connu par une inscription de Corinthe. *(Nom grec, tiré d'un adjectif [« Amant »] et surtout répandu dans les milieux populaires et parmi les affranchis.)*

EUBOULOS : converti de Rome pendant la dernière captivité (II Tim., 4, 21). *(Nom grec classique.)*

EUNIKE : convertie de Lystres, mère de Timothée (II Tim., 1,5). Juive mariée à un Grec (Actes, 16,1). Fille de Lôis. *(Nom grec classique.)*

ÉVHODIA : convertie de Philippes. Militante (Phil. 4,2). *(Nom grec classique.)*

FORTUNATUS : converti de Corinthe. Visita Paul à Éphèse (I Cor., 16,17). Sans doute de la maison de Stéphanas, esclave ou affranchi. *(Désigné par un surnom latin, tiré d'un participe passé et caractéristique des milieux très humbles, extrêmement répandu, surtout en Italie et en Dalmatie.)*

HERMAS : converti de Rome (Rom., 16,14). Identifié par ORIGÈNE, *Sur Romains*, 16, 14 et EUSÈBE, *HE* 3,3,6, avec l'auteur de l'écrit prophétique dit le *Pasteur d'Hermas*, composé à Rome à la fin du Ier siècle par un chrétien d'origine juive ou influencé par le judaïsme. *(Nom grec, tiré de la mythologie* [Hermès], *sous la forme d'un diminutif caractéristique des milieux populaires et orientaux.)*

HERMOGENES : converti d'Asie. Dissident (II Tim., 1,15). Personnage des Actes de Paul, 3,1 : recruté à Antioche de Pisidie, « flatteur et calomniateur ». *(Nom grec classique tiré de la mythologie.)*

HÉRODION : converti de Rome. Parent de Paul (Rom., 16,11). *(Son nom grec, qui est un diminutif d'Hérode, indique des liens entre sa famille et la descendance d'Hérode le Grand et suggère qu'il fut élevé auprès d'un prince de cette dynastie, dans une position subalterne : peut-être s'agit-il d'Aristoboulos dont la maison vient d'être nommée. Juif hellénisé.)*

HUMÉNAIOS : converti d'Asie. Excommunié par Paul lors de son dernier voyage (I Tim., 1,19). Prédicateur hérétique (II Tim., 2,17). *(Nom grec classique.)*

IAKOBOS (Jacques) : « frère du Seigneur » (Gal., 1,19). Une des « colonnes » de l'Église, nommé en 51 en tête du collège apostolique (Gal., 2,12). Privilégié par une apparition du Christ ressuscité, distingué parmi les apôtres (I Cor., 15,7). Visité par Paul lors de son premier passage à Jérusalem après sa conversion en 37 (Gal., 1,19). Envoya une contre-mission à Antioche en 51 pour imposer la séparation des Chrétiens juifs d'avec les autres (Gal., 2,12 ; à rapprocher d'Actes, 15,13-21). Visité par Paul lors de son dernier voyage à Jérusalem en 55 (Actes, 21,18). Juif de stricte observance, très respecté des pharisiens, considéré comme la tête de l'Église de Jérusalem jusqu'à son exécution en 62 (EUSÈBE, *HE*, 2,1,2 et 23, d'après Hégésippe et Origène). Dit « le Juste » et « le Rempart du Peuple » (*Oblias* transcrivant *Ophel'am*). *(Désigné par son seul nom hébreu.)*

IASON : parent de Paul. A Corinthe en 54-55 (Rom., 16,21). Identifié avec l'hôte de Paul à Thessalonique, qui se porta garant de l'apôtre (Actes, 17,5,9). *(Nom grec, substitut de Ioshua ou Iésos. Juif hellénisé.)*

IÉSOS (Jésus), dit IUSTUS : converti de Corinthe. « Collaborateur » de Paul en Asie (Col., 4,11). Identifié avec le Juif romanisé Titius Justus de Corinthe (Actes, 18,7), hôte de Paul en 50-51. *(Nom hébreu [Ioshua] hellénisé. Porte un gentilice latin, ce qui peut désigner soit un citoyen romain, soit un affranchi, et un surnom latin qui est la traduction du nom juif Sadok.)*

IOANNES (Jean) : chrétien de Jérusalem, une des « colonnes » de l'Église. Entente avec Paul lors de la réunion apostolique de 51 (Gal., 2,9). Cité dans une lettre à des Chrétiens d'Asie, il est peut-être identifiable avec une des têtes du mouvement johannique, tendance des Juifs hellénistes, qui était bien représenté en Asie Mineure. *(Désigné par son seul nom hébreu [Ioanna].)*

* IOANNES, dit MARCUS : voir MARCUS. Assistant de Barnabé et de Paul lors de la mission à Chypre (Actes, 13,5). Abandonna la mission en Pamphylie et retourna à Jérusalem (Actes, 13,13). Désavoué par Paul et récusé pour la deuxième mission ; cause de la rupture entre Paul et Barnabé (Actes, 15,37). *(Double nom : nom juif et prénom latin. Juif romanisé.)*

* IOSEPH, dit BARNABAS : voir BARNABAS. Converti juif. Lévite, originaire de Chypre, propriétaire à Jérusalem (Actes, 4,36). Prophète, thaumaturge, changea alors de nom (Actes, 13,1).

* IOUDAS : Juif de Damas, hôte de Paul en 34, domicilié rue Droite (Actes, 9,11). *(Nom hébreu [Judah].)*

* IOUDAS dit BARSABBAS : Juif converti, prophète, un des dirigeants de la communauté de Jérusalem. Envoyé à Antioche avec Silas (Actes, 15,22). Puis regagna Jérusalem (15,34). *(Désigné usuellement par son nom héllénisé. A repris un nom hébreu, dérivé de « Sabbat », comme nom prophétique.)*

IULIA : convertie de Rome, qui faisait partie d'un groupe grec (Rom., 16,15). *(Désignée par un gentilice romain.)*

IUNIA : épouse d'Andronikos, parent de Paul. Convertie avant Paul. Apôtre (Rom., 16,7). Voir ANDRONIKOS. *(Désignée par un gentilice romain : Juive hellénisée.)*

LINOS : converti de Rome, lors de la dernière captivité (II Tim., 4, 21). Identifiable, d'après IRÉNÉE, 3,3,3 et EUSÈBE, *HE*, 3,2,1, avec le successeur de Pierre à la tête d'une des Églises de Rome. On lui attribue une Passion de Paul en latin, rédigée en réalité au VIe ou au VIIe siècle. *(Nom grec tiré de la mythologie [qui se réfère au joueur de lyre, maître d'Orphée].)*

LÔIS : convertie de Lystres, grand-mère de Timothée (II Tim., 1,5). Juive. *(Nom grec tiré d'un adjectif exprimant la qualité [« Meilleure »], de formation populaire, maintenant attesté dans les papyrus.)*

LOUCAS (Luc) : « collaborateur » de Paul à Éphèse (Philém., 24). Médecin (Col., 4,14). Fidèle à Paul lors de sa dernière captivité (II Tim., 4,11). Identifiable selon la tradition avec l'auteur du Troisième Évangile et des Actes des apôtres, originaire d'Antioche de Syrie et intime des apôtres (EUSÈBE, *HE*, 3,4,6). *(Diminutif grec, composé sur le prénom latin Lucius. Romanisé.)*

LUCIANUS : parent de Paul. A Corinthe en 54-55 (Rom., 16-21). Identifiable peut-être avec Lucius de Cyrène, Juif converti, prophète de l'Église d'Antioche (Actes, 13,1). *(Désigné par un diminutif latin du prénom Lucius, surtout caractéristique des affranchis.)*

* LUCIUS DE CYRÈNE : Juif converti, prophète de l'Église d'Antioche, peut-être identifiable avec le précédent (Actes, 13,1). *(Prénom latin, à la mode dans l'élite orientale romanisée.)*

* LYDIA : Juive convertie de Philippes. Négociante en pourpre, originaire de Thyatire en Lydie. A la tête d'une entreprise importante (Actes, 16,14 et 40). *(Nom grec tiré d'un nom géographique, qui est normalement porté par quelqu'un d'origine servile, désigné d'après sa provenance. Nom de formation latine [Lydia pour Lydè] qui semble indiquer que son premier maître a été un Romain.)*

MARCUS, dit IOANNES : voir IOANNES. A rejoint Paul à Éphèse (Philém., 24). Juif, cousin de Barnabas (Col., 4,10). Appelé par Paul à Rome à la fin de sa vie (II Tim., 4,11). Identifié avec le compagnon du premier voyage connu dans les Actes, 13, sous le nom de Ioannes (Jean). D'après la tradition, à Alexandrie jusqu'en 62 (EUSÈBE, *HE*, 2,24,1), puis à Rome dans le groupe de Pierre (I Pet., 5,13), auteur du Second Évangile (EUSÈBE, *HE*, 3,39,15). *(Désigné par Paul par un prénom latin, comme c'en était la mode dans l'élite orientale romanisée. Juif romanisé.)*

MARIA : convertie de Rome (Rom., 16,6). *(Nom hébreu.)*

* MÉNAHEM : Juif converti, prophète ou docteur de l'Église d'Antioche. Appartenait à l'entourage royal : élevé avec Hérode Antipas, sans doute à Rome (Actes, 13,1). *(Nom hébreu.)*

* MNASON : Chypriote résidant à Césarée. Hôte de Paul en 55 (Actes, 21, 16). *(Nom grec, adapté d'un nom sémitique du type Ménahem. Oriental hellénisé, peut-être Juif.)*

NARKISSOS (esclaves et affranchis de) : convertis de Rome (Rom., 16,11). Leur maître est identifiable avec le célèbre affranchi de Claude, qui se suicida dès l'avènement de Néron en octobre 54. *(Nom grec, tiré de la mythologie, donné surtout à des esclaves.)*

NÉRÉUS : converti de Rome, qui faisait partie d'un groupe grec (Rom., 16,15). *(Nom grec tiré de la mythologie.)*

* NIGER, dit SUMÉON : converti d'Antioche, prophète ou docteur (Actes, 13,1). *(Surnom latin [« le Noir »] d'un Juif romanisé, peut-être originaire d'Égypte étant donné la couleur de sa peau. Nom hébreu.)*

NYMPHAS : converti de Laodicée en Phrygie occidentale, hôte d'une Église domestique (Col., 4,15). *(Nom grec tiré de la mythologie, diminutif [de Nymphaios] de forme populaire.)*

OLYMPOS : converti de Rome, qui faisait partie d'un groupe grec (Rom., 16,15). *(Nom grec classique.)*

ONÉSIMOS : converti d'Éphèse. Esclave fugitif de Philémon de Colosses (Philém., 1), baptisé par Paul durant une de ses captivités (Philém., 13), puis employé comme messager (Col., 4,9). Identifiable avec l'évêque d'Éphèse rencontré par IGNACE, Éph., 1,3, « d'une indicible charité ». *(Nom tiré d'un adjectif [« Utile »], tout à fait caractéristique d'un esclave. Grec.)*

ONÉSIPHOROS : converti d'Asie. Rôle important durant le dernier voyage, lors de l'incarcération de Paul à Éphèse (II Tim., 1,16 et 18). Rejoignit plus tard l'apôtre à Rome (II Tim., 1,17). Personnage central des Actes de Paul, 3,1-7 et 23-26 : ami de

Tite, hôte de Paul à Iconion, hôte d'une Église domestique; s'exila et se cacha avec Paul. Époux de Lectra, père de Simmias et de Zéno. *(Nom grec, tiré d'un adjectif [« Profitable »], tout à fait caractéristique, comme le précédent, de quelqu'un d'origine servile, devenu un personnage important.)*

PATROBAS : converti de Rome, qui faisait partie d'un groupe grec (Rom., 16,13). *(Nom en forme de diminutif grec, de Patrobios, la racine grecque* patr *pouvant traduire l'élément sémitique* sm *[« Nom »] qui entrait dans de nombreux noms propres. Sans doute un Oriental de milieu très humble.)*

PERSIS : convertie de Rome, connue personnellement de Paul (Rom., 16, 12). *(Nom grec tiré d'un nom géographique, généralement porté par une esclave désignée d'après sa provenance.)*

PHILÉMON : « Collaborateur » de Paul. Converti de Colosses. Hôte d'une Église domestique. Époux d'Apphia (Philém., 1). Propriétaire d'esclaves, maître d'Onésimos. *(Nom grec classique.)*

PHILÉTOS : converti d'Asie. Mena ensuite une contre-propagande (I Tim., 2,17). *(Nom grec tiré d'un adjectif abstrait [« Aimable »], caractéristique des milieux populaires.)*

*PHILIPPOS : un des Sept du groupe d'Étienne. Juif de Jérusalem, de la tendance helléniste (Actes, 6,5). Évangélisa la Samarie après la mort d'Étienne (Actes, 8,5). Convertit un eunuque éthiopien sur la route de Jérusalem à Gaza (Actes, 8,26). Évangélisa Césarée, où il se fixa définitivement (Actes, 8,40). Charismatique dont les filles prophétisaient (Actes, 21,8). Hôte de Paul à Césarée (Actes, 21,8). *(Nom grec classique.)*

PHILOLOGOS : converti de Rome, qui faisait partie d'un groupe de Grecs (Rom., 16,15). *(Nom grec qui n'est attesté qu'à l'époque romaine et d'abord sous la forme latine* Philologus*; semble indiquer une famille qui se pique de rhétorique ou de philosophie.)*

PHLÉGON : converti de Rome qui faisait partie d'un groupe de Grecs (Rom., 16,14). *(Nom grec tiré d'un participe présent, qui est caractéristique d'une origine très humble et fréquemment porté par des esclaves ou des affranchis.)*

PHOIBÉ : convertie de Corinthe. Exerça un ministère dans l'Église localisée à Cenchrées, un des ports de Corinthe (Rom., 16,1). « Patronne » (prostate) de Paul et de beaucoup d'autres, ce qui peut correspondre à une fonction dans le cadre d'une synagogue. Voyagea à Rome. *(Nom grec tiré de la mythologie. Peut-être une Juive hellénisée.)*

PHYGALOS : converti d'Éphèse, qui fit ensuite défection (II Tim., 1,16). *(Nom grec caractéristique d'un Éphésien de souche, tiré de la petite ville de Phygalie au sud d'Éphèse.)*

PRISCA (ou PRISCILLA) : « collaborateur » de Paul. Juive convertie. Épouse d'Aquila. Voir AQUILA. *(Connue par un surnom latin, très répandu.)*

* PUBLIUS : hôte de Paul à Malte. Notable de l'île. Paul guérit son père malade (Actes, 28,7). *(Désigné par un prénom latin. Indigène hellénisé.)*

PUDENS : converti de Rome pendant la dernière captivité (II Tim., 4, 31). *(Désigné par un surnom latin, tiré d'un adjectif, qui dénote une origine très humble ; répandu surtout en Italie.)*

QUARTUS : converti de Corinthe (Rom., 16,23). *(Surnom latin surtout utilisé pour les esclaves et dans le milieu des artisans.)*

RUFUS : converti de Rome où il vivait avec sa mère (Rom., 16,13). Sans doute frère utérin de Paul, qui salue sa mère comme « étant aussi la mienne ». Peut-être identifiable avec un Chrétien arrêté en Asie et transféré à Rome, comme Paul, par la Via Egnatia (son cas rapproché de celui de Paul et d'Ignace par POLYCARPE, *Lettres aux Philippiens*, citée par EUSÈBE, *HE*, 3,36,13). *(Désigné par un surnom latin [« le Roux »], qui peut être un rappel du nom juif Reuben. Peut avoir été un Juif romanisé.)*

* SECUNDUS : converti de Thessalonique, qui accompagna Paul à la fin de son troisième voyage (Actes, 20,4). *(Désigné par un surnom latin très répandu, surtout donné aux esclaves et dans le milieu des artisans.)*

* SERGIUS PAULUS : proconsul de Chypre vers 44. Entouré de mages. Fit venir Barnabas et Paul à Paphos. Converti (Actes, 13,7-12). Protecteur ou patron de Paul qui usa désormais de son surnom dans le monde gréco-romain. Famille originaire d'Antioche de Pisidie. Propriétaire dans la région où il conservait des relations. Des chrétiens attestés dans la branche romaine de la famille deux générations plus tard. *(Gentilice romain et surnom latin [prénom non indiqué]. Romain de l'ordre sénatorial.)*

SILAS, dit SILVANUS : membre de la première mission en Macédoine et en Grèce, coauteur avec Paul et Timothée de I Thess. et de II Thess. Converti de Jérusalem, prophète, un des chefs de la communauté de Jérusalem délégué à Antioche (Actes, 15,22). Demeura à Antioche (Actes, 15,34). Choisi par Paul pour le deuxième voyage (Actes, 15,40). Arrêté à Philippes (Actes, 16,19). Citoyen romain (Actes, 16,37). Recherché à Thessalonique et envoyé avec Paul à Beroia (Actes, 17, 4-5 et 10). Resta en Macédoine avec Timothée, puis rappelé par Paul à Corinthe (Actes, 17,14-15 et 18,5). Passa à Pierre après l'incident d'Antioche. Secrétaire de la mission pétrinienne à Rome (I Pet., 5,12). *(Nom tiré de la forme araméenne de Saül, latinisé plus tard sous la forme d'un surnom latin, tiré de la mythologie. Juif romanisé.)*

* SKEUAS : Juif d'Éphèse, prêtre d'une communauté juive, dont les fils sont des thaumaturges (Actes, 19,14). *(Nom grec, non classique, qui signifie « Instrument » dans la langue du Nouveau Testament.)*

SO(SI)PATROS : parent de Paul, à Corinthe, en 54-55 (Rom., 16,21). Identifiable avec le fils de Pyrrhos de Beroia, converti de Macédoine, compagnon de Paul à la fin de son troisième voyage (Actes, 20,4). *(Nom et patronyme grecs classiques, mais le nom Sopatros peut traduire un nom sémitique composé sur la racine* sm *[« Nom »]. Sans doute un Juif complètement hellénisé.)*

SOSTHENES : converti de Corinthe qui visita Paul à Éphèse. « Frère » de Paul, coauteur de I Cor. Identifié avec le chef d'une synagogue de Corinthe, rallié à Paul dès la mission de 50-51, à qui les Juifs infligèrent une peine de flagellation (Actes, 18,17).*(Nom grec classique. Juif hellénisé.)*

STACHUS : converti de Rome, connu personnellement de Paul (Rom., 16,9). *(Nom grec tiré d'une personnification des richesses agricoles d'une région [« Epi »], bien attesté en Asie, en Macédoine et à Athènes dans des milieux fort divers.)*

STÉPHANAS : premier converti de Paul à Corinthe. Hôte d'une Église domestique (I Cor., 16,15). Baptisé par Paul lui-même avec sa famille (I Cor. 1,16). Visita Paul à Éphèse pour lui rendre compte de l'état de l'Église (I Cor., 16,17). Homme important, propriétaire d'esclaves : voir Achaikos et Fortunatus. *(Nom grec, sous la forme populaire d'un diminutif [de Stephanos], qui est surtout porté en Grèce var des gens d'origine servile.)*

* SUMÉON, dit NIGER : prophète d'Antioche (Actes, 13,1). Voir NIGER. *(Nom juif transcrit avec la graphie archaïque, mais surnom latin. Romanisé de la première génération.)*

SUNTUCHÈ : convertie de Philippes. Militante (Phil. 4,2). *(Nom grec composé, tiré d'une abstraction [« Compagne de la Fortune »], qui semble indiquer une origine modeste.)*

(Suzugos) : converti de Philippes (Phil. 4,2). *(Il s'agit certainement d'un nom commun, qui appartient au vocabulaire de la camaraderie et évoque, en particulier, dans le monde romain, une paire de gladiateurs. Ce terme, au masculin, désigne incontestablement un homme, bien que CLÉMENT D'ALEXANDRIE,* Stromates, *3,6, cité par EUSÈBE,* HE, *3,30, y ait vu une allusion à une épouse dans un couple ; pour E. RENAN,* Saint Paul, *148-149, l'appellation aurait été appliquée à Lydie dans un sens métaphorique.)*

TIMOTHÉOS : fit partie de l'équipe du second voyage missionnaire, coauteur de I Thess. 1,1, et de II Thess. 1,1. Converti de Lystres, né d'une mère juive (convertie) et d'un père grec; circoncis par Paul (Actes, 16,1-3). Deuxième mission : resta à Beroia pour régler les problèmes des Églises de Macédoine (I Thess., 3,6), puis rejoignit Paul à Corinthe (II Cor., 1,19; voir Actes, 17,14 et 18,5). Troisième mission : « collaborateur » de Paul (Rom., 16,21); envoyé d'Éphèse à Corinthe (I Cor., 4,17 et 16,9-11), où il essuya un échec; puis en Macédoine pour préparer l'arrivée de Paul (Actes, 19,22); accompagna Paul de Macédoine à Corinthe (Rom., 16,21), puis à Jérusalem (Actes, 20,4). Responsable plus tard d'une des communautés d'Éphèse (I Tim., 1,3; voir EUSÈBE, *HE*, 3,4,5, invoquant une tradition historique qui en fait le premier évêque d'Éphèse). Jeune encore (I Tim., 4,12), de santé fragile (I Tim., 5,23). Appelé par Paul à Rome à la fin de sa vie (II Tim., 4,9). Plus tard, prisonnier lui-même (Hébr., 13,23). Travailla à Éphèse avec Marcus (II Tim., 4,11) et avec l'auteur de l'épître aux Hébreux, vraisemblablement Apollos. Auteur possible de l'épître aux Colossiens. *(Nom grec [« Celui qui honore Dieu »], porté fréquemment par des Sémites et des Juifs hellénisés. Fils d'Eunike, petit-fils de Lôis.)*

TITUS : associé à Paul et à Barnabas lors de leur voyage à Jérusalem de 51, pour la seconde entrevue apostolique (Gal., 2,1; voir Actes, 15,2-30, qui ne le nomment pas). Sans doute converti d'Antioche. Grec non circoncis (Gal., 2,3). Associé à la troisième mission, celle d'Éphèse. Envoyé par Paul régler la crise de l'Église de Corinthe après l'échec de Timothée (II Cor., 6,13); mission plus longue et plus difficile que prévu. Rejoignit Paul en Macédoine à l'issue de la crise (II Cor., 7,6 et 13-16). Renvoyé à Corinthe pour y organiser la collecte comme « associé et collaborateur » (II Cor., 8, 16-24 et 12, 18). Plus tard en Crète pour y organiser des Églises (Tite, 1,5; voir EUSÈBE, *HE*, 3,5,5). A la fin de sa vie, Paul l'invita à le rejoindre à Nicopolis de Syrie (Tite, 3,12); semble avoir accompagné l'apôtre à Rome lors de son second procès, mais avoir quitté la ville vers l'est (en Dalmatie), comme bien d'autres disciples, à l'issue de la première instruction (II Tim., 4,11). *(Prénom latin, qui correspond à une mode bien attestée parmi les notables des cités orientales de l'Empire.)*

TROPHIMOS : compagnon de la fin de la vie de Paul; malade à Milet, il ne le suivit pas lors de son second transfert à Rome (II Tim., 4, 20). Grec converti d'Éphèse (Actes, 21,29). Accompagna Paul en Macédoine et à Jérusalem, à l'issue de la mission éphésienne (Actes, 20,4). Accusé d'avoir pénétré avec Paul dans la seconde enceinte du Temple, réservée aux Juifs : cause de l'émeute populaire et de l'arrestation de Paul (Actes, 21,29). *(Nom grec très populaire.)*

TRUPHAINA : militante de Rome (Rom., 16,12) ; mère ou sœur de Truphosa qui lui est associée. Apparaît dans Actes de Thècle comme une « reine » orientale (identifiable avec la veuve du roi Cotys de Thrace, petite-nièce de Claude), qui assiste au supplice de Thècle, la défend et la prend chez elle. *(Nom grec, non classique et évocateur de l'Orient, mis à la mode par les cours hellénistiques et populaire à l'époque romaine; bien attesté à Chypre et en Syrie.)*

TRUPHOSA : militante de Rome (Rom., 16,12), mère ou sœur de Truphaina. *(Nom grec, non classique et évocateur de l'Orient à terminaison latine.)*

TUCHIKOS : courrier de Paul pour les Églises d'Asie, « frère, serviteur et compagnon », à partir de la mission éphésienne (Col., 4,7 ; voir Éph., 6,21). Travailla avec Onésimos (Col., 4,9). Accompagna Paul d'Éphèse en Macédoine, puis à Jérusalem (Actes, 20,4) et de là vraisemblablement à Rome. Avec l'apôtre à Nicopolis de Syrie (Tite, 3,12), d'où il fut envoyé à Tite en Crète. Accompagna Paul lors de son second transfert à Rome, d'où il fut renvoyé à Éphèse, porteur d'une lettre à Timothée (II Tim., 4,12). *(Nom grec, non classique et peu fréquent, surtout attesté à Rome où il est souvent porté par des esclaves [c'est l'équivalent grec de* Fortunatus*], mais aussi en Asie Mineure.)*

URBANUS : converti de Rome, « collaborateur » (Rom., 16,9). *(Surnom latin, traditionnel et très répandu, en particulier pour les esclaves et les affranchis.)*

ZÉNAS : compagnon d'Apollos, « docteur de la Loi », attendu par Paul à Nicopolis de Syrie (Tite, 3,13). Auteur supposé des Actes de Tite. *(Nom grec tiré de la mythologie [dérivé de Zeus] ; attesté seulement à l'époque romaine et en Orient, en Crète, à Chypre, en Cilicie, en Palestine.)*

[illegible]

TRYPHÈNE : chrétienne de Rome (Rom. 16,12) [illegible]

[illegible]

TYCHIQUE : compagnon de Paul pour les fidèles d'Asie [illegible] (Col. 4,7 ; Eph. 6,21). [illegible] Accompagne Paul d'Éphèse en Macédoine, puis à Jérusalem (Actes 20,4) [illegible] vraisemblablement [illegible] à Nicopolis [illegible] (Tite 3,12) [illegible] Tite en Crète. Accompagne Paul lors de son second [illegible] Rome d'où il fut renvoyé à Éphèse porteur d'une lettre [illegible] Timothée (2 Tim. 4,12). [illegible]

URBAIN : chrétien de Rome, « collaborateur » de Paul (Rom. 16,9) [illegible]

ZÉNAS : compagnon d'Apollos, « docteur de la Loi » [illegible] Paul [illegible] (Tite 3,13) [illegible]

Index des noms de personnes et de dieux

Index géographique

D

E

F

G

H

I

J

Index thématique

D

E

Table des cartes

Table des cartes

Table des matières

Cet ouvrage a été composé
par l'Imprimerie BUSSIÈRE
et imprimé sur presse CAMERON
dans les ateliers de la S.E.P.C.
à Saint-Amand-Montrond (Cher)
en avril 1992

35-65-8434-03/9

ISBN : 2-213-02662-9

N° d'édition : 8289. N° d'impression : 925
Dépôt légal : avril 1992

Imprimé en France